Hans Herbert von Arnim
Vom schönen Schein der Demokratie

Hans Herbert von Arnim

Vom schönen Schein der Demokratie

Politik ohne Verantwortung – am Volk vorbei

Büchergilde Gutenberg

Lizenzausgabe für die Büchergilde Gutenberg,
Frankfurt am Main und Wien,
mit freundlicher Genehmigung des Droemer Verlags, München

Satz: Ventura Publisher im Verlag
Druck und Bindung: Franz Spiegel Buch GmbH, Ulm
Printed in Germany
ISBN 3-7632-5069-7

Inhalt

Vorwort

Demokratie lebt davon, daß Verantwortung zurechenbar bleibt. Fehlt es daran nicht nur am Rande, sondern im Kern der Politik, ist dies der Anfang vom Ende. Demokratie hat ohne Verantwortung keine Zukunft.

Die Auflösung der Verantwortlichkeit ist – von der Europäischen Union abgesehen – nirgendwo so extrem wie im Föderalismus spezifisch deutscher Prägung. Der auf Bismarck zurückgehende deutsche Exekutivföderalismus, den die »Landesfürsten« bei Abfassung des Grundgesetzes für sich durchgesetzt und später immer weiter ausgebaut haben, ist ausgesprochen antidemokratisch. Er ist einzigartig in der Welt und bewirkt eine Entmachtung der Parlamente und Bürger und eine Lähmung der Politik, die nur deshalb nicht auf dauernden Aufschrei und Protest der Öffentlichkeit stoßen, weil die komplizierten Mechanismen so schwer zu durchschauen sind.

Die mangelnde demokratische Kontrolle wird von der politischen Klasse allerdings nicht unbedingt als Nachteil empfunden, erleichtert sie es ihr doch, ihre eigenen Interessen zu sichern und auszubauen. Die Reformbereitschaft der hauptberuflichen politischen Akteure ist deshalb tatsächlich viel geringer, als gemeinhin öffentlich zugegeben wird, ja die Eigeninteressen der Berufspolitiker haben viele Verkrustungen insgeheim erst herbeigeführt. Gleichwohl wird in Sonntagsreden der schöne Schein der Demokratie aufrechterhalten, selbst wenn der Kaiser – wie in Andersens Märchen – in Wahrheit ohne Kleider dasteht.

Es gibt letztlich nur ein wirksames Gegenmittel zur Wiederherstellung der Demokratie als Regierung *durch* und *für* das Volk: die Aktivierung der mündig gewordenen Bürger selbst und die Schaffung der dazu erforderlichen Institutionen. Diese Erkenntnis setzt sich zunehmend durch, und sie ist der tiefere Grund für den schnell wachsenden Zuspruch, den Elemente direkter Demokratie in der Bundesrepublik (und in anderen Ländern) seit einiger Zeit finden. So sind Bürger- und Volksbegehren und die entsprechenden Entscheide inzwischen in allen Bundesländern und Kommunen eröffnet. Dies geschah meist allerdings nur mit halbem Herzen. Aus Furcht vor dem Volk hat die etablierte Politik die direktdemokratischen Institutionen vielfach mit obrigkeitsstaatlichen Vorbehalten, absurden Schikanen und kaum überwindbaren Hürden versehen und dadurch das mit der einen Hand Gewährte mit der anderen Hand wieder genommen. Als Vorwand dienen überkommene Vorurteile, die wiederum in einer deutschen Sonderentwicklung wurzeln: Im Kaiserreich der Jahrhundertwende mit seinem Dualismus von Monarchie und Volk hatten direktdemokratische Vorstellungen von vornherein keinen Platz, weil sie die ungeteilte Souveränität des Volkes voraussetzen.

Heute gilt es, Vorurteile abzubauen und überholte institutionelle Strukturen zu reformieren, wenn die »Politik(er)verdrossenheit« nicht weiter zunehmen und die »Reformblockade« in unserem Land und in Europa gelockert werden soll.

Eine Hauptthese dieses Buches ist, daß Berufspolitiker sich vorwiegend von ihren Eigeninteressen steuern lassen. Dabei entfalten sie sich nicht nur innerhalb der vorgegebenen Strukturen, sondern suchen diese – und das ist meine zweite Hauptthese – auch nach ihren Bedürfnissen zu verformen. Das gilt nicht nur bei der Gestaltung des Wahlrechts, der Parteien- und Politikerfinanzierung und der Ämterpatronage, die unmittelbar den Erwerb von Macht, Geld und Posten betreffen. Es gilt auch beim Schaffen und Verändern anderer Regeln und Verfassungsinstitutionen, bei denen der Zusammenhang mit den Eigneninteressen sehr viel indirekter und deshalb schwerer zu durchschauen ist. Das wird in diesem Buch vor allem an den Beispielen Föderalismus und direkte Demokratie belegt.

Die Rolle der Eigeninteressen in der Politik zu erkennen fällt uns allerdings oft schwer. Zu sehr verbreitet ist das Idealbild vom gemeinwohlorientierten Volksvertreter, der beim Amtsantritt schwört, er werde seine »Kraft dem Wohle des deutschen Volkes widmen, seinen Nutzen mehren, Schaden von ihm wenden (und) das Grundgesetz und die Gesetze des Bundes wahren und verteidigen ...« Wie wenig dieses Idealbild, das von der politischen Klasse selbst, allen voran Helmut Kohl, mit Inbrunst ausgemalt und der Öffentlichkeit immer wieder formelhaft vorgehalten wird, in Wirklichkeit zutrifft, hat jüngst der Parteispendenskandal um Kohl überdeutlich gemacht. Dem langjährigen Bundeskanzler, der als CDU-Vorsitzender seine Partei ein Vierteljahrhundert prägte, war die Macht offenbar derart wichtig, daß er zu ihrer Sicherung sogar gegen Gesetz und Verfassung verstieß – und das

nicht nur gelegentlich, sondern systematisch über viele Jahre hinweg. Kohl hat ein ganzes Beziehungsgeflecht zur Stützung seiner parteiinternen Position entwickelt, das berüchtigte »System Kohl«, und ein ganzes Netz von Einflußnahmen und Abhängigkeiten gesponnen, das er mit Hilfe von Schwarzgeldern auch finanziell unterfütterte.
Kohls Geringschätzung geltender Normen hat erschreckt. Seine dem Wunsch nach Macht und Sicherheit entspringende Motivation ist allerdings nichts prinzipiell Außergewöhnliches für die politische Klasse insgesamt. Kohl hat sie nur mit besonderer Bedenkenlosigkeit und Konsequenz umgesetzt. Hätte es noch eines Beweises bedurft, daß Eigeninteressen die Politik so sehr dominieren, daß ihre Vertreter gelegentlich sogar die Verfassung und das Recht mißachten, hier ist er. Deshalb fiel es Kohls Vorstandskollegen in der CDU auch so schwer, ihm seine Machenschaften wirklich zu verübeln (ganz abgesehen davon, daß manche von ihnen auch aktiv an den Rechtsbrüchen beteiligt waren). Ihre Sorge galt vielmehr dem Schaden in der Öffentlichkeit und der Minderung der Wahlchancen ihrer Partei. Gewiß, die Partei ist rechtlich nicht mit dem Staat gleichzusetzen. Ist es aber realistisch anzunehmen, die Dominanz von Eigeninteressen werde zurücktreten, wenn die Politiker in die Rolle von Amtsträgern schlüpfen?
Gegen Machtmißbrauch und Ausbeutung durch die politische Klasse ist unser Gemeinwesen bisher noch unzureichend geschützt. Fünfzig Jahre nach Abfassung des Grundgesetzes und der meisten Landesverfassungen ist es Zeit, sie auf den Prüfstand zu stellen und, soweit erforderlich, zu erneuern. Unsere Verfassungen waren eine gute Basis für den Aufbau der Bundesrepublik in den ersten Jahrzehnten. Doch inzwischen hat sich eine politische Klasse gebildet, die die überkommenen Kontrollmechanismen unterläuft. Schon Thomas Jefferson, der Verfasser der amerikanischen Unabhängigkeitserklärung, hat vor über 200 Jahren betont, jede Generation sei aufgerufen, sich ihre Verfassung neu zu geben.
Nachdem der Bund und die Länder sich im Zuge der anstehenden Neuregelung des Finanzausgleichs ohnehin einigen müssen – so das Bundesverfassungsgericht in seinem Urteil vom 11. November 1999 –, sollten auch weitergehende Reformen ins Auge gefaßt und nicht mehr von vornherein als »praktisch unmöglich« verworfen werden.
Der Verfasser (und damit auch dieses Buch) hat von mehreren wissenschaftlichen Tagungen besonders profitiert: einer Tagung über Föde-

ralismus, die das Frankfurter Institut und das Institut der deutschen Wirtschaft im Herbst 1998 veranstalteten, der Tagung über Föderalismus, die er zusammen mit seinen Kollegen Gisela Färber und Stefan Fisch im Frühjahr 1999 an der Deutschen Hochschule für Verwaltungswissenschaften Speyer durchführte, und dem von ihm betreuten alljährlich stattfindenden Speyerer Demokratieforum, das im Herbst 1999 dem Thema »Direkte Demokratie« gewidmet war.

Speyer, im Januar 2000 *Hans Herbert von Arnim*

Teil 1:
Politik ohne Verantwortung – Regieren am Volk vorbei

1 Reformblockade: Das Versagen der Institutionen

»Reformblockade« war das Wort des Jahres 1997, und das Thema ist heute aktueller denn je. Der damalige Bundespräsident Herzog hatte den allgemein verbreiteten Befund in seiner Berliner Rede vom April 1997 auf die Formel gebracht: »Wir haben kein Erkenntnisproblem, sondern ein Umsetzungsproblem.«[1] Worauf Herzog in jener Rede erstaunlicherweise aber nicht einging, sind die tieferen Gründe für die mangelnde Umsetzung. Er tat so, als ginge es nur darum, daß die Beteiligten genügend Mut und Kraft für nötige Reformen aufbrächten, und beschränkte sich deshalb darauf, an ihre Einsicht und ihren guten Willen zu appellieren. Reicht ein solcher moralischer Appell aber aus? Eine ganz andere Perspektive eröffnete Hans-Olaf Henkel.[2] Die Reformblockade sei »systembedingt«, ergänzte er Herzogs Rede. Die politischen Institutionen in Deutschland seien nicht mehr geeignet, ihre demokratische Hauptaufgabe zu erfüllen, nämlich die Anreize für die politischen Akteure so zu setzen, daß sie Politik im Interesse der von ihnen Regierten machten. Henkel nannte als Beispiel für Systemmängel das Verhältniswahlrecht und den Föderalismus in seiner derzeitigen Ausprägung. Doch schien dem Präsidenten des Bundesverbandes der Deutschen Industrie die volle Glaubwürdigkeit zu fehlen.

Die deutsche politische Kultur weist seit je zwei große Defizite auf: Das eine Defizit betrifft die Demokratie und hat seine Wurzeln unter anderem im Scheitern der Revolution von 1848 und in der Revolution von oben durch Bismarck.[3] Das andere Defizit betrifft die Wirtschaft und spiegelt sich in einer spezifischen Distanz, ja teilweise Verachtung von Wirtschaft und Finanzen durch große Teile der geistigen Elite wider,[4] auch in der Politikwissenschaft und der Staatsrechtslehre.[5] Macht in einer solchen – von Demokratie- und von Wirtschaftsferne geprägten – Ambiance ein Mann der Wirtschaft Vorschläge zur Verbesserung der Demokratie, so kann man sich schon im vorhinein vorstellen, wie sie aufgenommen und gezielt mißverstanden werden.[6]

Andererseits wissen wir gerade aus der Wirtschaft, in welchem Maße der Output eines Systems von den Systemdeterminanten abhängt.[7]

Spätestens seit dem Zusammenbruch der kommunistischen Wirtschaftssysteme ist es in unser aller Bewußtsein übergegangen, daß etwa die Ostdeutschen in der DDR nicht deshalb wirtschaftlich so zurückgefallen sind, weil es ihnen an Intelligenz, Fleiß und Erfindungsreichtum gefehlt hätte. Entscheidend für den Mißerfolg war vielmehr das System der zentralen Kommandowirtschaft, das die Verantwortung verwischte und Leistung, Initiative und Innovationskraft nicht belohnte, sondern bestrafte und zur Verschwendung anreizte. Im Bereich der Wirtschaft wurde also unübersehbar, daß die besten Eigenschaften der Menschen nichts nützen, wenn die Institutionen ungeeignet sind.

Warum aber sollten die Institutionen nur für den Bereich der Wirtschaft entscheidende Bedeutung haben? Warum zögern wir, die Erkenntnis auch auf den Bereich der Politik zu erstrecken? Gilt hier nicht im Prinzip ähnliches?

So recht Herzog hat, daß Reformen notwendig sind und alle Besitzstände auf den Prüfstand müssen, sosehr ist zu fragen, ob nicht vielleicht die Reform des politischen Systems am allerdringendsten und die Besitzstände der politischen Klasse am überprüfungsbedürftigsten sind. Ein Indiz für ein sich möglicherweise anbahnendes Umschlagen der allgemeinen Meinung in dieser Schlüsselfrage könnte sein, daß die Gemeinsame Kommission des Bundestags und des Bundesrats in ihrem Bericht von 1993 zwar noch wenig zur Reform des Grundgesetzes präsentiert hat, daß später aber ihr Vorsitzender Rupert Scholz plötzlich in Interviews mit grundstürzenden Vorschlägen, etwa zur Reform des Föderalismus, hervortrat.[8] Auch Roman Herzog, der zunächst nichts von Systemreformen wissen wollte,[9] hat später selbst eingeräumt, daß zentrale Mängel der politischen Willensbildung der Bundesrepublik in Systemfehlern ihre Ursache haben.[10]

Die Betonung des institutionellen Aspekts soll natürlich nicht bedeuten, daß der personelle Faktor keine Rolle spiele. Es kommt in der praktischen Politik regelmäßig auf beides an, auf Institutionen *und* Personen. Die große Bedeutung von Personen macht ein Blick in die Geschichte und die Erinnerung an Namen wie Bismarck und Adenauer oder Hitler und Stalin, im Positiven wie im Negativen, für jedermann deutlich. Auch in aktuellen Wahlkämpfen sind es oft Personen, die den Kampf um Mehrheiten entscheiden. Bei den Parlamentswahlen in der Bundesrepublik stellen die Parteien ihre Spitzenkandidaten oft derart heraus, daß geradezu der Eindruck von Personalplebisziten statt von Parteienwahlen entsteht. Was wäre die SPD bei der Bundestagswahl 1998 ohne Gerhard Schröder gewesen? Was wären die Grünen ohne Joschka Fischer, wäre die CSU ohne Edmund Stoiber? Die Menschen wollen möglichst gute und kompetente »Herrscher« und wählen diejenigen, denen sie diese Eigenschaften in stärkerem Maße zutrauen als anderen.

Daß es in der Politik auch auf Personen ankommt, ist so offensichtlich, daß die Alltagsauffassung dazu neigt, den personellen Faktor ganz in den Vordergrund zu rücken oder gar zu verabsolutieren. Die Rolle von Institutionen zu erkennen ist dagegen sehr viel schwerer. Institutionen wirken nun einmal nur indirekt, so daß ihre Bedeutung zu erfassen ein gewisses Niveau theoretischer Reflexion verlangt.

Die Erkenntnis, daß gute und bürgernahe Politik nicht nur von der Integrität und Tüchtigkeit der Politiker abhängt, sondern auch davon, daß die Institutionen adäquat ausgestaltet sind, ist im Bereich der Sozialwissenschaften[11] das Thema des sogenannten Neuen Institutionalismus.[12] Er hat in jüngerer Zeit die Schlüsselrolle von Institutionen wiederentdeckt und sucht sie systematisch zu erforschen. Hier steht also mit Recht nicht mehr in Frage, ob Institutionen überhaupt einen Unterschied machen[13] – die Bejahung ist sozusagen Arbeitsgrundlage –, gefragt wird vielmehr danach, in welcher Weise und in welchem Maße Institutionen auf das Verhalten der politischen Akteure einwirken.[14] Die übereinstimmende Prämisse dieser Forschungsrichtung geht dahin, daß gute Politik nicht nur von der Tüchtigkeit der Politiker abhängt, sondern auch davon, daß Organisation und Verfahren, kurz: die Institutionen, adäquat ausgestaltet sind. Daß diese Erkenntnis neuerdings auch in Deutschland wieder an Gewicht gewinnt, liegt natürlich auch an der Fülle praktischen Anschauungsmaterials und spiegelt die wachsende Überzeugung wider, daß viele Mängel bundesdeutscher Politik sich bei genauem Hinsehen als wesentlich institutionell bedingt erweisen.

Der Vielfalt der wissenschaftlichen Beschäftigung mit dem Thema Institutionen entspricht die Vielstimmigkeit der Begriffe und Abgrenzungen. Wir haben es – jedenfalls auf den ersten Blick – mit einer babylonischen Begriffsverwirrung zu tun. Die einen sprechen von »Regeln«, die anderen von »Organisation«, die dritten von »System«, um nur drei der vielen Begriffe zu nennen, die als Synonyme für »Institution(en)« verwendet werden. Es erscheint deshalb zunächst einmal sinnvoll, für unsere Zwecke eine gewisse vorläufige begriffliche Klärung zu versuchen: Mit »politische Institutionen« meinen wir im folgenden bestimmte *nicht personell* bestimmte rechtliche und soziale Gegebenheiten, die das Handeln der politischen Akteure beeinflussen und eingrenzen,[15] also im Kern »Handlungspotentiale und Handlungsschranken«.[16] Institutionen setzen den Rahmen für den Erwerb der politischen Macht und für ihre Ausübung und bilden damit sozusagen die »Spielregeln«, an die sich die politischen Akteure halten müssen, wenn sie »gewinnen«, das heißt Erfolg haben und Anerkennung, Macht und Einfluß erlangen wollen.[17] Zugleich legen sie die Möglichkeiten und Chancen für die Rekrutierung von Politikern, also für den Erwerb von Positionen und für deren Beibehaltung, fest und prägen dadurch bis zu einem gewissen Grad den Typus von Politikern, der Erfolg hat und in die Ämter gelangt.[18] Derartige Spielregeln können rechtliche Regeln sein, die vor allem in den formellen Verfassungsurkunden (aber auch im sogenannten materiellen Verfassungsrecht)[19] niedergelegt sind, ebenso wie faktische Bedingungen. Es geht also in etwa um das, was Staatsrechtslehre und politische Soziologie herkömmlicherweise als »Verfassungsrecht und Verfassungswirklichkeit« bezeichnen.

Die Erkenntnis, daß Institutionen für die Ausrichtung der politischen Willensbildung zentral sind, ist in Wahrheit nichts Neues. Bereits die Verfassung der Vereinigten Staaten von Amerika von 1787 wurde insgesamt als ein System von Gegengewichten zu dem Zweck konzipiert, daß die Amtsträger sich gegenseitig in Schach halten und am Mißbrauch ihrer Macht hindern. In den Federalist Papers, einer Art Kommentar der amerikanischen »Verfassungsväter«, heißt es wörtlich:

> »Es mag Ausdruck eines Mangels der menschlichen Natur sein, daß solche Kniffe notwendig sein sollen, um den Mißbrauch der Regierungsgewalt in Schranken zu halten. Aber was ist die Tatsache, daß Menschen eine Regierung brauchen, selbst anderes als der deutlichste Ausdruck des Mangels der menschlichen Natur? Wenn die Menschen Engel wären, wäre keine Regierung notwendig. Wenn Engel die Menschen regierten, wären weder äußere noch innere Kontrollen der Regierung notwendig. Geht es jedoch um die Schaffung einer Regierung, die von Menschen über Menschen aus-

> geübt werden soll, stellen sich folgende Probleme: Zuerst muß man die Regierung dazu in die Lage versetzen, die Regierten zu kontrollieren; dann muß man sie dazu zwingen, sich selbst zu kontrollieren. Die Abhängigkeit vom Volk stellt ohne Zweifel die wichtigste Kontrolle der Regierung dar. Aber die Erfahrung hat die Menschheit gelehrt, daß zusätzliche Vorsichtsmaßnahmen erforderlich sind.«[20]

Hier schlägt also die uralte Weisheit durch (die Lord Acton formuliert hat), daß Macht korrumpiert und absolute Macht absolut korrumpiert und es deshalb geeigneter institutioneller Vorkehrungen bedarf, um solchen Mißbrauch möglichst zu verhindern.

Und über das Grundgesetz der Bundesrepublik Deutschland lernt der Jurastudent schon in den ersten Semestern, daß es in vielen Bereichen ganz bewußt als institutionelle Reaktion auf (tatsächliche oder vermeintliche) Fehlentwicklungen der Weimarer Zeit konstruiert worden ist mit dem Ziel, derartige Fehlentwicklungen in Zukunft möglichst zu verhindern.

2 Deutschland im Umbruch

Wenn die Erkenntnis von der Schlüsselbedeutung politischer Institutionen sich jetzt – gerade in Deutschland – wieder in den Vordergrund schiebt, beruht das auf einer veränderten wirtschaftlich-politischen Großwetterlage. Die Menschen und die Öffentlichkeit insgesamt sind heute besonders empfindlich gegenüber institutionell bedingten Defiziten der politischen Willensbildung, vor allem wohl aus folgenden Gründen:

- In den Jahrzehnten des Kalten Krieges und des Ost-West-Gegensatzes konnten wir uns im Westen über eigene Mängel stets mit dem Argument hinwegtrösten, daß wir immer noch das bessere wirtschaftlich-politische System hatten. Nach dem Zusammenbruch des östlichen Vergleichsmodells treten nun aber auch die Mängel unseres eigenen Systems immer stärker hervor.
- Dies gilt um so mehr, seitdem die fetten Jahre mit hohem Wirtschaftswachstum und schnell zunehmendem Steueraufkommen hinter uns liegen. Damals war – trotz vieler Mängel und öffentlicher Verschwendung – immer noch genug für die notwendigen Gemeinschaftsbelange übriggeblieben.
- Gleichzeitig sind die Herausforderungen, denen sich die Politik gegenübersieht, gewachsen. Ich nenne nur drei: die Wiedervereinigung mit allen Folgen, die Arbeitslosigkeit und den Umbruch in der Alterszusammensetzung der Bevölkerung, der eine Anpassung und Neugestaltung unserer sozialen Systeme unausweichlich macht.
- Hinzu kommen die Bildungsexplosion und der sogenannte Wertewandel. Während noch vor vierzig Jahren 5 Prozent eines Jahrgangs Abitur machten und studierten, sind es heute weit über 30 Prozent. Mit dieser Zunahme des Bildungsniveaus hat auch die Bereitschaft der Menschen zu politischer Mitwirkung gewaltig zugenommen. Soziologen sprechen von einer partizipatorischen Revolution. Mit dem (dadurch mitbedingten) Wertewandel ist zugleich der Glaube an überkommene Autoritäten und Ideologien zurückgegangen. Die Einstellung der Menschen zur Politik wird immer mehr von kritisch-rationaler Prüfung bestimmt, so daß die Mängel

der Politik um so stärker ins Auge stechen – und die Unfähigkeit der Menschen, daran durch eigene Aktivitäten etwas zu ändern.[21] Das, nämlich überholte Strukturen ändern, wollen die Menschen aber in zunehmendem Maße. Sie sind immer weniger bereit, sich als Füllmaterial für demokratische Staffage instrumentalisieren zu lassen. Damit hängt es auch zusammen, daß die politischen Parteien (wie übrigens auch Gewerkschaften und Kirchen) immer mehr an Attraktivität verlieren. Die Mitglieder laufen ihnen davon, und die Jungen bleiben ihnen fern, so daß eine immer stärkere Überalterung zu beobachten ist.

- Schließlich vermittelt die Verschärfung des internationalen Wettbewerbs durch Europäisierung und Globalisierung zunehmend den Eindruck, daß wir uns einen mangelhaften Ordnungsrahmen immer weniger leisten können, weder in der Wirtschaft noch in der Politik. Auch Mängel des institutionellen Rahmens der Politik erhalten damit aus politikökonomischer Perspektive den Charakter von Standortnachteilen im globalen Wettbewerb.

3 Der Maßstab: Regieren durch das Volk und für das Volk

Die Herausforderung beginnt bereits damit, daß uns die Maßstäbe für die Orientierung verlorenzugehen drohen. Ohne Ziele und Werte gehen unsere Bemühungen, so angestrengt sie auch sein mögen, leicht in die falsche Richtung. Man fühlt sich an die Beobachtung von Mark Twain erinnert, der über einige im Urwald verlorene Menschen schrieb: »Als sie die Richtung verloren hatten, verdoppelten sie ihre Geschwindigkeit.«

Dabei könnte die Antwort, wie alles Grundlegende, eigentlich ganz einfach sein.[22] Das Wesen des demokratischen Staates liegt in zwei Prinzipien, die gewiß immer nur graduell erreichbar sind und zum Teil auch miteinander in Widerspruch stehen können, die aber gleichwohl anzustrebende letzte Ziele sind: Selbstentscheidung des Volkes und inhaltliche Richtigkeit. Klassischen Ausdruck hat beides in der sogenannten Lincolnschen Formel gefunden, wonach Demokratie »Regierung des Volkes, durch das Volk, für das Volk« ist. So hatte es der amerikanische Präsident Abraham Lincoln 1863 in seiner berühmten, allerdings gelegentlich auch mißverstandenen[23] Gettysburger Ansprache formuliert.[24] Regierung *durch* das Volk verlangt, daß die Bürger Einfluß auf die Politik haben, Regierung *für* das Volk, daß die Politik den Interessen der Bürger, und zwar möglichst aller Bürger gerecht wird.[25] In jüngerer Zeit wird die Lincolnsche Formel zunehmend herangezogen und damit ihre Brauchbarkeit als grundlegender zweifacher Bewertungsmaßstab bestätigt.[26]

Dagegen sind die Ansätze politikwissenschaftlicher Demokratietheorien meist ausgesprochen einseitig. Herkömmlicherweise werden zwei Gruppen unterschieden: solche Ansätze, die die Mitwirkung der Bürger in den Mittelpunkt stellen (»Partizipationstheorien«, »Inputtheorien«), und solche, die das Schwergewicht auf brauchbare inhaltliche Ergebnisse legen (»Outputtheorien«).[27] Diese Ansätze vermitteln vielfach den Eindruck, als käme es nur auf eines der beiden oben genannten Kriterien an, wobei die Auswahl ins subjektive Belieben gelegt sei, so als könne sich jeder die maßgeblichen Kriterien selbst zusammenstellen. Das aber trifft nicht zu. In Wahrheit müssen beide Grundwerte

(Selbstbestimmung *und* Richtigkeit) als Beurteilungskriterien herangezogen werden.
Die Lincolnsche Formel kann die Richtung geben nicht nur für die Beurteilung des Funktionierens der politischen Willensbildung im Rahmen der gegebenen Institutionen, sondern auch für eine Fortentwicklung der Institutionen, besonders der Verfassung, also für Verfassungs*politik*.

4 Ungelöste Probleme, entmündigte Bürger

Mißt man an der Lincolnschen Formel, so gelangt man unmittelbar zu den zentralen Fragen an unser politisches System – Fragen, deren bisherige Nichtthematisierung (von der fehlenden Beantwortung ganz abgesehen) vermutlich einen wesentlichen Grund für die verbreitete Politikerverdrossenheit darstellt. Hier zeigt sich ein zweifaches Defizit:[28]

- Dringende Sachprobleme werden nicht oder nicht angemessen oder nicht rechtzeitig gelöst.
- Der Bürger, das Volk, hat praktisch wenig zu sagen, sowohl in der Sache als auch bei der Auswahl der meisten Politiker.

Der Staatsrechtslehrer und frühere Bundesinnenminister Werner Maihofer spricht im Handbuch des Verfassungsrechts treffend von einem Repräsentationsdefizit und einem Partizipationsdefizit.[29] In die gleiche Richtung geht das Urteil des früheren Bundespräsidenten Richard von Weizsäcker hinsichtlich der politischen Parteien, denen er – in drastisch zugespitzter Formulierung – »Machtvergessenheit« und »Machtversessenheit« vorwirft.[30]

Die mangelnde gemeinwohlorientierte Handlungsfähigkeit des »normalen« politischen Systems zeigt sich nicht nur in den vielen gescheiterten Reformen (Stichwort »Reformblockade«), sondern auch im Emporkommen bestimmter Ersatzakteure, zum Beispiel des Bundesverfassungsgerichts. Das Gericht ist immer mehr an die Stelle der an sich für Politik und Gesetzgebung zuständigen Organe getreten und hat teilweise die Rolle eines »Obergesetzgebers« angenommen.[31] Diese Entwicklung wird von zunehmenden Vertrauenswerten für das Gericht und abnehmenden Vertrauenswerten für das Parlament und andere eigentlich zuständige Organe begleitet. Sie entspringt weniger einem usurpatorischen Anspruch der Karlsruher Richter. Vielmehr ist sie für jeden, der ein Gespür für Gewichtsverlagerungen zwischen den Verfassungsorganen hat, ein unübersehbarer Indikator für zunehmendes Versagen der Bonner beziehungsweise Berliner Politik.

Ein zweiter Ersatzakteur war bisher die Bundesbank. Sie ist in Sachen Geldpolitik weisungsfrei und von Regierung und Parlament unabhängig. Man wollte die Bundesbank vom Spiel der politischen Parteien und der Interessenverbände separieren, da man diesen die Sicherung des Geldwertes vor Inflation – in Anbetracht der Versuchung zu kurzfristiger und partikularer Politik – nicht zutraute.[32] Wo könnte die Schieflage parlamentarisch-pluralistischer Politik deutlicher zum Ausdruck kommen als in dieser Konstruktion? Auch auf Europaebene mißtraut man der Leistungsfähigkeit des von den Parteien und Verbänden dominierten pluralistischen Prozesses: Zur Sicherung der Stabilität der europäischen Währung setzt man wiederum auf eine unabhängige Zentralbank – dieses Mal eine europäische.[33]

Weitere unabhängige Akteure auf der Ebene der Europäischen Gemeinschaften sind der Europäische Gerichtshof und die Europäische Kommission. Beide haben bei Durchsetzung des EG-Rechts, insbesondere bei der Beseitigung von Wettbewerbshindernissen, eine unerhörte Dynamik entfaltet und große Erfolge erzielt (wenn mehrere Kommissionsmitglieder auch im Mittelpunkt von Skandalen standen).

Vor dem Hintergrund der Handlungsfähigkeit der unabhängigen Organe bei Beseitigung von Wettbewerbsbehinderungen sticht dann aber umgekehrt die Schwerfälligkeit und mangelnde Handlungsfähigkeit der politischen Hauptorgane der Europäischen Gemeinschaften, also des Rats und des Parlaments, um so schärfer hervor.

Um Mißverständnisse zu vermeiden: Der Verfasser dieses Buchs plädiert nicht für Politik durch unabhängige Gremien. Deren besondere Handlungsfähigkeit lenkt das Augenmerk aber auf die zentrale Frage der Leistungsfähigkeit unseres politischen Systems. Lange wurde zu sehr auf mögliches personelles Versagen abgehoben und der Schwarze Peter herumgereicht: von den Bürgern zu den Politikern und von diesen zurück zu den Bürgern, statt – viel grundsätzlicher – die *System*frage zu stellen.

Die Reformblockade ließe sich – so meine These – nur aufbrechen und die staatliche Handlungsfähigkeit wiederherstellen, wenn das Volk mehr Einfluß erhielte. Hier gilt allerdings ein Paradoxon: Reformen können durchaus von oben kommen, aber die politische Kraft dazu kann den Politikern nur von unten zuwachsen. Das verlangt eine möglichst starke Durchlässigkeit des politischen Systems für den Common sense der Bürger.

Genau daran fehlt es. Das ist das zentrale Problem. Es besteht ein ausgesprochenes politisches Partizipationsdefizit. Der Bürger ist nur nominell Herr und Souverän in unserer Demokratie, besitzt in Wahrheit aber kaum Einfluß. Die Entmündigung der 60 Millionen deutschen Wähler zeigt sich besonders auf der Bundesebene, auf der nach der Kompetenzverteilung des Grundgesetzes die wichtigsten Entscheidungen fallen. (Noch stärker zeigt sich die Entmündigung allerdings auf Europaebene.) Sachentscheidungen im Wege des Volksbegehrens und Volksentscheids gibt es auf Bundesebene ohnehin nicht. Aber selbst bei Ausübung seines Königsrechts in der repräsentativen Demokratie, des Wahlrechts, wird der Bürger von den Parteien bevormundet, und zwar weitaus mehr als nach den Gegebenheiten der Massendemokratie unvermeidlich wäre. Wer ins Parlament kommt, bestimmt die Partei. Wen sie auf einem »sicheren« Listenplatz nominiert hat, dem kann der Wähler nichts mehr anhaben.[34] Selbst wenn seine Partei an Stimmen verliert, ist ihm das Mandat doch von vornherein sicher. Die Wahl ist insoweit nur noch Formsache. Und auch wer im Wahlkreis unterliegt, ist oft auf der Liste abgesichert und kommt auf diesem Weg doch noch in den Bundestag. Der Wähler entscheidet nicht über die Kandidaten, sondern allein noch über die Größe der verschiedenen Parlamentsfraktionen und damit über die Herrschaftsanteile der Parteien. Auch die große Richtung der Politik kann der Wähler kaum beeinflussen. Kleine Parteien spielen Zünglein an der Waage und entscheiden durch ihre Koalitionspräferenzen darüber, wer die Mehrheit im Parlament erhält und die Regierung stellt. Zudem führen abweichende Mehrheiten im Bundesrat dazu, daß alle wichtigen Entscheidungen nur noch von den großen Parteien gemeinsam getroffen werden können. Dann kann der Bürger wählen, wen er will: das Ergebnis bleibt das gleiche.

Auch wenn die großen politischen Parteien sich einig sind, ein politisches Problem *nicht* anzupacken, kann der Wähler mit dem Stimmzettel nichts ausrichten.

So wurden bei der Reform des Grundgesetzes nach der deutschen Vereinigung die allerwichtigsten Verfassungsfragen, die zentrale Herausforderungen unseres politischen Systems markieren, ausgeblendet. Die zwei wichtigsten Themen einer Verfassung sind die Legitimierung der Staatsmacht und ihre Begrenzung. Die Legitimation einer demokratischen Verfassung verlangt, daß sie auf das Volk zurückgeführt wird. Die Begrenzung der Macht verlangt, daß die politische Klasse (einschließlich der politischen Elite) als eigentliche Trägerin der Macht begrenzt und möglichst am Mißbrauch ihrer Macht gehindert wird. Beide Fragen wurden aber nicht behandelt, weil sie direkt oder indirekt die Stellung der politischen Klasse betreffen. Das hing damit zusammen, daß in der Gemeinsamen Verfassungskommission des Bundestags und des Bundesrats,[35] die die Verfassungsreform vorbereiten sollte, die politische Klasse unter sich war.[36] Es ist nun mal schwer, sich am eigenen Schopf aus dem Sumpf zu ziehen.

Auf das Zustandekommen der Verfassung und ihren Inhalt hatte das Volk bisher erst recht keinen Einfluß; hier ist das partizipatorische Defizit eher noch größer. Das ist auch der zentrale Grund, warum in Deutschland bei Verfassungsfragen, so fundamental sie auch sein mögen, jede breite und tiefgehende öffentliche Diskussion fehlt. Das war bei Beratung und Verabschiedung des Grundgesetzes nicht anders als beim Maastricht-Vertrag und bei den Beratungen der Verfassungskommission. Das Gefühl der Parteien, die Bürger nicht überzeugen zu müssen, und das Gefühl der Bürger und Medien, doch nichts bewirken zu können, weil alles schon entschieden sei, nahm jeder großen Debatte schon im Ansatz die Motivation.

5 Die fiktive Demokratie

Doch den beiden zentralen Defiziten (an Repräsentation und an Partizipation) in ihrer ganzen Ungeheuerlichkeit ins Auge zu blicken ist für viele unerträglich. Die Defizite stören das Bild derer, die ohnehin nichts ändern *wollen*. Sie passen auch denjenigen nicht ins Bild, die glauben, ohnehin nichts ändern zu *können*. Der einfachste Weg, die Analysen und Bewertungen und ihre erschütternden Resultate schon im Keim zu ersticken, ist, die Maßgeblichkeit der Lincolnschen Formel pauschal in Abrede zu stellen und damit schlicht zu bestreiten, daß sich die Existenz jener Defizite überhaupt nachweisen läßt.

Vor lauter Furcht, man könnte aus der Lincolnschen Formel übertriebene und praktisch unerfüllbare Folgerungen ziehen und dadurch die Legitimität unserer Demokratie gefährden, weist man die Formel gänzlich zurück und beraubt sich damit auch der Richtschnur für die Ermittlung bekämpfbarer Mängel und die Entwicklung durchsetzbarer Verbesserungsvorschläge.

Statt dessen greift man zu Fiktionen.[37] Das gilt sowohl für die sogenannte Volkssouveränität als auch für die sogenannte Repräsentation. Im Grundgesetz heißt es, alle Staatsgewalt gehe vom Volke aus (Art. 20 GG), und das Volk habe sich »kraft seiner verfassunggebenden Gewalt dieses Grundgesetz gegeben« (Präambel des Grundgesetzes). Dabei wird die Frage, ob das Volk wirklich Einfluß auf den Erlaß und den Inhalt des Grundgesetzes hatte, als irrelevant zurückgewiesen (und deshalb auch nicht auf ihren Realitätsgehalt überprüft). Es wird auch nicht gefragt, ob und in welchem Umfang das Volk Einfluß auf den Inhalt der Politik und auf die Auswahl der Politiker besitzt. Rechtsprechung und herrschende Staatsrechtslehre begnügen sich statt dessen mit einem rein formalistischen Ansatz. Die sogenannte demokratische Legitimation von Staatsorganen wird bejaht, wenn eine rein formal verstandene, beliebig lange »Legitimationskette« vorliegt. Das hat Ähnlichkeit mit dem priesterlichen Handauflegen, durch das der göttliche Segen vermittelt wird.

Auch hinsichtlich der Repräsentation begnügt man sich mit staatsrechtlichen Fiktionen. Die Verfassung postuliert, daß die Repräsentanten sich am Gemeinwohl orientieren, und die Praxis unterstellt, daß dies in der Realität auch wirklich der Fall sei. In der Tradition Hegels wird dem Staat die Sphäre des Gemeinwohls zugeordnet und zur gesellschaftlichen Sphäre (als Sphäre des Eigennutzes) in Gegensatz gesetzt. Der Gegenbeweis wird nicht zugelassen. (Und wenn der Einfluß von Interessenten – angesichts der unübersehbaren Vielzahl von Lobbyisten und der Eigeninteressen und Abhängigkeitsverhältnisse der »Repräsentanten« – gleichwohl nicht mehr wegzuargumentieren ist, rettet man sich in die gleichfalls unrealistische Auffang-Fiktion, die verschiedenen Interessen pendelten sich aus und führten auf diese Weise dann doch wieder zu angemessenen Gesamtlösungen.)

Die Verteidigung des Status quo aufzubrechen wird dadurch zusätzlich erschwert, daß die Verteidiger sich gegen den Vorwurf des Partizipationsdefizits darauf zu berufen pflegen, dieses sei im Interesse der Repräsentation hinzunehmen. Dadurch wird der argumentative »Kriegsschauplatz« derart ausgeweitet, daß brauchbare Ergebnisse im üblichen Diskussionsrahmen erst recht nicht mehr zu erwarten sind, frei nach der Devise: »Wenn du nicht überzeugen kannst, mußt du verwirren!« Konkret: Wer Partizipationsdefizite anprangert, muß sich, selbst wenn er damit durchdringt, meist zusätzlich noch mit dem Einwand auseinandersetzen, solche Defizite seien im Interesse guter Repräsentation hinzunehmen. Und dabei wird die Gemeinwohlorientierung der Repräsentanten wiederum regelmäßig einfach unterstellt – unabhängig davon, ob dies gerechtfertigt ist oder nicht.

Umgekehrt ist die Situation ähnlich: Wer Repräsentationsdefizite anprangert, muß auf den Einwand gefaßt sein, sie beruhten ihrerseits auf der Abhängigkeit der Repräsentanten vom Volk, unabhängig davon, ob eine solche Abhängigkeit wirklich besteht oder das Volk tatsächlich gar keinen Einfluß besitzt.

Die ungeklärte Bedeutung der beiden Grundprinzipien unserer Verfassung, der Volksherrschaft (verstanden als Selbst- oder Mitentscheidung des Volks) und der Repräsentation, ermöglicht es also immer wieder, den einen Grundsatz gegen den anderen auszuspielen, wobei es in der Praxis schwer ist, zu überprüfen, ob ihre ideal postulierten Voraussetzungen in der Realität wirklich gegeben sind.[38] Wie in der Fabel von Hase und Igel sind die Verteidiger des Status quo immer schon vorher da und wissen – dadurch, daß sie die Realität nicht zur Kenntnis nehmen, sondern durch Fiktionen ersetzen – auf alle Kritik eine vermeintliche Rechtfertigung.

6 Wer den Staat beherrscht und warum

Will man den Problemen wirklich auf die Spur kommen, muß man auf Fiktionen verzichten und die treibenden Kräfte der Politik in den Blick nehmen. Nur dann können die strukturellen Entwicklungen verstanden und fruchtbare Reformüberlegungen angestellt werden.
Dazu reicht es nicht, pauschal von »den Parteien« auszugehen, denn diese bestehen aus ganz unterschiedlichen Gruppen. Es ist vielmehr erforderlich, auf die Interessen und Motive der einzelnen Politiker zurückzugehen, die im Zweifel auch dann noch vorherrschen, wenn sie ein repräsentatives Amt innehaben.[39]
Zu diesem Zweck muß man sich klarmachen, daß Politiker heute in der Regel Berufspolitiker mit gewichtigen Eigeninteressen sind. Die Existenz solcher Eigeninteressen (die ja auch keineswegs auf die Politik beschränkt sind) gehört für jeden in der Politik erfahrenen Beobachter zu den Selbstverständlichkeiten. Sie ist eine Tatsache, von der realistischerweise auszugehen ist. Sich dies wirklich klarzumachen und sich nicht durch Fiktionen den Blick trüben zu lassen ist Voraussetzung sowohl für die problemadäquate Analyse als auch für die Entwicklung rechts- und verfassungspolitischer Therapien.[40]
In der von Berufspolitikern beherrschten Verfassungswirklichkeit[41] sind zwei Motive elementar: Das *eine* ist das Interesse an der Mehrheit und damit an der Macht, um welche Regierung und Opposition konkurrieren. Diese Macht kann nach der Idee der Wettbewerbsdemokratie in der parlamentarischen Demokratie jeweils nur eine der beiden »Mannschaften« erwerben, nämlich nur diejenige, die die Wahlen gewinnt und, falls nötig, eine Regierungskoalition zusammenbringt. Die Befriedigung des Machtinteresses (im hier zugrunde gelegten Verständnis) ist also exklusiv in dem Sinne, daß nur eine der beiden Seiten dazu in der Lage ist. Die Parteien sind allerdings keine monolithischen Blöcke, und die Intensität des Machtinteresses innerhalb der siegreichen Partei oder Parteienkoalition ist graduell sehr unterschiedlich ausgeprägt. Die eigentlichen Entscheidungen werden – gerade in Regierungskoalitionen – in aller Regel von relativ wenigen getroffen. Je nach Einfluß kann man zwischen der engsten Führungsspitze (den sogenannten politischen Elefanten) und einem mehr oder weniger weite-

ren Führungskreis unterscheiden. Ihre Entscheidungen werden von allen anderen Mitgliedern der Regierungskoalition dann meist nur noch »abgenickt«. Besitzt die Masse der Abgeordneten (und der sonstigen Berufspolitiker) aber regelmäßig keinen oder nur sehr geringen Einfluß auf die staatlichen Entscheidungen, so ist auch ihr Interesse am Erwerb der Mehrheit begrenzt und tritt gegenüber gewichtigeren Interessen regelmäßig zurück.

Hier kommt nun das *andere* vitale Interesse ins Spiel, das für die meisten Berufspolitiker im Vordergrund steht, das Interesse nämlich, *von* der Politik leben zu können, und zwar möglichst gut und möglichst auf Dauer.[42] Dieses Versorgungsinteresse unterscheidet sich dadurch vom Machtinteresse, daß nicht nur *eine* Seite, also die Spitzenpolitiker der jeweiligen Regierungsparteien, es befriedigen können, sondern gleichzeitig alle Berufspolitiker, also auch die Hinterbänkler der Regierungsparteien und selbst die Angehörigen der parlamentarischen Opposition – und dies auf allen Ebenen des Bundesstaats. Das Versorgungsinteresse ist also dadurch gekennzeichnet, daß es – fraktions- und föderalismusübergreifend – *allen* hauptberuflichen Politikern jedenfalls dem Grunde nach gemeinsam ist (in Regierung und Opposition, in Bund, Ländern und Gemeinden). Daraus folgt, daß Politiker ihr Versorgungsinteresse am wirkungsvollsten nicht durch Konkurrenz, sondern durch Kooperation und Kollusion befriedigen können. Und genau das geschieht in der Praxis.

Bei Hinterbänklern ist das Streben nach dauerhafter Absicherung ihres Status oft besonders ausgeprägt, weil sie – anders als die politische Elite in den vorderen Rängen – ohnehin nicht als Minister oder Inhaber anderer höherer Ämter in Frage kommen und deshalb ihr Versorgungsinteresse nicht gegen das Interesse an Macht und Mehrheit abwägen müssen. Für sie persönlich ändert sich selbst dann, wenn ihre Partei die Wahlen gewinnt und (mit)regiert, nicht allzuviel, jedenfalls nicht so viel, daß der Wunsch, zur Regierungsfraktion zu gehören, in ihrem Kalkül die Dominanz der eigenen Versorgungsinteressen erschüttern könnte.

Das Zusammenwirken der Berufspolitiker bei der Sicherung ihrer übereinstimmenden Interessen (und daraus resultierende politische Kartellierungstendenzen) sind das zentrale Phänomen, das eine moderne Richtung der Politikwissenschaft heute unter dem Begriff »politische Klasse« thematisiert und zu dem in den letzten zehn Jahren

mehrere Abhandlungen erschienen sind.[43] Viele politische Praktiker sehen in der Verwendung des Begriffs »politische Klasse« zwar immer noch eine Art Majestätsbeleidigung.[44] Nachdem auch der frühere Bundeskanzler Helmut Schmidt ebendiesen Begriff in den Mittelpunkt eines Buches gestellt hat,[45] wird sich eine solche Art der Problemverdrängung aber nicht mehr viel länger aufrechterhalten lassen.
Die Eigeninteressen der Berufspolitiker werden nicht unbedingt schon dadurch zum Problem, daß sie überhaupt existieren, sondern erst dadurch, daß die Interessenten selbst an den Schalthebeln der staatlichen Macht sitzen und ihre Interessen deshalb direkt in Gesetze oder Haushaltstitel umsetzen können.[46] Das ist bisher vor allem an der Gestaltung der Regeln, die unmittelbar den Erwerb von Macht, Posten und Geld betreffen, deutlich geworden, insbesondere beim Wahlrecht, bei der Finanzierung von Parteien, die (unter Einbeziehung auch der indirekten Zuwendungen) zu mehr als 60 Prozent aus der Staatskasse subventioniert werden, von Fraktionen und Parteistiftungen, bei denen die Staatsfinanzierungsquote fast 100 Prozent erreicht, bei der großzügigen Versorgung von Politikern und bei der parteipolitischen Vergabe von Posten.
Die politischen Kartelle, die sich über die Fraktionsgrenzen und die verschiedenen Ebenen des föderalistischen Staates hinweg bilden, entmachten die Wähler und schwächen die Kontrolle durch die Öffentlichkeit. Offenheit und Chancengleichheit des politischen Wettbewerbs werden beeinträchtigt. Dies geschieht nicht nur zu Lasten neuer und kleiner Parteien, sondern auch zu Lasten neuer Kandidaten der alten Parteien. Aus der Willensbildung und Kontrolle von unten nach oben droht – in Verkehrung demokratischer Grundsätze – immer mehr eine Willensbildung und Kontrolle von oben nach unten zu werden.
Die Kartellierungs- und sonstige den Wettbewerb beeinträchtigende Vermachtungstendenzen veranlassen die Politikwissenschaftler Richard Katz und Peter Mair, von einer Entwicklung zu »Kartellparteien« zu sprechen. In ihnen haben Berufspolitiker das Sagen, die ihre Position durch Nutzung staatlicher Macht-, Personal- und Geldmittel fast unangreifbar machen und sich gegen Konkurrenz möglichst abschotten.[47]
Da die Regierung und die Opposition gemeinsam über die für Verfassungsänderungen nötigen Mehrheiten im Parlament verfügen, kön-

nen sie auch auf die Verfassungen zugreifen, die damit als Barrieren gegen eigeninteressenbedingte Mißbräuche der Machthaber abzubröckeln und damit ihre Kernfunktion zu verlieren drohen.[48] Verfügt die politische Klasse aber in der Gemeinsamkeit ihrer Interessenlage über die Spielregeln des Erwerbs von Macht, Posten und Geld, so ist sie quasi souverän geworden und damit die Souveränität vom Volk auf die politische Klasse übergegangen.[49]

Das ganze Ausmaß dieses Vorgangs wird in der bisherigen wissenschaftlichen Diskussion aber regelmäßig noch nicht erkannt:

- Einmal geht der Einfluß der Eigeninteressen der Berufspolitiker weit über die Regeln des Macht- und Postenerwerbs und der Politikfinanzierung hinaus. Diese sind nur die sichtbare Spitze des Eisbergs. Da die politische Klasse mitten im Staat an den Schalthebeln der Macht sitzt, wäre es überraschend, wenn sie nicht auch bei allen anderen Aktionen ihre eigenen Interessen im Auge behielte und in ihre Entscheidungen mit einfließen ließe. Der Einfluß der politischen Klasse erfaßt die gesamte Struktur der politischen Willensbildung und prägt die dafür relevanten Institutionen. Er ist deshalb zum Beispiel auch für die Pervertierung des deutschen Bundesstaates, die Vorenthaltung direktdemokratischer Elemente auf Bundesebene und die Erschwerung ihrer Anwendbarkeit auf Landes- und Gemeindeebene mitverantwortlich. Diese in weite Bereiche ausstrahlende Tiefenwirkung der Eigeninteressen der politischen Akteure wird in der Öffentlichkeit allerdings leicht übersehen, weil die Akteure all das ungern zugeben und, wenn es doch manifestiert wird, zu bagatellisieren versuchen. Derartige Abdunklungsversuche werden dadurch erleichtert, daß natürlich weiterhin politischer Wettbewerb zwischen Regierung und Oppostion (und teilweise auch innerhalb der Regierungskoalition und innerhalb der Opposition) besteht. Das andauernde wettbewerbliche Gerangel zwischen den verschiedenen politischen Kräften beherrscht geradezu die Medien und damit auch die tägliche Wahrnehmung. Auf diese Weise pflegen sich die Wettbewerbskomponenten der bundesdeutschen Politik derart in den Vordergrund zu spielen, daß darüber leicht übersehen wird, daß Wettbewerb von vornherein nur in dem bestehenden Rahmen und unter den gegebenen Bedingungen stattfindet. Rahmen und Bedingungen sind nun aber so ausgestaltet, daß die Wettbewerbsprozesse in zentralen Bereichen eingeschränkt, in schiefe Richtungen gelenkt und verfälscht werden. Und jenen Rahmen und jene Bedingungen haben sich die Akteure wiederum selbst gesetzt – und sei es dadurch, daß sie Anpassungen an neue Gegebenheiten abblocken. Damit schließt sich der Kreis. Hauptobjekt der Eigeninteressen der politischen Klasse sind die politischen Institutionen, die sich unter diesem Einfluß allmählich verändern oder trotz geänderter Verhältnisse konserviert werden. Der frühere Bundespräsident Roman Herzog sprach von »Reformblockaden«. Er ließ in seiner Berliner »Ruck-Rede« allerdings die blockierte Reform der politischen Institutionen noch unerwähnt, die das Hauptproblem darstellt. Ebensowenig erwähnte er die politische Klasse, die für Fehlentwicklungen letztlich verantwortlich ist und sich mit Zähnen und Klauen gegen durchgreifende Reformen zur Wehr setzt.

- Zum anderen geht der langfristig-hintergründige Einfluß der Eigeninteressen der Berufspolitiker über die Macht zur Festlegung der formalen Regelungen (und der informellen Standards) weit hinaus: Wer den Staat beherrscht, prägt weitgehend auch die herrschende Ideologie. Über die staatlichen Machtmittel werden auch die gültigen ideologischen Grundvorstellungen beeinflußt und letztlich die Denkkategorien mitbestimmt, nach denen Politik überhaupt wahrgenommen und beurteilt wird. Dies hat – nach manchen Vorläufern – für unsere Zeit der französische Soziologe Pierre Bourdieu überzeugend dargelegt.[50] Die politische Klasse hat die Einrichtungen, die das Denken prägen, insbesondere die gesamte politische Bildung, fest im Griff. Die Bundes- und Landeszentralen für politische Bildung, die Parteistiftungen und die meisten Volkshochschulen sind in ihrer Hand. Kaum ein Schulleiter, der nicht auch unter parteipolitischen Gesichtspunkten berufen wird. Führungskräfte der öffentlich-rechtlichen Medien werden nach Parteibuch bestellt. Der öffentliche Dienst gerät insgesamt immer mehr in den Sog der politischen Klasse. Diese vergibt Ämter mit dem höchsten Ansehen bis hin zu den Bundes- und Landesverfassungsrichtern. Sie verleiht alle Arten von Orden und Ehrenzeichen und verpflichtet sich so fast alle zur Dankbarkeit, die öffentlich etwas zu sagen haben. Das erleichtert es ihr umgekehrt, diejenigen, die wider den Stachel löcken und an die Wurzel gehende Kritik an den Verhältnissen äußern,[51] als politisch inkorrekt zu brandmarken, sie notfalls auch persönlich zu diffamieren und ins politische Abseits zu stellen. Und wenn dann doch einer vom inneren Kreis der Berufspolitiker sich aufrafft, etwas Kritisches zu sagen, wie der frühere Bundespräsident Richard von Weizsäcker mit seiner Parteienkritik, wird das von der politischen Klasse und (fast) allen ihren unzähligen Zuarbeitern als Ausdruck von Undankbarkeit, ja von Verrat hingestellt.

Berufspolitiker verfügen damit in ihrer Gesamtheit – als einzige Berufsgruppe überhaupt – nicht nur über die gesetzlichen und finanziellen, sondern weitgehend auch über die ideologischen Bedingungen ihrer eigenen Existenz.

Die in einem solchen Milieu entwickelte Geisteshaltung war es wohl auch, die den früheren Bundeskanzler und Parteivorsitzenden der CDU Helmut Kohl um des Machterhalts willen noch einen Schritt weiter gehen ließ. Ihm war die parteiinterne Sicherung der eigenen Position offenbar derart wichtig, daß er – vermutlich vorsätzlich und geradezu gewohnheitsmäßig – schwarze Kassen in Millionenhöhe unterhalten ließ und über diese widerrechtlich nicht ausgewiesenen Spenden – unter grobem Verstoß gegen Parteiengesetz und Verfassung – nach persönlichem Gutdünken verfügte.

Der vorstehend entwickelte realistische Ansatz stimmt insofern mit dem Ansatz der sogenannten Neuen Politischen Ökonomie überein, als die Existenz von Eigeninteressen der Politiker anerkannt wird. Wesentliche Unterschiede bestehen allerdings darin, daß die herkömmliche Neue Politische Ökonomie[52] in den politischen Parteien einheitliche Blöcke mit gleichgerichteten Interessen sieht[53] und unterstellt, Politiker könnten das, wonach sie vor allem strebten, nämlich Macht, Prestige und Einkommen, nur auf dem Weg über die Erlangung der Mehrheit und damit der Regierung erreichen.[54] Doch genau dies trifft heutzutage in der von Berufspolitikern geprägten Bundesrepublik nicht mehr zu. Die Mandate sind selbst zu Pfründen geworden, und die kann man auch ohne Wahlsieg der eigenen Partei erlangen oder behalten. Zudem wird die Opposition regelmäßig auch an anderen politischen Pfründen beteiligt, die Einkommen und Status verschaffen, schon deshalb, weil die Regierungsmehrheit für entsprechende »Selbstbedienungs«-Aktionen das Einvernehmen der Opposition zu suchen pflegt, um zu verhindern, daß diese öffentlich und wählerwirksam dagegen opponiert.

Ein zweiter Unterschied besteht darin, daß die Neue Politische Ökonomie von vorgegebenen Institutionen ausgeht. Schumpeter beschwört die Institutionentreue geradezu als Erfolgsbedingung wettbewerblicher Politik.[55] Doch diese Bedingung ist in der Bundesrepublik nicht erfüllt. Die Politiker haben sich die Institutionen nach ihren Interessen modelliert und widersetzen sich aus Eigeninteresse auch nötigen Reformen. Damit sind die Institutionen aber immer weniger in der Lage, den Eigeninteressen der Politiker bleibend und zuverlässig Grenzen zu setzen und die Politik möglichst in die richtige Richtung zu lenken. Indem die Institutionen selbst zum Gestaltungsgegenstand der Eigeninteressen der Akteure werden, ist ihre zunehmende Pervertierung geradezu programmiert.

Ein dritter Unterschied besteht schließlich darin, daß die Neue Politische Ökonomie das eigensüchtige Menschenbild, das auf politische Profis durchaus zutrifft, auch auf die Bürger erstreckt, die zur Wahl oder zur Abstimmung gehen, obwohl hier der staatsbürgerliche Ansatz zumindest nicht weniger realistisch erscheint. Das zeigt bereits der Umstand, daß Bürger überhaupt zur Wahl gehen, obwohl jeder einzelne als einer von vielen doch keinen ins Gewicht fallenden Einfluß nehmen kann.

Diese Erkenntnis eröffnet auch einen möglichen Weg der Abhilfe, nämlich die Aktivierung des Common sense der Bürger. Nur durch Wiedereinsetzung des Souveräns kann die angemaßte Ersatz-Souveränität der politischen Klasse gebrochen werden. Nur so lassen sich die nötigen Reformen der Institutionen zumindest anschieben.

7 Berufspolitiker: Statussicherung durch Ausschalten der Verantwortung

In Diskussionen über den Zustand unserer Demokratie wird das Auseinanderfallen von Entscheidung und Verantwortung zunehmend als maßgebliche Wurzel für Fehlentwicklungen erkannt.[56] Und derartige Feststellungen treffen in der Tat einen Kern der Problematik. Ohne zurechenbare Verantwortung für Handeln oder Nichthandeln kommt nirgendwo etwas Vernünftiges zustande, auch nicht in der Politik. Im Fehlen zurechenbarer Verantwortung liegt auch die tiefere Ursache für die beiden oben genannten Defizite: Repräsentation setzt zu ihrem Funktionieren Entscheidungsbefugnis *und* Entscheidungsverantwortung notwendig voraus. Auch die Mitbestimmung der Bürger, insbesondere ihr Wahlrecht, läuft ohne diese Voraussetzung leer. Ohne zurechenbare Verantwortung leidet beides zwangsläufig Not: Einmal entfällt die Möglichkeit der Bürger, mit dem Wahlzettel gute Politik zu belohnen und schlechte zu bestrafen. Zum anderen fehlen dann auch die Anreize für die Politiker. Wenn doch nichts zugerechnet werden kann, warum sollen sie sich dann den Mühen und den zahlreichen Fährnissen guter Politik und den Widerständen, gegen die sie regelmäßig durchgesetzt werden muß, aussetzen?

Die Diskussion um Verantwortungsmängel im Bereich der Politik bleibt aber regelmäßig auf halbem Wege stehen. Man sieht zwar, daß das Auseinanderfallen von Entscheidung und Verantwortung seinen eigentlichen Grund in mangelhaften Institutionen hat und Verbesserungen deshalb zuallererst institutionelle Reformen verlangen.[57] Es wird aber nicht erkannt (oder jedenfalls nicht ausgesprochen), daß die institutionellen Perversionen ganz wesentlich durch das Wirken der Eigeninteressen der Akteure bedingt sind.

Berufspolitiker wollen ihren Status sichern, und dabei ist Individualverantwortung im Weg. Man versucht deshalb die Entscheidung auf möglichst viele Schultern zu verlagern und sich dadurch politisch unangreifbar und unverwundbar zu machen. Ähnlich wie wirtschaftliche Unternehmen aus Eigeninteresse die Tendenz haben, den für die Gemeinschaft so segensreichen, für sie selbst aber unbequemen Wettbewerb möglichst auszuschalten, tendieren auch Politiker zu wettbe-

werbsbeschränkenden Praktiken, die die Verantwortung für ihre Entscheidungen versickern lassen und es ihnen erleichtern, auch bei Fehlentscheidungen im Amt zu bleiben (eben weil es an zurechenbarer Veranwortung fehlt). Jedes politische Kartell ist eine Flucht aus der Verantwortung, ja, darin liegt geradezu ihr Wesen begründet. Wo alle mitentscheiden, trägt niemand wirklich die Verantwortung und hat bei Versagen Sanktionen zu fürchten.
Es geht dann allen Mitgliedern der politischen Klasse – wenn auch auf Kosten der gesamten Gemeinschaft – besser, und sie brauchen sich nicht durch Leistung immer wieder zu bewähren. Es herrscht »credit claiming« (allseitiges Beanspruchen von Verdiensten) und »scapegoating« (wechselseitiges Zuschieben des Sündenbocks): Erfolge stecken sich alle an den Hut. Für Mißerfolge werden jeweils die anderen verantwortlich gemacht.
Vor diesem Hintergrund werden viele Merkwürdigkeiten unserer bundesrepublikanischen Institutionen erst nachvollziehbar.
Das gilt zum Beispiel für das Verhältniswahlrecht, das die auf sicheren Plätzen nominierten Kandidaten von den Wählern unabhängig und damit ihnen gegenüber unverantwortlich macht, das regelmäßig zu Koalitionen zwingt und es damit nicht nur in die Hand kleiner Parteien legt, wer regiert, sondern es auch erschwert, politische Entscheidungen (oder Nichtentscheidungen) einer bestimmten Partei zuzurechnen.
Auch das ganze Rekrutierungs- und Nominierungsverfahren innerhalb der großen Parteien ist ein Verfahren, das Verantwortung geradezu abtötet. Entscheidend ist die möglichst weitgehende Anpassung an gängige Auffassungen im Rahmen der sogenannten Ochsentour. Wer eigene Ideen hat, wird im alles entscheidenden Kampf um die Nominierung eher zurückgeworfen. Für die Ochsentour sind vor allem »Zeitreiche« und »Immobile« prädestiniert. Die mögliche Leistungsfähigkeit der Kandidaten im Parlament spielt für die Nominierung praktisch ebensowenig eine Rolle wie die parlamentarischen Leistungen der Abgeordneten für ihre Wiedernominierung.
Gerade bei Verteidigung eines einmal errungenen Mandats ist die Absicherung gegen Wettbewerber ein wichtiges Instrument, um sich gegen eine Abwahl zu immunisieren. Dafür setzen die Abgeordneten auch den von ihnen beherrschten Staatsapparat ein und haben sich auf diese Weise eine solche Fülle von selbstbewilligten personellen

und finanziellen Privilegien geschaffen, daß selbst qualifizierteste Herausforderer meist keine Chance besitzen, sie abzulösen.
Ein Beispiel: Bundestagsabgeordnete haben ihre Amtsausstattung mit Mitarbeitern sprunghaft ausgeweitet. Bundestagsabgeordnete erhalten bekanntlich eine steuerpflichtige Bezahlung von über 150 000 Mark jährlich, eine dynamisierte steuerfreie Kostenpauschale von etwa 75 000 Mark jährlich und eine staatsfinanzierte Altersversorgung. Zusätzlich erhalten sie aber noch – und das ist in der Öffentlichkeit kaum bekannt – bis zu 240 000 Mark jährlich für die Bezahlung von Mitarbeitern. Das erlaubt es ihnen, im Durchschnitt sechs vom Staat bezahlte (Teil- und Vollzeit-)Mitarbeiter zu beschäftigen, die sie auch vor Ort einsetzen und die ihnen im alles entscheidenden Kampf um die parteiinterne Wiedernominierung einen schier uneinholbaren Vorteil gegenüber jedem Herausforderer verschaffen.
Der Wunsch, die Verantwortung für heikle Entscheidungen zu verschleiern, stand Pate auch bei dem vorerst gescheiterten Versuch des Bundestags, die Diäten an die Bezüge von Bundesrichtern zu koppeln. Zwar setzt der Bundestag (durch Besoldungsgesetze) auch die Bezahlung von Richtern fest. Doch daß er dann indirekt letztlich doch wieder den finanziellen Status seiner eigenen Mitglieder bestimmt hätte, wäre verwischt und verunklart worden.
Bezeichnend ist auch, daß bei Honorierung von Politikern nach Ausscheiden aus ihrem Amt die Frage nach den Gründen für das Ausscheiden regelmäßig nicht die geringste Rolle spielt. Politiker erhalten hohe Übergangsgelder und vorzeitige Pensionen selbst dann in voller Höhe, wenn sie ihre Demission grob schuldhaft herbeigeführt (oder einfach keine Lust mehr) haben. Der Zusammenhang von politischer Fehlentscheidung und finanzieller Folgenverantwortung wird ausgeschaltet.
Auch viele sonstige – anders schwer erklärbare – Beobachtungen lassen sich erst verstehen, wenn man die Tendenz von Politikern in Rechnung stellt, die Verhältnisse so zu gestalten, daß zurechenbare Verantwortung möglichst vermieden wird. So lassen sich – bezogen auf die Institutionen unseres Bundesstaats – Erklärungen etwa dafür finden,

- daß den Ländern immer mehr Kompetenzen entzogen wurden, ohne daß die Landesparlamente sich dagegen wirklich zur Wehr gesetzt hätten;

- daß die Länder von ihren noch verbliebenen Gesetzgebungskompetenzen keinen kraftvollen Gebrauch machen, sondern dazu tendieren, eine Art gesetzlichen Einheitsbrei zu erlassen;
- daß die Länder auch sonst in Hunderten von interföderalen Gremien alles miteinander abstimmen und so die Verantwortung auf viele Schultern verteilen. Ein Beispiel ist die Kultusministerkonferenz, von der Robert Leicht, der frühere Chefredakteur der Wochenzeitung *Die Zeit*, gesagt hat, sie müßte »als kryptozentralistische Institution eigentlich abgeschafft« werden. Sie diene »weder einem echten Föderalismus noch einem echten Zentralismus«, sondern blockiere »unter dem Vorwand des koordinierten Handelns das Handeln selbst«.[58]

Wenn unsere Kernthese zutrifft, daß Verzerrungen der Institutionen wesentlich durch das Wirken der Eigeninteressen der politischen Akteure bedingt sind, hat dies natürlich Auswirkungen auch auf notwendige institutionelle Reformen. Dann haben Reformen nämlich keine Chancen, wenn es nicht gelingt, Gegenkräfte zu aktivieren, die stark genug sind, die Interessen der politischen Klasse in die Schranken zu weisen. Dafür kommt aber nur der Demos selbst in Betracht. Soweit Repräsentanten für ihre Entscheidungen nicht mehr verantwortlich gemacht werden können, erscheint es nur konsequent, das Volk, das die Folgen gesamtpolitischer Entscheidungen letztlich »auszubaden« hat, auch wieder verstärkt in die politische Willensbildung einzubeziehen.

8 Schluß: Rückbindung der Politik an die Bürger

Thema dieses Buchs sind Föderalismus und direkte Demokratie, weil sich einerseits in ihnen die Fehlentwicklungen besonders nachhaltig zeigen, Verbesserungen sich andererseits vor allem über den Einsatz direktdemokratischer Elemente erreichen lassen. Deutliche Parallelen ergeben sich für die Europäische Union. Wir wissen inzwischen, daß

- die Bürger fast nichts zu sagen haben,
- die Politik weitgehend handlungsunfähig ist,
- beides mit mangelhaften politischen Institutionen zusammenhängt,
- die Eigeninteressen der Berufspolitiker mit zur Pervertierung der Institutionen führen und auch Reformen zum Besseren verhindern,
- die politische Klasse aus eigenem Überlebensinteresse daran interessiert ist, die Verantwortung ganz systematisch auf so viele Schultern zu verteilen, daß niemand für Fehlentscheidungen wirklich verantwortlich gemacht werden kann,
- Abhilfe deshalb nur dadurch möglich ist, daß die Bürger aus der Reserve treten und wieder mehr Entscheidungen selbst treffen – wie überall wo die Beauftragten versagen und die Auftraggeber die Schlüsselentscheidungen wieder an sich ziehen,
- dazu die Einführung bzw. der Ausbau direktdemokratischer Elemente und das Gebrauchmachen von ihnen unverzichtbar sind.

Alle diese Erkenntnisse, die wir aus Beobachtungen der politischen Klasse einschließlich der politischen Elite, der Politikfinanzierung, des Wahlrechts, der Politikerrekrutierung und anderer für den sogenannten Parteienstaat typischer Erscheinungen gewonnen (und in früheren Arbeiten dargestellt) haben, werden nun durch die Strukturen unseres bundesrepublikanischen Föderalismus noch außerordentlich verstärkt; zugleich wird hier besonders deutlich, daß Änderungen zum Besseren die Einbeziehung direktdemokratischer Elemente verlangen:

- Die Mitwirkung der Bürger an der politischen Willensbildung wird durch die Institutionen des Föderalismus nicht gestützt, wie die Föderalismustheorie behauptet, sondern erst recht reduziert.

- Auch die Handlungsfähigkeit der Staatsorgane wird noch weiter geschwächt, so daß sich in der Realität genau das Gegenteil dessen ergibt, worin gemeinhin der Sinn des Föderalismus gesehen wird.
- So wird bei Analyse des bundesrepublikanischen Föderalismus besonders klar, welche perversen Auswirkungen politische Institutionen haben können.
- Zugleich tritt die Flucht der Politiker aus der Verantwortung in den föderalistischen Strukturen besonders hervor. Die Entscheidung auf so viele unterschiedliche Schultern zu verteilen, daß die politischen Zurechnungsmechanismen am Ende alle leer laufen, scheint geradezu zum Zweck des Föderalismus geworden zu sein.
- Hier läßt sich auch besonders gut demonstrieren, daß die Fehlentwicklungen ganz wesentlich dem Wirken der Eigeninteressen von Berufspolitikern zuzuschreiben sind.
- Der größte Teil der politischen Klasse ist in den Ländern und Kommunen angesiedelt, obwohl die politische Musik im Bund spielt. Die meisten Parlamentarier sind Landesparlamentarier. Ämterpatronage findet – wegen des Schwergewichts der Verwaltung in den Ländern und Kommunen – quantitativ vor allem dort statt.
- Abhilfe ist vor allem von einer Heranführung der Politik an den Common sense der Bürger zu erwarten. Es bedarf einer Aktivierung der Elemente direkter Demokratie. Das gilt sowohl für einzelne Entscheidungen als auch für die Neukonstituierung der Institutionen der politischen Willensbildung. Gerade für letztere sind Volksbegehren und Volksentscheid besonders geeignet. Doch auch hier bedarf es ausgeklügelter Durchsetzungsstrategien. Denn daß wir bisher in Deutschland wenig effektive direkte Demokratie haben, hängt auch wieder mit den Eigeninteressen der politischen Klasse zusammen. Noch immer – und trotz der gesetzlichen Neuregelungen der letzten Jahre – ist »die Geschichte der direkten Demokratie in Deutschland« in weiten Teilen geradezu »eine Chronik ihrer legislativen und administrativen Sabotage«.[59]

Besonders faszinierend (aber auch erschreckend) ist die Parallele auf »höherer« Stufe: Fast alle vorgenannten Probleme tauchen auf der Ebene der Europäischen Union – allerdings zum Teil in abgewandelter Form – wieder auf. Die entsprechenden Fragen auf europäischer Ebene zumindest ganz knapp aufzugreifen liegt deshalb nahe.

Teil 2:
Aus Scheu vor der Verantwortung: Fortschreitende Selbstauflösung der Bundesländer

9 Einleitung: Der Föderalismus hält nicht, was er verspricht

Die Schlüsselrolle von Institutionen wurde oben bereits hervorgehoben. Diese Feststellung ist in bezug auf den bundesdeutschen Föderalismus zentral, weil er neuerdings geradezu als Eldorado für institutionelle Mängel der Politik gilt.
Es wird im folgenden also – am Beispiel der Institutionen unseres bundesrepublikanischen Föderalismus – darum gehen zu prüfen, inwieweit die derzeitige Organisation und die »Spielregeln« der politischen Willensbildung heute noch passen und in welche Richtung sie gegebenenfalls fortentwickelt werden müßten, zugleich aber auch darum, ob und wie derartige Änderungen politisch durchgesetzt werden könnten. Der Komplex Föderalismus fordert einen solchen Ansatz geradezu heraus.
In der Vergangenheit standen derartige Untersuchungen, die die Organisation der öffentlichen Gewalt und damit das Innere des Gesamtstaates betreffen, lange im Schatten des rechtswissenschaftlichen Interesses. Die Wissenschaft vom Öffentlichen Recht konzentriert sich traditionellerweise auf die sogenannten außenwirksamen Akte des Staates, also auf die unmittelbaren staatlichen Einwirkungen auf die Bürgersphäre, seien es nun Eingriffe (»in Freiheit und Eigentum« der Bürger), seien es staatliche Leistungen. Öffentliches Recht war lange gleichbedeutend mit »Außenrecht« und betraf nicht auch den staatlichen Innenbereich, weshalb beispielsweise das Wirtschaftlichkeitsprinzip, das sich auf Staatsinterna bezieht (also auf die Verteilung der Zuständigkeiten unter verschiedenen staatlichen Organen und Gebietskörperschaften und die Regelung ihres Zusammenwirkens zur Erzielung angemessener staatlicher Entscheidungen), lange nicht als *Rechts*prinzip angesehen wurde.[1] Dem öffentlichen Recht ging es um die Sicherung (und um die durch Inanspruchnahme der Verwaltungsgerichte ermöglichte Verteidigung) der Grenzlinie zwischen Staat und Gesellschaft.
Daß diese Grundhaltung das Öffentliche Recht auch heute noch in einigem Umfang prägt, sieht man zum Beispiel daran, daß Bürger die Verwaltungs- und Verfassungsgerichte zulässigerweise nur zum Schutz ihrer unmittelbaren Eigeninteressen anrufen können, also

nicht auch dann, wenn sogenannte öffentliche Interessen auf dem Spiel stehen, obwohl diese in Wahrheit nichts anderes sind als wiederum die – wenn jetzt auch aggregierten – Bürgerinteressen selbst.[2]
Was in unserem Zusammenhang von besonderem Interesse ist, ist das zugrundeliegende Vorverständnis. Denn hinter der stiefmütterlichen Behandlung öffentlicher Interessen steht eine Grundvorstellung von großer Bedeutung und Reichweite, die Vorstellung nämlich, daß die öffentlichen Interessen sich mehr oder weniger von selbst Geltung verschaffen, das heißt, ohne korrigierende Einwirkung durch das Recht und die Gerichte in ausreichendem Maße realisiert werden. Derartige Vorstellungen beruhten früher vor allem auf der Erwartung, die Exekutive (mit dem auf das Gemeinwohl verpflichteten öffentlichen Dienst und dem Monarchen als »erstem Diener« seines Staates an der Spitze) sei geradezu der geborene Vertreter des öffentlichen Interesses. Heute beruht jene immer noch weitverbreitete (und bis vor kurzem auch noch die Finanzwissenschaft und die Wissenschaft von der Wirtschaftspolitik beherrschende) Vorstellung, die öffentlichen Interessen realisierten sich quasi von selbst, vor allem auf zwei gedanklichen Beinen: einmal auf der Hoffnung auf die demokratische Parteienkonkurrenz um die Macht auf Zeit, ein Mechanismus, der die Politik und die Politiker an die Wählerwünsche zurückbinden soll, zum zweiten auf der Hoffnung auf das Repräsentationsprinzip, das den Repräsentanten eine gewisse Autonomie vom unmittelbaren Wählervotum gibt, gerade um der besseren Wahrung von öffentlichen Interessen willen. Dabei liegt wiederum die aus dem Bismarckschen Konstitutionalismus (mit seinem Dualismus von monarchisch bestimmter Exekutive und dem ebenfalls monarchisch zusammengesetzten Bundesrat einerseits und dem demokratischen Reichstag andererseits)[3] und aus dem Liberalismus überkommene Erwartung zugrunde, die Repräsentanten würden jene Autonomie wirklich auch im öffentlichen Interesse nutzen.
Doch hier liegt in Wahrheit das eigentliche Problem, und dieses Problem kommt bei der Analyse des bundesdeutschen Föderalismus möglicherweise deutlicher heraus als in anderen Bereichen: Wie, wenn Politiker sich nicht vom Gemeinwohl, sondern vornehmlich von Eigeninteressen leiten lassen und dementsprechend ihre Autonomie auch vornehmlich zur Befriedigung ihrer Eigeninteressen nutzen? Diese Frage stellt sich hinsichtlich des Föderalismus um so nachdrück-

licher, als hier die Immunität der politischen Akteure von der demokratischen Kontrolle faktisch besonders ausgeprägt ist.

Wie im folgenden aufgezeigt wird, bewirken die Verwerfungen des bundesdeutschen Föderalismus vor allem eines: Sie lösen die politischen Akteure aus den Bindungen an die Wähler und erweitern so ihre (kollektive) Unabhängigkeit in gewaltige, mit dem Bild der Demokratie eigentlich kaum noch zu vereinbarende Dimensionen hinein. Diese gesteigerte Abgehobenheit ließe sich allenfalls durch besonders große Leistungsfähigkeit des Systems rechtfertigen. Wenn Demokratie – entsprechend der Lincolnschen Formel (siehe S. 26) – Regierung *durch* das Volk und *für* das Volk ist, könnte ein Weniger an Bürgerpartizipation und Bürgerkontrolle durch ein Mehr an inhaltlicher Richtigkeit und an Innovationspotential bis zu einem gewissen Grad kompensiert werden. Aber liegen solche größere Effizienz und solch gesteigertes Innovationspotential denn wirklich vor, oder fehlt es in Wahrheit nicht daran ebenfalls? Die Relevanz dieser Fragen wurde einer breiten Öffentlichkeit am Beispiel der vieldiskutierten sogenannten Politikblockade (zwischen Bundestag und Bundesrat) gegen Ende der Ära Kohl besonders deutlich.

Die folgenden Ausführungen werden zeigen, daß die Entwicklung des bundesrepublikanischen Föderalismus dazu geführt hat, daß die Institutionen den ihnen zugedachten Sinn nicht mehr erfüllen: Der Föderalismus hält nicht mehr, was er verspricht. Die Aufteilung der Staatsmacht zwischen Bund und Ländern ermöglicht weder mehr Bürgerpartizipation, noch führt sie inhaltlich zu größerer Sachgerechtigkeit der politischen Entscheidungen, im Gegenteil: Der Föderalismus führt in seiner real existierenden bundesrepublikanischen Ausprägung faktisch zu einem eklatanten Weniger an *beiden* Grundwerten der Lincolnschen Formel.

Die folgende Analyse will die Fülle der Einzelerscheinungen, die den bundesrepublikanischen Föderalismus prägen, zu einem Gesamtbild zusammenfügen. Dafür reicht es natürlich nicht aus, das vordergründige föderalistische Idealbild, wie es in Sonntagsreden und in Lehrbüchern der politischen Bildung immer wieder entworfen wird, für bare Münze zu nehmen und zu reproduzieren. Die Tatsachen sind in Wahrheit ganz andere. Schon das zu erkennen ist allerdings nicht leicht und verlangt eine intensive Beschäftigung mit dem tatsächlichen Ablauf der höchst komplizierten föderalistischen Mechanismen, die sich für

Außenstehende nur schwer erschließen, und setzt die Verarbeitung der umfangreichen Spezialliteratur voraus, geht aber weit über die komprimierte Zusammenstellung des wissenschaftlichen Diskussionsstands hinaus. Will man nicht in den Details ersticken, ist es erforderlich, die großen Linien herauszuarbeiten, um – angesichts der vielen Bäume – den Wald nicht aus dem Blick zu verlieren. Dies verlangt eine ganze Reihe von methodischen Weichenstellungen.

Einmal geht es nicht ohne Orientierung an tragfähigen Bewertungsmaßstäben, was sehr viel selbstverständlicher erscheinen mag, als es tatsächlich ist. Die Wissenschaft tut sich hier unglaublich schwer, so daß die Bewertungsfrage zwischen alle Stühle der etablierten wissenschaftlichen Spezialdisziplinen zu fallen droht. Demgegenüber werden in diesem Buch ganz bewußt Wertungen einbezogen und ihnen die Lincolnsche Formel zugrunde gelegt.

Ohne Orientierung an der Lincolnschen Formel kann man zu den beiden Schlüsselfragen gar nicht gelangen, der Frage nach der Bürgerpartizipation und der Frage nach ausgewogener und möglichst richtiger Politik. Schon gar nicht gelangt man dann zu dem Ergebnis, das an Dramatik eigentlich gar nicht zu überbieten ist, daß nämlich der bundesrepublikanische Föderalismus nach beiden Kriterien keine positiven, sondern negative Ergebnisse zeitigt.

Die zweite weichenstellende Erkenntnis ist das Gewicht der Eigeninteressen der politischen Klasse, die dritte die Bedeutung der Institutionen. Die folgenden Ausführungen werden nicht nur zeigen, daß die Institutionen die ihnen zugedachten Funktionen nicht mehr erfüllen, sondern sie werden auch aufzeigen, daß die Akteure die Perversion der Institutionen selbst herbeigeführt und Reformen zum Besseren verhindert haben. Vor diesem Hintergrund wird sich dann auch die Frage erschließen, welche Reformen sinnvoll und vordringlich erscheinen und wie sie gegen die Eigeninteressen der politischen Akteure dennoch durchgesetzt werden können.

Wenn es bisher auch an exakten, alle relevanten Gesichtspunkte einbeziehenden Analysen fehlt, so nimmt das Unbehagen am bundesrepublikanischen Föderalismus, wenn auch oft diffus und auf Einzelaspekte beschränkt, rasch zu. Das verbreitete Unbehagen läßt sich an vielen Stellen konkret festmachen. Da sind die Verfassungsklagen der Länder Baden-Württemberg, Bayern und Hessen gegen den Finanzausgleich. Diese Klagen markieren aber nur die Spitze des Eisbergs.

Das Unbehagen reicht tiefer und geht weit über die Finanzen und über verfassungs*rechtlich* Greifbares hinaus und tief in den Bereich der Verfassungs*politik* hinein.

Indikator für das rasch wachsende Problembewußtsein ist nicht nur eine Fülle von Symposien und Tagungen zum Thema Föderalismus,[4] sondern auch ein bemerkenswerter Umschwung der Meinungen bei nachdenklichen Spitzenpolitikern, allen voran dem früheren Bundespräsidenten. Während Herzog in seiner oben erwähnten Berliner »Ruck-Rede« von institutionellen Reformen noch nichts wissen wollte, vollzog er kaum ein Jahr später einen bemerkenswerten Meinungswandel und mahnte in seiner Paulskirchen-Rede vom 18. Mai 1998 eine grundlegende Reform unseres Föderalismus an.[5] Ein anderes Beispiel ist Rupert Scholz, früher Bundesverteidigungsminister und jetzt rechtswissenschaftliche Allzweckwaffe der CDU/CSU. Scholz überraschte im Herbst 1997 die Öffentlichkeit mit weitgehenden Reformvorschlägen zum Föderalismus,[6] nachdem er wenige Jahre vorher als Vorsitzender der Gemeinsamen Verfassungskommission die beste Möglichkeit gehabt hätte, derartige Reformen wirklich anzustoßen, ohne damals aber davon Gebrauch zu machen.

Auch im Bereich der Wissenschaft ist ein bemerkenswerter Auffassungswandel zu beobachten. Ein eindrucksvolles Beispiel ist Ernst-Wolfgang Böckenförde, früher Bundesverfassungsrichter und Professor des Staatsrechts in Freiburg. Böckenförde hatte noch 1980 in einer vielbeachteten Abhandlung[7] zwar »die wachsende Spannung von bundesstaatlicher Ordnung und parlamentarischer Demokratie« scharfsinnig wie kaum ein zweiter analysiert, das gesamte Erscheinungsbild aber gleichwohl nicht nur als verfassungsrechtlich unproblematisch, sondern ausdrücklich auch als verfassungs*politisch* akzeptabel hingestellt.[8] Demgegenüber gelangt Böckenförde in einer neueren Abhandlung, sicher mitbedingt auch durch die seitherigen Erfahrungen, zu einer sehr viel kritischeren Bewertung und empfiehlt eine umfassende rechts- und verfassungspolitische Reformdebatte.[9]

10 Ein Lehrstück in Macht- und Statuspolitik: Wie die kommunale Gebietsreform durchgesetzt und die Neugliederung der Länder verhindert wurde

Da der Charakter des Föderalismus ganz wesentlich von der Gebietsstruktur der Gliedstaaten geprägt wird, wollen wir von der gescheiterten Neugliederung der Bundesländer ausgehen[10] und, sozusagen zur Kontrolle, auch fragen, warum – umgekehrt – eine solche Neugliederung auf kommunaler Ebene gelang.[11] Diese Diskrepanz in der Durchsetzung der gebietlichen Neugliederung ist um so bemerkenswerter, als die Väter des ganzen Konzepts wie selbstverständlich davon ausgegangen waren, eine kommunale Neugliederung müsse mit einer Neugliederung auch der Länder verbunden werden.[12]

Die Bedeutung der Frage der Neugliederung erschließt sich allerdings erst aus einer Gesamtbetrachtung, die die unterschiedlichen Ziele im Auge behält. Das Ziel der Neugliederung ist die Schaffung leistungsfähiger und annähernd gleich großer Bundesländer. Dieses Ziel erhält seinen eigentlichen Sinn erst vor dem Hintergrund eines ausgeprägten Strebens nach gleichen oder gleichwertigen Lebensverhältnissen zwischen den Ländern, wie es in der Bundesrepublik als typisch gilt. Verzichtet man dagegen auf das Ziel, gleichwertige Lebensverhältnisse zu schaffen, verliert auch die Frage der Neugliederung ihre Relevanz. In der Schweiz und den USA, wo ungleiche Lebensverhältnisse sehr viel eher toleriert werden als in Deutschland, kommt die Frage der Neugliederung gar nicht erst in den Blick. Hält man dagegen an dem Ziel gleichwertiger Lebensverhältnisse fest wie in Deutschland, muß man – mangels durchgreifender Ländergebietsreform – auf Ersatzformen ausweichen: Gemeinschaftsaufgaben und Bundeszuschüsse einerseits und einen umfassenden und vielfach überfrachteten Finanzausgleich andererseits. Deren Probleme werden inzwischen vielfach erkannt und herausgestellt. Die Gesamtbetrachtung sollte jedoch die wechselseitige Bedingtheit der Fragen im Blick behalten. Werden gleichwertige Lebensverhältnisse nicht als Ziel aufgegeben, wird man auf die genannten Ersatzformen trotz ihrer vielen Mängel wohl nur

verzichten können, falls eine durchgreifende Gebietsreform gelänge.[13] Vor diesem Hintergrund erhalten die Frage der Neugliederung des Bundesgebiets und die Erfahrung ihres Scheiterns, wie sie im folgenden skizziert werden, erst ihre eigentliche Bedeutung.
Nach dem Zusammenbruch von 1945 und der Auflösung Preußens wurden die Länder und ihre Grenzen neu festgelegt und vorläufig zusammengestückelt, was sich vor allem in der Entstehung der sogenannten Bindestrich-Länder widerspiegelt. Im Westen kann man unter den Flächenländern nur bei Bayern einigermaßen von der Beibehaltung traditioneller Grenzen sprechen.
Es war von Anfang an klar, daß einige der besatzungsrechtlichen Kunstprodukte keinen Bestand haben sollten und eine Neugliederung des Bundesgebiets erfolgen müsse, um lebensfähige Länder zu schaffen, die »nach Größe und Leistungsfähigkeit die ihnen obliegenden Aufgaben wirksam erfüllen können« (so der Wortlaut des Art. 29 Abs. 1 GG). Da die Ministerpräsidenten sich jedoch vor 1949 – trotz eines dahin gehenden Auftrags der westlichen Militärgouverneure[14] – darüber nicht einigen konnten,[15] wurde die Aufgabe verschoben, und ein zwingender verfassungsrechtlicher Auftrag zur Neugliederung der Bundesrepublik[16] ins Grundgesetz aufgenommen (»Das Bundesgebiet *ist* ... neu zu gliedern«), wobei die letzte Entscheidung einem Volksentscheid im gesamten Bundesgebiet vorbehalten sein sollte.[17] Art. 29 GG machte die Neugliederung ganz bewußt zur Sache des Bundes, um zu verhindern, daß die Länder in eigener Sache abschließend entscheiden könnten und dabei Besitzstandsinteressen eine zukunftsweisende Regelung blockierten. Ziel der vorgeschriebenen Neuregelung war es, die geschichtswidrigen und unrationellen Entscheidungen der Besatzungsmächte zu korrigieren und Länder zu schaffen, die nach Größe und Leistungsfähigkeit ihre Aufgaben wirksam erfüllen können.[18] Die Vorschrift sollte damit die »Grundlage für Fortbestand und Legitimation des föderalen Gedankens« sichern.[19]
Das Vorhaben blieb jedoch hoffnungslos stecken (mit Ausnahme der gesondert in Art. 118 GG vorgesehenen Neuregelung im Südwesten, die 1952 erfolgte und aus den damaligen Ländern Baden, Württemberg-Baden und Württemberg-Hohenzollern das heutige Baden-Württemberg entstehen ließ). Der letzte Anlauf war die Einsetzung einer Sachverständigenkommission unter Vorsitz des früheren Staatssekretärs Werner Ernst. Ihre Vorschläge aus dem Jahre 1972 – sie

empfahl eine Zusammenlegung der vorhandenen zehn westdeutschen Länder (ohne Berlin) zu fünf oder alternativ sechs Ländern[20] – wurden aber von den kleineren Ländern entschieden abgelehnt: Hamburg, Bremen, Rheinland-Pfalz, Schleswig-Holstein und das Saarland wollten nicht in größeren Bundesländern aufgehen. Und die Bundesregierung und die größeren Länder machten keine Anstalten, diesen Widerstand zu überwinden oder auch nur eine breite öffentliche Diskussion über das unbequeme Thema in Gang zu bringen. Zu sehr rührte die Neugliederung an Besitzstände nicht nur der etablierten Parlamente, Regierungen und Verwaltungen der betroffenen Länder, sondern auch der regionalen Gliederungen der politischen Parteien, der Kammern und Verbände.[21] Damit war genau das eingetreten, was man mit der zwingenden grundgesetzlichen Vorschrift hatte verhindern wollen.

Um die immer offensichtlicher werdende Verfassungswidrigkeit des mehr als ein Vierteljahrhundert dauernden Nichthandelns des Bundes[22] zu beheben, wurde nicht etwa die erforderliche große politische Anstrengung unternommen, den Auftrag des Grundgesetzes endlich zu erfüllen. Vielmehr wurde der Widerspruch zwischen Verfassungsrecht und Wirklichkeit zu Lasten der Norm aufgelöst und schließlich im Jahre 1976 das Grundgesetz entschärft: Aus der bisherigen *Muß*-wurde eine bloße *Kann*-Bestimmung (»Das Bundesgebiet *kann* neu gegliedert werden«) – und damit das ursprüngliche Vorhaben praktisch ad acta gelegt. Zugleich lag nun die letzte Entscheidung nicht mehr beim *Bundes*volk, sondern wurde von Volksentscheidungen in den betroffenen Ländern oder Gebietsteilen abhängig gemacht. Dadurch wurde die Neuregelung praktisch vollends unmöglich gemacht – ein Sieg von Partikularismen und Machtinteressen von Landesfürsten, Landesparteien und sonstigen Landesinstitutionen, die um Einfluß und Status bangten. Gemeinwohlbelange hatten das Nachsehen.[23]

Die Schwierigkeit einer Neugliederung unter derartigen Bedingungen unterstrich auch der gescheiterte Zusammenschluß der beiden Länder Berlin und Brandenburg, der von Zweidrittelmehrheiten in beiden Parlamenten *und* von Volksabstimmungen abhängig gemacht wurde. Die qualifizierten Mehrheiten in beiden Parlamenten kamen zustande, was einen bemerkenswert uneigennützigen und keineswegs selbstverständlichen Schritt der Amts- und Mandatsträger beider Länder darstellte.[24] Doch bei der Volksabstimmung vom 5. Mai 1996 stimmten zwar die Berliner zu, aber 62,7 Prozent der abstimmenden Brandenburger sprachen sich gegen den Zusammenschluß aus. Bei den eher ländlich strukturierten Brandenburgern überwogen die – von der PDS massiv geschürten – Ängste, von den großstädtischen und überwiegend westlich geprägten Berlinern an die Wand gedrückt zu werden.[25] Hier waren also Sonderfaktoren am Werk, die sich schwerlich generalisieren lassen: der doppelte Minderwertigkeitskomplex der Landbevölkerung gegenüber dem Großstädter *und* des »Ossis« gegenüber dem »Wessi«, beides in rücksichtsloser Weise von der PDS politisch ausgeschlachtet.

Die scheinbare Undurchsetzbarkeit einer Ländergebietsreform – trotz vielfacher dahingehender Forderungen in Politik und Wissenschaft gerade in den letzten Jahren[26] – hat Auswirkungen auch auf die Reformierbarkeit des Föderalismus insgesamt. »Heute sind die beiden kleinsten ›Altbundesländer‹ so überschuldet, daß Private in vergleichbarer Situation längst Konkurs hätten anmelden müssen.«[27] Solange Bremen und das Saarland (und nach der Vereinigung einige besonders schwache neue Länder) das Maß dessen definieren, was ein Bundesland aus eigener Kraft leisten kann, bleibt eine wirkliche Reform des Föderalismus blockiert.[28] Dabei sind einzelne Länder nur deshalb wirtschaftlich schwach, weil man ihnen die wichtigsten Oberzentren genommen hat: »Niedersachsen und Schleswig-Holstein müssen so leben, als wenn München und Nürnberg nicht zu Bayern gehören würden.«[29]

Trotz des Scheiterns der Berlin-Brandenburg-Fusion könnte von einem anderen Stadtstaat, nämlich von Hamburg, durchaus ein Reformimpuls ausgehen, den »offensichtlichen Anachronismus«[30] zu überwinden, der im Abschneiden dieser seit der Wiedervereinigung stark expandierenden Großstadt von ihrem Hinterland liegt. Es ist kein Zufall, daß der frühere Erste Bürgermeister Henning Voscherau entschieden für eine Länderneugliederung in Norddeutschland eintrat. Ein Instrument dazu ist der – entsprechend einem Vorschlag der Gemeinsamen Verfassungskommission[31] – neu dem Art. 29 GG angefügte Absatz 8. Danach kann eine Neugliederung auch durch Staatsvertrag der beteiligten Länder erfolgen, der dann durch Volksentscheid in den betreffenden Ländern bestätigt werden muß und der Zustimmung des Bundestages bedarf.

Der nötige politische Druck zum Abschluß eines Staatsvertrags könnte durch Vorabgebrauch von den Möglichkeiten des Art. 29 Absatz 4 GG geschaffen werden. Diese (bisher ungenutzte und in ihrer Bedeutung noch nicht erkannte) Vorschrift erlaubt es nämlich, in Ballungsräumen, die durch Landesgrenzen zerschnitten werden, ein Volksbegehren mit der Forderung zu initiieren, daß die zerschneidenden Grenzen durch eine Neugliederung der Länder beseitigt werden.[32] Gelänge ein solches Volksbegehren (was die Zustimmung von 10 Prozent der Stimmberechtigten verlangte), so könnten die betroffenen Landesregierungen sich veranlaßt sehen, die Angelegenheit in die eigenen Hände zu nehmen, und einen entsprechenden Staatsvertrag schließen. Ein solches Verfahren könnte auch insofern eine Kettenreaktion auslösen, als es Nachahmer finden könnte in anderen ähnlich gelagerten Ballungsräumen wie der Rhein-Main-Region, die gegenwärtig zwischen Hessen und Rheinland-Pfalz geteilt ist, und der Rhein-Neckar-Region, die durch die Landesgrenze zwischen Baden-Württemberg und Rheinland-Pfalz zerschnitten wird.[33] Auf diese Weise könnte auch das Thema einer umfassenden Neugliederung des Bundesgebiets wieder in das öffentliche Bewußtsein und auf die politische Tagesordnung kommen.[34]

Im Gegensatz zu den Ländern erwies sich auf *kommunaler* Ebene eine durchgreifende Gebietsreform sehr wohl als möglich. Sie wurde vor etwa zweieinhalb Jahrzehnten in allen westdeutschen Flächenländern mit erstaunlicher Konsequenz durchgeführt. Kleine Gemeinden wurden zusammengelegt und Umlandgemeinden in Kernstädte eingegliedert. Auf diese Weise wurden aus 24 282 Gemeinden 8518. In Nordrhein-Westfalen, wo die Zahl der Gemeinden besonders rigoros zusammengestrichen worden war, blieben von 2277 Gemeinden nur noch 396 (relativ große) übrig, also nur etwa ein Sechstel.[35]

Es müßte die Politikwissenschaft eigentlich faszinieren, nach den Gründen zu fragen, warum auf kommunaler Ebene möglich wurde, was auf Landesebene so kläglich gescheitert war. Sachliche Argumente können nicht den Unterschied gemacht haben. Denn sie sprachen nicht minder für eine Gebietsreform der Länder. Eine Antwort findet man wohl nur, wenn man berücksichtigt, daß über die kommunale Neugliederung nicht die betroffenen Kommunen, das heißt ihre Bürger und ihre gewählten Repräsentanten, entschieden, sondern letztlich das Land im Wege von Neugliederungsgesetzen, und wenn man auch hier die Interessen derer, die in der Landespolitik das Sagen haben, mit ins Auge faßt: Sosehr die Eigeninteressen der inzwischen etablierten politischen Klasse[36] der alten Länder, jedenfalls der kleineren, einer *Länder*neugliederung entgegenstanden, sosehr gingen sie umgekehrt mit einer *kommunalen* Neugliederung konform.

Die Vergrößerung der Gemeinden hatte zwei wichtige, aber häufig übersehene strukturelle Konsequenzen: Einmal reduzierte sie das ehrenamtliche Engagement der Bürger durch eine zum Teil drastische Verminderung der insgesamt vorhandenen Mandate in den Volksvertretungen und durch die vielfache Ersetzung ehrenamtlicher Bürgermeister durch hauptberufliche.[37] Zum zweiten drängte sie nichtparteigebundene Kräfte zurück, die in kleineren Gemeinden eine weit überproportionale Rolle spielen und sich etwa in kommunalen Wählergemeinschaften organisieren. Dadurch wurde die politische Macht noch stärker in der Hand der Parteien und ihrer politischen Klasse konzentriert. Die Landtagsabgeordneten, die über das Ob und das Wie der kommunalen Gebietsreform entschieden, spielen ja fast durchweg auch auf kommunaler Ebene eine dominierende Rolle, etwa als kommunale Fraktionsvorsitzende und als örtliche und regionale Vorstandsmitglieder ihrer Partei – dies aber vornehmlich in größeren Gemeinden, Städten und Landkreisen. Mit der Vergrößerung »ihrer« Gebietskörperschaft erhöhten sie automatisch diesen Einfluß (und damit auch ihre Basis als Berufspolitiker).

11 Ländersache erster Teil: Preisgabe der eigenen Gesetzgebung

Ein bestimmendes Merkmal des bundesdeutschen Föderalismus, der ihn etwa von der Schweiz und den USA unterscheidet, ist der Niedergang der Landesgesetzgebung, der quantitative und qualitative Aspekte hat: Einerseits wurde der Raum, der den Ländern für die Gesetzgebung verbleibt, durch Bundesgesetze immer mehr eingeengt. Andererseits machten die Länder auch in den ihnen verbliebenen Reservaten von ihren Kompetenzen alles andere als kraftvollen Gebrauch.

Der Bund zieht Kompetenzen der Länder an sich

Liest man den Grundsatz des Artikels 70 GG, wonach die Länder das Recht der Gesetzgebung haben, »soweit dieses Grundgesetz nicht dem Bunde Gesetzgebungsbefugnisse verleiht«, so könnte man aus dieser Vermutung zugunsten der Länder den Eindruck gewinnen, die Masse der Gesetzgebungszuständigkeit liege bei ihnen oder sei zumindest ziemlich gleichmäßig auf Bund und Länder verteilt. Aber der Schein trügt. Tatsächlich ist die Regel in ihr Gegenteil verkehrt. Bei der Aufteilung der Gesetzgebungskompetenzen zwischen Bund und Ländern hatte der Bund von Anfang an ein Übergewicht, das im Laufe der Zeit immer größer geworden ist. Nicht nur, daß zahlreiche Grundgesetzänderungen dem Bund zu Lasten der Länder erhebliche zusätzliche Kompetenzen eingebracht haben.[38] Hinzu kam, daß der Bund seine konkurrierende Gesetzgebungskompetenz voll ausgeschöpft hat, so daß den Ländern in diesem Bereich nichts mehr an Gesetzgebung übrigblieb.[39] Insofern ist der Begriff »konkurrierende Gesetzgebung« mißverständlich. Eine wirkliche Konkurrenz zwischen Bund und Ländern liegt hier nämlich gar nicht vor. Der Bund kann einseitig alle Kompetenz an sich ziehen, entsprechende Bundesgesetze erlassen und dadurch den hier für die Ländergesetzgebung verbleibenden Raum auf Null reduzieren. Denn die Länder dürfen im Bereich der konkurrierenden Gesetzgebung nur Gesetze erlassen, »solange und

soweit der Bund von seiner Gesetzgebungszuständigkeit nicht durch Gesetz Gebrauch gemacht hat« (Art. 72 Abs. 1 GG).
An sich sollte der Bund dies nur tun dürfen, wenn ein Bedürfnis für eine bundeseinheitliche Regelung vorliegt. Doch die Bedeutung der eigentlich als Sperre für ihn gedachten Bedürfnisklausel des Grundgesetzes (Art. 72 Abs. 2 GG) wurde durch einen Trick des Parlamentarischen Rates für den ganzen Berg überkommenen Rechts praktisch in ihr Gegenteil verkehrt. In einer Übergangsbestimmung des Grundgesetzes (Art. 125 GG) wurde festgelegt, daß sämtliches Reichsrecht, soweit es zu einer Materie der konkurrierenden Gesetzgebung des Bundes gehörte, grundsätzlich[40] – unter Verdrängung der Länderzuständigkeit – als durch den Bund in Anspruch genommen galt. Die Tragweite dieser Regelung war groß. Da praktisch auf allen Gebieten, die dem Bund 1949 zur konkurrierenden Gesetzgebung anvertraut wurden, der Reichsgesetzgeber bereits tätig geworden war, war »die Konkurrenzfrage de jure und de facto in den meisten Fällen zugunsten des Bundes entschieden, so daß die umfangreichen Materien der konkurrierenden Gesetzgebung der Sache nach ebenfalls ausschließlich dem Bunde« zustanden.[41]
Auch für neu entstehendes Recht hatte der Bund die Bedürfnisklausel von Anfang an zu seinen Gunsten ausgelegt und die Frage, ob ein Bedürfnis für ein Bundesgesetz bestehe, in sein eigenes, gerichtlich nicht überprüfbares Ermessen gestellt. Da auch das Bundesverfassungsgericht sich dem nicht entgegenstellte,[42] hat sich die Bedürfnisklausel zu einem der »Haupteinfallstore für die Auszehrung der Länderkompetenzen im Bereich der Gesetzgebung« entwickelt.[43]
Die Neufassung der Bedürfnisklausel im Jahre 1994[44] ist kaum geeignet, die bisherige Entwicklung auch nur partiell rückgängig zu machen,[45] und inwieweit sie eine weitere Auszehrung der Landesgesetzgebung in Bereichen der konkurrierenden Gesetzgebungskompetenz zu bremsen in der Lage ist, bleibt abzuwarten.[46] Auch im Bereich der Rahmen- und Grundsatzgesetzgebung ging der Bund oft weit über einen »Rahmen« hinaus bis hin zur Regelung von Details, was auch hier den Landesgesetzgeber immer mehr einengt. Dabei ist die weitere Reduzierung der Gesetzgebungskompetenz der Länder, die aus der europäischen Entwicklung resultiert, noch gar nicht erwähnt.
Die Länder besitzen im wesentlichen nur noch die Gesetzgebungskompetenz über das Landesstaatsrecht, also die Gestaltung der Lan-

desverfassungsordnung (zum Beispiel Landesverfassung, Landtagswahlrecht, Landtagsabgeordneten- und Landesministerrecht), die Organisation der Landesregierung und -verwaltung, das allgemeine Polizei- und Ordnungsrecht, das Kommunalrecht (zum Beispiel Gemeindeordnung und Kreisordnung), die Kulturpolitik, vor allem im Bildungsbereich, und den Rundfunk.[47]

Das Abwandern der Gesetzgebungskompetenz aus den Ländern und das daraus resultierende erdrückende Übergewicht des Bundes zeigen sich exemplarisch im Bereich der Besteuerung, also *der* klassischen Parlamentszuständigkeit. Die letzte Steuer von einem gewissen Gewicht, die die Länder regeln konnten, war die Grunderwerbsteuer. Die Länder hatten sie durch Schaffung von Ausnahmetatbeständen aber allmählich zu einer Art Schweizer Käse gemacht, so daß 80 Prozent der Grunderwerbsfälle nicht mehr von der Steuer erfaßt wurden. Erst nach Übertragung der Gesetzgebung auf den Bund gelang eine vernünftige Reform, die die Ausnahmen strich und die Tarife entsprechend senkte (siehe S. 128 f.). Die Steuergesetzgebung liegt jetzt praktisch vollständig beim Bund, der seine konkurrierende Kompetenz auch hier total ausgeschöpft hat. Während den Gemeinden immerhin über die Festsetzung ihrer Hebesätze zur Gewerbe- und Grundsteuer ein unmittelbarer Einfluß auf ihre Steuereinnahmen verblieben ist (Art. 106 Abs. 6 Satz 2 GG), hat das einzelne Land praktisch keine Möglichkeit mehr, die Höhe seiner Steuereinnahmen durch seine Gesetzgebung zu beeinflussen.[48]

Einheitsgesetzgebung: Die Länder scheuen den Wettbewerb

Die Länder nutzten und nutzen die dürftige ihnen verbliebene Gesetzgebungskompetenz allerdings kaum zu eigenem innovativem Handeln, sondern verabschieden vielfach mehr oder weniger identische Gesetze. So haben, um einige Beispiele zu nennen, die Länder und der Bund im wesentlichen gleichlautende Verwaltungsverfahrensgesetze und Haushaltsordnungen, und die Polizeigesetze der Länder sind auf der Grundlage eines einheitlichen Mustergesetzes inhaltlich nahezu kongruent. Die koordinierte und sachlich weitgehend vereinheitlichte Wahrnehmung der eigenen Gesetzgebungskompetenzen der Bundesländer erfolgt über verschiedene Länderministerkonferenzen, von denen später noch die Rede sein wird.

Angesichts der weitgehenden Gleichförmigkeit der Landesgesetzgebung stellt sich die Frage, ob die Klage der Länder über den Verlust ihrer Gesetzgebungskompetenz nicht in Wahrheit nur Fassade ist. Nicht zu Unrecht vermochte der spätere Bundespräsident Roman Herzog – angesichts jener langweiligen Parallelität und Gleichförmigkeit der Landesgesetzgebung – nicht nachzuvollziehen, »warum dann so heftig um Gesetzgebungszuständigkeiten gestritten oder besser – über ihren Verlust gejammert« werde.[49]

Die entsprechende Frage stellt sich hinsichtlich der Unzahl von freiwillig geschaffenen Koordinierungsgremien zwischen den Ländern oder zwischen den Ländern und dem Bund, die die einzelnen Länder faktisch auch in solchen Bereichen weitgehend binden und entmachten, in denen sie verfassungsrechtlich die alleinige Entscheidungsbefugnis besitzen (siehe S. 69 ff.).

Die Feststellung, daß die Länder ihre Kompetenzen von sich aus weggegeben haben und die verbliebenen nicht zu Eigenem nutzen, stärkt die Position derer, die argumentieren, es liege durchaus auch im Interesse der politischen Klasse der Länder, die Gesetzgebung (über die zu erfüllenden Staatsaufgaben und die dafür zu erhebenden Steuern) beim Bund zu konzentrieren, weil dadurch der Wettbewerb zwischen den Ländern geschwächt und damit die Kontrolle ihrer politischen Leistung erschwert würde.[50] Aus ähnlichen Gründen, aus denen Unternehmer gern den Wettbewerb einschränkten und Kartelle bildeten, um die Konsumenten im Wege überhöhter Preise auszubeuten, täten dies auch Politiker. Und eine Zentralisierung der Gestaltungsbefugnisse, das heißt ihre Übertragung auf den Bund, wirke eben wie ein politisches Kartell, weil sie den Landeswählern die Möglichkeit des Vergleichens, der Auswahl und der Sanktion (mit dem Wahlzettel, durch öffentliche Kritik oder durch Umzug in ein anderes Bundesland) nehme. Die Zentralisierung (und damit die Vereinheitlichung) der Aufgabengesetzgebung und die noch stärkere Zentralisierung der Besteuerungsgesetzgebung nehme von den Landespolitikern den Druck, hohe Steuern vor den Wählern rechtfertigen zu müssen, und nehme den Bürgern zudem die Möglichkeit, ungünstigen Steuer-Leistungs-Verhältnissen durch Verlagerung ihres Wohnsitzes in ein günstigeres Bundesland auszuweichen.

Dieser bisher vornehmlich von Politikökonomen vertretenen Auffassung hat sich auch der Staatsrechtslehrer Hans Meyer, derzeit Präsident der Berliner Humboldt-Universität, kürzlich angeschlossen: Die Länder wollten »gar keine Verantwortung übernehmen«. Das sei der Grund, warum sie das Abwandern von politischer Gestaltungsmöglichkeit an den Bund in so vielen Bereichen widerstandslos hingenommen und daran sogar noch mitgewirkt hätten. Diese »Flucht aus der Verantwortung« sei »durch nichts indiziert, außer, daß man lieber beim Bund mitbestimmen wollte, als im eigenen Land politisch zu agieren« und dafür die zurechenbare Verantwortung zu tragen.[51]

Einheitsverfassung: Einebnung der Unterschiede

Im Bereich der Landesverfassungen genießen die Länder zwar umfassende Autonomie. Die Verfassungsautonomie gilt geradezu als Kern der Eigenstaatlichkeit der Länder. Art. 28 Abs. 1 Satz 2 GG, der die Verfassungen der Länder an die »Grundsätze des republikanischen, demokratischen und sozialen Rechtsstaates im Sinne dieses Grundgesetzes« bindet, setzt nur einen weiten Rahmen und läßt den Ländern bei der Gestaltung ihrer Verfassungen anerkannterweise einen großen Spielraum, der zum Beispiel auch den Übergang zur Direktwahl der Ministerpräsidenten erlauben würde.[52] Doch hier wiederholt sich das Erscheinungsbild, das sich schon bei der einfachen Landesgesetzgebung zeigte: Die Länder machen von ihren verfassungsrechtlichen Möglichkeiten keinen kraftvollen Gebrauch.[53] Wir beobachten vielmehr – bei gewissen Abweichungen in Details – »eine immer stärkere Unitarisierung und Vereinheitlichung auf der Basis des Bundesmodells«.[54]

Alle deutschen Länder haben im Prinzip dasselbe Regierungssystem wie der Bund, ein parlamentarisches Regierungssystem, was – angesichts der unterschiedlichen Struktur – alles andere als selbstverständlich ist:[55] Die – im Vergleich zum Bund (bei dem das Schwergewicht der Gesetzgebung liegt) – grundlegend andere Verteilung der Staatsfunktionen in den Ländern (bei denen das Schwergewicht der Verwaltung liegt) würde eigentlich auch Konsequenzen für die Länderverfassungen nahelegen (siehe dazu S. 154 ff.). Und selbst dort, wo gewisse Unterschiede der Landesverfassungen bestehen, versuchen die am Grundgesetz geschulte Rechtswissenschaft und die Rechtsprechung der Verfassungsgerichte oft diese Unterschiede einzuebnen.[56] Das jüngste Beispiel betrifft die – relativ weitgehenden – Möglichkeiten der Volksgesetzgebung im Wege von Volksbegehren und Volksentscheid, die die bayerische Verfassung gewährt. Dort genügte auch für Verfassungsänderungen aufgrund eines Volksbegehrens bisher die einfache Mehrheit der Abstimmenden. In anderen Ländern ist für Verfassungsänderungen im Wege der Volksgesetzgebung regelmäßig ein Abstimmungsquorum vorgesehen. Obwohl der Bayerische Verfassungsgerichtshof jene Auslegung in der Vergangenheit als verfassungsgemäß erkannt hatte, wurde jetzt – nachdem in einem solchen Verfahren der Bayerische Senat zum Ende des Jahres 1999 abgeschafft worden ist – im Wege einer Verfassungsklage des Senats und mit Hilfe eines Gutachtens von Josef Isensee[57] erreicht, daß der Bayerische Verfassungsgerichtshof in einem Urteil von 1999 die angebliche Verfassungswidrigkeit jener Auslegung feststellte (Näheres siehe S. 253 ff.).

Kommunale Verfassungsreform: Ausgelöst durch Volksbegehren und Volksentscheid

Die umfassendste Gesetzesreform, die in vielen Ländern in den letzten Jahren stattfand, die dringend notwendige Reform der Kommunalverfassungen, ging im Westen nicht von den Landesparlamenten aus, sondern von (tatsächlich durchgeführten oder angedrohten) Volksentscheiden. Die Volksentscheide wurden teilweise von Spitzenpolitikern (wie zum Beispiel Walter Wallmann 1991 in Hessen),[58] teilweise aus der Mitte der Bürgerschaft durch Volksbegehren (wie zum Beispiel 1995 in Bayern) angestoßen. Das 82-Prozent-Votum der hessischen Wähler für die Einführung der Direktwahl von Bürgermeistern und Landräten und die erfolgreiche Volksgesetzgebung in Bayern zur Einführung kommunaler Bürgerbegehren und Bürgerentscheide wirkten für reformbereite Kräfte auch in anderen Landesparlamenten als Druck- und Drohmittel, um mangelnde politische Reformbereitschaft der jeweiligen Regierungsparteien zu überwinden und überall die Direktwahl der Bürgermeister (und meist auch der Landräte) und die Möglichkeit kommunaler Bürgerbegehren und Bürgerentscheide einzuführen.[59] (Näheres siehe S. 259–267.)

Gleichwohl wurden die so erzwungenen Reformen von der politischen Klasse in den Landesparlamenten zum Teil noch regelrecht verpatzt (siehe S. 267–271). Ein Beispiel ist die Beibehaltung der Magistratsverfassung in Hessen, wo sich der Landtag zwar aufgrund der Initiative Wallmanns in der Vorwahlzeit gezwungen sah, die Direktwahl der Bürgermeister zu beschließen (was vom Volk mit großer Mehrheit abgesegnet wurde), aber die nötigen Begleitreformen (Abschaffung des Magistrats, Einführung der Möglichkeit des Kumulierens und Panaschierens bei der Ratswahl und Beseitigung der Fünfprozentklausel) versäumte[60] (siehe S. 268). Ein anderes Beispiel sind die Absonderlichkeiten der neuen Kommunalverfassung in Nordrhein-Westfalen, bei der die politische Klasse zwar durch ein anlaufendes Volksbegehren zur (von den Berufspolitikern unerwünschten) Zusammenlegung der Positionen des Verwaltungschefs und des Ratsvorsitzenden und zur Direktwahl des nunmehrigen hauptberuflichen Bürgermeisters gezwungen wurde, dennoch aber versuchte, möglichst viel in der Hand zu behalten, beispielsweise durch die Regelung,

- daß die Wahl des Bürgermeisters gleichzeitig mit der Wahl des Gemeinderats stattfindet,
- daß beim vorzeitigen Ausscheiden eines Bürgermeisters sein Nachfolger vom Rat (und nicht vom Volk) gewählt wird,
- daß der Bürgermeister keinen eigenen, ihm vorbehaltenen Entscheidungsbereich besitzt (sondern der Rat per »Rückholrecht« alles an sich ziehen kann)[61] sowie
- durch ein besonders parteienfreundliches (und entsprechend bürgerfeindliches) Ratswahlrecht und ferner
- durch einige Spezialregelungen, die zu erheblichen Auswüchsen bei der Versorgung führen können.[62]

Resümee: Niedergang der Landesgesetzgebung

Das zentrale Charakteristikum im Bereich der Gesetzgebung von Bund und Ländern ist das Abwandern der Gesetzgebungskompetenzen zum Bund, aber auch die Nichtnutzung der verbliebenen Kompetenzen der Länder zu eigenem innovatorischem Handeln; das gilt sowohl für die einfache Gesetzgebung als auch für die weitgehend einheitlichen Länderverfassungen. Und dort, wo längst überfällige Reformen zustande kamen, wie bei den Kommunalverfassungen, ging der Anstoß nicht von den Mehrheiten der Landesparlamente aus, sondern kam entweder »von unten« (wie beim bayerischen Volksbegehren von »Mehr Demokratie«) oder von Spitzenpolitikern, die sich der Mittel des (angedrohten) Volksbegehrens oder des Volksentscheids bedienten, um Widerstände der politischen Klasse (sei es der eigenen Partei, sei es der Konkurrenzparteien) zu brechen. Gleichwohl wurden die so angestoßenen Reformen dann in Hessen und Nordrhein-Westfalen von den Landesparlamenten noch regelrecht verpatzt.

Zusammenfassend kommt man also tatsächlich nicht umhin, von einem Niedergang der parlamentarischen Landesgesetzgebung zu sprechen – und das sowohl in quantitativer als auch in qualitativer Hinsicht.

12 Ländersache zweiter Teil: Gestaltungsverlust bei Verwaltung und Steuern

Bei den Ländern verblieb zwar das Gros der Verwaltungskompetenz, also der Befugnis, alle Gesetze auszuführen. Das gilt nicht nur für die wenigen Landesgesetze, sondern grundsätzlich auch für die vielen Bundesgesetze. Diese werden im Regelfall als eigene Angelegenheit der Länder ausgeführt (Art. 83, 84 GG), seltener im Auftrag des Bundes (Art. 85 GG). Die Verwaltungsbefugnis läßt aber – jedenfalls in dem ganz dominierenden Bereich der gesetzesgebundenen Verwaltung – kaum Spielräume zur politischen Gestaltung und ist deshalb im Vergleich zur Häufung der Gesetzgebung beim Bund von geringem politischen Gewicht (bringt allerdings – wegen der Personalintensität der Verwaltung – hohe Kosten und ein gewaltiges Patronagepotential mit sich).

Die Gestaltungsmöglichkeiten der Länder bei der *Steuer*verwaltung, also der Erhebung der Einnahmen, sind noch geringer, weil diese bundesgesetzlich geradezu perfektionistisch geregelt ist. Aber auch in den übrigen Bereichen hat der Bund seine Einflußmöglichkeiten auf die Landesverwaltung (mit Zustimmung des Bundesrats) immer stärker in Anspruch genommen, wofür ihm das Grundgesetz die verfassungsrechtlichen Anknüpfungspunkte bot (Art. 84 Abs. 1 und 2, Art. 85 Abs. 2 GG).[63]

Auch die umfangreichen Steuererträge, die den Ländern nach der Ertragsverteilung des Grundgesetzes zufließen, sind, was die Gestaltungsmacht der Länder anlangt, insofern irreführend, als damit ganz überwiegend Aufgaben finanziert werden, die nicht von den Ländern, sondern vom Bund (im Wege der Gesetzgebung) politisch festgelegt worden sind.

Die Konzentration der Gesetzgebung beim Bund kann also durch die Konzentration der Verwaltung bei den Ländern und durch die hohen Steuererträge, die den Ländern zufließen, nicht kompensiert werden. Es bleibt dabei: Das ganz überwältigende Schwergewicht der politischen Gestaltung liegt beim Bund.

13 Ländersache dritter Teil: Nur kein Risiko – Flucht in Absprachen auf allen Ebenen

Ohne Kooperation geht gar nichts

Der deutsche Föderalismus ist – neben der Konzentration der Gesetzgebung beim Bund und der Verwaltung bei den Ländern – durch eine unerhört dichte kooperative Verflechtung zwischen den Ländern und zwischen Bund und Ländern gekennzeichnet.[64] Während die Konzentration der Gesetzgebung einerseits und der Verwaltung andererseits durch das Grundgesetz festgelegt ist, handelt es sich bei den weiteren Entwicklungslinien, also der horizontalen Zwischen-Länder-Zusammenarbeit und der vertikalen Bund-Länder-Kooperation, um Tatbestände, die sich jenseits des Verfassungstexts in der Verfassungsrealität ergeben haben, inzwischen aber auch durch die Einfügung von Instrumenten wirtschaftspolitischer Globalsteuerung (Art. 109 Abs. 2–4 GG) und in der Form der Gemeinschaftsaufgaben (Art. 91a, 91b GG) und bestimmter Finanzhilfen des Bundes (Art. 104a Abs. 4 GG) verfassungsrechtliche Anerkennung gefunden haben (siehe S. 73–79).
Der Text des Grundgesetzes ging ursprünglich eher vom Bild eines Zwei-Ebenen-Föderalismus aus: der Ebene des Bundes und der Ebene der untereinander unabhängigen Gliedstaaten. Daneben gab es jedoch von Anfang an eine aus der Zeit vor Inkrafttreten des Grundgesetzes überkommene und aus der Zusammenarbeit der Landesregierungen und Landesverwaltungen erwachsene, verfassungsrechtlich nicht sichtbare »dritte Ebene«, auf der die Länder durch Koordination und Kooperation zusammenwirken, und eine ähnliche (sich mit der dritten Ebene vielfach überlappende) Kooperation gibt es eben auch zwischen den Ländern und dem Bund, also sozusagen auf einer »vierten Ebene«.
Die Vielfalt und Dichte derartiger Koordinations- und Kooperationsformen hat im Laufe der Zeit gewaltig zugenommen, ohne daß Umfang und Gewicht dieses Netzwerks von Beziehungen allerdings für den Außenstehenden voll erkennbar wären. Der meist informale,

rechtlich nicht oder nur andeutungsweise festgeschriebene Charakter der Zusammenarbeit erschwert ihre Durchschaubarkeit nicht nur für die breite Öffentlichkeit, sondern ebenso auch für die Wissenschaft.[65]
Derartige Kooperation findet über alle möglichen Gegenstände statt, nicht nur dort, wo sich die Kompetenzen des Bundes und der Länder überschneiden, was wegen der Dominanz des Bundes in der Gesetzgebung und der der Länder in der Verwaltung ohnehin der Regelfall ist, sondern in großem Umfang darüber hinaus auch in solchen Bereichen, wo die Länder allein zuständig sind. Sieht man einmal von der Außen- und Verteidigungspolitik als ausschließlich zentralstaatlichen Domänen ab, sind praktisch kaum noch Gebiete übriggeblieben, in denen Bund und Länder bei der Planung, Finanzierung und Durchführung von Maßnahmen nicht in irgendeiner Form zusammenarbeiten.[66] Insgesamt soll es fast 1000 interföderale Koordinationszirkel geben.[67]
Häufig wird dabei auch über die Verteilung von Mitteln aus besonderen Fonds gesprochen. Auch wenn das Grundgesetz vorsieht, daß vom Bund geförderte Investitionen der Länder durch Bundesgesetz oder aufgrund des Bundeshaushaltsgesetzes durch Verwaltungsvereinbarungen zu regeln sind (Art. 104a Abs. 4 GG), so sind es doch bei den Investitionshilfevorhaben und in anderen Fällen die entsprechenden Beamten des Bundes und der Länder, die die Fondsfinanzierung im Wege von »Besprechungen« vorbereiten, koordinieren und teilweise auch initiieren.[68]
Die Formen solcher Kooperation sind höchst unterschiedlich; seltener erfolgen sie durch rechtsverbindliche vertragliche Absprachen (Staatsverträge, Verwaltungsabkommen und Koordinationsabsprachen),[69] meist dagegen auf informalem Wege durch Ausschüsse, Besprechungen und Konferenzen, bei denen sich die Beteiligten austauschen und abstimmen. Derartige Abstimmungen haben – trotz ihrer rechtlichen Unverbindlichkeit – oft ein präjudizierendes politisches Gewicht.[70]
Am bekanntesten sind wohl die Ministerpräsidentenkonferenzen. Die Regierungschefs der Länder treffen etwa alle zwei Monate zusammen, alle halbe Jahre auch mit dem Bundeskanzler.[71] Vorbereitet werden sie durch Vorkonferenzen der Chefs der Staats- und Senatskanzleien (und gegebenenfalls des Chefs des Bundeskanzleramts), wo Beschlußvorschläge erarbeitet werden.[72] Nach historisch gewachsener

Reihenfolge übernimmt ein Land jeweils im Herbst für ein Jahr den Vorsitz.[73]

Mehr oder weniger bekannt sind auch noch die vierzehn Fachministerkonferenzen,[74] an denen regelmäßig auch der jeweils zuständige Bundesminister als Gast teilnimmt.[75] Die Fachministerkonferenzen werden von Vorkonferenzen der jeweiligen Amtschefs oder durch Referentenbesprechungen vorbereitet. In den Fachministerkonferenzen werden einheitliche Gesetzesvorhaben auf Landesebene in Form von »Musterentwürfen« vorbereitet, einschlägige Vorhaben des Bundes vorberaten, vor allem aber Fragen der Ausführung von Bundesgesetzen durch die Länder behandelt.

Eine Sonderstellung nimmt die Ständige Konferenz der Kultusminister der Länder (KMK) ein, die den Kernbereich der Länderzuständigkeiten betrifft. In der KMK arbeiten neben dem Plenum, das sich etwa alle zwei Monate trifft, mehrere Ausschüsse und Unterausschüsse.[76] Sie hat sich in der Bundeshauptstadt sogar eine eigene Bürokratie geschaffen, »so groß wie ein größeres Bundesministerium«,[77] die – ziemlich tiefstapelnd – als »Sekretariat« bezeichnet wird.[78] Dieser organisatorischen Verfestigung entspricht auch die außerordentliche Reichweite und Durchsetzungskraft ihrer Koordinationsaktivitäten.[79] In der KMK sind bis zum Jahre 1987 bereits rund 2000 Beschlüsse gefaßt worden, die zu Vereinbarungen und Empfehlungen geführt haben[80] und in einer Loseblattsammlung veröffentlicht werden, wie dies im Bereich der Gesetzgebung üblich ist. Dabei werden auch rechtlich unverbindliche Empfehlungen faktisch in aller Regel befolgt. Auf diese Weise ist es selbst im Kernbereich der Länder, der »Kulturhoheit«, zu ausgeprägten Vereinheitlichungstendenzen gekommen.[81] Die KMK ist – trotz ihres formalen Kompetenzmangels – zu einer der einflußreichsten Institutionen in unserem Staat geworden.[82] Die KMK und die aufgrund des Art. 91b GG etablierte Bund-Länder-Kommission (siehe S. 75 ff.) sind in Wahrheit »verschwiegene Zentralbehörden, die gemeinsam mit den zuständigen Ministerien die Kulturpolitik in der Bundesrepublik Deutschland nicht nur entwerfen, sondern faktisch auch festlegen«.[83]

Die Ministerpräsidentenkonferenz und die Fachministerkonferenzen unterliegen, weil die verfassungsrechtlichen Kompetenzen – wie generell bei der Zwischen-Länder-Koordinierung – bei den einzelnen Gliedstaaten verbleiben, einem faktischen Zwang zur Einstimmigkeit,

was oft zu langwierigen Verhandlungen führt und Ergebnisse auf dem kleinsten gemeinsamen Nenner begünstigt.[84] Das Einstimmigkeitsprinzip wirkt voraus und verhindert Innovationen oft schon im Vorfeld. Was vermutlich nicht konsensfähig ist, wird von vornherein gar nicht in Angriff genommen, sondern vorab »fallengelassen«. Etwas zum Gegenstand vertieften Nachdenkens zu machen lohnt sich dann nur noch bei voraussichtlich konsensfähigen Projekten.[85] Der Status quo feiert Triumphe. Die Anpassung an neue Herausforderungen wird erschwert. Das sogenannte Geleitzugprinzip, nach dem das jeweils langsamste Schiff die Veränderungsgeschwindigkeit des Gesamtverbandes bestimmt, läßt aktive innovatorische Politik fast nur in Marginalien zu. Das gilt auch für die KMK (für die das Einstimmigkeitsprinzip sogar in der Geschäftsordnung festgeschrieben ist) und ist – wegen der Bedeutung des Kultusbereichs für die Länder – hier geradezu fatal. (Ein Beispiel ist unten auf S. 121–125 angeführt.)
Auch unterhalb der Ministerebene existiert eine große Zahl von Ausschüssen, Gremien, Arbeitskreisen und Konferenzen, die entweder durch Fachministerkonferenzen, durch Verwaltungsabkommen oder sonstige verbindliche Absprachen oder – so zum Beispiel die Gemeinschaftsaufgaben – durch Gesetz eingesetzt wurden oder vielfach auch formlos aus »Besprechungsrunden« entstanden sind und sich aus Bediensteten der jeweiligen Länderressorts zusammensetzen.[86] Derartige Koordinierungsgremien beschränken sich durchaus nicht nur auf die Verwaltung. Auch die Präsidenten der Parlamente, der Rechnungshöfe und der Oberlandesgerichte haben ihre Konferenzen. Doch die bei weitem wichtigsten Koordinierungen und Absprachen erfolgen zweifelsfrei im Bereich der Exekutivinstanzen.
Diese Form der bundesstaatlichen Kooperation hat eine »Koordinierungsbürokratie« entstehen lassen, die in »vertikaler Fachbruderschaft« zusammenarbeitet, sich zunehmend politisiert und mit ihrem gestiegenen Einfluß den eigentlichen Gewinner des bundesdeutschen Koordinationsföderalismus darstellt.[87] Was sich schon allgemein im Parlamentarismus zeigt, daß nämlich die Verwaltung, der öffentliche Dienst, eine erhebliche vorbereitende und damit vorentscheidende Macht gewinnt, verstärkt sich im Koordinationsföderalismus abermals: Jetzt können die Beamten auch noch darauf verweisen, die von ihnen vorgeschlagenen Maßnahmen seien allseitig, das heißt auch mit den anderen Ländern und gegebenenfalls dem Bund, abgestimmt,

womit sich ihr Gewicht potenziert, weil Widerspruch erst recht entmutigt wird.
Die Folge der ebenso vielfältigen wie dichten Kooperation ist ein zusätzlicher Vereinheitlichungsschub, der noch weit über das durch die Zentralisierung der Gesetzgebung ohnehin bewirkte Maß an Unitarisierung hinausgeht und für den sich im juristischen Sprachgebrauch der Terminus »sachliche Unitarisierung« eingebürgert hat.[88]

Wie der Bund in die Länder hineinregiert: Gemeinschaftsaufgaben und Investitionshilfen

Eine spezifische Ausprägung des Verbundföderalismus sind die schon erwähnten Gemeinschaftsaufgaben.[89] Im Zuge ihrer Einführung und Verfestigung wurde besonders deutlich, in welchem Maße der Verbundföderalismus zu einer weiteren Ausdünnung der ohnehin schon geringen Gestaltungskompetenz der Länder und zu einer Beeinträchtigung anerkannter verfassungsrechtlicher Prinzipien führt.[90] Schon in den sechziger Jahren hatten Bund und Länder über viele Aufgaben – außerhalb des Grundgesetzes – gemeinsam entschieden und die anfallenden Kosten gemeinsam finanziert. Diese Praxis wurde 1969 durch Einführung der Gemeinschaftsaufgaben (Art. 91a und 91b GG) ins Grundgesetz verfassungsrechtlich legitimiert. Auch die Praxis des Bundes, den Ländern für gewisse Investitionen Zuschüsse zu gewähren, wurde grundgesetzlich verankert (Art. 104a Abs. 4 GG).

Hochschulbau, Verbesserung von Agrar- und Wirtschaftsstruktur (Art. 91a GG)

Zu den Gemeinschaftsaufgaben nach Art. 91a GG gehören der Aus- und Neubau der Hochschulen (einschließlich der Hochschulkliniken) zur Bewältigung der »Bildungskatastrophe«, die Verbesserung der regionalen Wirtschaftsstruktur (in besonders benachteiligten Gebieten), der Agrarstruktur (zur Erhöhung der Wettbewerbsfähigkeit im gemeinsamen Agrarmarkt) und des Küstenschutzes, also genuine Landesaufgaben. Für diese Gemeinschaftsaufgaben ist eine gemeinsame Rahmenplanung von Bund und Ländern vorgesehen. Hinsichtlich der Finanzierung ist festgelegt, daß der Bund im Einzelfall jeweils die

Hälfte der erforderlichen finanziellen Mittel aufzubringen hat, bei der Gemeinschaftsaufgabe Agrarstruktur und Küstenschutz kann der Bundesanteil auch höher sein, weil sich hier die Aufgabe in steuerschwachen Ländern konzentriert.[91] Bei den Gemeinschaftsaufgaben hat sich der Bund also mit Hilfe von Finanzzuweisungen in eigentlich den Ländern obliegende Aufgabenbereiche »eingekauft«.[92]
Ein Beispiel ist die Gemeinschaftsaufgabe »Hochschulbau«. Hiernach können den Ländern die Kosten für die Planung von Bauvorhaben, für den Grunderwerb, für Bau- und Einrichtungsmaßnahmen und für die Beschaffung von Großgeräten (über 150 000 DM) vom Bund zur Hälfte erstattet werden. Die Verfahrensweisen bis zur schließlichen Entscheidung sind allerdings von einer geradezu grotesken Kompliziertheit und beschäftigen eine große Zahl von Personen.[93] Zunächst muß die einzelne Hochschule darüber entscheiden, welche Anträge sie stellen möchte. Dann entscheidet das Land (auf der Ebene der Exekutive, aber unter Information des Parlaments) über die Liste der insgesamt zur Förderung anstehenden Landesbauvorhaben. Diese müssen beim Bundesministerium für Bildung und Wissenschaft und beim Wissenschaftsrat bis zum 1. März eines jeden Jahres angemeldet werden. Daraufhin nimmt der Wissenschaftsrat Stellung und gibt seine Empfehlungen ab. Der Wissenschaftsrat besteht aus der Wissenschaftlichen Kommission (24 Wissenschaftler und acht »anerkannte Persönlichkeiten des öffentlichen Lebens«) und der Verwaltungskommission, in die der Bund und die Länder 22 Mitglieder (mit zusammen ebenfalls 32 Stimmen) entsenden,[94] und verhandelt nicht öffentlich.[95]
Über die Empfehlungen des Wissenschaftsrats entscheidet dann ein Planungsausschuß, zusammengesetzt aus Vertretern des Bundes und der Länder, mit Dreiviertelmehrheit. Der Planungsausschuß stellt damit den Rahmenplan auf, in dem alle zu fördernden Projekte zusammengefaßt werden. Bei den Entscheidungen des Planungsausschusses hat der Bund die gleiche Stimmenzahl wie die Länder insgesamt. Eine Begründung für die Aufnahme oder Nichtaufnahme eines Projekts in den Rahmenplan erfolgt nicht.[96] Der Rahmenplan bindet die Bundes- und Landesregierungen (§ 10 Satz 2 Hochschulbauförderungsgesetz), das heißt, sie müssen die auf das Land beziehungsweise den Bund entfallenden Hälften der Finanzierungskosten in die Entwürfe der Haushalte einstellen. Eine rechtliche Bindung der Parlamente liegt darin

allerdings nicht. Diese bleiben – jedenfalls formalrechtlich – frei, die Finanzierung des Projekts auch abzulehnen.[97]
Ein Beispiel für eine Förderungsmaßnahme im Rahmen der Gemeinschaftsaufgabe »Verbesserung der Agrarstruktur« ist die sogenannte Ausgleichszulage für benachteiligte Gebiete, wobei inzwischen mehr als die Hälfte der landwirtschaftlich genutzten Fläche als »benachteiligt« ausgewiesen ist und die Landwirte dort förderungsberechtigt sind – eine ineffiziente und teure Förderung nach dem Gießkannenprinzip (1997: 650 Millionen DM aus Bundes- und Landesmitteln).[98]
Das Nähere über Organisation und Verfahren wurde vom Bund durch Spezialgesetze geregelt. Danach gilt formal zwar nicht das Einstimmigkeitsprinzip, aber es wird mit der geforderten Dreiviertelmehrheit in den maßgeblichen Gremien (bei 50-Prozent-Stimmenanteil des Bundes) dennoch ein breiter Konsens angestrebt.
Auch bei der Wirtschaftsförderung im Rahmen der Gemeinschaftsaufgabe »Verbesserung der regionalen Wirtschaftsstruktur« ist keine Konzentration auf die wirklich förderungsbedürftigen Bereiche gelungen. Zu den Fördergebieten gehören 60 Prozent des Bundesgebiets. Die Maßnahmen sind zu bloßen Finanzverteilungsinstrumenten verkommen.[99] Schwerpunktsetzungen (die dann auch die Zurücksetzung anderer Bereiche beinhalten würden) haben sich in den bestehenden interföderalen Entscheidungsmechnismen als nicht durchsetzbar erwiesen.

Bildungsplanung und Forschungsförderung (Art. 91b GG)

Nach Art. 91b GG können Bund und Länder aufgrund von Vereinbarungen gemeinsame Bildungsplanung und überregionale Forschungsförderung betreiben.[100] Derartige Vereinbarungen, die die Kosten zwischen Bund und Ländern aufteilen und Organisation und Verfahren regeln, sind inzwischen längst getroffen und haben mächtige (und kaum zu überblickende) interföderale Bildungs- und Forschungsinstitutionen geschaffen oder, soweit sie schon vor Einführung der Gemeinschaftsaufgaben ins Grundgesetz existierten, bestätigt: den Wissenschaftsrat (begründet 1957) und die Gemeinsame Kommission für Bildungsplanung (seit 1970) und (seit 1976) auch für Forschungsförderung.
Die Ansätze zur Bildungsplanung scheiterten in den siebziger Jahren

an der zunehmenden bildungspolitischen Polarisierung zwischen den »konservativen« und den »progressiven« Bundesländern, so daß 1982 der Bildungsrat aufgelöst und die Bildungsplanung eingestellt wurde. Der Bund-Länder-Kommission, die sich im Bildungsbereich seitdem auf die Erarbeitung von Stellungnahmen und Empfehlungen zu Einzelfragen beschränkt, verbleiben aber bedeutende Aufgaben im Bereich der Forschungsförderung. Dazu gehören insbesondere die Deutsche Forschungsgemeinschaft, Sonderforschungsbereiche, die Förderung von Graduiertenkollegs, zwölf Großforschungseinrichtungen, die Max-Planck-Gesellschaft, die Fraunhofer-Gesellschaft und andere Forschungseinrichtungen von überregionaler Bedeutung.[101]
Auch der Wissenschaftsrat,[102] der seine Entstehung den ursprünglich für die westdeutsche Wiederaufrüstung angesammelten »Julius-Turm«-Milliarden des Bundes verdankt,[103] besitzt nach wie vor eine Schlüsselstellung in den Bereichen Forschungsförderung und Hochschulstruktur.[104]
Die »Rahmenvereinbarung Forschungsförderung«,[105] die der Bund und die Länder 1975 abgeschlossen haben und die das Verfahren für die politische Willensbildung bei der Forschungsförderung festlegt, war eine ausgesprochen schwierige Geburt.[106] Die unterschiedlichen Standpunkte betrafen vor allem den Abstimmungsmodus. Der Bund wollte – wie bei den Gemeinschaftsaufgaben nach Art. 91a GG – bindende Entscheidungen auch mit qualifizierter Mehrheit zulassen. Die Länder traten dafür ein, daß Entscheidungen nur nach dem Prinzip der Einstimmigkeit getroffen werden sollten, und setzten sich damit im praktischen Ergebnis schließlich auch durch.[107] Das Einstimmigkeitsprinzip erschwert aber eine aktive staatliche Forschungspolitik durch Setzen von Prioritäten und Posterioritäten und behindert nach Auffassung sachverständiger Beobachter Experimente und Innovationen, erschwert das Lernen aus Erfahrungen und schreibt den Immobilismus im Bereich der Forschungspolitik fest.[108] Der Verwaltungswissenschaftler Karlheinz Bentele hat die Entwicklung, die zur Rahmenvereinbarung Forschungsförderung führte, nachgezeichnet und darin einen Beleg gefunden für die immanente Neigung der beteiligten politisch-administrativen Kräfte zur Bildung von Kartellen, die es erschweren, die Akteure zur Verantwortung zu ziehen, weil die politische Verantwortlichkeit durch Verteilung auf viele Schultern im Bund und in allen Ländern anonymisiert wird.[109]

Das Einstimmigkeitsprinzip kehrt häufig auch bei Entscheidungen über einzelne Maßnahmen oder Maßnahmegruppen wieder. So können Entscheidungen im Rahmen der sogenannten Institute der Blauen Liste[110] nur einstimmig getroffen werden, weil sich die Finanzierung des Länderanteils auf alle Länder verteilt. Dazu gehören Forschungseinrichtungen »von überregionaler Bedeutung« und »von gesamtstaatlichem wissenschaftspolitischem Interesse«, die im Rahmen der Gemeinschaftsaufgabe Forschungsförderung von Bund und Ländern gemeinsam gefördert werden. Das Erfordernis der Einstimmigkeit begünstigt – nach Einschätzung sachkundiger Beobachter – einen »außerordentlichen Immobilismus«, obwohl gerade hier eigentlich strategische Schlüsselentscheidungen erforderlich wären.[111] Prioritätsentscheidungen erscheinen kaum möglich.[112] Bund und Länder befinden sich einmal mehr in einer »Politikverflechtungsfalle«.[113] In dem grundlegenden Werk zu Fragen der Forschungsförderung des Staatsrechtslehrers Hans-Heinrich Trute heißt es zu den Einrichtungen der Blauen Liste:

> »Die Verflechtung der Interessen in diesem Feld ist so kunstvoll gestrickt, daß ein weitgehender Immobilismus bezüglich dieser Einrichtungen im Bund-Länder-Verhältnis eingetreten ist.«[114] Die »Entscheidungsblockade der Verflechtung« führe dazu, »daß in diesem Feld eigenständige forschungspolitische Entscheidungen nicht mehr getroffen werden«.[115]

Wohnungsbau, Städtebau, öffentlicher Personennahverkehr (Art. 104a Abs. 4 GG)

Ganz ähnlich ist die Situation bei den Finanzhilfen, die der Bund gemäß dem ebenfalls 1969 eingefügten Art. 104a Abs. 4 GG leistet.[116] Sie sollen es weniger leistungsfähigen Ländern erlauben, wichtige Investitionen etwa in den Bereichen Wohnungsbau, Städtebau und Ausbau des öffentlichen Personennahverkehrs zu tätigen. Darüber hinaus haben sie die weitere Aufgabe, dem Bund konjunktur- und wachstumspolitischen Einfluß zu verschaffen. Die öffentlichen Investitionen, die dafür als besonders wichtiger Ansatzpunkt erscheinen, werden ganz überwiegend von den Ländern und mehr noch von den Kommunen getätigt und sollen deshalb seitens des (die Gesamtverantwortung tragenden) Bundes über die Zuschußgewährung beeinflußt werden können.[117] Hier hat die Rechtsprechung des Bundesverfassungsgerichts praktisch eine Einstimmigkeitsregel festgeschrieben.[118]

Fazit: Absicherung statt Selbstbestimmung

Bei den Gemeinschaftsaufgaben und den Investitionszuschüssen nach Art. 104a Abs. 4 GG werden die Eigenheiten der bundesdeutschen Politikverflechtung besonders deutlich:[119] die Verlagerung aus den Ländern heraus in mehr oder weniger konsensual entscheidende interföderale Gremien und die Entmachtung der Parlamente, insbesondere der Landesparlamente. Die Aufnahme eines Vorhabens in die gemeinsame Rahmenplanung bedarf zwar »der Zustimmung des Landes, in dessen Gebiet es durchgeführt wird« (Art. 91a Absatz 3 Satz 2 GG), und das Grundgesetz behält die formale Entscheidung über die erforderlichen Haushaltsmittel ausdrücklich den Parlamenten des Bundes und der Länder vor (Art. 91a Absatz 4 Satz 4 GG). Aber welches Landesparlament wollte wirklich einem Projekt im eigenen Land widersprechen, zu dessen Finanzierung der Bund 50 Prozent zuschießt? Auch die anderen mißlichen Konsequenzen der Verflechtung treten bei den Gemeinschaftsaufgaben und den Investitionszuschüssen besonders hervor, etwa die Tendenz zur Einigung auf dem kleinsten gemeinsamen Nenner, die faktische Unmöglichkeit, Schwerpunkte zu setzen, die Prämie auf den Status quo, was Immobilismus begünstigt, und die teilweise Verschwendung von Mitteln, weil durch die Mischfinanzierung die Anreize verzerrt werden.

An dieser Stelle ist auch an die gedankliche Verbindung zur gescheiterten Neugliederung der Bundesländer zu erinnern, für die die Gemeinschaftsaufgaben und die Bundeszuschüsse eine Art Ersatz waren:[120] Die Einrichtung der Gemeinschaftsaufgaben und die Legalisierung der Finanzzuschüsse beruhten auf dem mehr oder weniger offenen Eingeständnis, daß die kleinen, wirtschaftsschwachen Länder zur Erfüllung wichtiger eigener Aufgaben aus eigener Kraft nicht in der Lage waren, und fungierten damit faktisch als Alternative zur Neugliederung der Bundesländer. Seit der deutschen Vereinigung ist die Bundesbeteiligung an den Gemeinschaftsaufgaben darüber hinaus zunehmend zu einem Instrument zur finanziellen Unterstützung der östlichen Bundesländer geworden. Der ganz überwiegende Teil der Bundesausgaben für Gemeinschaftsaufgaben nach Art. 91a GG ging 1997 an die neuen Länder, und das gilt in noch höherem Maße für die Investitionshilfen des Bundes nach Art. 104a Absatz 4 GG.[121]

14 Ländersache vierter Teil: Konsequente Entmündigung

Entscheidungen auf Kosten anderer: Schiefer Ansatz des Konnexitätsprinzips

Die Zentralisierung der Gestaltungsbefugnisse beim Bund, während gleichzeitig äußerlich die Länderstrukturen aufrechterhalten werden, erzeugt zwangsläufig weitere Schieflagen. Der sogenannte Konnexitätsgrundsatz besagt, daß jede Ebene die Ausgaben trägt, die sich aus der Wahrnehmung ihrer Aufgaben ergeben (Art. 104a Abs. 1 GG). Dieser Grundsatz entspringt innerer Notwendigkeit: Entscheidungsverantwortung und Finanzierungslast müssen grundsätzlich in einer Hand liegen. Andernfalls drohen Verzerrungen des Entscheidungsprozesses. Kann eine Ebene Entscheidungen auf Kosten einer anderen Ebene treffen, so werden die natürlichen Bremsen gegen ein Zuviel an Ausgaben und damit gegen eine »Überbelastung der Steuerpflichtigen« (vgl. Art. 106 Abs. 3 S. 4 Nr. 2 GG) gelockert. Die demokratische Verantwortung der Repräsentanten gegenüber den Wählern und die Finanzkontrolle durch die Rechnungshöfe werden in ihrer Funktion geschwächt.
Der Konnexitätsgrundsatz spricht in seiner abstrakten Form also nur etwas eigentlich Selbstverständliches aus: Aufgabenverantwortung und Finanzierungspflicht gehören zusammen, und die Finanzierungspflichten bedingen auch die Zuteilung der Einnahmen.[122] Doch was ist unter dem Begriff »Aufgabe« zu verstehen: Gesetzgebung oder Verwaltung? Die Frage wird besonders wichtig, wenn – wie in der Bundesrepublik Deutschland – das Schwergewicht der Gesetzgebung beim Bund und das Schwergewicht der Verwaltung bei den Ländern liegt. Geht es um Bundesgesetze, so müßte die Ausgabenlast – entsprechend der Logik des Konnexitätsprinzips – eigentlich beim Bund liegen, auch wenn die Länder die Gesetze ausführen. Denn dann trifft der Bund die politische Entscheidung über das Ob und weitgehend auch über das Wie der Aufgabenwahrnehmung. Doch das würde bei der derzeitigen Verteilung der Gesetzgebungszuständigkeiten bedeuten, daß auch die Ertragszuständigkeiten (zugunsten des Bundes) völ-

lig anders verteilt werden müßten (und der Bund den Ländern dann – auf einer zweiten Stufe – die Mittel für den Vollzug seiner Gesetze zuweisen müßte). Dann aber ließe sich auch von den Finanzen her das bundesstaatliche Bild (oder besser: die Fassade) von Bund und Ländern als gleichberechtigten (und annähernd gleichgewichtigen) staatlichen Partnern nicht mehr aufrechterhalten.

So knüpft das Grundgesetz die Ausgabentragungspflicht grundsätzlich nicht an die Gesetzgebungs-, sondern an die Verwaltungskompetenz. Das gilt uneingeschränkt für die sogenannten Verwaltungsausgaben und unter bestimmten Voraussetzungen auch für die sogenannten Zweckausgaben.[123] Dazu gehören vor allem die Leistungen von Geld etwa im Rahmen des (Bundes-)Wohngeldgesetzes, des Bundesausbildungsförderungsgesetzes oder des Bundessozialhilfegesetzes.[124] Auch solche Geldzahlungen sind grundsätzlich, das heißt vorbehaltlich bestimmter in Art. 104a Abs. 3 GG zugelassener Ausnahmen, von den Ländern zu tragen (zu denen nach staatsrechtlichem Verständnis auch die Städte, Gemeinden und Landkreise gehören). Damit aber wird hinsichtlich der Gesetzgebung des Bundes der Sinn des Konnexitätsgrundsatzes außer Kraft gesetzt: Der Bund kann den Ländern durch neue oder geänderte Gesetze zusätzliche Verwaltungskosten auferlegen,[125] ohne dafür bezahlen zu müssen.[126] Ein vielkritisiertes Beispiel ist der durch Bundesgesetz geschaffene individuelle Rechtsanspruch auf einen Kindergartenplatz, der die Gemeinden und Kreise mit hohen Investitions- und Betriebskosten für neue Kindergartenplätze belastet.

Wer dagegen bereit ist, den objektiven Notwendigkeiten Vorrang zu geben, der kommt um eine grundlegende Reform nicht herum, die das Verständnis des Konnexitätsprinzips vom Kopf auf die Füße stellt und dem Bund grundsätzlich auch die Verwaltungskosten der (von ihm veranlaßten) Bundesgesetze auferlegt.[127] Ein gewisser Anreiz der Länder, die Verwaltungskosten – auch nach ihrer Erstattung durch den Bund – möglichst niedrig zu halten, könnte vielleicht dadurch aufrechterhalten bleiben, daß die Erstattung in Form niedrig bemessener Pauschalen erfolgte.[128]

Strafe für Eigeninitiative: Der Finanzausgleich

Darüber hinaus ist der sogenannte Finanzausgleich ganz überwiegend erfolgs*un*abhängig:[129] Die Verteilung der Mittel zwischen Bund und Ländern und den Ländern untereinander gibt keine Anreize zu sparsamer und wirtschaftlicher Gestaltung ihrer Finanzen. Auch haben finanzstarke Länder nur geringe fiskalische Anreize, ihre Steuerkraft zu erhöhen, und umgekehrt lohnt es sich für finanzschwache Länder fiskalisch praktisch nicht, durch eigene Anstrengungen die Subventionen seitens der Geberländer und des Bundes zu verringern.[130] »Länder, deren Parlamente und Regierungen intelligent, sparsam und erfolgreich wirtschaften, werden bestraft; Länder, die sich selbst an den Rand der Zahlungsunfähigkeit manövriert haben, werden begünstigt.«[131] Auf diese Weise können Dauerkostgänger geschaffen werden, und der eigentliche Lebensnerv des Föderalismus droht von innen her vollends abgedrückt zu werden.

So verliert zum Beispiel das finanzstarke Land Hessen, wenn es etwa durch Ansiedeln neuer Unternehmen ein Mehraufkommen von 100 Millionen Mark an Ländersteuern erzielt, rund 80 Prozent davon wieder, weil sich dadurch die von Hessen zu erbringenden Finanzausgleichsleistungen an finanzschwache Länder entsprechend erhöhen. Und für die finanzschwachen Länder sind die fiskalischen Anreize zu vergrößerten Eigenanstrengungen noch geringer. Erlangt zum Beispiel das Saarland 100 Millionen Mark mehr Aufkommen an Landessteuern, so mindern sich dadurch die empfangenen Zahlungen um 98,7 Millionen Mark.[132] Das bedeutet eine Abschöpfungsquote von fast 99 Prozent der zusätzlich erlangten Mittel.

So wäre es zur Förderung von Sparsamkeit und Wirtschaftlichkeit erforderlich, nur die wirklich *notwendigen* Ausgaben von Bund und Ländern als Anknüpfungspunkte für einen finanziellen Ausgleich anzuerkennen. Bisher fehlt aber eine Unterscheidung zwischen notwendigen und sonstigen Ausgaben, obwohl sie für die Verteilung des Aufkommens an Umsatzsteuer zwischen Bund und Ländern ausdrücklich vorgeschrieben ist (Art. 106 Abs. 3 Satz 4 GG). Der Vollzug dieses Verfassungsgebots würde allerdings eine Bewertung der Ausgaben von Bund und Ländern auf ihre Erforderlichkeit und Dringlichkeit voraussetzen, was nicht ohne Einigung auf Prioritäts- und Posterioritätskriterien möglich wäre. Ein solches Vorgehen wäre aus übergeordneter Sicht zwar eigentlich besonders wichtig, wird aus der Sicht der Akteure aber häufig als politisch unerwünscht empfunden. Dann müßten beispielsweise auch die sogenannten Kosten der politischen Führung auf den Prüfstand, und es wäre erst recht die Frage, warum neun von sechzehn Ländern vom Bund auch noch – ziemlich willkürlich anmutende[133] – Sonderzuschüsse »wegen überdurchschnittlich hoher Kosten politischer Führung« (§ 11 Abs. 3 Finanzausgleichsgesetz) erhalten; diese Sonderzuschüsse betrugen bis 1994 noch 270 Millionen Mark jährlich, ab 1995 sind sie sogar auf 1537 Millionen Mark jährlich hochgeschossen.[134]

Der Finanzausgleich darf nicht zu dem Ergebnis führen, lebensunfähige Länder künstlich am Leben zu erhalten, wie das Bundesverfassungsgericht bereits in einer früheren Entscheidung gesagt und dabei ausdrücklich auf die Neugliederungsvorschrift des Art. 29 GG Bezug genommen hat.[135] Die Zuschüsse an die finanzschwachen Länder dürfen nicht so bemessen werden, daß sie »das Streben nach einer vernünftigen Neugliederung ertöten könnten«.[136] Genau das aber geschieht: Besonders diejenigen Länder, die sich einer Neugliederung der Bundesländer am massivsten widersetzen, werden dafür auch noch finanziell prämiert und erhalten sogar riesige Zuschüsse für ihre überdurchschnittlich hohen Kosten der politischen Führung.[137] Statt den überhöhten Aufwand an die Leistungsfähigkeit des Landes anzupassen,[138] werden die Mehrkosten auch noch bezuschußt und damit ihre Beibehaltung prämiert.

Will man die fiskalischen Anreize erhöhen, muß man wirtschaftliches Handeln auch finanziell honorieren und die Abschöpfungsraten verringern, damit Eigenanstrengungen sich für beide Seiten, also für die finanzstarken und insbesondere auch für die finanzschwachen Länder, wieder lohnen. Dies setzt allerdings voraus, daß entweder der Bund mehr zahlt oder die finanzschwachen Länder, besonders auch im Osten, geringere Zahlungen bekommen (oder beides).[139] Das gilt jedenfalls dann, wenn man im System bleibt. Würde man dagegen die Höhe der Leistungen im Finanzausgleich nach den vier oder fünf Jahre zurückliegenden Werten der vorigen Wahlperiode berechnen, verblieben erhebliche Anreize.[140] Denn dann würden die zusätzlichen Steuererträge den Ländern erst einmal einige Jahre voll verbleiben.

Das Urteil des Bundesverfassungsgerichts vom 11. November 1999 stellt fest, daß die Mängel des Finanzausgleichsgesetzes seine »zeitlich unbegrenzte Fortgeltung« nicht zulassen und der Bundesgesetzgeber zu einer Neuregelung in zwei Stufen verpflichtet ist: Bis Ende des Jahres 2002 sind in einem Maßstabsgesetz die unbestimmten Begriffe des Grundgesetzes zu konkretisieren. Auf dieser Grundlage sind dann bis Ende 2004 die gesetzlichen Ansprüche und Verpflichtungen des Bundes und der Länder zu regeln. Wird eine der Fristen nicht eingehalten, treten die bisherigen Regelungen automatisch außer Kraft.

Da der Bundesgesetzgeber nunmehr ohnehin nicht an einer Neuregelung vorbeikommt, liegt es um so näher, dann gleich weitergehende Anliegen damit zu verbinden und eine umfassende Föderalismusreform in Angriff zu nehmen.

15 Die Folgen der Machtverschiebung

Diese Entwicklung hat wiederum gewaltige Rückwirkungen auf die Verfassungen in den Ländern und im Bund, wobei der Begriff »Verfassung« hier bewußt in seinem Doppelsinn als Verfassungs*norm* (im formellen und *materiellen* Sinn) und als Verfassungs*wirklichkeit* gebraucht wird. Die Strukturverschiebungen, zu denen der bundesrepublikanische Föderalismus geführt hat, erschließen sich nicht allein aus den Verschiebungen der rechtlichen Kompetenzen und der verfassungsrechtlich geregelten Verfahren, sondern müssen auch die in diesem Rahmen ablaufenden und durch diesen Rahmen wesentlich geprägten Verschiebungen der politischen Macht und der politischen Praxis mit einbeziehen. Hier haben sich – in der Terminologie des »Neuen Institutionalismus« – »Spielregeln« entwickelt, die von den staatsrechtlichen Normierungen nicht voll determiniert werden und ohne deren Einbeziehung eine stimmige Analyse nicht möglich erscheint.
Eine möglichst realitätsnahe Aufarbeitung der Verfassungswirklichkeit ist aber unerläßliche Voraussetzung für eine adäquate Bewertung der Strukturverschiebung anhand der beiden Grundprinzipien der Bürgerpartizipation und der inhaltlichen Richtigkeit (siehe S. 26) und für die Diskussion möglicher Verbesserungen.

In schlechter Verfassung: die Länder

Gewinner: Landesregierungen und Ministerpräsidenten

Machtgewinn der Landesregierungen
Die politische Gewichtsverschiebung zum Bund führt – innerhalb der Länder – zu einer erheblichen Machtzunahme der Landes*regierungen*. Dies hat mehrere Gründe. Einmal liegt das Schwergewicht der Länderkompetenzen ohnehin im Bereich der Verwaltung. Die Ausführung der Gesetze, auch der Bundesgesetze, die grundsätzlich Aufgabe der Länder ist, ist natürlich Sache der Länderexekutive, an deren Spitze die Regierungen stehen. Des weiteren haben die Landesregierungen

im Bundesrat der – im Laufe der Zeit immer stärkeren – Ausweitung der Bundesgesetzgebung nur unter der Voraussetzung zugestimmt, daß sie zum Ausgleich dafür immer mehr kollektive Zustimmungsbefugnisse bei der Bundesgesetzgebung erhielten. Die zur Erweiterung der Gesetzgebungskompetenzen des Bundes erforderlichen Änderungen des Grundgesetzes bedurften der Zustimmung des Bundesrats (Art. 79 Abs. 2 GG), und dieser erteilte sie nur unter der Bedingung, daß die daraufhin erlassenen einfachen Bundesgesetze seiner vorherigen Zustimmung bedürfen, er also insoweit ein Vetorecht im Bereich der Bundesgesetzgebung erhielt.

Hier wird der für die Entwicklung des bundesdeutschen Föderalismus typische Mechanismus von Verhandlungen zu Lasten Dritter geradezu beispielhaft deutlich. Der Bund und die Landesregierungen einigen sich auf die Erweiterung ihrer Kompetenzen auf Kosten der Landesparlamente: Der Bund erhält mehr Gesetzgebungskompetenz, was sein Gewicht erhöht, die Landesregierungen gewinnen an bundespolitischen Kompetenzen und entsprechenden Profilierungsmöglichkeiten, weil der Bund von den neuen Kompetenzen nur mit Zustimmung des Bundesrats Gebrauch machen kann, und alles geht auf Kosten der Landesparlamente, die – ohne jede Kompensation – Gesetzgebungskompetenzen an den Bund verlieren.

Darüber hinaus wurde das Gewicht des Bundesrats (und damit der Landesregierungen) auch durch eine extensive Auslegung bestehender Vorbehalte (Art. 84 I und 85 I GG) noch weiter ausgedehnt.[141] Danach darf der Bund, wenn die Länder Bundesgesetze ausführen, ausnahmsweise die *Einrichtung der Behörden* und, wenn die Länder die Bundesgesetze als eigene Angelegenheiten ausführen, auch das *Verwaltungsverfahren* regeln, allerdings nur mit Zustimmung des Bundesrats. In der Praxis wurde dann aber nicht nur die einzelne diesbezügliche Vorschrift, sondern das ganze Gesetz zustimmungsbedürftig gemacht, und Karlsruhe hat dieser Praxis auch den verfassungsrechtlichen Segen erteilt.[142] Die Folge ist, daß die Zahl der ursprünglich mit etwa 10 Prozent vorgestellten Bundesgesetze, die nur mit Zustimmung des Bundesrats zustande kommen können,[143] inzwischen auf die Hälfte oder mehr gestiegen ist, so daß heute die meisten (und auch die wichtigsten) Bundesgesetze zustimmungsbedürftig sind.[144] Die politische Willensbildung der Länder im Bundesrat, einem Bundesorgan, aber ist eben – von Grundgesetzes wegen – ausschließlich Sache der

Landes*regierungen*,[145] nicht der Landesparlamente. Auch die den Ländern – ebenfalls kompensatorisch – übertragenen Befugnisse, Verordnungen oder Verwaltungsvorschriften zu erlassen, werden von den Landesregierungen wahrgenommen.
Auf den so sehr angeschwollenen dritten und vierten Ebenen erfolgt die Zusammenarbeit zwischen den Ländern und zwischen Bund und Ländern ohnehin fast ausschließlich über die Exekutiven (siehe S. 69 ff.). Da die Verhandlungen notwendigerweise von administrativen Ebenen geführt und dabei die Ergebnisse inhaltlich faktisch festgelegt werden und die Landesparlamente dann bloß noch die Rolle von »staatsnotariellen Ratifikationsämtern« haben,[146] ist der bestehende kooperative Föderalismus immer mehr zu einem »Exekutivföderalismus« geworden,[147] was praktisch den Übergang zu einem »Regierungs-Bundesstaat«[148] bedeutet. Damit verbunden ist nicht nur eine in ihrem Gewicht kaum zu überschätzende Kompetenzverlagerung zur Landesexekutive und zu den Landesregierungen als ihrer Spitze, sondern es hat auch eine massive Einschränkung der Regierungs- und Verwaltungskontrolle durch die Landesparlamente (siehe S. 96 ff.) zur Folge. Die Exekutive ist in einem Maße autonom geworden, wie sich das die Väter des Grundgesetzes in ihren schlimmsten Alpträumen nicht hätten vorstellen können.

Vorherrschaft der Landesfürsten

Die Aufwertung und der Machtzuwachs der Landesregierungen kommen vor allem den *Ministerpräsidenten* zugute,[149] die an der Spitze der Regierungen stehen: Diese sind es, die nach den meisten Landesverfassungen über die Richtlinienkompetenz verfügen, und auch in jenen Ländern, wo ihnen die Verfassung diese Kompetenz vorenthält, pflegen sie faktisch eine entsprechende Stellung einzunehmen. Sie sind häufig auch Vorsitzende der (größeren) Regierungspartei, vereinigen also das Amt des Regierungschefs mit dem des Parteichefs. Zudem können sie sich faktisch oft auf eine Art direktdemokratischer Legitimation berufen. Ähnlich wie im Bund haben sich auch in den Ländern die Wahlen immer mehr zu Wettkämpfen der Spitzenkandidaten um das Amt des Ministerpräsidenten entwickelt, so daß die Wahl des Regierungschefs durch das Parlament dann nur noch als formaler Vollzug der mit der Landtagswahl bereits getroffenen Entscheidung erscheint.[150] Die »Salbung« durch die Fast-Volkswahl erhöht die Autorität und stärkt die Position des Regierungschefs auch gegenüber der eigenen Partei.

Die Partei ist auf Personen, die nachgewiesen haben, daß sie ihre Partei zum Sieg bei den Landtagswahlen führen können, besonders angewiesen und wird auf sie schon aus Eigeninteresse kaum verzichten wollen. Das gibt dem Regierungschef bei parteiinternen Konflikten ein erhebliches Maß an Handlungsfreiheit. Um was es geht, wird deutlich, wenn man den Spitzenkandidaten, der die Landtagswahlen für seine Partei gewonnen hat, mit einem auf einem sicheren Listenplatz stehenden Landtagskandidaten vergleicht: Im ersten Fall schuldet die Partei ihrem Spitzenkandidaten, dem Ministerpräsidenten, den Sieg, im zweiten Fall ist das Schuldverhältnis ein umgekehrtes: Der Abgeordnete schuldet sein Mandat der Partei, die ihm den Listenplatz verschafft hat. Das macht den Ministerpräsidenten relativ unabhängig, den Abgeordneten dagegen abhängig von seiner Partei.

Hinzu kommt, daß auch die Ausweitung der Kompetenzen des Bundesrats vornehmlich den Regierungschefs zugute kommt, die de facto »einen Erbanspruch« auf Mitgliedschaft im Bundesrat haben.[151] Und natürlich kommen allein sie für die alljährlich anstehende Wahl zum Bundesratspräsidenten in Betracht, ein Amt, das nach eingespieltem Verfahren unter den sechzehn Länderchefs rotiert. Darüber hinaus können die Mitglieder des Bundesrats kraft Grundgesetzes auch an allen Sitzungen des Bundestags und seiner Ausschüsse teilnehmen und haben das Recht, dort jederzeit das Wort zu ergreifen (Art. 43 Abs. 2 GG), ein außergewöhnlich weitgehendes Recht für Mitglieder einer Zweiten Kammer, das in der Parlamentsgeschichte außerhalb Deutschlands unbekannt ist.[152]

Auf diese Weise können die Ministerpräsidenten auch den Bundestag zu ihrer öffentlichkeitswirksamen Plattform machen. Das ist politisch vor allem für denjenigen interessant, den die große Oppositionspartei zum Herausforderer des Bundeskanzlers bei der nächsten Bundestagswahl gekürt hat. Der niedersächsische Ministerpräsident Gerhard Schröder war dafür das jüngste Beispiel. Bedenkt man, daß die Ministerpräsidenten zur wichtigsten Rekrutierungselite für Kanzlerkandidaten geworden sind, erhält jenes Recht doppeltes politisches Gewicht. Die letzten beiden Bundeskanzler, Kohl und Schröder, waren vor der Übernahme des Kanzleramts Regierungschefs auf Landesebe-

ne. Auch die wichtigsten Mitbewerber (Strauß, Rau, Lafontaine und Scharping) waren Ministerpräsidenten.
Die Stellung der »Landesfürsten«[153] beruht also auf einer doppelten Grundlage: Sie sind als Inhaber des wichtigsten staatlichen Leitungsamtes nicht nur die beherrschenden politischen Potenzen im *Land*, sondern verfügen als dominante Mitglieder des Bundesrats – verbunden mit der Mitwirkungsmöglichkeit in der Ministerpräsidentenkonferenz (mit oder ohne Hinzutreten des Bundeskanzlers) – auch über ein hoch bedeutsames Amt auf *Bundes*ebene.[154]
Diese doppelt starke Stellung der Ministerpräsidenten hat vor allem historische Gründe. Der bundesdeutsche Föderalismus steht unverkennbar in der Tradition früherer Formen des Föderalismus, besonders des Kaiserreichs Bismarckscher Prägung, einem Bund der Fürsten.[155] Die Fürsten haben das Reich 1871 in Versailles geschaffen. Sie haben das Heft von Anfang an in der Hand gehabt und die Struktur des föderalistischen Systems und der Reichsverfassung insgesamt in erheblichem Umfang mitbestimmt. So war der von ihnen besetzte (und im übrigen von Preußen dominierte) Bundesrat eine vollwertige Zweite Kammer, deren Aufgabe von Bismarck ganz bewußt darin gesehen worden war, das Parlament und die Demokratie zu »zügeln«.[156]
Die Bundesratslösung entspricht den Interessen der Landesregierungen, die sie denn auch jeweils wieder durchgesetzt haben: 1918/19 und 1948/49.[157]
Vor diesem Hintergrund ist es nicht überraschend, daß der bundesdeutsche Föderalismus, insbesondere der Bundesrat, viele, zum guten Teil historisch geprägte Parallelen zum Föderalismus und zum Bundesrat Bismarcks aufweist. Dazu gehört vor allem die starke Stellung der Landesfürsten. Wie die Entwicklungsgeschichte seit 1871 zeigt, ist das deutsche bundesstaatliche System – mit den Worten des Gießener Staatsrechtslehrers Brun-Otto Bryde – nicht erst »durch irgendwelche modernen Fehlentwicklungen eine antiparlamentarische Veranstaltung geworden, sondern ist es vom System her und war schon von Bismarck als solche gedacht«.[158] Der Föderalismus der besonderen deutschen Art war von Anfang an eine Barriere gegen den Parlamentarismus,[159] und er ist es – auch unter dem Grundgesetz – geblieben.
Die starke Stellung der Landesfürsten haben diese sich selbst verschafft. Sie waren nach dem Zweiten Weltkrieg die beherrschenden politischen Akteure, sie standen sozusagen als Paten an der Wiege der

Bundesrepublik und hauchten dem neu entstehenden Wesen ihren Geist ein. Die Ministerpräsidenten waren noch vor den ersten Landtagswahlen von den Alliierten eingesetzt worden. Sie waren damit zwar nicht »von Gottes Gnaden« berufen, aber doch von Gnaden einer außerhalb des Parlaments und des Volks liegenden Macht, und sie vermochten ihre vorparlamentarische Dominanz auch in das parlamentarische Zeitalter hinüberzuretten. Die Hauptmittel, ihre starke Stellung zu sichern, waren für die Landesfürsten das Grundgesetz, in dem sie ihre Macht festschrieben, und die aus der Bismarckzeit überkommene und auch nach dem Zweiten Weltkrieg noch großes Gewicht entfaltende deutsche Auffassung von der zentralen Bedeutung der Exekutive, des Beamtentums und der Verwaltung, aus der heraus die grundgesetzliche Festschreibung der Macht der Landesfürsten als nur natürlich und geradezu selbstverständlich erscheinen konnte.[160] Die Ministerpräsidenten waren es, die den vorbereitenden Sachverständigenausschuß auf Herrenchiemsee eingesetzt hatten. Von seinem Entwurf, in dem das amerikanische Senatsmodell mit direkt gewählten Mitgliedern gar nicht vorkam (sondern nur drei andere Varianten für die Beteiligung der Länder an der Bundespolitik), ging auch der Bonner Parlamentarische Rat aus.[161] In diesem gehörten zwar nur zwölf der 65 Mitglieder einer Landesregierung an. Doch diese hatten gerade auf die Ausgestaltung der Länderkammer entscheidenden Einfluß. Das zeigte sich in der berühmten Absprache des bayerischen Ministerpräsidenten Hans Ehard und des nordrhein-westfälischen Innenministers Walter Menzel bei ihrem Abendessen am 26. Oktober 1948 deutlich, das im Ergebnis zur Bevorzugung des Bundesratsmodells führte.[162] Die Befürworter einer Senatslösung, zu denen Adenauer, Schumacher, Schmid und Heuss zählten, vermochten bei allem Groll an dieser Absprache zwischen den Vertretern der beiden größten Länder nichts mehr zu ändern, die in die beiden größten Fraktionen zurückwirkte.[163]

Eine für das Anliegen der Ministerpräsidenten wichtige Weichenstellung war auch ihr Erfolg bei der Ablehnung aller direktdemokratischen Elemente: Sie waren sowohl gegen den von den alliierten Befehlshabern gewünschten Volksentscheid über das Grundgesetz als auch gegen die Direktwahl der Mitglieder des Parlamentarischen Rates (die statt dessen von den Landesparlamenten gewählt wurden). Dafür ließen sich gewiß objektive Gründe anführen, insbesondere der von ihnen – im Hinblick auf die spätere Einbeziehung des östlichen Teils Deutschlands – unterstrichene provisorische Charakter des »Grundgesetzes« (das deshalb bewußt nicht als »Verfassung« bezeichnet wurde)[164] Andererseits liegt es auf der Hand, daß ein direkt vom Volk gewählter Parlamentarischer Rat sich nicht so leicht von einer echten Senatslösung hätte abbringen lassen.

Auf diese Weise haben die Landesfürsten bei den Beratungen über die Struktur der Länderkammer bewirkt, daß das Bundesratsmodell durchgesetzt und das Senatsmodell (nach US-amerikanischem Vorbild) von vornherein gar nicht in Betracht gezogen wurde. Das sicherte ihnen Macht und Einfluß. Die Entstehungsgeschichte erklärt, warum Deutschland – anders als zum Beispiel die Bundesstaaten USA, Schweiz und Australien – keinen Senat mit von den Landesvölkern direkt gewählten Mitgliedern hat,[165] sondern als einziges Land der Welt einen aus den Regierungen der Gliedstaaten zusammengesetzten Bundesrat, der damit in der Tat das »unverwechselbar Eigentümliche« des deutschen Föderalismus darstellt.[166] Wenn das Wort vom deutschen »Sonderweg« irgendwo berechtigt ist, dann hier bei der Konstruktion der Länderkammer.[167]

Zwar war der Bundesrat des Grundgesetzes zunächst nicht als echte Zweite Kammer konzipiert, und Zustimmungsgesetze, also solche, die ohne die Zustimmung des Bundesrats nicht zustande kommen konnten, bildeten anfangs die große Ausnahme. Das war der Preis für den Kompromiß, den die unionsgeführten Befürworter der Bundesratslösung im Parlamentarischen Rat zahlen mußten. Sie hatten eigentlich eine echte Zweite Kammer angestrebt, während die SPD-geführten Anhänger eines Primats des Bundestags dem Bundesrat bloße Einspruchsrechte und keine echte Vetomacht hatten geben wollen.[168] Aber die Landesfürsten haben dann über die Jahre und Jahrzehnte hinweg die fortschreitende Aufwertung des Bundesrats gefördert, ihre Macht in Bonn also immer weiter aufgestockt und damit allmählich den Bonner Bundesrat seinem Vorbild im Bismarck-Reich, also einer echten Zweiten Kammer, immer mehr angenähert. Sie haben dadurch andererseits die fortschreitende Auszehrung der Landesparlamente gefördert und deren Selbstvertrauen und Kraft gebrochen, was auch zur personellen Verflachung der Landesparlamente beitrug.

Der Schwäche der Landes*parlamente* entsprach – gleich einer Art Wippe – die Stärke der Landes*regierungen*, deren Kontrollierbarkeit durch die Landesparlamente fast gänzlich beseitigt wurde. Die Entmachtung der Landesparlamente hielt den Landesfürsten zu Hause den Rücken frei. Die Landesfürsten konnten somit weder in Bonn für ihr Verhalten im Bundesrat noch in der Landeshauptstadt vom Parlament zur Verantwortung gezogen werden. Sie haben damit, fast absoluten Fürsten gleich, eine der Demokratie sonst unbekannte (und wenig kontrollierte) Machtfülle inne.

Die immer stärkere Rolle, die bundespolitische Themen auch bei Landtagswahlen spielen,[169] erschwert es zugleich, daß die Landespolitik und damit die eigentliche Landesleistung der Mehrheitspartei(en) und ihrer Regierung mit dem Ministerpräsidenten an der Spitze noch Gegenstand des Wahlkampfs ist. Im Schatten der Bundespolitik können aber landespolitische Gegenstände und insbesondere Schwächen der Landespolitik gut versteckt werden. Das zeigen zum Beispiel die letzten Wahlkämpfe in Niedersachsen (1998) und Hessen (1999). In beiden Ländern dominierten bundespolitische Themen. In Niedersachsen ging es darum, ob Gerhard Schröder ein solches Ergebnis erzielen würde, daß er von der Bundes-SPD zum Herausforderer von Bundeskanzler Kohl gekürt würde. In Hessen ging es vornehmlich um die Frage der sogenannten doppelten Staatsangehörigkeit. In beiden Fällen wird die Überlagerung der Landespolitik durch die Bundespolitik besonders deutlich. In Niedersachsen wurde die Landtagswahl zu einer Herausforderer-Wahl für die Bundestagswahl umfunktioniert wurde.[170] Ebenso wurde das überraschende Wahlergebnis von Roland Koch in Hessen gleich als eine Art Ritterschlag für eine verstärkte Rolle von Koch im Rahmen der Bundespolitik gesehen.

Einfluß der Beamten

Die Dominanz der Landesfürsten begünstigte zugleich auch die politische Aufwertung des Beamtenelements, das sich schon im Parlamentarischen Rat durchgesetzt hatte, dessen Mitglieder zu etwa zwei Dritteln aus dem öffentlichen Dienst kamen. (Die Verbeamtung der Volksvertretungen hat in Deutschland übrigens Tradition: Schon der Deutsche Reichstag ab 1871 bestand zu fast zwei Dritteln aus Beamten.)[171] Die Länder entwickelten sich auch deshalb zu besonders geeigneten Ebenen für eine Zunahme der »Beamtenherrschaft«, weil dort das Schwergewicht der Verwaltung und damit des öffentlichen Dienstpersonals angesiedelt ist.

Hinzu kommt eine Eigenheit des Bundesrats, in dem nicht die Minister im Plenum, sondern tatsächlich vielfach Beamte in den Ausschüssen die eigentlichen Entscheidungen treffen – eine Entwicklung, die in der Bezeichnung des Bundesrats als »Parlament der Oberregierungsräte« ihren immer wieder zitierten Ausdruck findet[172] und von dort auch auf die gesamte »dritte« und »vierte« Ebene ausstrahlt. (Allerdings müßte man heute – angesichts der im Laufe der Zeit erfolgten Hochstufungen der Ministerialbeamten – richtiger von einem »Parlament der Ministerialräte« sprechen.) Das Bundesratsplenum hat in seinen Sitzungen nicht selten hundert und mehr Tagesordnungspunkte zu bewältigen. Das ist nur durch intensive Einschaltung der Verwaltung zu schaffen und deshalb in hohem Maße auf die gute Vorbereitung und vorherige Abstimmung durch die Ministerialbürokratie angewiesen. Schon daraus wird deutlich, welches faktische Gewicht die vorbereitenden Ausschüsse des Bundesrats (und damit die Ministerialverwaltung) besitzen.

Auch das Recht der Bundesratsmitglieder, an den Sitzungen des Bundes*tags* teilzunehmen und jederzeit das Wort zu ergreifen (siehe S. 88), wird hinsichtlich der Bundestagsausschüsse regelmäßig von Ministerialbeamten der Länder wahrgenommen. Ermöglicht wird dies durch Art. 43 Abs. 2 GG, wonach anstelle der Mitglieder des Bundesrats (und der Bundesregierung) auch deren Beauftragte entsandt werden können. Dies führt in der Praxis dazu, daß in den Bundestagsausschüssen – neben den Bundestagsabgeordneten – die Ministerialbürokraten des Bundes und der Länder zusammentreffen. Die Ausschüsse spiegeln damit die Verbundtendenzen des deutschen Föderalismus getreulich wider, auch wenn dies für ein breiteres Publikum kaum in Erscheinung tritt – nicht zuletzt aufgrund der Nichtöffentlichkeit der Ausschußsitzungen, die möglicherweise auch deshalb verteidigt wird. Es dürfte, wie der Hamburger Politikwissenschaftler Winfried Steffani festgestellt hat, »gegenwärtig kein anderes Parlament eines Bundesstaates geben, in dem der jederzeitige Auftritt der Bund-Länder-Bürokratie so perfekt institutionalisiert und verfassungsrechtlich abgesichert ist, wie in der Bundesrepublik«.[173]

Fazit: Unkontrollierte Herrscher, blockierte Politik

Der Preis, den das System für die unvergleichliche Dominanz der Landesfürsten zahlen mußte, war also hoch: die totale Entmachtung der

Landesparlamente, was die politische Kontrolle der Landesfürsten durch die Parlamente verkümmern ließ, die ins Kraut schießende Herrschaft der Bürokratie, die mangelnde Übersichtlichkeit und Öffentlichkeit, die fehlende Verantwortlichkeit für politische Entscheidungen und die eingeschränkte Leistungs- und Handlungsfähigkeit des Systems als Ganzes. Bei all dem Gestrüpp schienen die Landesfürsten zwar als dominierende Hauptakteure um so strahlender dazustehen. Dabei wurde aber übersehen, daß es letztlich ihr beharrliches und nachhaltiges Dominierungsstreben gewesen war, das die Systemverwerfungen herbeigeführt hat, die die Partizipation der Parlamente und Bürger beeinträchtigen und die politische Handlungsfähigkeit blockieren.

Verlierer mit goldener Nase: die Landesparlamente

Leerlauf auf hohen Touren

Die (oben dargestellte) drastische Reduzierung der Gesetzgebungskompetenz der Länder hat zu einem kumulativen Auszehrungsprozeß der Landesparlamente geführt. Hinzu kommt, daß hinsichtlich der den Landtagen vorbehaltenen Themen die größeren Gesetzesvorhaben – von den Wassergesetzen bis zur kommunalen Neugliederung – im wesentlichen bereits in den ersten Jahrzehnten der Bundesrepublik abgearbeitet worden waren, so daß jetzt erst recht nicht mehr viel zu tun übrigbleibt.

Und selbst in den wenigen den Ländern verbliebenen und von ihnen auch wahrgenommenen Gesetzgebungsbereichen pflegt die Gesetzesvorbereitung in präjudizierende Absprachen mit anderen Ländern und dem Bund eingebettet zu sein (siehe oben S. 69 ff.), was die Landesparlamente noch weiter entmachtet, weil ihnen so auch die verbliebenen formellen Kompetenzen »materiell entwunden« werden.[174]

Die Landesregierungen können bei ihren Gesetzesinitiativen häufig auf paketartig geschnürte Absprachen mit anderen Ländern und dem Bund in Planungsausschüssen, Ministerpräsidenten- und Fachministerkonferenzen (wie zum Beispiel der Kultusministerkonferenz) verweisen, auf deren Inhalt der einzelne Landtag dann keinen Einfluß mehr nehmen kann, ohne die Absprache überhaupt zu gefährden und damit die eigene Regierung zu desavouieren (woran gerade die Landtagsmehrheit regelmäßig kein Interesse hat). Auf diese Weise werden

die Landesparlamente »zu Vollstreckern der Entscheidungen irgendwelcher Minister- und Beamtenzirkel« degradiert[175] und damit (neben den Bürgern selbst) zu den »eigentlichen Verlierern des kooperativen Föderalismus«.[176] Diese Entmannung der Landtage in ihrem ursprünglichen Kernbereich, der Gesetzgebung, hat dazu geführt, daß »die Beschäftigung mit dem Detail an Boden gewonnen« hat.[177] Die Landesparlamente laufen Gefahr, sich »in Quisquilien (zu) verlieren«.[178]
Ein Beleg für das Ausweichen der mit ihren eigentlichen Aufgaben unterforderten Abgeordneten in Ersatztätigkeiten, die dann aber ihrerseits viele hochbezahlte öffentliche Bedienstete unnütz beschäftigen, ist das überhandnehmende Anfragenunwesen. Die Parlamentarier überschütten die Landesministerien mit Anfragen zu Materien, die oft gar nicht zur Zuständigkeit der Landtage gehören. Damit erreichen sie dann vielleicht eine Schlagzeile in der heimischen Presse und schmücken sich mit derartigen Ersatzbefriedigungen in »Rechenschaftsberichten«, die sie vor der Wiederwahl bei der Kandidatenaufstellung in den heimischen Parteigremien abgeben als angebliche Beweise für parlamentarische Aktivität.[179]
Den Vogel hat die PDS-Politikerin Christine Ostrowski abgeschossen, die mehr als 1100 Anfragen an die sächsische Landesregierung gerichtet und so für Beschäftigung des Staatsapparats gesorgt hat. Dafür kennen Frau Ostrowski und die Öffentlichkeit jetzt zum Beispiel die genaue Definition von Kasperletheater: »Im landläufigen Sinne«, so die Staatsregierung in ihrer Antwort an Ostrowski, »versteht man unter Kasperletheater eine Veranstaltung, in der der Held Kasper das Gute verkörpert, mit unermüdlicher Fröhlichkeit tapfer und mutig das Böse bekämpft und besiegt.«[180]
Von fraglichem Wert ist auch die arbeitsaufwendige Tätigkeit der Petitionsausschüsse des Bundestags und der Landesparlamente, die jährlich Tausende von Eingaben zu bearbeiten haben. Der frühere Landrat des Odenwaldkreises Gerhard Pfreundschuh bezeichnet sie als »unnütz, ja oft korrumpierend«.[181] In der Tat ist ihre Funktion nicht mehr recht erkennbar, seitdem das Grundgesetz den Bürgern die Klagemöglichkeit gegen alle sie belastenden staatlichen Maßnahmen garantiert (Art. 19 Abs 4 GG). Umgekehrt könnte das Petitionsrecht heute zum politischen Einfallstor werden, »mit dem die Unabhängigkeit und Rechtmäßigkeit des Verwaltungshandelns beeinträchtigt wird«.[182]

Vergegenwärtigt man sich, daß die Gesetzgebung herkömmlicherweise als das eigentliche Hausgut von Volksvertretungen gilt, so kann man verstehen, daß in der kontinuierlichen Verdünnung der Landesgesetzgebung geradezu eine »Marginalisierung« (so der frühere Bundesjustizminister Edzard Schmidt-Jortzig) und »Entmündigung« (so der Staatsrechtslehrer Gunter Kisker) der Landesparlamente gesehen wird. Die Landesparlamente erscheinen bei unvoreingenommener Betrachtung immer mehr als »Verwaltungsparlamente«[183] (im Gegensatz zum Bundestag als »Gesetzgebungsparlament«), also letztlich als »vergrößerte kommunale Vertretungsorgane«,[184] und die Länder dementsprechend bloß noch als »höhere Verwaltungseinheiten«.[185]

Mangelnde Regierungskontrolle

Hinzu kommt, daß die Kontrolle der Exekutive, ein anderes herkömmliches Hausgut der Parlamente, welches – angesichts der drastisch rückläufigen Bedeutung der Landes*gesetzgebung* – eigentlich zur zentralen Aufgabe der Landesparlamente hätte werden müssen, zum großen Teil ebenfalls leer läuft. Eine wirksame Kontrolle der Exekutive durch die Landtage läge um so näher, als das Schwergewicht der Befugnisse der Länder ganz bei der Exekutive liegt und diese deshalb um so dringender der Kontrolle bedarf, wofür primär die Landesparlamente in Betracht kommen. Doch gerade daran fehlt es. Das liegt einmal an der spezifischen Kontrollschwäche des Parlamentarismus, der sich in den Bundesländern – nicht zuletzt auch wegen der personellen Auszehrung der Landesparlamente (siehe S. 101) – noch verschärft. Die Landtagsmehrheiten sehen ihre Aufgabe weniger in der öffentlichkeitswirksamen Kontrolle der Regierung als vielmehr in der Erhaltung der Regierungsmacht.[186] Die Mehrheitsfraktionen pflegen die von ihnen gewählte Regierung deshalb politisch zu »tragen« und hüten sich, ihr wirklich weh zu tun.

Das Fehlen einer wirksamen Kontrolle liegt zum zweiten wiederum an der Einbettung der Länderexekutive in präjudizierende Absprachen mit anderen Ländern und dem Bund auf der dritten und der vierten Ebene. Die eigentlichen Entscheidungen fallen in nichtöffentlichen Treffen von Regierungschefs, in Ressortminister- und Fachreferentensitzungen. Solcher »Regierungsföderalismus« entzieht sich aber typischerweise der Kontrolle durch Parlamente, Öffentlichkeit und Bürger. Sofern die Parlamente von derartigen Absprachen überhaupt

Kenntnis erhalten, sind die ohnehin vielfach »gebrochenen« Informationen kaum eine taugliche Basis für die wirksame Kontrolle der Regierung:

- Die Verantwortlichkeiten bleiben verflochten und verwischt.
- Die koordinierten Gesetzesvorlagen, Verwaltungsabkommen oder sonstigen Absprachen sind hochsensibel austarierte Kompromisse und gelten als »politisch tabu«.
- Die Parlamentarier werden von vornherein entmutigt, bundesweit geschnürte Pakete noch einmal aufzumachen und dadurch – eventuell auch gegen Parteifreunde anderer Bundesländer – gleichsam »nationale« Kompromisse wieder zu gefährden.[187]

Darüber hinaus vertieft die Eigenart der Kompetenzverteilung zwischen Bund und Ländern die Kontrolldefizite noch weiter. Zwei große Aktivitätsbereiche der Landesexekutive sind die Ausführung der Gesetze, regelmäßig auch der Bundesgesetze, und die Wahrnehmung der Rechte des Landes im Bundesrat. Doch gerade in diesen beiden Kerndomänen der Länder ist die Kontrolle durch die Landesparlamente beschränkt, ja geradezu minimiert. Neben den ohnehin bestehenden parlamentarischen Kontrolldefiziten kommen dadurch in den Ländern noch Besonderheiten hinzu, die einer wirksamen Kontrolle zusätzlich entgegenstehen – auch einer Kontrolle durch die im parlamentarischen System an sich durchaus kontrollwillige Opposition.

Kontrolldefizite beim Landesvollzug von Bundesgesetzen

Die landeseigene Gesetzesausführung ist im Regelfall die Ausführung von *Bundes*gesetzen. Dafür trägt die Landesregierung zwar die Verantwortung – die Bundesregierung besitzt Einflußmöglichkeiten nur im Rahmen ihrer meist ganz allgemeinen Oberaufsicht und der ihr dafür zustehenden Einwirkungsrechte (Art. 84 GG)[188] –, aber wo hier die Grenzen zwischen der Verantwortung der Landes- und der Bundesregierung liegen, ist für Außenstehende nicht leicht zu überprüfen. So können sich die Landesregierungen gegenüber ihren Parlamenten häufig auf (angeblich oder wirklich) verbindliche Bundesvorgaben berufen,[189] ohne daß die Landtagsabgeordneten die Berechtigung derartiger Versuche, die Verantwortung abzuschieben, wirksam überprüfen können.

Auch sonst fehlen den Landesparlamenten bei der Ausführung von Bundesgesetzen häufig die für eine wirksame Kontrolle nötigen Informationen. Da die Landesparlamente nicht in den Prozeß der materiellen Erarbeitung der Gesetze einbezogen waren, die bei Bundesgesetzen natürlich beim Bund liegt, fehlt ihnen regelmäßig auch der Überblick bei und die Vertrautheit mit den besonderen Ausführungsproblemen, da diese sich erst aus einem Hin- und Herwandern des Blicks zwischen Gesetz und administrativem Einzelakt erschließen.
Das Informationsdefizit trifft mit einem generellen Desinteresse der Landesparlamente zusammen, das daher rührt, daß die eigentliche politische Gestaltung in diesem ganzen Bereich eben beim Bund und nicht bei den Ländern liegt. Die Beschränkung der Länder auf den für die Landesparlamente politisch wenig ergiebigen bloßen Gesetzesvollzug schafft beim Vollzug von Bundesgesetzen einen spezifischen »Legitimationsmangel der Landtagskontrolle«,[190] der sich in Informationsmängeln und (noch einmal verstärkter) mangelnder Kontrollbereitschaft widerspiegelt und der insgesamt erklärt, warum die Landesparlamente an der Ausführung von Bundesgesetzen durch die Landesregierungen, also bei einer der zentralen, den Ländern verbliebenen Funktionen, so wenig interessiert sind.

Kontrolldefizite der Bundesratsaktivitäten der Landesregierungen

Ähnliche Kontrollmängel bestehen hinsichtlich der wichtigsten politischen Befugnis der Länder: ihrer Mitwirkung an der bundespolitischen Gestaltung im Bundesrat. Hierbei fungieren die Landesregierungen nicht als Landesorgane, sondern als Mitglieder eines Bundesorgans, und sie sind dabei von Grundgesetzes wegen frei und nicht an Instruktionen ihrer Landesparlamente gebunden. Andererseits wäre es – unbeschadet der verfassungsrechtlichen Freiheit der Landesregierungen – rechtlich durchaus möglich, ihr Entscheidungsverhalten im Bundesrat zum Gegenstand von kritischen Parlamentsdebatten zu machen. Doch auch hier mangelt es den Landesparlamenten häufig an ausreichenden sachlichen Informationen, um ihre Kontrolle gezielt auf das Abstimmungsverhalten ihrer Regierung im Bundesrat erstrecken zu können, und die Regierung (und die sie tragende Parlamentsmehrheit) pflegt meist auch wenig Interesse an einer umfassenden Information des Parlaments und damit auch der Opposition zu haben. Selbst wenn dies einmal anders sein sollte, kann die von der

Parlamentsmehrheit getragene Regierung doch im allgemeinen sicher sein, nicht wegen verweigerter oder unzureichender Auskünfte gestürzt zu werden. Das macht es ihr leicht, den Landtag und damit auch die Opposition mit Informationen kurzzuhalten.[191]
Im übrigen wird die Kontrolle auch dadurch erschwert, daß das Abstimmungsverhalten einer bestimmten Landesregierung – in Anbetracht der Mehrheitsverhältnisse im Bundesrat – oft gar nicht den Ausschlag gegeben haben wird, so daß der Bundesratsbeschluß der Landesregierung nicht zwingend zugerechnet und sie in diesem Sinne dafür kaum verantwortlich gemacht werden kann.[192]
Die geschilderten Mängel sind von struktureller Qualität und können auch durch manche von den Landesparlamenten unternommenen Versuche, über Berichtspflichten der Regierungen zu Verbesserungen der Exekutivkontrolle zu gelangen,[193] nicht wirklich behoben werden.
Wenn die Kontrolle durch die Landesparlamente aber gerade in zwei Hauptbereichen der Landestätigkeit weitgehend ausfällt und damit ein Herzstück der Regierungsarbeit praktisch der Parlamentskontrolle entzogen bleibt und das Parlament seine Kontrolle auf nachrangige Fragen konzentriert, wird die Ernsthaftigkeit des Kontrollgedankens überhaupt in Frage gestellt. Die schon bei der Erosion der Landesgesetzgebung erwähnte Gefahr, daß die Landesparlamente sich – mangels Beschäftigung mit den Hauptsachen – in Nebensächlichkeiten verlieren, wird durch die Erosion ihrer Kontrollaufgabe noch zusätzlich verschärft.

Eingeschränktes Etatrecht

Auch das Haushaltsrecht der Landtage, ein drittes »Hausgut« der Parlamente, ist massiv eingeschränkt. Wir haben schon festgestellt, daß die politischen Gestaltungskompetenzen ganz überwiegend beim Bund liegen (siehe S. 60 ff.). Die weitgehende Fremdbestimmung der Landeshaushalte ist nichts anderes als die finanzielle Konsequenz dieser Feststellung.
Wichtige Faktoren der budgetären Fremdsteuerung sind die 1969 ins Grundgesetz eingefügten Gemeinschaftsaufgaben (siehe S. 73–77). Ihre gemeinsame Planung und Finanzierung durch Bund und Länder »veranlaßt die Länder nur um der zufließenden Bundesmittel willen zu Ausgaben, die sie sonst häufig nicht oder zu anderer Zeit getätigt hätten« (so treffend der Direktor des Niedersächsischen Landtags

Albert Janssen).[194] Das parlamentarische Budgetrecht verkümmert insoweit zu einer bloß noch formalen Zustimmung zu Entscheidungen, die von den beteiligten Exekutiven schon getroffen wurden.[195]
Einem ähnlichen faktischen Zwang unterliegen die Landesparlamente, wenn der Bund Finanzhilfen nach Absatz 4 des ebenfalls 1969 ins Grundgesetz eingefügten Art. 104a gewährt und diese, wie üblich, von einer Eigenbeteiligung der Länder abhängig macht.[196] Hier führt der Bund die Länder wie bei den Gemeinschaftsaufgaben »am goldenen Zügel« zu Ausgabenentscheidungen, die sie von sich aus aller Wahrscheinlichkeit nach so nicht getroffen hätten. Der Eingriff in die Autonomie der Länder ist offensichtlich, weil ihnen – wie auch das Bundesverfassungsgericht festgestellt hat – »eine Ablehnung der Finanzhilfe aus politischen Gründen in der Regel unmöglich ist«.[197] Der Staatsrechtslehrer Gunter Kisker nennt das »Angebotsdiktatur« des Bundes[198] und weist darauf hin, daß die Art. 91a, 91b und 104a Abs. 4 GG den Landtagen »bei der Aufstellung des Landeshaushalts so gut wie nichts mehr übriglassen«.[199]
Entparlamentarisierend wirkt auch der Absatz 3 des Art. 104a. Danach ist es möglich, daß die Länder und ihre Kommunen die Kosten von Leistungsgesetzen des Bundes ganz oder zum Teil tragen (siehe S. 80 f.), wo auch Beispiele genannt sind). Den Ländern bleibt deshalb nichts anderes übrig, als die entsprechenden Mittel in ihren Haushalt einzustellen. Sie haben keine Wahl, sondern müssen die Ausgabenlasten tragen, die ihnen vom Bund oktroyiert sind.
Eine weitere Einschränkung, die alle deutschen Parlamente trifft, sind die Zinsen auf die Staatsschulden, die einen immer größeren Teil der Landeshaushalte vorab mit Beschlag belegen und die sich – sollten die Zinsen das 1999 bestehende Tiefstniveau wieder verlassen – zu einem wahren Sprengsatz auswachsen könnten.
Hinzu kommt die Besoldung der Beamten, die durch Bundesgesetz festgelegt wird, und die der öffentlichen Angestellten und Arbeiter, die auf Tarifvereinbarungen beruht, auf deren Inhalt das einzelne Land keinen entscheidenden Einfluß hat – und die Landes*parlamente* schon gar nicht. Diese Komponente der Fremdbestimmtheit des Landeshaushalts fällt – angesichts der Konzentration der Personalkosten bei den Ländern – besonders ins Gewicht.

Zwischenbilanz: Der Kaiser ohne Kleider

Die Feststellung, daß die drei zentralen Kompetenzen der Landesparlamente, die Gesetzgebung, die Exekutivkontrolle und das Budgetrecht, de facto fast bis zur Unkenntlichkeit reduziert sind, wird im Spezialschrifttum zwar in ihren einzelnen Facetten erörtert, gleichwohl verstößt die Formulierung der auf der Hand liegenden Konsequenzen gegen Tabus und verbreitete Regeln der politischen Korrektheit. Das ändert aber nichts an ihrer Richtigkeit: Die demokratischen Funktionen der Parlamente und der Öffentlichkeit werden ausgehebelt, die Parlamentarier und Bürger werden entmachtet. Die ihrer Kompetenzen weitgehend entkleideten Landesparlamente stehen – wie der Kaiser in Andersens Märchen – tatsächlich ohne Kleider da. Das wird bisweilen sogar von Landespolitikern selbst, wie dem Präsidenten des Sächsischen Landtags, öffentlich eingeräumt: Die Funktionsverluste der Landesparlamente münden »in die ernsthafte Frage nach ihrer Existenzberechtigung und damit nach der Existenzberechtigung der Eigenstaatlichkeit der Länder überhaupt«.[200]

Das Landtagsmandat: Quote statt Qualität

Die geringen Befugnisse der Landesparlamente tragen auf die Dauer dazu bei, daß sich kaum noch politisch ambitionierte Persönlichkeiten für ein Landtagsmandat zur Verfügung stellen. Diese bewerben sich statt dessen, wenn sie schon nicht (gleich) Landesminister werden können, eher um Bundestagsmandate und kehren dann allenfalls als Landesminister wieder in die Landespolitik zurück.[201]

Die personelle Auszehrung der Landesparlamente wird durch den herrschenden Proporz bei Aufstellung der Kandidatenlisten (nach Landschaft, Beruf, sozialer Gruppierung, politischem Flügel, Konfession und Geschlecht), »der – wie alle Proporze – auf das Niveau drückt«,[202] noch verschärft. Bei Auswahl der Kandidaten herrscht eine für den Außenstehenden merkwürdig anmutende Verkehrung der Kriterien. Wer die Kämpfe um Kandidaten- und Listenplätze aus nächster Nähe verfolgt, stellt fest, »daß über vieles, nur nicht über die Qualifikation zur Gesetzgebung gestritten wurde. Die Fragen lauten: Muß es ein Arbeitnehmer oder ein Landwirt sein, eine Frau oder ein Vertreter der Wirtschaft? Es wurde nie gefragt, ob er gut, fähig und intelligent ist, sondern höchstens, ob er ankommt und der Partei nützlich war und sein wird.«[203] Die Quote dominiert, während die Frage, ob jemand für die Parlamentsarbeit geeignet erscheint, völlig zurücktritt.[204]

Die Folge ist eine auch qualitative Verarmung der Landesparlamente, die sie gegenüber der Regierung und dem öffentlichen Dienst noch mehr ins Hintertreffen bringt – ein Teufelskreis, der die Landtagsabgeordneten immer weiter in die gutbezahlte Bedeutungslosigkeit abzudrängen droht. Das zeigt sich auch in der täglichen Arbeit, bei der die Landesparlamente sich in Nebensächlichkeiten zu verlieren drohen (siehe S. 95). Hinzu kommt die jahrzehntelange innerparteiliche Ochsentour (einschließlich der Übernahme von Partei- und Kommunalämtern), die – jedenfalls bei den großen westlichen Parteien – in aller Regel Voraussetzung für das Erlangen eines Landtagsmandats ist und die, weil sie sich in der Regel nur »Zeitreiche und Immobile« leisten können, von vornherein nicht gerade die Bestenauswahl fördert.[205]

Eine zusätzliche Akzentuierung bewirkt die (die Parlamente übergehende) Entwicklung der »dritten« und »vierten« Ebene: Die Entmachtung der Landesparlamente wurde noch weiter auf die Spitze getrieben, ihr Selbstvertrauen weiter gebrochen und ihre Attraktivität für politisch ambitionierte Persönlichkeiten vollends beseitigt. Das erklärt zum Beispiel, warum aus den Landesparlamenten kaum noch Ministernachwuchs gewonnen werden kann,[206] und wirft erhebliche Probleme auf. Die großen Parteien müssen praktisch in jedem der sechzehn Länder je eine Regierungsmannschaft zur Verfügung haben, eine, die aktuell regiert, und eine, die sich als Schattenkabinett der Opposition bereit hält. Wenn, wie die Erfahrung zeigt, in den Landesparlamenten 32 Mannschaften »ministeriabler« Abgeordneter nicht vorhanden sind,[207] so beruht dies auch auf den genannten Gründen der personellen Auszehrung.

Da man von dem (von Eigeninteressen der Amtsinhaber genährten) Dogma von der Vollzeittätigkeit des Landtagsmandats nicht lassen wollte, wertete man, um überhaupt noch Leute zu finden, die sich für ein Landtagsmandat interessierten, ihren finanziellen Status in völlig übertriebener Weise auf, was seinerseits aber eine doppelt mißliche Fehlentwicklung einleitete: Jetzt bewerben sich zunehmend Menschen, denen es vornehmlich darauf ankommt, *von* der Politik zu leben (und nicht *für* sie), was einer inadäquaten Personalselektion noch weiter Vorschub leistet,[208] und diese erhalten dann – durch die Full-time-Bezahlung für eine Teilzeittätigkeit – auch noch die Möglichkeit, sich praktisch unbeschränkt lange auf ihrem Parlamentssitz zu halten und Herausforderern kaum Chancen zu lassen.[209]

Nebenjob zum Vollzeitlohn

Die Aufblähung des finanziellen Status der Landtagsabgeordneten steht im Gegensatz zu der drastischen Abnahme der Aufgaben der Landesparlamente, die es eigentlich nahelegen würde, die parlamentarische Arbeit nebenberuflich und in zeitlich begrenzten Sitzungsperioden zu erledigen. Die Aufgaben der Landesparlamente sind inzwischen kaum mehr umfangreicher als die von Großstadtparlamenten, deren Mitglieder ihre Funktionen allerdings ehrenamtlich wahrnehmen. Groteskerweise hat sich die Bezahlung von Landtagsabgeordneten in umgekehrter Richtung entwickelt:[210] In dem Maße, wie die Kompetenzen und die politische Bedeutung der Landtage zurückgingen, wurde der finanzielle Status ihrer Abgeordneten aufgestockt. Ende der sechziger Jahre erhielten Landtagsabgeordnete noch einen Bruchteil der Bezüge von Bundestagsabgeordneten. Inzwischen haben viele Landtage ihren finanziellen Status so ausgebaut, daß sie fast soviel wie Bundestagsabgeordnete bekommen.[211] Selbst in einem sehr kleinen und armen Bundesland wie dem Saarland wurden die Landtagsmandate zu vollbezahlten und überversorgten Full-time-Jobs gemacht. Ja, es waren paradoxerweise die Landesparlamente, die die Schlüsselentscheidungen für die Entwicklung der Abgeordneten zu Berufsparlamentariern zuerst und noch vor dem Bund getroffen haben. So wurde die Altersversorgung von Landesparlamentariern in Nordrhein-Westfalen und Schleswig-Holstein eingeführt, noch bevor der Bundestag 1968 eine Altersversorgung für seine Mitglieder beschloß.

Der eigentliche Grund für diese sachlich schwer nachvollziehbare Schere zwischen abnehmenden Aufgaben, die eigentlich die Rückkehr zum nebenberuflichen Mandat nahelegen würden, und der zunehmenden Bezahlung sind wieder die Eigeninteressen der politischen Klasse: Sie kann von den finanziell aufgewerteten Mandaten nicht nur gut leben. Die Freistellung trotz begrenzter Verpflichtungen setzt die Mandatsinhaber darüber hinaus auch in den Stand, sich auf Staatskosten vor Ort innerparteilich unentbehrlich zu machen, Parteiämter und Kommunalmandate zu häufen, dauernd bei den zuständigen Leuten »Nominierungswahlkampf« zu führen und sich so im Wettkampf um die Wiedernominierung an günstiger Stelle (im Wahlkreis oder auf der Liste) praktisch uneinholbare Vorteile zu verschaffen. Damit schließt sich der Kreis, dessen Resultate Abschottung und Bürgerferne, Abgehobenheit und Selbstbezogenheit der politischen Klasse sind.

Denkanstöße zur Verfassungsstruktur der Länder

Angesichts der Entmachtung der Landesparlamente und des offensichtlichen Übergewichts der (parlamentarisch unzureichend kontrollierten) Landesregierungen und besonders der Regierungschefs stellen sich grundlegende Verfassungsfragen: Entspricht die bestehende Verfassungsstruktur der Länder noch jener ziemlich einseitigen Gewichtsverlagerung?[212] Anders ausgedrückt: Macht es noch Sinn, nur das Landesparlament durch direkte Volkswahlen zu legitimieren und nicht auch die Spitze der Exekutive selbst? (Oben war zwar davon die Rede, Landtagswahlen entwickelten sich oft zu Quasi-Direktwahlen des Ministerpräsidenten. Es bleiben aber doch noch erhebliche Unterschiede. Dazu Näheres unten, S. 156 ff.) Macht es noch Sinn, die Vollalimentation und Überversorgung der Landtagsabgeordneten und die Fiktion vom Landtagsmandat als »Full-time-Job« aufrechtzuerhalten? Ja, noch grundsätzlicher: Ist ein Parlamentarismus, dessen Kennzeichen die Wahl des Regierungschefs durchs Parlament ist, in den Bundesländern nicht obsolet geworden und muß an seine Stelle nicht eine Revitalisierung der Länderverfassungen treten, deren dominantes Kennzeichen in der wirksamen Rückkoppelung der politischen Klasse an die Bürger besteht?

Politik durch die Hintertür: der Bundesrat

Aufwertung des Bundesrats

Die enorme Zunahme zustimmungsbedürftiger Bundesgesetze hat auch auf Bundesebene zu einer Verschiebung der Gewichte geführt, und zwar hier der Gewichte zwischen Bundestag und Bundesrat. Ohne den Bundesrat läuft kein größeres Reformprojekt mehr. Damit hat der Bundesrat eine andere Bedeutung gewonnen, als die Väter des

Grundgesetzes ihm ursprünglich zugedacht hatten. Die Zustimmungsgesetze sollten seinerzeit die Ausnahme bleiben, und der Bundesrat sollte gerade keine dem Bundestag ebenbürtige Zweite Kammer werden.[213] Durch die kontinuierliche Ausweitung seiner Mitwirkung hat der Bundesrat seine ursprüngliche Rolle verändert.
Auch diese Entwicklung war ganz wesentlich vom Eigeninteresse der Landesregierungen motiviert. Wie sie seinerzeit schon die Weichen für die Einrichtung eines »Bundesrats« (der sich aus Mitgliedern der Landesregierungen zusammensetzt) gestellt und die verfassungspolitische Alternative eines »Senats« (der sich wie beispielsweise der amerikanische Senat aus gesondert gewählten Mitgliedern zusammensetzt) abgeblockt hatten,[214] so setzten sie auch die Aufwertung des Bundesrats und damit ihres eigenen Status mit langem Atem durch (siehe S. 85 ff.). Der dadurch bewirkte schleichende Verfassungswandel, der den Bundesrat in wichtigen Fragen zum gleichberechtigten Mitspieler in der Bundespolitik (neben dem Bundestag) macht, hat negative Rückwirkungen auf die Leistungsfähigkeit des bundesrepublikanischen Regierungssystems insgesamt.

Instrument der Parteipolitik

Die aufgewertete Machtposition der Länderregierungen (und besonders der Regierungschefs) im Bundesrat kann die Fähigkeit zur Bewältigung gesamtstaatlicher Aufgaben erheblich tangieren. Das gilt besonders, wenn in Bundestag und Bundesrat unterschiedliche parteipolitische Mehrheiten bestehen, wie dies bis zur Bundestagswahl von 1998 der Fall war und sich – mit umgekehrtem Vorzeichen – nach den Landtagswahlen von 1999 wiederum ergab. Unter solchen Bedingungen liegt für die Opposition die Versuchung nahe, die Regierungsmehrheit mit ihren Gesetzgebungsvorhaben am Veto des Bundesrats scheitern, sie also aus rein machtpolitischen Gründen sozusagen an die Wand fahren zu lassen und so den Bundesrat als Blockadeinstrument zu mißbrauchen. Diese Gefahr liegt um so näher, je stärker der Wettbewerb um die Macht dominiert und je stärker er folglich die gemeinwohlorientierte Einigungsbereitschaft unterdrückt, eine Entwicklung, die besonders der Politikwissenschaftler Lehmbruch nachgezeichnet hat.[215]
Die Väter des Grundgesetzes waren noch von der Absicht getragen,

mit dem Bundesrat ein Widerlager zur Parteipolitik zu schaffen.[216] Vor diesem Hintergrund entbehrt es heute nicht der Ironie, daß sich der Bundesrat aufgrund einer allmählichen Verfestigung des parteipolitischen Systemdenkens zunehmend in den Dienst der Parteipolitik gestellt sieht und dadurch die Handlungs- und Funktionsfähigkeit des bundesrepublikanischen Systems auf die Probe gestellt wird. Mit dem Wahlsieg von Rot-Grün bei der Bundestagswahl von 1998 hatte sich die parteipolitische Mehrheit des Bundestags zwar zunächst wieder an die des Bundesrats angeglichen. Wenn der Bundesrat in den letzten drei Jahrzehnten in zwei Dritteln der Jahre mehrheitlich in der Hand der Opposition war (1969–1982 und 1990–1998), kann man darin aber offenbar keine Ausnahmesituation mehr sehen.[217] Im Gegenteil, es gibt fast so etwas wie eine Erfahrungstatsache, daß mit dem Verlust der Mehrheit in Bonn die Chancen einer bisherigen (großen) Regierungspartei zunehmen, bei den Landtagswahlen zu gewinnen.

Mit der zunehmenden Bedeutung des Bundesrats für die Bundespolitik und seiner zunehmenden Parteipolitisierung erhalten Landtagswahlen leicht den Charakter einer bundespolitischen Korrekturmöglichkeit. Sie werden in den Augen der Wähler zu kleinen Bundestagswahlen, bei denen man Unzufriedenheiten mit der Bundespolitik einigermaßen gefahrlos zum Ausdruck bringen kann. Derartige Erfahrungen legen die Vermutung nahe, daß die Situation des »divided government« in Berlin mit umgekehrten Vorzeichen nicht allzulange auf sich warten lassen wird.[218] Den Anfang haben bereits die Landtagswahlen von 1999 gemacht.

Aber selbst übereinstimmende Mehrheitsverhältnisse in beiden »Kammern« bewirken nicht notwendig politische Übereinstimmung. Besondere Länderinteressen führen oft über die Parteigrenzen hinweg zu Allianzen, »die die Entscheidungssituation einer Allparteienregierung inszenieren«.[219]

Die Verquickung von Bundes- und Landespolitik durch die Entwicklung des Bundesrats zur Zweiten Kammer mit oft anderen Mehrheiten macht es für den Bürger häufig unmöglich, bei Parlamentswahlen nach seinen Präferenzen sinnvoll zu entscheiden (und zugleich den Politikern Verantwortung zuzuteilen). Wenn und soweit die Länderkammer in CDU- und FDP-geführte A-Länder und in SPD- und Grünengeführte B-Länder aufgeteilt wird und diese sich dann bei ihren Abstimmungen im Bundesrat parteipolitisch orientieren, wird die Verantwortung verwischt und dem Wähler seine Entscheidungsmöglichkeit genommen. Wer zum Beispiel im Bund CDU wählt, um die innere Sicherheit zu verbessern, erreicht selbst dann nichts, wenn die CDU die Regierung stellt, falls eine Mehrheit der SPD-geführten Länder im Bundesrat fast alles blockieren kann. Wer im Land SPD wählt, weil er deren Hochschulpolitik will, erreicht nichts, falls ein anders zusammengesetzter Bundestag mit seiner Rahmengesetzgebung und über die Gemeinschaftsaufgaben (Art. 91a und 91b GG) gegensteuert oder andere Länder über die Kultusministerkonferenz echte Reformen verhindern.[220]

Angesichts dieses Befundes erscheint die Ausweitung der Zustimmungsrechte des Bundesrats erst recht immer weniger sinngerecht. Ursprünglich sollten Bundesgesetze nur dann der Zustimmung des Bundesrats bedürfen, wenn wichtige Landesinteressen betroffen sind. Dies ist aber schon lange nicht mehr der Fall. Die enorme Ausdehnung von Zustimmungsgesetzen rührt eben daher, daß sie als rein machtpolitische Gegenleistung an die Landesregierungen für die Hingabe von Landeskompetenzen an den Bund erfolgte. Die Folge ist, daß das Zustimmungsrecht des Bundesrats oft nur wenig mit den eigentlichen Landesinteressen zu tun hat und es immer mehr um bloße Machtausübung und damit um die Stärkung des Gewichts der Ministerpräsidenten geht.

Vermittlungsverfahren und Vermittlungsausschuß

Das Erstarken des Bundesrats zum echten Gegenspieler des Bundestags, besonders in Zeiten unterschiedlicher Mehrheiten, hat dem Vermittlungsverfahren und damit auch dem Vermittlungsausschuß zu großer Bedeutung verholfen.[221] Der Vermittlungsausschuß wird bisweilen geradezu als »Überregierung« bezeichnet.[222] Seine Funktion besteht darin, Kompromißvorschläge zu erarbeiten, denen Bundestag *und* Bundesrat zustimmen können. In allen Fällen, wo der Bundestag auf die Zustimmung des Bundesrats angewiesen ist, bedarf es einer Einigung zwischen beiden Organen, damit eine Regelung überhaupt zustande kommt. Aber auch bei Einspruchsgesetzen kann der Bundesrat den Vermittlungsausschuß anrufen, was dann besonders bedeutsam ist, wenn der Bundesrat den Gesetzesbeschluß des Bundestags mit Zweidrittelmehrheit abgelehnt hat. Dann kann er vom Bundestag nur mit Zweidrittelmehrheit überstimmt werden, was aber selten der Fall sein dürfte, solange die Opposition im Bundestag über mehr als ein Drittel der Sitze verfügt. Zustimmungsgesetze kann eine Mehrheit im Bundesrat also stets blockieren, Einspruchsgesetze nur dann, wenn die Opposition im Bundesrat über eine Zweidrittelmehrheit und im Bundestag über eine Sperrminorität von mehr als einem Drittel verfügt.

Das Grundgesetz (Art. 77 II GG) sagt überraschend wenig über den Vermittlungsausschuß, lediglich, daß er sich aus Mitgliedern des Bundestags und des Bundesrats zusammensetzt und die Bundesratsmitglieder weisungsfrei sind. (Für Bundes*tags*mitglieder versteht sich das ohnehin von selbst: Art. 38 I 2 GG; dagegen sind Bundes*rats*mitglieder ansonsten weisungsgebunden.) Die ganze übrige Regelung trifft die Geschäftsordnung des Vermittlungsausschusses. Danach entsenden Bundestag und Bundesrat je 16 Mitglieder in den Vermittlungsausschuß. Für den Bundesrat entsendet jedes Bundesland – unabhängig von seiner Größe – ein Mitglied. Das kommt den kleinen Ländern, also vor allem den Stadtstaaten, dem Saarland und den östlichen Bundesländern, zugute.

Drei weitere Regelungen der Geschäftsordnung sind von Gewicht: Der Vermittllungsausschuß verhandelt nicht öffentlich. Der Vermittlungsausschuß ist ein ständiger Ausschuß; seine Mitglieder wechseln also nicht von Fall zu Fall und sind deshalb keine Experten des jeweils zu behandelnden Sachbereichs, sondern »Generalisten«. Schließlich kann der Bundestag nur über den Einigungsvorschlag des Vermittlungsausschusses abstimmen, ohne daß andere Sachanträge gestellt werden könnten. Schlägt der Vermittlungsausschuß mehrere Gesetzesänderungen vor, so gibt die Geschäftsordnung ihm darüber hinaus die Möglichkeit, eine gemeinsame Abstimmung im Bundestag vorzuschreiben. Dadurch wird ein zusätzlicher tatsächlicher Druck auf die Abgeordneten geschaffen, das Kompromißpaket als Ganzes anzunehmen.

Die Auswirkungen dieser Regelungen sind erheblich. Positiv zu bewerten ist (neben den bereits genannten Aspekten) zunächst, daß der Einfluß von Interessenverbänden – die vornehmlich über ihre Mitglieder in den Fachausschüssen aktiv werden – hier zurückgedrängt wird.[223] Weiter erleichtert die fehlende Öffentlichkeit es, Kompromisse zu schließen und so einen Stillstand der Gesetzgebung zu verhindern. Andererseits wird es für den Bürger nun aber vollends unmöglich, ein in diesem Verfahren zustande gekommenes Gesetz (oder das Nichtzustandekommen eines Gesetzes) der einen oder der anderen Partei, der Regierung oder der Opposition zuzurechnen. Der Wahlbürger weiß hier erst recht nicht, wer was zu dem Gesetz beigetragen hat.[224] Auch eine ausreichende Begründung mit ihrer rationalisierenden Vor-Wirkung auf den Prozeß der Willensbildung ist im Ausschuß in keiner Weise gewährleistet.[225] Hinzu kommt, daß das Bestreben, einen Kompromiß zu erzielen, und die zentrale Stellung von Nichtexperten im Vermittlungsausschuß – verbunden mit dem Zeitdruck und der oft riesigen Stoffmasse – dem Eindringen von Irrationalitäten und Inkonsistenzen in den Entscheidungsprozeß und damit auch in den Vermittlungsvorschlag zusätzlich Vorschub leisten.[226]

Es überrascht nicht, daß die zunehmende parteipolitische Polarisierung auch auf das Wirken des Vermittlungsausschusses durchschlägt. So kommt es nicht nur sehr viel häufiger zur Anrufung des Vermittlungsausschusses (wie immer bei unterschiedlichen parteipolitischen Mehrheiten).[227] Eine zusätzliche Verschärfung der parteipolitischen Konfrontation wurde auch dadurch ermöglicht, daß ab Beginn der 13. Wahlperiode des Bundestags (1994–1998) die Opposition im Vermittlungsausschuß über die Mehrheit der Stimmen verfügte, was vorher nie der Fall gewesen war.[228] Diese Konstellation gab der Opposition die Möglichkeit, Einigungsvorschläge im Vermittlungsausschuß nicht einvernehmlich zu erarbeiten, wie es dem Sinn und der Funktion des Vermittlungsausschusses eigentlich entspricht, sondern sie gegen den Willen der Koalitionsmehrheit durchzudrücken, was diese dann ihrerseits regelmäßig dazu veranlaßte, sie im Bundestag zurückzuweisen. Man spricht hier von »unechten Einigungsvorschlägen«, weil sie nicht aus einem Kompromiß der unterschiedlichen Auffassungen hervorgegangen sind, sondern unter Ausnutzung der Oppositionsmehrheit erfolgen und damit meist keine großen Chancen haben, von der im Vermittlungsausschuß majorisierten Bundestagsmehrheit akzeptiert zu werden.[229]

Die mißbrauchte Vetomacht

Zu weiteren massiven Strukturveränderungen kann es kommen, wenn die Länder ihre Zustimmung zu erforderlichen Verfassungsänderungen von besonders weitgehenden Zugeständnissen auf anderen Gebieten abhängig machen und Bundesregierung und Bundestag auf diese Weise erpressen. Ein Beispiel waren die Bund-Länder-Absprachen über die Finanzierung der deutschen Einheit, bei denen die Länder sich ihre Zustimmung dadurch abhandeln ließen, daß sie an den Finanzierungslasten nur unzureichend beteiligt wurden.[230] Der Wunsch des Bundes, zu einem raschen Abschluß des Einigungsvertrages zu gelangen, brachte ihn in eine Zwangslage, in der er den handfesten Eigeninteressen der Länder wenig Widerstand leisten konnte.[231] Das führte dazu, daß die an sich erforderliche Neuorientierung der Prioritäten und Posterioritäten in den Ländern praktisch unterblieb und – trotz der historischen Herausforderung – alles mehr oder weniger so blieb wie zuvor. »Bei dem jetzt gefundenen Konsens (ist) der Zwang zu mehr Ausgabendisziplin aufgrund leerer Kassen bei den westlichen Ländern und Gemeinden wesentlich geringer ... als beim Bund. Auch bei den ostdeutschen Ländern und Gemeinden, deren finanzielle Lage ... wesentlich verbessert wird, gibt es keine Gewähr, daß die in den Verwaltungshaushalten vorhandenen Einsparpotentiale genutzt werden.«[232]
Ein anderes Beispiel ist die Änderung des Art. 23 GG, die den Ländern in Angelegenheiten der Europäischen Union auf Bundesebene weitgehende Mitspracherechte gibt.[233] Auch diese haben sie quasi im Wege der Erpressung durchgesetzt, weil der Bund zur Ratifizierung des Maastricht-Vertrages die Zustimmung des Bundesrats brauchte.[234]

Reformkonzepte

Reduzierung der Zustimmungsgesetze

Der Befund indiziert auch die Richtung für Reformen: Die Zustimmungsrechte des Bundesrats (bei über 50 Prozent der Bundesgesetze) müssen wieder in Richtung auf das ursprüngliche Niveau (10 Prozent) zurückgeführt werden. Dieser sachlich an sich berechtigten Forderung ist allerdings das machtpolitische Durchsetzungsproblem offen auf die Stirn geschrieben: Der Bund und die Landesregierungen als

Bundesratsmitglieder werden aus Gründen des eigenen Machterhalts vorerst kaum damit einverstanden sein.[235] Ohne sie kann die erforderliche Grundgesetzänderung aber nicht durchgeführt werden. Immerhin beruht die Zunahme der Zustimmungsgesetze zu einem großen Teil auch auf einer einseitigen Interpretation des Grundgesetzes, so vor allem bei Auslegung des Art. 84 I GG,[236] auf dessen extensiver Interpretation allein mehr als 60 Prozent der Zustimmungsgesetze beruhen (siehe S. 86 f.). Dieser sehr erhebliche Teil könnte also durch eine Änderung der Rechtsprechung des Bundesverfassungsgerichts zurückgenommen werden.[237] Er könnte im übrigen auch dadurch eingedämmt werden, daß der Bundestag sich damit zurückhielte, seinen materiellen Gesetzen auch Verfahrensregelungen beizugeben (wodurch sie nach Art. 84 Abs. 1 GG erst zustimmungsbedürftig werden).[238]

Senat statt Bundesrat

Sehr viel weiter geht der Vorschlag, mit der Bismarckschen Tradition zu brechen und statt des Bundesrats einen Senat zu schaffen, dessen Mitglieder unmittelbar von den Bürgern der sechzehn Bundesländer gewählt werden.[239] Dieser Vorschlag würde zwei wichtige und in der Bundesrepublik im Gang befindliche Strömungen aufgreifen. Einmal die Entwicklung in Richtung auf stärkere Direktwahl von Politikern, die sich vor allem im Siegeszug der Direktwahl von Bürgermeistern und Landräten (siehe S. 258 ff.) zeigt. Die Direktwahl der Senatsmitglieder würde eine engere Verbindung zum Volk schaffen und damit die politische Klasse an dieses zurückbinden, was unseres Erachtens das Gebot der Stunde ist (wenn auch gegen die Interessen der politischen Klasse besonders schwer durchzusetzen). Auch in den USA wurde die Direktwahl der Senatoren am Anfang dieses Jahrhunderts von der progressiven Bewegung im wesentlichen als Reaktion auf Korruption, Parteienübermacht und sonstige Mißbräuche verstanden und durchgesetzt[240] (obwohl die Entwicklung in Richtung auf faktische Direktwahl der Senatsmitglieder damals schon lange im Gang war).[241]

Zugleich brachte die amerikanische Verfassungsentwicklung, die schließlich 1911 mit dem 17. Zusatzartikel zur amerikanischen Bundesverfassung, in der die Direktwahl der Senatoren niedergelegt wurde, ihren Abschluß fand, einen neuen Typus des Föderalismus hervor.

Dieser erschwert Blockaden und Partikularismen auf Bundesebene und fördert so die politische Handlungsfähigkeit des Bundes. Infolge der Direktwahl haben es die amerikanischen Bundesorgane bei Wahrnehmung ihrer Funktionen »direkt mit Personen« und nicht mit Staaten*funktionären* zu tun. Die Länderorgane wurden ihrer »Mittelsmannposition« beraubt, die es ihnen erlaubt hatte, die Politik des Bundes zu kontrollieren, zu partikularisieren und zu schwächen.[242] Von besonderem Interesse ist, daß hier mit dem Durchgriff direkt auf das Volk ein ähnlicher Mechanismus wirkt, wie ihn Rousseau und andere vorschlagen, um den Feudalismus der Partikularverbände zu brechen.[243] Insofern besteht eine bemerkenswerte Parallele: Auch die regionalen Organisationen (und ihre Funktionäre) sind, wenn sie auf die Bundespolitik Einfluß nehmen, quasi Interessenverbände, hindern die Handlungsfähigkeit des Bundes und bewirken teilweise absurde Ergebnisse (wie wir sie ja derzeit vielfach erleben).

Es würde reichen, wenn jedes Bundesland zwei Senatoren nach Bonn schicken könnte. Der Senat hätte dann eine Größe von 32 Personen. Aufgrund der Direktwahl der Mitglieder würde der Senat sicher großes Ansehen und erheblichen Einfluß erlangen. Auch in den USA ist der Senat bekanntlich das einflußreichere von den beiden Häusern des Kongresses. Es gäbe, wenn jeder Staat unabhängig von seiner Größe eine gleiche Anzahl von Mitgliedern in den Senat schickt, gewiß ein Problem mit dem Grundsatz »one man, one vote«. Aber dieses Problem haben wir ja auch bisher schon im Bundesrat, wenn auch durch die sogenannte Stimmenspreizung[244] etwas abgeschwächt, und erst recht im Europäischen Parlament. Damit wird man wohl auch in Zukunft leben müssen. Es muß im Kern darum gehen, starke und zugleich bürgernahe Bundesorgane zu schaffen. Und hier wäre der Übergang zum direkt gewählten Senat ein wichtiger Schritt.

Direktwahl der Ministerpräsidenten

Weniger grundstürzend ist der Vorschlag, zur Direktwahl der Ministerpräsidenten überzugehen (siehe dazu S. 155 ff.). Das brächte auf Landesebene gewichtige Vorteile. Zudem könnte dieser Vorschlag als einziger allein durch Verfassungsänderungen der Länder relativ rasch verwirklicht werden. Seine Realisierung erscheint deshalb weniger utopisch, weil er an den Landesparlamenten vorbei durch Volksbegehren und Volksentscheid durchgesetzt werden könnte. Allerdings bleibt es dann auf Bundesebene – und das wäre der Nachteil – bei der Vermischung von Bundes- und Landesinteressen, das heißt bei der von dem amerikanischen Politikwissenschaftler William Riker kritisierten starken und unmittelbaren Einwirkung der Länderpolitik auf die Bundespolitik. Aber immerhin brächte die Realisierung des Vorschlags auch auf Bundesebene unmittelbar eine Verbesserung gegenüber der derzeitigen Situation, weil direkt gewählte Ministerpräsidenten sich im Bundesrat schwerlich parteipolitisch instrumentalisieren ließen (Näheres siehe S. 159). Mittelbar könnte das Gelingen einer solchen Reform auch die Chancen für weitere Reformen verbessern.

16 Modell Deutschland? – Föderalismus und Europäische Union

Von besonderer Aktualität ist das Föderalismusthema auch in bezug zur Europäischen Union. Da die Bundesrepublik (neben Belgien und Österreich) bisher das einzige Mitglied in der Europäischen Union mit ausgeprägt föderalistischer Struktur ist, stellt sich die Frage, ob die Bundesrepublik Vorbild auch für andere Mitgliedstaaten der Europäischen Union sein kann, besonders für die, die geneigt scheinen, auch bei sich föderalistische Strukturen einzuführen, wie zum Beispiel Großbritannien. Die Bewertung erscheint ambivalent, je nachdem, aus welcher Perspektive sie vorgenommen wird: Aus der – von Verfassungs wegen an sich maßgeblichen – Sicht der Bürger und unter den Aspekten von Demokratie und Rechtsstaat müßten die vorstehend ermittelten bundesrepublikanischen Befunde eigentlich schrecken und andere Mitgliedstaaten eher davon abhalten,[245] sich bundesrepublikanische Föderalismusstrukturen zum Vorbild zu nehmen. Aus der Perspektive der von Eigeninteressen motivierten politischen Klasse könnte die Wertung allerdings ganz anders ausfallen – angesichts der Fülle der zur Verfügung stehenden Posten und der risikomindernden horizontalen und vertikalen Verflechtungen.
Berücksichtigt man, daß sich die föderalistischen Verflechtungen innerhalb der Bundesrepublik auf der Ebene der Europäischen Union noch weiter fortsetzen und damit zur dritten und vierten Ebene mindestens eine weitere, also eine »fünfte« europäische Ebene hinzukommt, so wird das Gesamtbild dadurch noch undurchsichtiger und insbesondere unter dem Aspekt der Demokratie noch untragbarer, so daß sich die Frage nach Vereinfachungen und der Herstellung von mehr Überschaubarkeit damit noch dringender stellt.
Die Entwicklung und der zunehmende Ausbau der Europäischen Union hat erhebliche Rückwirkungen auf die Stellung der deutschen Bundesländer: Einmal greift die Europäische Union ganz unmittelbar auch in die Kompetenzen der Länder ein. Die Union regelt in einigem Umfang auch Materien, die im Bund-Länder-Verhältnis Gegenstand der Länderkompetenz sind. Das rührt daher, daß die Union nur die Mitgliedstaaten als Akteure und als Vertragspartner anerkennt, die

aus dem Vertrag Rechte und Pflichten ableiten können, und dabei keine Rücksicht auf die staaten*interne* Aufgaben- und Kompetenzverteilung nehmen kann. Die sechzehn Bundesländer der Bundesrepublik sind deshalb zunächst einmal nur passive Objekte (und nicht auch aktiv mitbestimmende Subjekte) der europäischen Integration. Diese Art der Abseitsstellung der Länder findet auf verschiedenen Ebenen statt und hat unterschiedliche Ausprägungen.

Einmal dann, wenn die Europäische Union Materien regelt, die zur Gesetzgebungskompetenz der Bundesländer gehören. Der Prozeß des Entzugs von Gesetzgebungskompetenzen der Länder wird also nicht nur vom Bund aus (und zu seinen Gunsten) vorangetrieben, sondern auch von der Europäischen Union. Zum zweiten und vor allem droht die gewichtigste Handlungsmöglichkeit der Länder[246] – ihre Mitwirkung an der Bundespolitik über den Bundesrat – auf der europäischen Ebene leer zu laufen. Die wichtigen Entscheidungen fallen im Rat der Europäischen Union. Hier wird die Bundesrepublik Deutschland aber grundsätzlich von der *Bundesregierung* vertreten. Um diese prinzipielle Zurücksetzung der Länder in der Europapolitik zu mildern, haben die Länderregierungen 1993 eine Neufassung des Art. 23 GG erzwungen. Danach wirken Bundestag und »durch den Bundesrat die Länder« in Angelegenheiten der Europäischen Union mit. Zu diesem Zweck hat die Bundesregierung »den Bundestag und den Bundesrat umfassend und zum frühestmöglichen Zeitpunkt zu unterrichten« (Art. 23 Abs. 2 GG).[247] Der Bundesrat ist »an der Willensbildung des Bundes zu beteiligen, soweit er an einer entsprechenden innerstaatlichen Maßnahme mitzuwirken hätte oder soweit die Länder innerstaatlich zuständig sind« (Abs. 4). Die Stellungnahmen des Bundesrats sind bei ausschließlicher Zuständigkeit des Bundes »zu berücksichtigen«. Sie sind dagegen »*maßgeblich* zu berücksichtigen«, »wenn im Schwerpunkt Gesetzgebungsbefugnisse der Länder, die Einrichtung ihrer Behörden oder ihre Verwaltungsverfahren betroffen sind« (Abs. 5). In diesem Fall ergibt sich eine wahre Abstimmungsorgie, deren Einzelheiten in einem eigens dafür erlassenen Gesetz niedergelegt sind: dem Gesetz über die Zusammenarbeit von Bund und Ländern in Angelegenheiten der Europäischen Union.[248]

Gehört die Materie »im Schwerpunkt« zur ausschließlichen Gesetzgebung der Länder, also zum Beispiel Fragen der Kulturpolitik, so hat dies sogar Einfluß darauf, wer die Bundesrepublik nach außen vertritt: Dann »soll« statt der Bundesregierung ein »vom Bundesrat benannter Vertreter der Länder«, also ein Landespolitiker, die Rechte der Bundesrepublik im Ministerrat oder in anderen Organen der Europäischen Union wahrnehmen (Abs. 6).

Diese Vorschriften sind ein »Monstrum«.[249] Sie enthalten eine Anhäufung von unbestimmten und kaum justitiablen Kaugummibegriffen in bisher ungekanntem Ausmaß (zum Beispiel »im Schwerpunkt ... betroffen«, »maßgeblich zu berücksichtigen«, »die gesamtstaatliche Verantwortung des Bundes zu wahren«), die zu Rechtsstreitigkeiten geradezu einladen und befürchten lassen, daß politische Streitigkeiten wieder vor dem Bundesverfassungsgericht ausgetragen werden.

Die Vorschriften gehen, indem sie die Rechte des Bundesrats hervorkehren, zu Lasten des Bundestags und beeinträchtigen damit die Durchsichtigkeit und Bürgernähe der Entscheidungen noch weiter. Die Möglichkeit, die EU-Rechte durch einen Landesminister wahrnehmen zu lassen, führt zu einer unangemessenen Partikularisierung der auswärtigen Gewalt: Auch ein Bundesstaat sollte nach außen gemeinsam auftreten und mit einer Stimme sprechen.[250] Die Verantwortung der Bundesregierung für die außen- und integrationspolitischen Belange werde »in gefährlicher Weise« ausgehöhlt.[251] Die neuen Vorschriften schränken auch die EU-politische Handlungsfähigkeit der Bundesrepublik insgesamt ein. Die Maßgeblichkeit der Stellungnahme des Bundesrats kann ein Blockadepotential schaffen und die europarechtliche Kompromißfähigkeit der Bundesrepublik beeinträchtigen.[252]

Bedenkt man, wie die Einfügung des neuen Artikels 23 ins Grundgesetz von den Ländern erzwungen wurde, nämlich mittels der Drohung, andernfalls die Zustimmung des Bundesrats zum Ratifikationsgesetz zum Maastricht-Vertrag zu verweigern, dann zeigt sich: Das Mitwirkungsrecht der Länder im Bundesrat wurde dazu mißbraucht, nicht nur die Partizipationsmöglichkeit der Bürger, sondern auch die Handlungsfähigkeit des Bundes in der zukünftigen Europapolitik zu beschneiden. Was wir schon innerhalb der Bundesrepublik beobachtet haben, daß es nämlich den »Landesfürsten« vornehmlich darum geht, ihre Position auszubauen – ohne Rücksicht auf die Belange des Ganzen –, bricht auch hier wieder durch.

Dabei könnte die Europäisierung hinsichtlich der *nicht* europarechtlich geregelten Bereiche beträchtliche, die Länder stärkende Rückwirkungen auf das Kompetenzverhältnis von Bund und Ländern haben. Bei denjenigen Materien, wo keine Notwendigkeit gesehen wird, sie europaweit zu harmonisieren, ist dann nämlich auch nicht mehr recht einsehbar, warum sie bundesweit einheitlich geregelt werden müssen, obwohl sie ja beispielsweise in den Niederlanden und in Belgien, die auch nicht größer sind als Nordrhein-Westfalen und Bayern, autonom und damit eben nicht einheitlich geregelt werden. Das bedeutet: »Überall dort, wo die *europäische* Vereinheitlichung nicht notwendig erscheint, (kann) auch ein Sachzwang für die *bundesweite* Vereinheitlichung nicht länger als selbstverständlich unterstellt werden.« Das heißt umgekehrt: Die regionalen und lokalen Regelungsmöglichkeiten werden »generell in dem Maße wichtiger, wie die Regelungskompetenz des Bundes durch die der Europäischen Gemeinschaft ersetzt wird«.[253]

Das könnte auch ausstrahlen auf die Interpretation der Bedürfnisklausel des Art. 72 Abs. 2 GG (zumal auf deren neue Fassung),[254] indem die europäische Einigung auf diese Weise auch die Voraussetzungen für die Inanspruchnahme der konkurrierenden Gesetzgebung des Bundes verändert: »Was unter dem Gesichtspunkt der Wirtschaftseinheit inhaltlich geregelt werden muß, muß künftig europäisch geregelt werden. Dann braucht das, was *nicht* europäisch geregelt werden muß, auch nicht mehr bundeseinheitlich geregelt zu werden – es kann wieder den Ländern überlassen werden, die nach durchgeführter Neuregelung ja durchweg mit respektablen EG-Mitgliedstaaten wie Dänemark, Belgien oder den Niederlanden zu vergleichen wären.«[255]

Daß die tatsächliche politische Entwicklung nach wie vor in eine andere Richtung geht, ist eine andere Frage.

17 Auf dem Prüfstand: Selbständigkeit, Leistungsstärke, Handlungsfähigkeit der Länder

Die bisher behandelten Probleme lassen sich in fünf Thesen zusammenfassen:

1. Die Bundesländer sind derart entmachtet, daß ihr Staatscharakter in Frage steht.
2. Die Bundesländer und ihre stärker verbeamteten und von den Medien nur schwächer (als im Bund) kontrollierten Parlamente haben auch in denjenigen Bereichen, in denen sie früher Gestaltungsbefugnisse besaßen oder heute noch besitzen, eine beträchtliche Leistungsunfähigkeit an den Tag gelegt.
3. Statt dessen hat die politische Klasse gerade in den Bundesländern Pfründen aufgehäuft.
4. Durch die Aufwertung der Rolle des Bundesrats wird das System der politischen Willensbildung auch auf Bundesebene beeinträchtigt.
5. Die Handlungsfähigkeit der Politik wird insgesamt beeinträchtigt und ihre Fähigkeit, auf neue Herausforderungen zu reagieren, gemindert.

Diese fünf Thesen wollen wir durch eine sechste These ergänzen:

6. Die genannten Fehlentwicklungen lassen sich darauf zurückführen, daß die Mechanismen, mit denen die Demokratie Auswüchse verhindert und ihre Anpassungsfähigkeit an neue Herausforderungen und damit ihre Lebensfähigkeit erhält, im föderalistischen System der Bundesrepublik Deutschland leer zu laufen drohen oder doch erheblich beeinträchtigt werden.

Im folgenden sollen die Thesen 1, 2 und 5 zunächst noch etwas vertieft und sodann die These 6 im Zusammenhang dargestellt werden. (Hinsichtlich der Thesen 3 und 4 sei auf die Ausführungen auf S. 94–113 verwiesen.)

Sind die Länder überhaupt noch selbständige Staaten?

Die oben dargestellte politische Entleerung der Länder berührt ihren Charakter als selbständige Staaten. Dieses Thema hat zunächst einmal staatsrechtliche Qualität. Es geht um die Frage, ob der Verlust der Länder an Eigenverantwortlichkeit noch mit Art. 20 Abs. 1 und 79 Abs. 3 GG vereinbar ist, die einen »Bundesstaat« und eine »Gliederung des Bundes in Länder«, das heißt in eigenverantwortliche, mit einem Minimum an Gestaltungsbefugnissen versehene »Staaten«, voraussetzen und unabänderlich festschreiben. Zur Bundesstaatlichkeit in diesem Sinne gehört, daß nicht nur der Bund, sondern auch die Länder »über die Durchführung politisch vorgeformter oder weithin unpolitischer Aufgaben hinaus Entscheidungen zu treffen (haben), die als richtungweisend für das Zusammenleben in der staatlichen Gemeinschaft empfunden werden und deshalb einen tiefgreifenden Prozeß demokratischer Meinungs- und Willensbildung auszulösen vermögen, im Landesparlament, in der Tagespresse, in Versammlungen und im Versuch der Interessenten und ihrer Verbände, auf die zuständigen Landesorgane einzuwirken«.[256] Dies ist auf der Ebene von Selbstverwaltungskörpern nicht denkbar, sondern »nur auf der Ebene der Staatlichkeit«.[257] Dazu gehört vor allem, daß den Ländern ein Mindestbestand ausschließlicher Gesetzgebungskompetenzen zusteht,[258] denn die Staatsqualität der Länder zeigt sich weniger in der Existenz von Regierungen – solche gibt es auch auf der Ebene von Verwaltungsbezirken –, sondern »vor allem in der Kompetenz der gewählten Volksvertretungen zur Gesetzgebung«.[259] Die Vorstellung, daß den Ländern als Staaten ein unentziehbarer Kern eigener Aufgaben, sozusagen als »Hausgut«, besonders eben eine eigene Gesetzgebung, erhalten bleiben müssen, zieht sich wie ein roter Faden auch durch die Rechtsprechung des Bundesverfassungsgerichts.[260] Dazu reicht nicht »irgendein Rest« Gesetzgebungszuständigkeit aus.[261]
Ob diese für den Bundesstaat des Grundgesetzes konstitutiven Voraussetzungen in der Realität noch vorliegen, wird im staatsrechtlichen Schrifttum zunehmend erörtert[262] – so wenn der frühere Speyerer Verwaltungswissenschaftler Frido Wagener fragt, ob man statt von Ländern nicht eigentlich von »Bundesprovinzen« sprechen müßte[263] –, und neuerdings wird diese Frage von gewichtigen Stimmen auch verneint.[264]

Der Staatsrechtslehrer und frühere Bundesverfassungsrichter Ernst-Wolfgang Böckenförde nennt es schlicht eine »Illusion«, wenn die Länder meinten, »sie seien noch eigenständige Staaten«. Böckenförde fordert die Länder deshalb auf, ihr »Selbstmißverständnis eigener Staatlichkeit« endlich zu überwinden und statt dessen darüber nachzudenken, »ob Größe und Organisationsstruktur der Bundesländer noch ihren realen politischen Aufgaben angemessen sind«.[265]

Doch mit Appellen allein wird sich kaum etwas bewegen lassen. Man darf die zugrundeliegende Interessenstruktur hier ebensowenig ausklammern wie in anderen Bereichen. Wenn unsere Auffassung zutrifft, daß die überzogene Organisationsstruktur der Länder mit ihren meist vollbezahlten und oft überversorgten Parlamentariern auf ganz konkrete Interessen der politischen Klasse zurückzuführen ist, dann liegt die Folgerung auf der Hand, daß nämlich die politische Klasse sich dann auch allen Einschränkungen widersetzt. Dann ist weiter zu vermuten, daß die politische Klasse die These von der Staatlichkeit der Länder als Argument zur Verteidigung ihres Status quo instrumentalisiert und diese These deshalb im höchsteigenen Interesse aufrechtzuerhalten sucht (Näheres siehe S. 146–149). Ohne bewußte Einbeziehung dieser Interessenlage läuft man Gefahr, an den eigentlichen Problemen vorbei zu argumentieren.

Ganz unabhängig von der staatsrechtlichen Fragestellung läßt die politische Entleerung der Länder in jedem Fall ihren Anspruch auf prinzipielle Gleichstellung mit dem Bund zunehmend unglaubwürdiger erscheinen.[266] Sie wirft jedenfalls die politische Frage auf, »ob Landtage und Landesregierung im gegebenen Umfang (noch) notwendig sind, ob der faktische Umfang der Landespolitik den Berufsparlamentarier rechtfertigt oder ob angesichts der auch bei Landtagswahlkämpfen zu beobachtenden Sogwirkung der Bonner Politik überhaupt noch von einer die weitere Öffentlichkeit interessierenden Landespolitik gesprochen werden« kann.[267] Wie auch repräsentative Umfragen bestätigen,[268] drohen das Interesse und die Teilnahme des Bürgers am politischen Leben des Landes zu verkümmern.[269]

Sind die Länder überhaupt noch leistungsfähig?

Einige Beispiele von mangelnder politischer Leistungsfähigkeit der Bundesländer wurden bereits genannt, so – neben der einfallslosen Parallelgesetzgebung – das Desaster der Landesgesetzgebung über die Grunderwerbsteuer und der ganze Komplex Reform der Kommunalverfassungen. Ein weiteres Beispiel ist der Wettlauf der verbeamteten Landesparlamente um höhere Lehrerbesoldung, der schließlich (wie bei der Grunderwerbsteuer) dazu führte, daß die Gesetzgebungskompetenz über das Besoldungsrecht auch für Landesbeamte auf den Bund übertragen wurde.[270] Vor allem aber zeigt sich die mangelnde Leistungsfähigkeit der Politik der Länder im Kernbereich ihrer Zuständigkeit, nämlich im Zustand der deutschen Schulen und Hochschulen. Zwar läßt sich das Versagen hier nur schwer exakt messen. Doch die Misere in beiden Bereichen ist inzwischen in aller Munde – und wird durch neuere internationale Leistungsvergleiche unterstrichen. Einige dieser Fallgruppen sollen im folgenden vertieft werden.

Die Schulmisere

Die Schulpolitik als die Kernkompetenz der Länder (neben der Hochschulpolitik, der Kunst- und sonstigen Kulturpolitik) ist – angesichts der Herausforderungen der Globalisierung – von grundlegender Bedeutung für unsere Zukunftsfähigkeit in einem immer intensiver werdenden internationalen Wettbewerb. Eine Gesellschaft, die die Zukunft ihrer Kinder nicht aufs Spiel setzen will, muß sich dieser Realität stellen. Ob wir auf Dauer im Wettbewerb bestehen können, hängt wesentlich von der Leistungsfähigkeit der in Wirtschaft, Verwaltung, Wissenschaft (und allen anderen Bereichen der Gesellschaft) tätigen Personen ab und wird entscheidend von unserem Schulsystem mitgeprägt. Die Qualität unserer Bildung und Ausbildung ist mehr denn je die wichtigste Ressource in unserem rohstoffarmen Land.[271]
In der Bundesrepublik gab es lange keine verläßlichen Daten, die Aufschluß über die Leistungsfähigkeit unseres Schulwesens, gerade auch im internationalen Vergleich und im innerdeutschen Vergleich zwischen den Bundesländern, geben. Viele Bundesländer scheuen einen solchen Vergleich aus naheliegenden Gründen. Um so schockierender waren die Ergebnisse der »Dritten Internationalen Mathematik- und

Naturwissenschaftstudie« von 1997,[272] die sich aus Gründen der besseren Vergleichbarkeit zwar nur auf Mathematik und Naturwissenschaften (Biologie, Chemie und Physik) bezieht, deren Ergebnisse aber zu einem gewissen Grad wohl auch auf andere Schulfächer übertragen und somit verallgemeinert werden können. Danach erreichen deutsche Schüler der 7. und 8. Klasse das Mittelfeld aller einbezogenen Länder im Durchschnitt erst in einem sechs bis zwölf Monate höheren Lebensalter als die Schüler aller anderen Länder der mittleren Leistungsgruppe,[273] gar nicht zu reden von der internationalen Spitzengruppe, zu deren mathematischen Leistungen es in der Studie heißt, sie lägen »für deutsche Schülerinnen und Schüler in unerreichbarer Höhe« und ständen in diesen Ländern »für ein qualitativ anderes Niveau mathematischen Verständnisses«.[274] So beträgt der Leistungsrückstand im Fach Mathematik im Vergleich zu Japan gut drei Schuljahre und in den naturwissenschaftlichen Fächern bis zu zwei Schuljahren.[275] Die japanischen Achtkläßler treten sozusagen in einer anderen Liga an als ihre Klassenkameraden in Deutschland.[276] In den Klassen 12 und 13 vergrößert sich der Rückstand deutscher Schüler eher noch.[277] Die Abstände zu den leistungsstärkeren Nationen vergrößern sich mit wachsenden Anspruchsniveaus, die die Schulaufgaben an das fachliche Verständnis stellen.[278] Es zeichnet sich ein »kumulatives Defizit im Bereich der mathematisch-naturwissenschaftlichen Bildung« deutscher Abiturienten ab.[279]

Innerhalb der Bundesrepublik beträgt der Abstand zwischen bestimmten Ländern eineinhalb bis zwei Schuljahre,[280] so daß die schwächsten Länder sich nach den Ergebnissen der Studie dem Leistungsstandard von Südafrika nähern. Die Ergebnisse der Studie sind deshalb auf so große Resonanz gestoßen, weil sie ein weitverbreitetes Unbehagen an unserem Bildungssystem mit konkreten empirischen Daten untermauern.

Vereinzelt stellen die Länder zwar durchaus Verbesserungs- und Reformüberlegungen in verschiedene Richtungen an, ohne daß bisher darüber aber ein Gesamtkonzept vorläge. In einer solchen Situation wäre es an sich angezeigt, die Suche nach guten Konzepten dem Wettbewerb der Länder zu überlassen. Darin besteht ja eigentlich auch die Idee des Konkurrenzföderalismus: die Erprobung unterschiedlicher Konzepte zu ermöglichen, so daß diejenigen, die sich als besonders gut erweisen, dann auch von anderen übernommen werden können.

Doch das setzt eine Leistungskontrolle der Schulsysteme der verschiedenen Bundesländer voraus, an der es gerade fehlt – und das ist symptomatisch. Die Länder scheuen die Überprüfbarkeit ihrer Schulpolitik und schließen politische Kartelle, gerade um wirksame Vergleiche zu verhindern. Dies geschieht aus ähnlichen Gründen, aus denen sie auch in anderen Bereichen, in denen die Länder durchaus Gestaltungskompetenz besitzen, Parallelpolitik betreiben (siehe S. 63 f.).
Das Instrument dazu ist die Kultusministerkonferenz (KMK). Sie hat sich gewissermaßen zu einer Reformverhinderungs-Institution entwickelt. Das liegt vor allem an den Prinzipien der Einstimmigkeit und der Nichtöffentlichkeit, verbunden mit der Notwendigkeit der gegenseitigen Anerkennung der Abschlüsse im Schulwesen. So kommt es zu Einigungen auf dem kleinsten gemeinsamen Nenner und zur Beibehaltung des Status quo bis hin zum praktischen Immobilismus (siehe S. 71 f.).
Gewiß, es steht jedem Bundesland frei, das Bildungsniveau seiner Schüler zu erhöhen und ihnen im Abitur entsprechend mehr abzuverlangen. Doch bei der Zulassung zu einem Numerus-clausus-Studiengang haben die Schüler davon nichts, denn die vorhandenen Studienplätze werden auf die Länder entsprechend der Anzahl der Abiturienten verteilt, nicht danach, ob die Anforderungen ans Abitur hoch oder niedrig waren. Erst innerhalb der jeweiligen Länderquote erfolgt die Aufteilung in erster Linie nach der Durchschnittsnote. Das führt dazu, daß beim Zugang zu Numerus-clausus-Fächern mit unterschiedlichem Maß gemessen wird und Abiturienten in Bundesländern mit schwächerem Leistungsniveau trotzdem dieselben Chancen haben wie ihre Altersgenossen in Ländern mit sehr viel höherem Niveau, was – da nicht wirklich die Besten ausgewählt werden – zwangsläufig zu einer Senkung des Gesamtniveaus der Studenten (bezogen auf ihre Abiturleistungen) führt.
Leistungskontrolle und Wettbewerb können dadurch hergestellt werden, daß das 1788 in Preußen eingeführte Abitur seinen Charakter als alleinige Berechtigung zum Hochschulzugang verlöre und die Hochschulen *Eingangsprüfungen* einführen, von denen der Zugang (mit) abhängig gemacht wird, wie dies international weithin üblich ist. Derartige Eingangstests hätten allseits günstige Auswirkungen: Sie würden für den erforderlichen Wettbewerb der Schulsysteme sorgen und damit automatisch eine Leistungskontrolle der unterschiedlichen Bil-

dungsabschlüsse schaffen. Zugleich würden auf diese Weise auch die Hochschulen selbst in verschärften Wettbewerb um die besten Abiturienten treten, weil diese möglichst an den besten Universitäten studieren wollten.

Aufnahmeprüfungen an den Hochschulen würden, wie Böckenförde mit Recht bemerkt, »zu einem Ranking der Universitäten und damit zu einem Wettbewerb zwischen den Hochschulen und den Bundesländern führen. Dabei würde kein Bundesland in seiner Kultur- oder Hochschulkompetenz beschnitten«.[281] Die Feststellung des ehemaligen Staatssekretärs im Bundesministerium für Bildung, Klaus von Dohnanyi, gilt nach wie vor: »In einem auf Chancengleichheit angelegten System führt kein Weg an Hochschuleingangsprüfungen vorbei.«[282] Daß derartiges, obwohl es auch ohne Änderung des Grundgesetzes oder etwa des Hochschulrahmengesetzes durchführbar wäre, immer noch nicht eingeführt ist, ist ein weiterer Beleg für die Handlungsunfähigkeit der KMK.

Gewiß, solche Eingangsprüfungen, die für Professoren zusätzliche Arbeit und für angehende Studenten verschärfte Zulassungsanforderungen mit sich brächten, müßten vermutlich gegen Schul- und Hochschulgruppen durchgesetzt werden, was eine gewisse politische Durchsetzungskraft verlangt. Das Haupthindernis dürfte aber darin liegen, daß jene Länder, die sich durch schwächere Schulleistungen »auszeichnen«, sich mit Zähnen und Klauen gegen die Herstellung der Überprüfbarkeit ihrer bisherigen Schulpolitik und die dann zu erwartende massive Kritik ihrer Bevölkerung wehren werden.

Das mag aus den Eigeninteressen der politischen Klasse heraus nachvollziehbar sein. Um so mehr muß das Bestreben der Reformer dahin gehen, die Institutionen so zu ändern, daß die Aktivitäten der Politiker in die richtige Richtung gelenkt werden und die Anstrengungen der in den schwächeren Ländern Verantwortlichen sich nicht länger auf das Abdunkeln des Leistungsvergleichs konzentrieren, sondern darauf, ihre Schulsysteme mit aller Kraft zu verbessern; entsprechend muß es für die Leistungsstärkeren wirklich lohnend werden, die Leistung ihrer Schulsysteme weiter zu erhöhen. Das setzt die Aufhebung des Prinzips der Einstimmigkeit in der KMK notwendigerweise voraus (zu weiteren Voraussetzungen siehe S. 142 f.).

Bezeichnend für die KMK war, wie sie nach der Veröffentlichung der geschilderten internationalen Vergleichsstudie reagierte. Eine vom

Max-Planck-Institut für Bildungsforschung erarbeitete Auswertung der Studie, in der die einzelnen Bundesländer unter Nennung ihres Namens miteinander verglichen werden, wurde von der KMK unter Verschluß gehalten und der Öffentlichkeit nur in anonymer und zudem gruppenmäßig zusammengefaßter Form freigegeben.[283] Offizielle Begründung: angeblich unseriöse Datenermittlung und Unvergleichbarkeit der Schulergebnisse auch innerhalb Deutschlands. Unter dem Druck der Öffentlichkeit beschloß die KMK zwar, einem späteren bundesweiten Leistungsvergleich zuzustimmen. Doch die Angelegenheit droht erst einmal durch Streit über den Gegenstand und die Methoden des Vergleichs auf die lange Bank geschoben zu werden.

Von den Schwierigkeiten einer Verwaltungsreform

Besonders dringend erscheint eine grundlegende Verwaltungsreform in den Bundesländern. Welche strategische Bedeutung diesen Fragen in der Perspektive von Reformern zukommen muß, ergibt sich bereits daraus, daß das Schwergewicht der Exekutive bei den Ländern liegt und die Personalausgaben dementsprechend einen besonders großen Teil der gesamten Landesausgaben ausmachen (durchschnittlich rund 40 Prozent).[284] Die Notwendigkeit einer schlankeren Verwaltung wird denn auch zunehmend beschworen; so etwa im Herbst 1998 vom sogenannten Sachverständigenrat »Schlanker Staat« unter Vorsitz von Rupert Scholz.

Eine Verschlankung erscheint um so mehr geboten, als demnächst eine unerhörte Pensionierungswelle im öffentlichen Dienst ansteht. Die vielen in den sechziger und siebziger Jahren neu eingestellten Staatsdiener kommen in kurzer Zeit alle ins Pensionsalter – mit der Folge einer dramatischen Zunahme der Alterslasten für den Staat, so daß für andere staatliche Aufgaben immer weniger Geld zur Verfügung steht. Das Karl-Bräuer-Institut des Bundes der Steuerzahler fordert deshalb für jedes der kommenden zehn Jahre einen Personalabbau um 2 Prozent, also um etwa 800 000 (der insgesamt 4,4 Millionen) Stellen bis zum Jahr 2009.[285] Doch auch hier stellt sich die Frage der Durchsetzbarkeit, eine Frage, die vor allem die Länder betrifft – eben weil dort die Verwaltung und das Personal konzentriert sind und weil sie eine besondere Herausforderung der Landes*parlamente* darstellt.

Doch inwieweit können die sich gegen die Verwaltung noch behaupten? Die Verwaltung selbst ist ja in den Parlamenten in übergroßer Zahl vertreten. In Deutschland gilt das geflügelte Wort: »Das Parlament ist mal voller und mal leerer, aber immer voller Lehrer.« Die Verbeamtung der Parlamente ist auf Landesebene besonders groß, im Durchschnitt erheblich größer noch als im Bund und in den Kommunen. In vielen Landesparlamenten kommt mehr als die Hälfte der Abgeordneten aus dem öffentlichen Dienst.

Bei einer solchen Ausgangssituation gibt es – im bestehenden System – wenig Hoffnung auf durchgreifende Maßnahmen. Der frühere Speyerer Professor Frido Wagener hat dies so ausgedrückt: »Der öffentliche Dienst ist fest in der Hand – des öffentlichen Dienstes.« So bestand denn auch die Scholz-Kommission fast ausschließlich aus Mitgliedern der verbeamteten politischen Klasse selbst. Im Bericht dieser Kommission wird übrigens ein Adenauer-Wort über die Vorteile einer schlanken Ministerialverwaltung wiedergegeben, nicht aber wird dort dargelegt, daß die tatsächliche Entwicklung seither einen gegenteiligen Verlauf genommen hat und die Ministerialverwaltung im Bund und in den Ländern geradezu explosionsartig gewachsen und gerade auf den oberen Etagen der Verwaltung ein unerhörtes Gedränge entstanden ist. So hat sich zum Beispiel nach einer Auszählung des hessischen Bundes der Steuerzahler die Zahl der nach den höchsten Besoldungsgruppen (B 2 bis B 10) bezahlten hessischen Ministerialbeamten von 1969 bis 1999 vervierfacht.[286] Die Anzahl der Bediensteten der öffentlichen Angestellten des höheren Dienstes hat sich nach den Stellenplänen des hessischen Landeshaushalts sogar verachtfacht. Im einfachen und mittleren Dienst hat die Anzahl der Bediensteten dagegen abgenommen: Immer mehr Häuptlinge und immer weniger Indianer. Noch krasser und kopflastiger wird die Gegenüberstellung, wenn man die Entwicklung seit Anfang der fünfziger Jahre einbezieht.[287]

Die Aufblähung der höheren Stellen rührt unter anderem auch daher, daß die Lehrer im Laufe der Zeit (neben den ohnehin erfolgenden erheblichen linearen Steigerungen) wiederholt in höhere Besoldungsstufen eingruppiert wurden – woran auch jetzt noch festgehalten wird, obwohl der frühere Lehrermangel längst beseitigt ist und jetzt umgekehrt ganze Reservearmeen von jungen Lehrern vor den Schultoren stehen, die auch bereit wären, für sehr viel weniger zu arbeiten.[288]

Was die Frage der Durchsetzbarkeit von Reformen anlangt, so

erscheint ein anderes Beispiel ebenfalls symptomatisch: Während die Scholz-Kommission tapfer die Privatisierung der kommunalen Sparkassen forderte (was auch durch Landesgesetze ermöglicht und erleichtert werden könnte), ließ der damalige Bundeskanzler Kohl, um ebendiese Privatisierung zu verhindern, den öffentlich-rechtlichen Status der Sparkassen in Amsterdam europarechtlich absegnen.
Die Reformfähigkeit der Landesparlamente wird (neben ihrer Verbeamtung) auch durch ihren finanziellen Status beeinträchtigt. Die finanzielle (und zeitliche) Aufblähung der Tätigkeit von Landtagsabgeordneten ist viel dramatischer, als man aufgrund der immerhin überschaubaren fiskalischen Belastung zunächst glauben mag. Von der Fähigkeit der Landesparlamente, ihre eigene Organisation zu reformieren und zu verschlanken, hängt mit ab, ob sie die Kraft zur Reform und zur Verschlankung der Landesregierung und der Landesverwaltung aufbringen können. Diesen inneren Zusammenhang zwischen der Reformunfähigkeit der Parlamente in eigener Sache und ihrer Unfähigkeit zu einer Reform von Regierung und Verwaltung hatte Thomas Ellwein – als Quintessenz seiner Erfahrung als Mitglied und Vorsitzender vieler Verwaltungsreform-Kommissionen – immer wieder hervorgehoben.[289]
Immerhin, bei der Reform der Verwaltung gibt es inzwischen auf kommunaler Ebene einen Silberstreif am Horizont: Unter dem Einfluß ausländischer Vorbilder werden strukturelle Unzulänglichkeiten der öffentlichen Verwaltung schonungslos analysiert und unter den Begriffen »New Public Management« und »Neues Steuerungsmodell« Umstrukturierungen unternommen. Immer mehr praktische Versuche, die von Verwaltungswissenschaftlern und großen Beratungsunternehmen begleitet werden, finden, vornehmlich auf kommunaler Ebene, statt. Für eine endgültige Einschätzung dieser Reforminitiativen ist es zwar noch zu früh, aber sie lassen hoffen. Vor diesem Hintergrund erscheint es bemerkenswert, daß die westdeutschen Gemeinden ihren Personalbestand seit 1991 erheblich reduziert haben – im Gegensatz zu den westdeutschen Flächenländern, wo – trotz gegenteiliger früherer Absichtserklärungen – seit 1991 eine Ausweitung der Stellen stattgefunden hat.[290]
Hier stellt sich wiederum die organisatorische Frage, warum die Verwaltungsreform in den Kommunen so weit fortgeschritten ist und warum dort ein Stellenabbau gelang – im Gegensatz zu den Ländern.

Liegt der Grund nicht vielleicht (neben anderen möglichen Gründen) auch darin, daß in den Kommunen eine Verfassungsreform vorausging? Hat der erste direkt gewählte (und 1999 mit überwältigender Mehrheit wiedergewählte) Oberbürgermeister von Offenbach, Gerhard Grandke, seinen Wahlkampf nicht mit dem Versprechen gewonnen, eine durchgreifende verwaltungsmäßige und finanzielle Sanierung der Stadt Offenbach vorzunehmen – und hat er nicht nach seinem haushohen Wahlsieg dann auch die nötige Legitimation für schmerzhafte, aber unerläßliche Einschränkungen bekommen?
In diesem Zusammenhang sei erneut in Erinnerung gerufen, daß die Landesparlamente allein die Reform der Kommunalverfassungen nicht hinbekommen hätten. Die Reformen kamen fast überall nur mit Hilfe von (tatsächlichen oder angedrohten) Volksbegehren und Volksentscheiden zustande. Diese Feststellung gibt schon an dieser Stelle drei Fingerzeige in bezug auf institutionelle (Verfassungs-)Reformen:

1. daß sie kommen müssen,
2. in welche Richtung sie gehen müssen und
3. wie sie – auch gegen den Widerstand der politischen Klasse – durchgesetzt werden können.

Das Desaster der Landesgrunderwerbsteuer

Das Grundgesetz räumte ursprünglich dem Bund keine Gesetzgebungskompetenz für die Grunderwerbsteuer ein.[291]
Damit war das frühere Grunderwerbsteuergesetz von 1940 Landesrecht geworden.[292] Mit der Änderung des Grundgesetzes von 1969[293] hat der Bund zwar die konkurrierende Zuständigkeit auch für die Gesetzgebung über die Grunderwerbsteuer erlangt. Das damals geltende Grunderwerbsteuerrecht war jedoch Landesrecht geblieben[294] und hernach noch von den Ländern mehrfach geändert worden.
Wie schon erwähnt, glich die Grunderwerbsteuer einem Schweizer Käse und war zudem länderweise zersplittert. Einige Vergünstigungen hatten bereits vorher bestanden. Hinzu kamen zahlreiche Vergünstigungen, die die Länder nach 1949 einführten. Die Folge der Vielzahl von Vergünstigungen war, wie in den Plenarberatungen des Bundestags zum Bundesgesetz von 1983 gesagt wurde, ein Wust von Vorschriften mit einem »Dschungel kasuistischer Befreiungen«, dessen

Unübersichtlichkeit »auch den Bürger belastet(e), der die eingeräumten Vorteile in Anspruch nehmen« wollte.[295]
Eine grundlegende Richtungsänderung erfolgte erst mit Erlaß des Bundesgrunderwerbsteuergesetzes von 1983, mit dem beinahe alle Steuervergünstigungen beseitigt und der Steuersatz von vorher 7 Prozent auf 2 Prozent gesenkt wurde. Dadurch sollte die Grunderwerbsteuer wieder zum Regelfall werden und »vom Ballast der differenzierenden und ständig neue Begehrlichkeiten weckenden Befreiungstatbestände befreit« werden.[296]
Nachdenklich macht allerdings, daß der Bundesrat, die Bundesregierung(en) und der Bundestag öffentlich der Erwartung Ausdruck gegeben hatten, der Wegfall der Steuervergünstigungen und die Herabsetzung des Steuersatzes von 7 Prozent auf 2 Prozent würden sich etwa ausgleichen. Tatsächlich aber betrug das Steueraufkommen 1983 über drei Milliarden und war 1984 noch höher, während es in den Jahren zuvor fast immer erheblich unter zwei Milliarden Mark geblieben war. Dies zeigt, wie vorsichtig man bei Steueränderungen sein muß und daß »der Staat« sich regelmäßig zu seinen Gunsten zu verrechnen pflegt.
Sieht man aber von der anfechtbaren Niveauerhöhung ab und richtet den Blick auf die erforderliche Strukturreform der Grunderwerbsteuer, so ist festzuhalten, daß diese Strukturreform dem Bund gelungen ist, während die Länder vor dieser Aufgabe versagt hatten.

Das rheinland-pfälzische Transplantationsgesetz

Ein weiteres Beispiel für mangelhafte Gesetzgebungsarbeit von Landesparlamenten war das rheinland-pfälzische Transplantationsgesetz. Das von der SPD-Fraktion initiierte[297] Gesetz wurde am 23. Juni 1994 von der SPD-Mehrheit des rheinland-pfälzischen Landtags verabschiedet und sollte im August 1994 in Kraft treten. Statt dessen mußte es aufgrund des öffentlichen Protests – nur acht Wochen nach seiner Verabschiedung – wiederaufgehoben werden.[298] Das Gesetz sollte dazu beitragen, den Mangel an Organen für Transplantationen zu beheben, und zwar dadurch, daß eine Transplantation nicht nur dann zulässig sein sollte, wenn eine (frühere) Einwilligung des Verstorbenen vorlag, sondern schon dann, wenn dem entnehmenden Arzt »ein der Entnahme entgegenstehender Wille des Verstorbenen« nicht bekanntgeworden war.[299] Im Zweifel sollte also eine Entnahme zulässig sein, was die Verfügbarkeit von Organen sicher erheblich erhöht, gleichzeitig aber auch eine Verfügung über den Leichnam für fremde Zwecke ohne vorherige Zustimmung des Verstorbenen bedeutet hätte – eine Konsequenz, deren Tragweite von den Initiatoren vorher offenbar nicht bedacht worden war.[300] Nach dem Beschluß des Landtags verlangte eine Gruppe von CDU-Abgeordneten (die mehr als ein Drittel aller Abgeordneten ausmachte), daß die Verkündung des Gesetzes ausgesetzt würde, und Ministerpräsident Scharping verfügte entsprechend (was die rheinland-pfälzische Verfassung ermöglicht).[301] Am 25. August wurde das Gesetz dann auch förmlich wiederaufgehoben.[302]

Handlungsschwäche durch Politikverflechtung und Absprachen

Die tieferen Gründe, warum der Föderalismus bundesdeutscher Prägung nicht mehr befriedigend funktioniert, liegen im Zusammentreffen von zwei Strukturelementen, dem Parteienwettbewerb und den ebenenübergreifenden Exekutivabsprachen (die den deutschen Föderalismus kennzeichnen). Beide Strukturelemente sind letztlich miteinander unvereinbar.[303] Der Gedanke des Parteienwettbewerbs als zentrales politisches Steuerungsmittel in der parlamentarischen Demokratie beruht auf dem Kampf der Parteien um die Mehrheit im Parlament und damit um die Regierungsmacht auf Zeit, einem Kampf, den die Wähler mit ihrer Stimmabgabe mehrheitlich entscheiden.[304] Die Opposition behält die Chance, die Regierung bei der nächsten Wahl abzulösen. Arena der Auseinandersetzung ist die Öffentlichkeit. Schiedsrichter sind wiederum die Wähler, die die bisherige Mehrheit bestätigen oder abwählen und damit die Opposition an die Macht bringen, je nachdem, ob ihnen die Politik der vergangenen Legislaturperiode zusagt oder nicht.

Dieses Konzept verlangt zuallererst die Geltendmachung der politischen Verantwortung, was die Zurechenbarkeit der politischen Entscheidungen und eine wirksame Opposition voraussetzt. Dies geht wiederum nicht ohne Durchsichtigkeit und Öffentlichkeit, da nur sie in die Lage versetzen, wirkliche Schwachstellen der Regierungspolitik vor den Augen der Wähler auszubreiten, und die Regierung wiederum veranlassen, aus Furcht vor solcher öffentlicher Bloßstellung (und der schließlichen Abwahl) Fehler möglichst zu vermeiden. Alle diese Voraussetzungen des Parteienwettbewerbs werden durch die Verbundtendenzen des bundesdeutschen Föderalismus gemindert oder gar beseitigt. Das gilt für die Zurechenbarkeit der Verantwortung, die Öffentlichkeit und auch für die Schiedsrichterrolle der Wähler. Statt des Ideenwettbewerbs politischer Parteien dominieren Absprachen von Bürokraten. Dadurch wird zugleich das dem Parteienwettbewerb zugeschriebene Innovationspotential preisgegeben. Wenn ebenenübergreifende Exekutivabsprachen den Parteienwettbewerb aushebeln oder umgekehrt der Parteienwettbewerb sich des Bundesrats bemächtigt, leidet nicht nur die Transparenz, sondern es werden auch die politische Handlungsfähigkeit gelähmt und die Wähler entmachtet, und die Exekutive erhält ein Maß an autonomer Macht, das sich mit demokratischen Grundsätzen kaum noch in Einklang bringen läßt.

Anders ausgedrückt: Die interföderale Politikverflechtung verlangt auf Kompromißbereitschaft gerichtetes »Bargaining« zwischen den Regierungen. Damit ist die »Konfrontation« zwischen den parteipolitischen Lagern beim Kampf um Sieg oder Niederlage nicht vereinbar. Das Zusammentreffen dieser beiden konträren und sich wechselseitig lähmenden Verhaltensmodi erklärt »die besondere Handlungsschwäche unserer föderalen Politik«.[305]

Ebenenübergreifende horizontale und vertikale Exekutivabsprachen sind an sich nichts Neues, sondern haben im Gegenteil eine lange Tradition, die, wie der Politikwissenschaftler Gerhard Lehmbruch aufgezeigt hat,[306] bis ins Bismarcksche Kaiserreich zurückgeht. Bloß, während sie mit der seinerzeitigen primär hierarchisch ausgerichteten und auf Verhandlungen zugeschnittenen Struktur der politischen Willensbildung durchaus vereinbar waren,[307] fehlt es an der Vereinbarkeit mit der parlamentarischen Demokratie und dem damit verbundenen Konzept des Parteienwettbewerbs, und diese Unvereinbarkeit beeinträchtigt die Effizienz und die Bürgernähe des Gesamtsystems um so stärker, je mehr einerseits das konkurrierende Machtinteresse der politischen Eliten und das übergreifende Versorgungsinteresse der politischen Klasse dominieren und je schutzloser andererseits die föderalistischen Institutionen dem Zugriff durch diese Interessen ausgeliefert sind.[308]

18 Was bleibt vom Sinn des Föderalismus?

Alle Versuche, sich Rechenschaft darüber zu geben, worin der Sinn und die Rechtfertigung des bundesdeutschen Föderalismus unter heutigen Gegebenheiten bestehen könnten, enden in einer großen Unsicherheit, ja Verlegenheit:[309] Es ist zwar leicht, in Sonntagsreden das Hohelied des Föderalismus zu singen und ganze Kataloge von Tugenden bundesstaatlicher Ordnung aufzuzählen.[310] Viel schwerer aber ist es, wirklich nachzuweisen, daß die guten Gründe, die für den Föderalismus im allgemeinen angeführt werden, auch auf den spezifischen Föderalismus bundesdeutscher Ausprägung zutreffen. Hier bleibt ein großes Fragezeichen.

Regionale Identitäten?

Ursprünglich war es die Idee des Föderalismus, die bestehenden ethnischen, kulturellen und religiösen Eigenheiten, in denen die Bevölkerung ihre Identität fand, trotz Herstellung nationaler Einheit aufrechtzuerhalten. Die sozialen Voraussetzungen dafür sind mit dem Zusammenbruch nach dem Zweiten Weltkrieg und den großen, zum Teil dadurch ausgelösten räumlichen und innergesellschaftlichen Wanderungsbewegungen stark zurückgetreten und wurden durch die willkürliche Zusammenstückelung der deutschen Länder durch die alliierten Besatzungsmächte zusätzlich erschüttert.

Wirksame Erfüllung der Aufgaben?

Gewisse Ziele des bundesdeutschen Föderalismus lassen sich auch aus den Leitbegriffen für die nach dem Grundgesetz vorgesehene Neugliederung des Bundesgebiets erschließen.[311] Nach Art. 29 Abs. 1 GG (in der seit 1976 geltenden Fassung) kann das Bundesgebiet neu gegliedert werden, »um zu gewährleisten, daß die Länder nach Größe und Leistungsfähigkeit die ihnen obliegenden Aufgaben wirksam erfüllen können. Dabei sind die landsmannschaftliche Verbundenheit,

die geschichtlichen und kulturellen Zusammenhänge, die wirtschaftliche Zweckmäßigkeit und die Erfordernisse der Raumordnung und der Landesplanung zu berücksichtigen.« Das Scheitern der Neugliederung bestätigt aber zugleich auch, daß jene Leitlinien eben nicht realisiert wurden und sie damit den *bestehenden* Föderalismus gerade nicht rechtfertigen können, sondern ihn – angesichts der offenbaren Diskrepanz zwischen Norm und Wirklichkeit – eher delegitimieren.
Davon, daß die Länder »nach Größe und Leistungsfähigkeit die ihnen obliegenden Aufgaben wirksam erfüllen können«, kann beispielsweise bei Bremen und dem Saarland offenbar nicht die Rede sein, und das Problem des wirtschaftlichen Leistungsgefälles hat im Verhältnis zu den neuen Ländern noch enorm zugenommen. Diesen Mangel hat bereits die Finanzreform von 1969 durch die Einführung von Gemeinschaftsaufgaben zur Mitfinanzierung und Mitplanung wichtiger Landesaufgaben durch den Bund für alle sichtbar bestätigt. Ebenso problematisch ist etwa die Zerschneidung von zusammenhängenden Wirtschaftsräumen beispielsweise im Rhein-Neckar-Gebiet, im Rhein-Main-Gebiet und im Umland der Stadtstaaten Berlin, Hamburg und Bremen (siehe S. 57 f.). Von wirtschaftlich zweckmäßigen sowie den Erfordernissen der Raumplanung und Landesplanung gerecht werdenden Grenzziehungen kann nicht die Rede sein.

Regionale Vielfalt in nationaler Einheit?

Es bleibt der Rückgriff auf den überkommenen klassischen Sinn des Föderalismus. Dieser besteht darin, trotz unverzichtbarer nationaler Einheit regionale Vielfalt zu ermöglichen und zu bewahren. Doch auch hier führt die Sinnsuche ins Leere. Von regionaler Vielfalt ist in den deutschen Ländern nicht mehr viel zu erkennen. Der alles dominierende Trend zur Vereinheitlichung,[312] die Konzentration der politischen Gestaltung beim Bund, die weitgehende Selbstkoordinierung von Bund und Ländern, namentlich aber der Länder untereinander auch dort, wo den Ländern noch ein Rest an eigener Gestaltung verblieb, sowie der nivellierende Finanzausgleich haben eine immer stärkere sachliche Angleichung der landesrechtlichen und verwaltungsmäßigen Zustände und der Lebensverhältnisse insgesamt bewirkt.

Damit ist der Sinn des Föderalismusprinzips, trotz Einheit Vielfalt zu bewahren, heute fragwürdiger denn je geworden.
Bei dem bestehenden Ausmaß an Unitarisierung und Angleichung kann von länderweiser Vielfalt nicht mehr die Rede sein. »Die Individualität der deutschen Länder« ist »bis auf wenige Reste dahin«.[313] Wenn aber keine wirkliche Vielfalt besteht, sondern eben weitgehende »Einheitlichkeit« oder »Gleichwertigkeit« der Lebensverhältnisse, teils weil den Ländern (unter maßgeblicher Beteiligung ihrer Regierungen) die Möglichkeit zur Vielfalt genommen wurde, teils weil sie von ihren verbliebenen Möglichkeiten keinen eigenständigen Gebrauch machen, bleibt der ursprüngliche Sinn unerfüllt. Das theoretische Prinzip und die tatsächliche Erscheinungsform des heutigen Bundesstaats sind in einem Maße inkongruent geworden, das die Verfassungsnorm, die das Föderalismusprinzip festschreibt, zunehmend fassadenhaft und unglaubwürdig erscheinen lassen muß.[314]

Rechtsstaat und Demokratie?

Um dem bundesdeutschen Föderalismus dennoch einen Sinn und eine Rechtfertigung zu erhalten, versuchen Teile der Staatsrechtslehre in jüngerer Zeit, seinen Sinn in den Prinzipien des Rechtsstaats und der Demokratie zu sehen, die durch die bundesstaatliche Ordnung intensiviert und komplettiert würden.[315]
Beide Begriffe begegnen sich mit den beiden Bestandteilen der Lincolnschen Formel, die wir eingangs als leitende Beurteilungsmaßstäbe genannt hatten: Das Rechtsstaatsprinzip zielt auf Ausgewogenheit und Richtigkeit, also auf Regieren *für* das Volk, das Demokratieprinzip auf Selbstentscheidung, also auf Regieren *durch* das Volk.[316]
Ein zentraler Bestandteil des Rechtsstaatsprinzips ist das Gewaltenteilungsprinzip. Wir wollen deshalb den bundesdeutschen Föderalismus zunächst an diesem Prinzip messen. Das Gewaltenteilungsprinzip will die staatliche Macht auf verschiedene Träger aufteilen, um Machtmißbrauch zu verhindern und die politische Willensbildung insgesamt zu größerer Richtigkeit zu steigern.[317] Der erstgenannte Gesichtspunkt ist gewiß nicht ganz von der Hand zu weisen. Krasse Formen des Machtmißbrauchs dürften durch die föderalistischen Strukturen erschwert werden. In einem Zentralstaat wären die Bürger vor miß-

bräuchlichen Zugriffen der Staatsgewalt vermutlich weniger gut geschützt als im bundesdeutschen Föderalismus, der Ausweich- und Fluchtmöglichkeiten und sonstige Alternativen bietet, der ungefilterten Staatsmacht zu entgehen.

Andererseits werden die staatlichen Machtträger im Verbundföderalismus in Wahrheit nicht geteilt, wie es dem Gewaltenteilungsprinzip am ehesten entspricht, sondern durch die allseitige horizontale und vertikale Kooperation *zusammengeführt*. Es kommt, wie der Bonner Staatsrechtslehrer Rudolf Dolzer 1998 vor der Staatsrechtslehrervereinigung ausgeführt hat, »zu einer neuen Art der Gewaltenfusion sowohl von Bund und Ländern als auch von Exekutive und Legislative«.[318] Dadurch werden die überkommenen Gewaltenteilungsstrukturen nicht intensiviert und gestärkt, sondern im Gegenteil massiv geschwächt, ohne daß an ihre Stelle wirksame neue treten. Das Verflechtungssystem des Verbundföderalismus erinnert politisch und administrativ an eine *Allparteienkoalition.*[319] Insbesondere wird die herkömmliche Gewaltenteilung zwischen Exekutive und Legislative vollends stumpf. Die im parlamentarischen System ohnehin von »ihrer« parlamentarischen Mehrheit eher gestützte als kontrollierte Regierung wird der wirksamen Kontrolle durch die Parlamente noch stärker entzogen, wenn sie sich zusätzlich darauf berufen kann, die betreffenden Maßnahmen beruhten auf umfassender horizontaler und vertikaler Koordination. Zugleich wird es den Ministerpräsidenten und Landeskabinetten erleichtert, ihre Landtage auch noch bei der Versorgung mit Informationen kurzzuhalten – besonders im Hinblick darauf, daß diese dann auch der Opposition zugute kämen.

Und von Steigerung zu größerer Richtigkeit kann schon gar nicht die Rede sein. Statt dessen ist der reale bundesdeutsche Föderalismus von politischer Entscheidungsbildung auf kleinstem gemeinsamen Nenner gekennzeichnet – mit der Folge von Trägheit, Innovations- und Reformfeindlichkeit.[320] Das wurde oben an einer Fülle von Beispielen im einzelnen dargelegt.

Im Bund entwickelt der Bundesrat, der im Zuge der Ausweitung seiner Zustimmungsrechte zu einer Art Zweite Kammer mit umfassenden Vetorechten in fast allen bundespolitisch wichtigen Vorhaben geworden ist, zwar ein erhebliches Gegengewicht, zumal wenn er andere parteipolitische Mehrheitsverhältnisse aufweist als der Bundestag. Dies mag unter dem Aspekt der Gewaltenteilung auf den ersten Blick als Gewinn erscheinen. Aber die in dieser Konstellation angelegten und oben beschriebenen machtpolitischen Anreize der Opposition zur Totalblockade, die sich besonders beim Scheitern der Steuerreform in der 13. Legislaturperiode (1994 bis 1998) gezeigt haben, unterstreichen die Gefahr bundespolitischer Handlungsunfähigkeit, die sich – angesichts gesteigerten Reformbedarfs – als geradezu fatal erweisen kann.

Man kann die Bewertung der bestehenden föderalistischen Strukturen unter dem Aspekt der Handlungs- und Problemlösungsfähigkeit folgendermaßen zusammenfassen: Die deutsche Form des Föderalismus schafft ein Defizit auf beiden Ebenen. Wir haben kein Nullsummenspiel in dem Sinne, daß der Machtverlust der Länder – sozusagen als Kompensation – die Handlungsmacht des Bundes entsprechend stärkt. Die Verflechtungen bewirken vielmehr ein Weniger an Handlungs-, Regierungs- und Reformfähigkeit auf Länder- *und* auch auf Bundesebene.[321] Das ersatzlose Versickern von Handlungsfähigkeit wiederholt sich innerhalb der Länder: Der drastische Machtverfall der Landesparlamente beruht zwar auf einer Machtverschiebung auf die Landesregierungen. Den Landesregierungen wächst aber keine dem Verlust der Landtage entsprechende politische Handlungsfähigkeit zu, da (und solange) sie im föderativen Verbund agieren, in dem sie nur eine von sechzehn Landesregierungen darstellen und damit auf die Übereinstimmung mit allen anderen angewiesen sind. Die lähmende gegenseitige Verflechtung zeigt sich also nicht nur in der Gefahr von Bundesratsblockaden, sondern spiegelt sich auch in der Entmachtung der Landesparlamente und der Landesregierungen wider. Es kommt zu einem Verlust an Handlungsfähigkeit auf allen Ebenen.

Die exzessive Politikverflechtung bewirkt in Wahrheit also das Gegenteil der dem Föderalismus so gerne zugerechneten richtigkeitsorientierten Handlungsfähigkeit. Solche Entscheidungsverfahren sind nicht geeignet, mit den sich immer höher auftürmenden politischen Problemen fertig zu werden.

Auch die Beurteilung unter dem Aspekt des Demokratieprinzips, also des Regierens *durch* das Volk, fällt negativ aus. Das gilt im Bund wie in den Ländern: Im Bund fehlt den Landesregierungen die bundespolitische Legitimation. Sie sind vom jeweiligen Landesvolk gewählt. Wenn sie in die Lage versetzt werden, das Zustandekommen von Bundesgesetzen im Bundesrat zu blockieren, wird der Systembruch besonders deutlich.[322] Und falls sie umgekehrt im Bundesrat zustimmen, wird das demokratietheoretische Dilemma nur verschoben, aber auch nicht geringer: Der Wähler kann dann wählen, wen er will, das Ergebnis bleibt das gleiche.

Auch auf Landesebene – und dort erst recht – führt der bundesrepublikanische Föderalismus in Wahrheit nicht zu einem Mehr, sondern zu einem Weniger an Demokratie. Wenn in der – im Verhältnis zum Bund – kleineren Einheit des Landes größere Sach- und Bürgernähe und damit mehr Demokratie möglich sein soll, so setzt dies Kompetenzen des direkt gewählten Parlaments, die Verantwortlichkeit der Regierung gegenüber dem Parlament und damit auch gegenüber dem Volk und einen Leistungswettbewerb zwischen den Ländern voraus. Doch an allen drei Voraussetzungen fehlt es.[323]

Die vom Volk gewählten Landesparlamente leiden an politischer Auszehrung. Bedenkt man, daß die Parlamente als einzige direktdemokratisch legitimierte und als einzige öffentlich verhandelnde Institutionen Drehscheibe und damit demokratischer Legitimationsvermittler für alle anderen Institutionen und Maßnahmen sind, so ist der exzessive Verlust der Landesparlamente an Macht und Einfluß unter dem Gesichtspunkt des Demokratieprinzips geradezu fatal. Die Landesregierungen sind bei ihrem Agieren im Bundesrat und auf der dritten und vierten Ebene in Absprachen mit anderen Landesregierungen eingebunden und werden dadurch für den Inhalt der Entscheidungen nicht nur gegenüber ihren Parlamenten, sondern auch gegenüber dem Volk weitgehend »unverantwortlich«. Die allseitig abgestimmten Vorlagen und Entwürfe bringen die Parlamentsmehrheiten, besonders in den Ländern, in die vielfach beklagte »Ratifikationslage«. Ähnliches gilt hinsichtlich der Verantwortlichkeit der Landesregierungen bei der Ausführung von Bundesgesetzen. Ein Wettbewerb um die bessere Gestaltung findet – wegen der Übertragung der zentralen Gestaltungskompetenzen auf den Bund und der gleichförmigen Wahrnehmung der verbliebenen Länderkompetenzen –, wenn überhaupt, nur noch höchst eingeschränkt statt. »Wo scheinbar alle Verantwortung tragen, trägt in Wahrheit niemand Verantwortung.«[324] Die Verantwortung diffundiert[325] – mit der Folge, daß die Bürger nicht mehr in der Lage sind, die gewählten Amtsträger zur Verantwortung zu ziehen.[326] Der ehemalige Bundesjustizminister Edzard Schmidt-

Jortzig hat den Verlust der Verantwortlichkeit folgendermaßen zusammengefaßt:

> »Das zentrale Problem der Verflechtung zwischen Bund und Ländern verwischt mehr und mehr, wer für eine bestimmte Politik – oder eben: Nichtpolitik – im Grunde ursächlich war und einzustehen hat. Zugespitzt sieht die faktische Verantwortlichkeit so aus: Auf der Erfolgsseite führt die Machtmechanik im Bundesstaat regelmäßig dazu, daß hinterher jeder ein Sieger war. Wenn Erfolge dagegen nicht zu verzeichnen sind, läßt sich dies jeweils auf den politischen Gegner schieben. Noch vereinfachter gesagt: Das Gute verantworten alle, das Schlechte niemand.«[327]

Es herrschen »credit claiming« und »scapegoating«, Begriffe, die aus der englischen Fachterminologie übernommen sind (siehe S. 42) und das bedeuten, was auch Schmidt-Jortzig meint: Erfolge rechnet sich jeder zu, und für Mißerfolge sind immer andere verantwortlich. Mit dem Verlust der öffentlichen Zurechenbarkeit von politischen Leistungen und von politischem Versagen wird der Bürger und Wähler vollends orientierungslos, das Wahlrecht wird entwertet. Von Regieren *durch* das Volk kann bei diesen Gegebenheiten korrekterweise nicht mehr die Rede sein.

Ein Grund, warum man bei Diskussionen über die Frage, ob der Föderalismus mit dem Demokratieprinzip zu rechtfertigen ist, oft völlig aneinander vorbeiredet, sind die unterschiedlichen Referenzmodelle. Die Verteidiger des Föderalismus gehen meist unausgesprochen von einem wettbewerbsföderalistischen Idealbild aus, das sich folgendermaßen skizzieren läßt: Die Gliedstaaten können sich aufgrund ihrer politischen Autonomie den besonderen Gegebenheiten in ihrem Land und den spezifischen Wünschen ihrer Bevölkerung anpassen. Auf diese Weise vermag die Landespolitik in besonderem Maße sachgerecht und bürgernah zu sein. Auch im Bereich der öffentlichen Finanzen entscheiden die Bürger selbst darüber, wieviel Staat sie mit ihren Abgaben finanzieren wollen. Aus ähnlichen Gründen stehen Politik und Verwaltung unter erheblich größerem Druck zu wirtschaftlichem und sparsamem Verhalten als im Zentralstaat. Der politische Druck zu Bürgernähe, Sachgerechtigkeit und Wirtschaftlichkeit entsteht aus möglichen Vergleichen mit anderen Ländern und aus der Möglichkeit der Wähler, die Regierungsmehrheit bei schlechter Bilanz abzuwählen (was diese natürlich im eigenen Interesse vermeiden will) oder aus dem Land wegzuziehen, was vor allem bei größeren Steuerzahlern, insbesondere Unternehmern, für das Land empfindliche Abgabenausfälle und den Verlust von Arbeitsplätzen (und damit weitere Steuereinbußen) nach sich ziehen kann.

Läge eine solche Form des Wettbewerbsföderalismus vor, so würde das in der Tat ein Mehr an Handeln für und durch das Volk, ein Mehr an Handlungsfähigkeit, an Bürgernähe und Bürgermitwirkung bewirken. Dann könnte man den Verteidigern des Föderalismusprinzips im großen und ganzen zustimmen. Das Problem ist nur, daß der *real existierende* Verbundföderalismus der Bundesrepublik von ganz anderer Struktur ist[328] und in ihm weder die Politiker große Anreize zu innovativer Gestaltung haben noch die Wähler die Möglichkeit besitzen, zu vergleichen und schlechte Politik mit dem Stimmzettel zu bestrafen und gute zu belohnen. Der Versuch, den bestehenden deutschen Föderalismus gegen ein Idealbild auszutauschen und dieses dann hochzuloben, ignoriert die Wirklichkeit. Wer versucht, das real bestehende System mit den Vorteilen eines ganz anderen Systems zu rechtfertigen, will von den eigentlichen Problemen nichts wissen.

Solcher Vogel-Strauß-Haltung wird allerdings dadurch Vorschub geleistet, daß die Entwicklung und der heutige Zustand des Föderalismus schwer zu erfassen und zu durchschauen sind, unter anderem weil sie vielfach gar nicht auf Rechtsnormen, sondern auf eingeschliffenen Verhaltensweisen der Praxis beruhen. So wird es nach wie vor erleichtert, die Fassade der Demokratie und des Rechtsstaats aufrechtzuerhalten. Doch kommt es – schon um der Ehrlichkeit willen und erst recht, um tragfähige Ausgangspunkte für eventuelle Reformvorschläge zu gewinnen – darauf an, die vielfachen Undurchsichtigkeiten und Verschleierungen zu durchstoßen. Den tatsächlichen Zustand unseres Föderalismus zur Kenntnis zu nehmen ist Mindestvoraussetzung für alle Folgerungen, wie immer sie auch aussehen mögen.

Zusammenfassend muß man feststellen, daß der Versuch, im Rechtsstaats- und im Demokratieprinzip eine tragfähige Legitimation des bundesdeutschen Föderalismus zu finden, ebenfalls eine Sackgasse ist. Die tatsächliche Erscheinungsform des real existierenden bundesdeutschen Föderalismus, insbesondere die Wirkungen der horizontalen und vertikalen Verflechtungen, tendieren in Wahrheit dazu, gerade diese modernen Rechtfertigungsversuche des deutschen Föderalismus erst recht zu unterlaufen.[329] Der real existierende deutsche Föderalismus schafft kein Mehr an Regieren durch oder für das Volk, sondern ein eklatantes Weniger an beiden.

Ergebnis: Der Sinn ist pervertiert

Der vorstehende Überblick zeigt: Die Versuche, dem Föderalismus in der bestehenden bundesstaatlichen Ausprägung einen Sinn abzugewinnen und ihn zu rechtfertigen, bringen letztlich alle kein überzeugendes Ergebnis. Die Frage nach dem Sinn und die Subsumtion der bestehenden Sachverhalte unter die jeweiligen Sinngebungsversuche führen immer zu demselben Resultat: der Delegitimation des real existierenden bundesdeutschen Föderalimus. Wer ernsthaft nach seinem Sinn fragt, gelangt zwangsläufig zu Antworten, die den Föderalismus in seiner Lebensberechtigung aufs schwerste erschüttern müssen (»Sinnkrise des Föderalismus«).[330] Eine ungeschminkte Bewertung der bestehenden Lage läuft auf das Urteil hinaus, daß durch den bundesrepublikanischen Föderalismus nicht nur keine Verbesserung im Hinblick auf das Rechtsstaats- und das Demokratieprinzip erfolgen und er deshalb – auch unter diesem Aspekt – nicht gerechtfertigt werden kann, sondern daß durch die föderalistischen Gegebenheiten erst recht alles undurchsichtig, unverantwortet, unkontrolliert und undemokratisch geworden ist.

Für diejenigen, die dieser ernüchternden Bilanz nicht ins Auge blicken können oder wollen, bleiben – neben dem geschilderten Ausweichen auf ein nicht existierendes Idealbild – offenbar nur noch drei verzweifelte Möglichkeiten übrig, den bundesrepublikanischen Föderalismus doch noch scheinbar zu rechtfertigen:

1. Trotz der erschütternden Analyse dann bei der Bewertung des Zustandes einfach die Augen zu verschließen und so zu tun, als ob nichts wäre,[331]
2. alles als angeblich objektiv notwendige Konsequenz des modernen Leistungsstaats und der allgemeinen Erwartung der Einheitlichkeit der Lebensverhältnisse darzustellen, für die man eben einen hohen Preis zahlen müsse,[332] oder

3. das Springen in eine andere wissenschaftstheoretische Dimension: In der gewachsenen bloßen Existenz des bundesdeutschen Föderalismus, in seinem Sosein, wie er eben ist, auch schon seine Existenz*berechtigung* zu sehen – im Sinne eines eigentlich längst überholten Historizismus und einer Art normativen Kraft des Faktischen.[333]

19 Die Mär vom zwangsläufigen Verfall des Föderalismus

Die – nicht mehr legitimierbare – Entwicklung des bundesdeutschen Föderalismus[334] stellt um so dringender die Frage, warum es dennoch dazu kam, welches also die Ursachen für jene Entwicklung waren. Hier wird im allgemeinen eine ganze Reihe von Erklärungen angeboten, die die Entwicklung als objektiv determiniert und damit unausweichlich erscheinen lassen: die Verzahnung der Verhältnisse, die häufig nur noch überregional politisch gestaltet werden könnten, wie dies zum Beispiel bei den Aufgaben gesamtwirtschaftlicher Konjunktur- und Wachstumssteuerung besonders naheliegt; der unitarisierende Effekt der Rechtsprechung des Bundesverfassungsgerichts; der angeblich dominante Wunsch der Bevölkerung nach einheitlichen Lebensverhältnissen und, erst recht, nach »einheitlicher Besteuerung im einheitlichen Wirtschaftsgebiet«,[335] welcher spürbare Unterschiede zwischen den Ländern aufgrund wirklich wahrgenommener Autonomie als angeblich »undenkbar« erscheinen und negative Reaktionen der Wähler erwarten lasse.[336] Vieles davon trifft sicher bis zu einem gewissen Grad zu. Aber wirklich alles?

Hat man zum Beispiel den Wählern je die Option eines wirklichen Konkurrenzförderalismus eröffnet?[337] Das stand doch – eben wegen der seit jeher praktizierten Politikverflechtung – in Wahrheit noch nie zur Debatte.[338] Es könnte ein ähnlicher Trugschluß vorliegen wie bei der wettbewerblichen Marktwirtschaft. Auch hier hatte man nach der Gewöhnung der Menschen an die Zwangsverwaltungswirtschaft ab 1933 gedacht, die Wähler würden die Marktwirtschaft nach dem Zusammenbruch der Naziherrschaft nicht verkraften – bis Ludwig Erhard sie 1948 einführte und die Wähler diesen seinerzeit als außerordentlich wagemutig angesehenen Schritt in der Folgezeit in hohem Maße honorierten. Die ursprüngliche Fehleinschätzung dürfte zumindest zum Teil auf der in Deutschland spezifisch bürokratisch geprägten Wahrnehmung der politisch-administrativen Elite beruhen: Wie sie seit dem 19. Jahrhundert in ausgeprägter Weise dazu tendiert, alles selbst zu regeln und den wirtschaftlichen und gesellschaftlichen Selbststeuerungsprozessen wenig zuzutrauen, so ist sie auch von einer durch lange Traditionen eingeschliffenen Vorliebe für egalisierende Regelungen und der entsprechenden Abneigung gegen föderalistische Konkurrenz geprägt.[339] Man muß sich aber hüten, jene Vorurteile der politisch-administrativen Elite ohne größere Reflexion auch der Mehrheit der Wählerschaft unterzuschieben.

Hier begegnen wir einer grundsätzlichen Fragestellung, die bei Diskussionen über unser Thema stets, wenn auch meist unausgesprochen, im Hintergrund steht, nämlich der Frage nach der Bedeutung der sogenannten politischen Kultur. Die Verteidiger des Status quo pflegen sich, zumindest implizit, darauf zu berufen, die von der deutschen politischen Kultur imprägnierten Menschen seien gegen Wettbewerb und für möglichst einheitliche Lebensverhältnisse eingestellt. Dabei bleiben sie jedoch regelmäßig den Beweis schuldig, ob ihre Behauptung wirklich zutrifft oder ob sie nicht letztlich ein Produkt der Eigeninteressen der politischen Klasse selbst ist, ob also die politische Kultur nicht ihrerseits Resultat des (von den Eigeninteressen der politischen Akteure gestalteten) Systems ist,[340] das damit – und das ist in unserem Zusammenhang das Entscheidende – Systemänderungen nicht wirklich entgegensteht. Voraussetzung ist allerdings, daß es gelingt, Reformen gegen die Eigeninteressen der politischen Klasse durchzusetzen.

In jedem Fall wird das Gewicht jener objektiven Gründe als Determinationsfaktoren für die zu beobachtende Entwicklung überschätzt. Das belegt schon der Umstand, daß in anderen vergleichbaren föderalistischen Staaten wie der Schweiz und den USA die Unitarisierungstendenzen deutlich weniger ausgeprägt sind.[341] Vor allem kommt bei allen derartigen Erklärungen, die die Fehlentwicklung als notwendige Antwort auf äußere Herausforderungen hinzustellen (und so zu legitimieren) suchen, die Erkenntnis zu kurz, daß eine ganz wesentliche Ursache für die Entwicklung vielleicht auch in den Eigeninteressen der politischen Klasse selbst liegen könnte.[342] Dies wird am Beispiel der Kosten der politischen Führung besonders deutlich.

20 Die Eigeninteressen der politischen Klasse

Zweierlei Maß

Die Kosten der politischen Führung

Mit der Erosion des Sinns des Föderalismus, mit dem offenbaren Nichterreichen der mit ihm ursprünglich verbundenen (und heute verbindbaren) Ziele treten zwangsläufig die Kosten des Föderalismus stärker hervor. Je weniger der Föderalismus noch hält, was er verspricht, desto mehr müssen die durch ihn bewirkten hohen Zusatzkosten als unnötige Verschwendung erscheinen. Damit treten die ganz konkreten fiskalischen Kosten der »Vielstaaterei« in den Blick, besonders die Kosten der politischen Führung (siehe S. 83). Es stellt sich dann die Frage, ob es noch zeitgemäß ist, sechzehnmal einen Apparat von Landesparlamenten, Landesregierungen und Verwaltungen für jeweils dieselben Aufgaben zu unterhalten, oder ob darin nicht eine ebenso gigantische wie offensichtliche Verschwendung liegt.[343]
Doch wird hier die Ambivalenz des Föderalismusproblems besonders deutlich. Die Beurteilung hängt offensichtlich ganz von der jeweiligen Perspektive ab: Was aus der Sicht der Bürger und Steuerzahler Verschwendung ist und deshalb abgebaut gehört, macht aus der Sicht der politischen Klasse geradezu den besonderen Charme des bundesrepublikanischen Föderalismus aus: Die Existenz von sechzehn zumeist hauptberuflich bezahlten und (gut bis übermäßig) versorgten Landesparlamenten, die Existenz von sechzehn Landesregierungen, von einer Vielzahl von politischen und politisierten Beamten, von parteipolitisierten Landesrundfunkanstalten, Landeszentralen für politische Bildung etc. gibt Tausenden von Politikern die Möglichkeit, hauptberuflich von der Politik zu leben,[344] ohne Rücksicht darauf, ob sie – aus der Perspektive des Gemeinwesens – wirklich unerläßliche Funktionen ausüben oder nicht. Gerade das, was aus der Bürgerperspektive also als besonders nachteilig und korrekturbedürftig, ja als öffentliche Verschwendung, erscheint, wird aus der Perspektive der politischen Klasse und ihrer Eigeninteressen zum größten Aktivum: die Verfüg-

barkeit einer großen Zahl wohldotierter Posten. Genau das macht den bundesdeutschen Föderalismus für sie so überaus attraktiv.

Die Verflüchtigung der politischen Verantwortung

Eine ähnliche Ambivalenz in der Beurteilung herrscht auch hinsichtlich des Kernmangels des bundesdeutschen Verbundsystems: der mangelnden Zurechenbarkeit der politischen Verantwortung. Was aus der Perspektive der Bürger und Wähler ein schwerer Mißstand ist, weil die Handlungs- und Innovationsfähigkeit des ganzen Entscheidungssystems eingeschränkt und das Wahlrecht entwertet wird und so die beiden Kernpostulate des demokratischen Rechtsstaats schwer beeinträchtigt werden, begründet aus der ganz anderen Perspektive einer verantwortungsscheuen politischen Klasse seine besondere Attraktivität. Denn auf diese Weise wird es den Akteuren nicht nur erlaubt, ihr eigenes Süppchen zu kochen, ohne zur Verantwortung gezogen zu werden, sondern mit der fehlenden Zurechenbarkeit entfällt auch sonst die unbequeme Überprüfbarkeit ihrer politischen Leistungen und Fehlleistungen durch die Wähler.

Berufspolitiker und Kartellparteien

Daraus folgt: Wer die bisherige Entwicklung verstehen (und die Chancen für Änderungen zum Besseren abschätzen) will, darf die Eigeninteressen der politischen Akteure nicht übersehen.[345] Ihre zentrale Rolle betont seit längerem die Neue Politische Ökonomie.[346] Diese pflegt allerdings pauschal-einheitliche Motivationsstrukturen zu unterstellen – ohne Rücksicht auf die höchst unterschiedlichen Situationen und Akteurstypen – und macht sich durch diese die Wirklichkeit oft verzerrenden Vereinfachungen angreifbar.[347] Das ändert jedoch nichts an der Schlüsselrolle, die Interessen seit jeher in der Politik spielen. Wenn es in der Politik fast definitionsgemäß um nichts anderes geht als Interessen, wäre es eine Überraschung, wenn ausgerechnet die Eigeninteressen der Akteure selbst keine Bedeutung hätten. Dies erkennt neuerdings auch die Politikwissenschaft, wie sich zum Beispiel in der Renaissance des Begriffs »politische Klasse« widerspiegelt. Mit Hilfe dieses Begriffs versucht ein Zweig der Politikwissenschaft, überein-

stimmende Eigeninteressen von Berufspolitikern in Regierung *und* Opposition, in Bund *und* Ländern an ihrem finanziellen, beruflichen und machtmäßigen Status (und daraus resultierende Kartellierungstendenzen) zu thematisieren.[348] (Näheres siehe S. 34 ff.)
Noch einen ganz erheblichen Schritt weiter gehen andere Politikwissenschaftler mit ihrer These, unsere etablierten politischen Parteien entwickelten sich geradezu zu »Kartellparteien«, deren zentrales Kennzeichen darin liege, ihre Position durch Nutzung staatlicher Macht-, Personal- und Geldmittel immer weiter zu verbessern und sich durch Bildung politischer Kartelle gegen die Kontrolle durch die Wähler und gegen die Konkurrenz durch neue und noch nicht etablierte Kräfte möglichst abzuschotten.[349] Diese These stützt sich bisher vor allem auf Beobachtungen im Bereich des Wahlrechts, der staatlichen Parteienfinanzierung und der parteipolitischen Ämterpatronage. Sie findet aber gerade im bundesdeutschen Föderalismus viele weitere Belege.

Einfluß und Interesse der Akteure

Die Pervertierung der bundesrepublikanischen Föderalismus-Institutionen ist in ganz erheblichem Maße Folge der Eigeninteressen der politischen Akteure und geht auf deren Wirken zurück. Diese Erkenntnis ist fast so etwas wie der rote Faden, der viele Einzelerscheinungen erklärt und dadurch die scheinbar zusammenhanglose föderalistische Vielfalt zu einem einheitlichen Bild verbindet. Ohne die Einbeziehung der Schlüsselrolle der politischen Klasse droht die öffentliche Diskussion wie eine Geisterdiskussion am Wesentlichen vorbeizugehen. Wie im einzelnen dargelegt, spielten und spielen die Eigeninteressen der Akteure in folgenden Bereichen eine Rolle:

- Die ursprünglich vom Grundgesetz sogar zwingend vorgeschriebene Neugliederung der Bundesländer scheiterte nicht zuletzt an den Eigeninteressen politisch einflußreicher Kreise, besonders in den kleinen Ländern, die im Falle einer Eingliederung in andere Länder um Einfluß und Pfründe fürchteten.
- Umgekehrt ließ sich die kommunale Neugliederung nur durchsetzen, weil sie den Interessen der im Landtag sitzenden Parlamentarier entgegenkam, die letztlich über die kommunalen Zusammen-

schlüsse und Eingemeindungen zu entscheiden hatten. Darüber hinaus wurde ein Betätigungsfeld für mehr hauptamtliches Personal geschaffen im Vergleich zu der vorherigen ehrenamtlichen Tätigkeit engagierter Bürger (siehe S. 58 f.).

- Die Verlagerung der Gesetzgebungskompetenz auf den Bund entsprach nicht nur den Interessen der Bundespolitiker, sondern auch der Landesregierungen. Diese ließen sich ihre Zustimmung zu Kompetenzverzichten der Länder im Interesse der Vermehrung ihres Einflusses auf Bundesebene durch Zustimmungsvorbehalte bei der Bundesgesetzgebung entgelten – ohne Rücksicht darauf, daß sie so die Handlungsfähigkeit der Länder *und* teilweise auch die des Bundes schwächen.
- Und daß zumindest die Landesparlamente sich nicht mit Händen und Füßen gegen die Zentralisierung und die damit verbundene schrittweise Austrocknung ihrer Kompetenzen zur Wehr setzten, könnte darin seine Erklärung finden, daß die Zentralisierung praktisch zu einer Ausschaltung des Leistungswettbewerbs zwischen den Ländern führt und ebendies den Eigeninteressen der politischen Klasse am besten entspricht, weil sie dann nicht Gefahr läuft, daß politische Fehlleistungen offenbar und sie dafür verantwortlich gemacht wird – mit erhöhter Gefahr der Abwahl. Was die politischen Ökonomen Roland Vaubel, Reiner Eichenberger und Charles Blankart als inneren Antrieb für die Verlagerung von Gesetzgebungskompetenzen auf den Bund, besonders im Bereich der Steuern, ermittelt haben – den Wunsch nämlich, Wettbewerb einzuschränken und so die eigene Position der Politiker abzusichern –, dürfte, wie Hans Meyer bestätigt, generell eine starke Motivation sein, die auch hinsichtlich anderer massiver Tendenzen der Wettbewerbseinschränkung ihre Wirkung getan hat und tut.[350]
- Eine ähnliche Interessenkonstellation dürfte zum Finanzausgleich mit seinen nivellierenden Tendenzen beigetragen haben, der dem (von der politischen Klasse gescheuten) Leistungswettbewerb erst recht den fiskalischen Anreiz nimmt.
- Auch die exzessive horizontale und vertikale Koordination dürfte ihre Existenz zu einem guten Teil den Kartellierungsbestrebungen der politischen Klasse verdanken, daneben aber auch den Statusinteressen und expansiven Rollenverständnissen der daran beteiligten Exekutivmitglieder.

- Die einzige große Reform der neunziger Jahre, nämlich die der Kommunalverfassungen, wäre dagegen fast an den Eigeninteressen der politischen Klasse gescheitert. Diese mußte in den alten Ländern zu den Reformen geradezu genötigt werden: durch (tatsächlich durchgeführte oder angedrohte) Volksbegehren und Volksentscheide – und manche Landesparlamente haben die Reform am Ende auch noch verpatzt (vgl. S. 259–271).
- Die Landtagsabgeordneten hielten sich für die politische Entleerung der Landesparlamente und für ihre eigene Entmachtung dadurch schadlos, daß sie ihre Bezahlung und Versorgung übermäßig aufblähten. Auch hier waren ihre persönlichen Eigeninteressen unübersehbar die eigentliche Triebfeder.
- Überhaupt bezieht der Föderalismus bundesdeutscher Prägung einen großen Teil seiner Attraktivität für die politische Klasse aus der Vielzahl der Patronagemöglichkeiten, die es sonst nicht gäbe.
- Die Gefahr einer Entscheidungsblockade bei abweichenden parteipolitischen Mehrheiten im Bundesrat – ohne Rücksicht auf die Folgen für die Gesamtheit – folgt aus dem Eigeninteresse der Opposition, die Regierung schlecht aussehen zu lassen und dadurch ihre eigenen künftigen Wahlchancen zu verbessern.

Die meisten der vorstehenden Beispiele sind Belege dafür, wie sich die Institutionen selbst unter dem Einfluß von Eigeninteressen der Akteure geändert haben oder wie eine an sich erforderliche Änderung (wie die Neugliederung der Bundesländer) blockiert wurde. Das letztgenannte Beispiel der Bundesratsblockade ist dagegen ein Beleg dafür, wie Institutionen in einem veränderten Umfeld ihre Funktion verlieren beziehungsweise zu funktionswidrigen Ergebnissen führen. (Allerdings wurde die Problematik auch hier durch Änderung der Institution, insbesondere durch die allmähliche Ausweitung der Zustimmungsrechte des Bundesrats, zumindest noch ganz erheblich verschärft.)

Damit wird das politische Kernproblem klar: Die Entwicklung des bundesdeutschen Föderalismus lag und liegt in den Händen von Akteuren, die ihre Eigeninteressen verfolgen und dabei die Institutionen pervertiert haben. Das allgemeine Interesse der Bürger an einem gut funktionierenden und den maßgeblichen Grundsätzen entsprechenden Föderalismus kam dabei unter die Räder. Es fehlt an einem »Hüter des Föderalismus«,[351] der in der Lage wäre, die wuchernden Eigeninteressen in Schranken zu halten, eine Perversion der Institutionen zu verhindern, und umgekehrt Reformen zu ihrer Verbesserung erzwingen könnte.

Bedenkt man, daß sich in den Ländern die Auswüchse der Politikfinanzierung häufen[352] (die statistisch als »Kosten der politischen Führung« erfaßt wird), könnte man fast den Eindruck gewinnen, die politische Klasse instrumentalisiere die föderalistischen Strukturen geradezu zu dem Zweck, ihre Eigeninteressen besonders nachhaltig fördern zu können. In diesen Zusammenhang gehört – neben der schon erwähnten finanziellen Aufblähung des Status der Landtagsabgeordneten in den meisten Ländern[353] trotz starkem Rückgang von Aufgaben und Verantwortung – zum Beispiel die Feststellung, daß bayerische Staatssekretäre deutlich höhere Bezüge erhalten (die zu einem erheblichen Teil auch noch steuerfrei sind) als hessische oder niedersächsische Ministerpräsidenten,[354] oder die Feststellung, daß nordrhein-westfälische Landesminister schon nach weniger als vier Jahren Amtszeit einen Versorgungsanspruch von 63 Prozent ihres Aktivengehalts erwerben können.[355] Noch Anfang der neunziger Jahre war die Ministerversorgung in allen Bundesländern ungleich viel günstiger als im Bund, und es bedurfte massiver Öffentlichkeitskampagnen, um die meisten Länder zu veranlassen, das Versorgungsniveau ihrer Ministerpräsidenten und Minister auf das (auch nicht gerade schlechte) Niveau von Bundesministern zurückzuführen.[356] In diesen Zusammenhang gehört auch die weit überproportionale Aufblähung der vielfach parteipolitisch ausgerichteten Ministerialbürokratien in den Ländern. In den parteipolitischer Einflußnahme typischerweise besonders ausgesetzten oberen Etagen ist ein unglaubliches Gedränge entstanden (siehe S. 126).

Wo Eigeninteressen triumphieren, hat das Kooperationsmodell seine Funktion verloren

Es gibt in der bundesdeutschen Diskussion zwei ganz unterschiedliche idealtypische Föderalismusmodelle: das kooperative und das wettbewerbliche. Das Kooperationsmodell, das zum Beispiel durch das Finanzreformgesetz von 1969 einen großen Schub erhalten hat, hat sich

in der Praxis der Bundesrepublik zunehmend durchgesetzt.[357] Das Wettbewerbsmodell (siehe S. 138 f.) hat dagegen in den letzten Jahren als verfassungspolitische Alternative immer stärkeren Zuspruch gefunden und immer mehr Anhänger gewonnen.[358] Das liegt natürlich vor allem daran, daß die Schattenseiten und Auswüchse des Kooperationsmodells immer deutlicher zutage traten.
Was bisher aber noch nicht erkannt und schon gar nicht ausgesprochen wurde, sind die tieferen Gründe für diesen fundamentalen Umschwung in der Beurteilung: Das Kooperationsmodell beruht nämlich – zumindest stillschweigend – auf einer zentralen Voraussetzung, der Voraussetzung nämlich, daß Amtsträger grundsätzlich gemeinwohlorientiert agieren, wie es Grundgesetz und Landesverfassungen ja auch von ihnen verlangen. Das drückt sich äußerlich aus in einem besonderen Handlungsstil,[359] der Sachlichkeit, Berücksichtigung der gegenseitigen Interessen und das Vermeiden von Polemik impliziert. In die gleiche Richtung geht das von Rechtsprechung und Rechtslehre entwickelte Prinzip der »Bundestreue«.[360] Generell gesprochen müssen alle am kooperativen Föderalismus Beteiligten, wie es im Bericht der Kommission für die Finanzreform[361] wiederholt heißt, fair und – wenn es das gemeinsame öffentliche Wohl verlangt – unter Zurückstecken von Eigeninteressen kooperieren. Der kooperative Föderalismus geht also von der »Verfassungserwartung«[362] aus, daß Bund und Länder sich bei ihrem Verhalten und ihren Aktionen von der regulativen Idee eines »übergreifenden gesamtstaatlichen Gemeinwohls« leiten lassen.[363]
Genau diese Erwartung kann aber in der Verfassungswirklichkeit typischerweise nicht mehr vorausgesetzt werden. Im Zweifel geht statt dessen meist das Eigeninteresse der Politiker vor. Daß das Bundesverfassungsgericht immer wieder als Nothelfer in Situationen der Einigungs- und Kompromißschwäche der politischen Instanzen angerufen werden mußte[364] und auch in Sachen Finanzausgleich offenbar wieder die einzige Instanz war, der man zutraute, daß sie die offensichtlich unangemessenen Verschwendungs- und Nivellierungseffekte im Finanzausgleich beseitigen könne, bestätigt, daß die Gemeinwohlorientierung, die der Koordinationsföderalismus voraussetzt, in Wahrheit meist nicht vorliegt. Wie wir anhand zahlreicher Beispiele dargelegt haben, ist Berufspolitikern das eigene Hemd meist näher als der gemeinwohlorientierte Rock. Die Konsequenz dieser Feststellung

geht ungeheuer weit. Wenn die vom Grundgesetz postulierte gemeinwohlbezogene Fremdnützigkeit des Handelns der politischen Akteure nicht mehr vorausgesetzt werden kann, entfällt die innere Voraussetzung des Kooperationsmodells. Damit stellt sich die Frage, ob das Kooperationsmodell unter den gegebenen Bedingungen überhaupt noch als sinnvolle verfassungspolitische Alternative in Betracht kommt. Doch die Tragik ist, daß genau dieses »Modell« in der bundesdeutschen Föderalismuspraxis fest etabliert ist.

In Sachen Finanzausgleich sucht das Bundesverfassungsgericht mit seinem Urteil vom 11. November 1999 »eine rein interessenbestimmte Verständigung über Geldsummen« dadurch auszuschließen oder zumindest zu erschweren, daß es den Gesetzgeber verpflichtet, der Neuregelung des eigentlichen Finanzausgleichsgesetzes (bis Ende des Jahres 2004) den Erlaß eines Maßstabsgesetzes (bis Ende 2002) vorzuschalten. Inwieweit es auf diese Weise gelingt, das berechtigte Anliegen des Gerichts wirklich zu erreichen, nämlich das Verfahren »gegen aktuelle Finanzierungsinteressen, Besitzstände und Privilegien abzuschirmen«,[365] mag hier dahinstehen. Festzuhalten ist jedenfalls, daß auch das Gericht nunmehr das zentrale Problem in der Dominanz der Eigeninteressen der Akteure erkennt.

Die Chancen künftiger Reformen

Steht damit aber fest, daß die bisherigen Fehlentwicklungen ganz wesentlich auch auf Eigeninteressen der politischen Akteure beruhen, so müssen sich alle Verbesserungsvorschläge zuallererst mit der Frage auseinandersetzen, ob und unter welchen Bedingungen Reformen gegen jene Eigeninteressen durchgesetzt werden können. Erstaunlicherweise wird diese Zentralfrage in der einschlägigen Literatur viel zuwenig gestellt.[366] Roman Herzogs eingangs zitiertes Wort, der sogenannte Reformstau sei vor allem ein Durchsetzungsproblem, trifft offenbar auf Reformen der Struktur des Föderalismus in ganz besonderer Weise zu. Scharfsinnige Beobachter haben just am Beispiel des bundesdeutschen Föderalismus das gedankliche Konstrukt der »Rationalitätsfalle« entwickelt, die dadurch gekennzeichnet ist, daß keiner der von Eigeninteressen geleiteten politischen Akteure die allgemein als mangelhaft empfundene Gesamtsituation durch einseitige Aktion verbessern kann, »ohne seine eigene Lage zunächst noch weiter zu verschlechtern«.[367] Das bedeutet: Alle stellen sich aus Eigeninteresse auf die institutionellen Strukturen ein, wodurch der Karren aber nur immer tiefer in den Dreck gefahren wird. Und der Versuch, durch institutionelle Reformen zu einer Gesamtentflechtung zu kommen, stößt in ähnlicher Weise an die »Schranken der wechselseitigen Vetomöglichkeiten«.[368] Anders ausgedrückt: Ebenso wie die *Ver*flechtung sich aus den Eigeninteressen der Akteure erklärt, so erklärt sich dann auch die mangelnde Bereitschaft zur *Ent*flechtung aus diesen Interessen.

Vor diesem Hintergrund sieht sich die neuerdings von vielen Seiten vorgeschlagene Rückübertragung von Gesetzgebungs- und insbesondere Steuergesetzgebungskompetenzen auf die Länder gleich zwei Einwänden gegenüber. Einmal ist fraglich, ob sich eine solche Reform gegen die Eigeninteressen der politischen Akteure überhaupt durchsetzen ließe. Aber selbst wenn man ihre Durchsetzbarkeit einfach unterstellt, ist weiter fraglich, ob sie für sich allein genommen die gewünschten Effekte haben würde. Die Erfahrungen der vergangenen Jahrzehnte lassen daran zweifeln. Denn sie zeigen, daß die Länder, in denen in der Regel eine weit weniger intensive öffentliche Kontrolle besteht als im Bund, schon mit ihren bisherigen Kompetenzen wenig Sinnvolles anzufangen wußten. Es kam im besten Fall zu einer gleichförmigen Ländergesetzgebung, im schlechteren Fall zu verunglückten Gesetzen wie den früheren Landesgrunderwerbsteuergesetzen, dem Wettlauf der verbeamteten Landesparlamente um immer höhere Beamten-, besonders Lehrerbesoldung oder der verpatzten Gemeindeverfassungsreform besonders in Hessen und Nordrhein-Westfalen. Und der Zustand der deutschen Schulen und (soweit Landessache) der Hochschulen markiert auch nicht gerade ein Glanzstück der Landespolitik. Im schlechtesten Fall kam es zu mißbräuchlichen Auswüchsen wie bei der Politikfinanzierung.

Nach diesen Erfahrungen dürfte von einer Rückübertragung von Gesetzgebungskompetenz auf die Länder allein wenig Positives zu erwarten sein. Sie wäre nur eine notwendige, keine auch hinreichende Bedingung für Verbesserungen. Die Länder sind bisher den Beweis schuldig geblieben, daß sie in ihrer derzeitigen Verfassung »fit« sind für die Wahrnehmung zusätzlicher Kompetenzen im Bereich der Landesgesetzgebung.[369] Nur wenn es zusätzlich und vorab gelänge, das demokratische Leben in den Ländern zu aktivieren und effektive Verantwortlichkeiten gegenüber dem Bürger und Kontrollen durch den Wähler zu schaffen, insbesondere durch eine Verbesserung des Wahlrechts und anderer direktdemokratischer Möglichkeiten (Näheres siehe S. 154 ff.), wäre das ganze Projekt einer Reform der föderalistischen Strukturen durch Rückübertragung von Gesetzgebungskompetenzen auf die Länder überhaupt schlüssig. Ohne eine – institutionell geförderte – Aktivierung der Bürger und ihrer Partizipation in den Ländern wäre alles andere voraussichtlich nicht viel wert. Diese Seite der Problematik wird von den Kritikern des bundesdeutschen Föderalismus bisher allerdings meist übersehen.

Vor diesem Hintergrund können auch die Beschlüsse der Ministerpräsidenten und des Bundeskanzlers von Ende 1998[370] die Skepsis hinsichtlich der selbständigen Reformfähigkeit (ohne starken äußeren Druck) nicht zerstreuen. Nach diesen Beschlüssen soll Anfang 2000 eine Gemeinsame Kommission von Bundestag und Bundesrat zur »Modernisierung der bundesstaatlichen Ordnung« eingesetzt werden; vorausgehen sollen eine Arbeitsgruppe auf Regierungsebene und eine Klausurtagung der Ministerpräsidenten zur Erörterung der Vorbereitungsarbeiten der Arbeitsgruppe. Es bedarf zumindest des begleitenden starken öffentlichen Drucks von unten, damit aus diesen Initiativen wirklich die nötige Reformbereitschaft erwächst.

21 Das Volk als Gegengewicht?

Der erste Schritt: Verfassungsreform auf Landesebene

Will man nicht resignieren und erwartet man auch vom Bundesverfassungsgericht kein Durchhauen des Gordischen Knotens, so gibt es letztlich wohl nur ein wirksames Gegenmittel für alle Formen von Kartellierungstendenzen der politischen Klasse: die Aktivierung des Volkes selbst. Wie dargelegt, trifft die naive Auffassung, in einer Demokratie wie der Bundesrepublik Deutschland könne keine Regierung auf die Dauer Politik gegen die Interessen der Bevölkerungsmehrheit betreiben, nicht uneingeschränkt zu, sondern setzt die wirksame institutionelle Rückbindung der Politik an die Bürger voraus. Hat das politisch-administrative System sich institutionell so weit abgeschottet, daß die wirksame Artikulation der Bürgerinteressen unmöglich oder jedenfalls das System dafür unempfindlich wird, so ist die Herstellung der Rückbindung dort, wo sie praktisch durchsetzbar erscheint, notwendige Voraussetzung für alles Weitere.

Ein solcher Ansatz, der die Aktivierung des Volkes in den Mittelpunkt stellt, könnte sowohl dem Bemühen um eine Neugliederung der Bundesländer neuen Schub verleihen (siehe S. 54–58) als auch eine grundlegende Verfassungsreform auf Landesebene bewirken mit dem Ziel, die Handlungsfähigkeit und Bürgernähe der Politik institutionell zu verbessern. Zu diesem Zweck müßte das System für den »Common sense« der Bürger durchlässiger gemacht werden: durch bürgernähere Wahlrechte und durch erleichterte Möglichkeiten direktdemokratischer Sachentscheidungen, was wiederum wohl nur durchzusetzen wäre durch Nutzung der bereits bestehenden direktdemokratischen Möglichkeiten (die damit zum Instrument von Reformen und zugleich auch zu ihrem Objekt würden). So war es ja, wie erwähnt, auch nur mittels (tatsächlich durchgeführter oder glaubwürdig angedrohter) Volksbegehren und Volksentscheide gelungen, die Reform der Kommunalverfassung in vielen Ländern auch gegen den Widerstand der parlamentarischen Mehrheiten durchzusetzen (siehe S. 259 ff.).

Anstatt die politischen Energien auf die – jedenfalls zunächst – doch kaum durchsetzbare Rückholung von Gesetzgebungskompetenzen in die Länder und die damit verbundenen – ohne Reform der Landesverfassungen ohnehin – illusorischen Hoffnungen zu verwenden, sollten sie besser auf das Vorrangige konzentriert werden, nämlich auf die Frage, wie die demokratisch und rechtsstaatlich notleidende Organisation und Kontrolle auf Landesverfassungsebene verbessert werden kann. Eine solche Verfassungsreform ist notwendige Voraussetzung für alles andere. Erst wenn sie durchgeführt ist und die Länder auf diese Weise fit gemacht worden sind für die Übernahme weiterer Aufgaben, macht es Sinn, auch den Fragen einer Rückübertragung von Kompetenzen auf die Länder näherzutreten. Hier zeigt sich eine Parallele zu den USA. Auch dort ging der Rückübertragung von Bundeskompetenzen auf die Gliedstaaten in den achtziger und neunziger Jahren eine Reorganisation ihrer Verfassungen voraus[371] (»resurgence of the states«),[372] die ihre Leistungsfähigkeit erhöhte und sie in den Stand setzte, neue Aufgaben zu übernehmen: »the states were ready«.[373]

Inhalt der Reform

Eine Reform der Landesverfassung könnte also folgende Hauptinhalte haben:

- Einführung der unmittelbaren Volkswahl des Ministerpräsidenten,
- eine Reform des Landtagswahlrechts durch Verbesserung der Auswahl der Abgeordneten durch die Wähler: Einführung flexibler Listen mit Kumulieren und Panaschieren bei den Landtagswahlen,
- Schaffung eines Teilzeitparlaments, was eine Reorganisation und Konzentration der Landtagsarbeit voraussetzt; dadurch würde das Mandat auch für beruflich erfolgreiche Leute attraktiver, weil sie dann den Beruf neben dem Mandat fortführen können,
- Ersetzen der grotesken Vollalimentation und Überversorgung von Landtagsabgeordneten durch die Zahlung einer wirklichen »Entschädigung« (so auch der Wortlaut der Verfassungen),
- Unvereinbarkeit von Regierungsamt und Abgeordnetenmandat,
- Absenkung der Quoren für Volksbegehren auf das Niveau von Schleswig-Holstein (5 Prozent der Wahlberechtigten), Beseitigung von Abstimmungsquoren bei Volksentscheiden, Erweiterung des Gegenstandsbereichs der Volksgesetzgebung (siehe Kapitel 29).

So würde insgesamt mehr Handlungsfähigkeit und mehr Bürgernähe der Politik ermöglicht.
Kern einer solchen Verfassungsreform auf Länderebene ist die Einführung der Direktwahl der Ministerpräsidenten. Gerade in den Bundesländern, deren Aufgaben sich in der Exekutive konzentrieren, läge es nahe, den Ministerpräsidenten als Spitze der Exekutive auch direkt vom Volk zu wählen. Der Vorschlag, die Ministerpräsidenten der Bundesländer direkt zu wählen, geht auf den Nestor der deutschen Politikwissenschaft, Theodor Eschenburg, zurück.[374] Er wurde in jüngerer Zeit von Kennern der Landespolitik wieder aufgegriffen, so vom Direktor des Bundesrats, dem früheren niedersächsischen Landesminister Georg-Berndt Oschatz,[375] vom früheren niedersächsischen Landtagsdirektor Hans-Horst Giesing[376] und vom Präsidenten der Berliner Humboldt-Universität, dem Staatsrechtslehrer Hans Meyer.[377] Die »Frankfurter Intervention«, eine parteiübergreifend zusammengesetzte Gruppe von bekannten Wissenschaftlern, Politikern und Journalisten, hat sich den Vorschlag zu eigen gemacht.[378] Auch die österreichische Reformdiskussion hat ihn aufgegriffen.[379]
Wenn oben pauschal davon die Rede war, Landtagswahlen würden oft zu Fast-Direktwahlen der Ministerpräsidenten, so müssen wir nun allerdings differenzieren: Es gibt einen starken, volksnahen Typus unter den Ministerpräsidenten, der seine Partei quasi mitreißt – man denke zum Beispiel an den sächsischen Ministerpräsidenten Kurt Biedenkopf –, und es gibt einen anderen Typus, der mehr von seiner Partei lebt – man denke zum Beispiel an den früheren hessischen Ministerpräsidenten und späteren Bundesfinanzminister Hans Eichel. Und insoweit würde die Direktwahl voraussichtlich Änderungen auslösen, auch weil die Parteien in ihrem eigenen Interesse bei der Kandidatenaufstellung ganz anderen Persönlichkeiten eine Chance geben müßten. Ein wesentlicher Unterschied besteht auch dort, wo Ministerpräsidenten nicht durch Landtagswahlen ins Amt kommen, sondern während der laufenden Legislaturperiode von ihrer Partei ausgewechselt werden, wie beispielsweise Bernhard Vogel durch Wagner in Rheinland-Pfalz, Engholm durch Simonis in Schleswig-Holstein und Streibl durch Stoiber in Bayern, wie Gomolka durch Seite in Mecklenburg-Vorpommern, Duchac durch Bernhard Vogel in Thüringen, Gies durch Münch und Münch durch Bergner in Sachsen-Anhalt, und in jüngerer Zeit Rau durch Clement in Nordrhein-Westfalen. Von einer

Quasi-Direktwahl kann bei derart ins Amt gekommenen Ministerpräsidenten – jedenfalls vor der nächsten Landtagswahl – nicht die Rede sein. Nach dem neuen System wäre derartiges nicht möglich, sondern es müßte bei Ausscheiden des bisherigen Ministerpräsidenten sogleich zu neuen Direktwahlen geschritten werden. Hinzu kommen, wie sogleich zu zeigen ist, gewichtige mittelbare Rückwirkungen der Direktwahlen auf das ganze System der politischen Willensbildung (Übergang von der parlamentarischen zur präsidentellen Demokratie in den Ländern). Wirkliche Direktwahlen machen also in jedem Fall einen großen Unterschied.

Die Entmachtung der Landesparlamente, der krasse Rückgang ihres Einflusses und die Verschiebung der Gewichte immer stärker hin zu den Landesregierungen und zu den Ministerpräsidenten, die von ihren Parlamenten gerade in den Landesdomänen – der Ausführung von Bundesgesetzen und der bundespolitischen Mitgestaltung im Bundesrat – nicht mehr wirksam kontrolliert werden, läßt es als immer schiefer und inadäquater erscheinen, wenn nur das politisch weitgehend entleerte Parlament, nicht aber der eigentliche Träger der Landesgewalt, die Regierung und insbesondere der Ministerpräsident als Regierungschef, durch direktdemokratische Wahlen legitimiert und kontrolliert wird. Die Kastrierung der Landesparlamente einerseits und die Aufwertung der »Landesfürsten« – bei gleichzeitig ungenügender parlamentarischer Kontrolle – andererseits verlangen um so mehr nach entsprechenden verfassungsstrukturellen Konsequenzen, als die Länder im Bereich der Landesverfassungen und des Wahlrechts weitgehende Autonomie besitzen und diese zu innovativen Verbesserungen nutzen könnten und sollten.

Auf diese Weise würde das Parlament aufgewertet. Die Parlamentsmehrheit würde aus ihrer Abhängigkeit von der Regierung befreit. Da sie die Regierung nicht mehr wählen und an der Macht halten müßte, würde sie in viel stärkerem Maße als bisher zu einem eigenständigen politischen Machtfaktor. Das käme der Gewaltenteilung und der wirksamen Kontrolle der Regierung zugute. (Insofern sind die überkommenen Begriffe irreführend: In der sogenannten parlamentarischen Demokratie ist das Parlament nicht etwa besonders stark. Wegen der machtpolitischen Verkoppelung der Parlamentsmehrheit mit der Regierung ist das Parlament vielmehr ausgesprochen schwach, viel schwächer als in der sogenannten Präsidialdemokratie.)[380]

Vorbild könnte die Direktwahl der Oberbürgermeister in Großstädten sein. Dabei ist zu berücksichtigen, daß kleine Bundesländer wie das Saarland oder die Stadtstaaten Hamburg und Bremen kaum größer als Großstädte wie München oder Köln sind. Berücksichtigt man weiter, daß die Hauptfunktion der Länder genau wie die der Städte und Gemeinden in der Ausführung fremder Gesetze besteht (und die Staatsqualität der Länder mit guten Gründen in Zweifel gezogen wird), liegen Anleihen bei der Kommunalverfassung in der Tat sehr viel näher als bei der Bundesverfassung.[381] Ein Blick auf die Schweizer Kantone weist im übrigen in dieselbe Richtung.[382]

Auswirkungen der Reform

Die Machtkonzentration bei den Ministerpräsidenten macht aber auch ihre wirksame Kontrolle um so wichtiger. Diese wäre durch das neue System gesichert. Ein Element ist die Direktwahl selbst, die den Ministerpräsidenten einer unmittelbaren Kontrolle durch den Souverän Volk unterstellt und ihn direkt dem Volk verantwortlich macht. Ein zweites Element ist das umgestaltete und aufgrund eines neuen Wahlrechts anders zusammengesetzte und anders eingestellte Parlament: Der Landtag, dessen Mehrheit dann nicht mehr (wie im bisherigen parlamentarischen System) die von ihm gewählte Regierung stützen müßte, würde politisch frei für eine wirksamere Kontrolle des Direktgewählten, der möglicherweise auch einer anderen Partei angehören könnte als die Landtagsmehrheit, deren Parteizugehörigkeit ohnehin – auch aufgrund des neuen Wahlrechts – an Bedeutung verlöre. Abgeordnete, die ihre Wahl ihrer Persönlichkeit und dem Vertrauen der Bürger verdanken statt ihrer Linientreue und dem Votum der Parteigremien, würden eher ihren eigenen Kopf gebrauchen und ließen sich weniger durch Fraktionsdisziplin binden. Damit würde der Grundsatz der Gewaltenteilung, der in bestehenden parlamentarischen Regierungssystemen überspielt und »bis zur Unkenntlichkeit verzerrt« wird (Roman Herzog),[383] wieder wirkliches Gewicht erhalten.[384] Ein drittes Element wirksamer Kontrolle ist die Möglichkeit des Landesvolks, Sachfragen durch Volksbegehren mit niedrigen Zugangshürden an sich zu ziehen und durch Volksentscheide unmittelbar zu entscheiden.

Volksgewählte Ministerpräsidenten würden in der Tendenz eine größere Distanz zu ihren eigenen Parteien wahren. Die positive Folge wäre, daß der Bundesrat sich – bei vom Bundestag abweichenden Mehrheitsverhältnissen – weniger leicht zur parteipolitischen Blockade instrumentalisieren ließe. Es war die erklärte Intention der Väter des Grundgesetzes, im Bundesrat ein Widerlager zur Parteipolitik zu schaffen (siehe S. 105 f.).[385] Durch Direktwahl der Ministerpräsidenten ließe sich das auch unter heutigen Gegebenheiten bis zu einem gewissen Grad erreichen. Ein direkt gewählter Ministerpräsident wäre vermutlich auch eher bereit, aus dem lähmenden Länderverbund auszubrechen und (im Rahmen der Landeskompetenzen) eigenständige Politik zu machen. Genau das aber ist erste Voraussetzung, damit der Stillstand in der Landespolitik überwunden werden kann.

De facto würden auf diese Weise zentrale Elemente einer demokratischen Präsidialverfassung in den Bundesländern (oder zunächst in *einem* Bundesland) installiert, und es ist natürlich kein Zufall, daß Präsidialdemokratien anerkannterweise mit föderalistischen Strukturen als sehr viel besser vereinbar gelten als parlamentarische Demokratien.[386] Ja, man muß begrifflich noch weiter gehen und noch entschiedener formulieren: Das real existierende parlamentarische Regierungssystem in den Bundesländern ist obsolet geworden. Die Mängel können durch bloße Randkorrekturen nicht mehr beseitigt werden. Zur Wiederherstellung der Legitimation des Regierungssystems und zu seiner wirklichen Revitalisierung bedarf es einer grundlegenden Verfassungsreform.

Verschlankung des politischen Apparats

Hans-Horst Giesing hat weiter den Vorschlag gemacht, das Ressortprinzip auf Landesebene zu beseitigen. An die Stelle der Landesministerien sollen einfache Landesämter für die jeweiligen Aufgaben treten, an deren Spitze politische Beamte stehen,[387] die vom Ministerpräsidenten ernannt würden und bei Verlust des Vertrauens in den einstweiligen Ruhestand versetzt werden könnten.[388] »Auf diese Weise würde eine ganze kostenaufwendige Ebene der Landesminister mit den dazugehörigen Stäben vom Landtagsreferat bis zum persönlichen Referenten eingespart.«[389] Das wäre – auch angesichts des weit überproportionalen Personal- und Kostenanstiegs im Ministerialbereich (siehe S. 126) – besonders angezeigt. In der Tat ist es schwer nachvollziehbar, warum ein Land wie zum Beispiel das Saarland mit kaum mehr als einer Million Einwohner, das in früheren Jahren von einem Landrat verwaltet zu werden pflegte, ein volles Kabinett von Landesministern mit den zugehörigen Stäben benötigt.

Durchsetzung der Reform

Solche Reformen, die die Eigeninteressen der politischen Klasse vielfach tangieren, sind von den Parlamenten selbst allerdings kaum zu erwarten. Durch Volksbegehren und Volksentscheid, durch die man in vielen Ländern auch die Verfassung ändern kann, wären sie aber vermutlich ebenso durchsetzbar wie seinerzeit die Direktwahl von Bürgermeistern und Landräten (siehe S. 259 ff.). In Rheinland-Pfalz will der Landesverband der kommunalen Wählergemeinschaften im Jahre 2000 mit einer großangelegten Unterschriftenaktion beginnen, um ein derartiges Projekt zunächst in die öffentliche Diskussion zu bringen und schließlich auch durchzusetzen. Für den entsprechenden Gesetzesentwurf sind in Rheinland-Pfalz in der ersten Stufe 20 000 Unterschriften erforderlich. In der zweiten Stufe, dem eigentlichen Volksbegehren, müssen 20 Prozent der Wahlberechtigten unterschreiben – das sind in Rheinland-Pfalz (bei etwa drei Millionen Wahlberechtigten) ungefähr 600 000. Danach kommt es zur Volksabstimmung als dritter und letzter Stufe, bei der – da es um Verfassungsänderungen geht – mehr als die Hälfte der Wahlberechtigten zustimmen müssen (Näheres siehe S. 211 ff.). Hohe Hürden, gewiß, doch ich glaube, daß die Initiative dennoch gute Chancen hat, weil sie zwei wichtige Aspekte miteinander verbindet: Die genannten Vorschläge gehen in die sachlich zutreffende Richtung und sind für die Bürger attraktiv.

Gelänge es in nur einem Land, durch Volksbegehren und Volksentscheid eine wirklich grundlegende Umgestaltung der Staatsverfassung vorzunehmen und auf diese Weise die politische Klasse wirksam an die Bürger zurückzubinden, so könnte das wie ein demokratischer Urknall wirken und die Reformgestimmtheit auch auf andere Länder und den Bund überschwappen lassen.

Direktdemokratische Institutionen bewußt zu kultivieren und auch Finanz- und Steuerfragen zu ihrem Gegenstand zu machen dürfte im übrigen das einzige Mittel sein, den Staat in seine Schranken zu weisen und seine immer weitere Ausdehnung zu verhindern.[390] Das belegen neuere vergleichende Untersuchungen über die Schweiz und die USA (Näheres siehe S. 294 ff.). Wer es wirklich ernst damit meint, den Staatsanteil merklich zu verringern – und beinahe alle Parteien in Deutschland haben das zu ihrem Ziel erklärt –, wird sich zuallererst direktdemokratischer Instrumente bedienen müssen. Von daher erscheint es an der Zeit, unsere überkommene und durch fehlinterpretierte Erfahrungen von Weimar noch geschürte, aber eigentlich einer Demokratie unangemessene Angst vor dem Volk grundsätzlich zu überdenken (Näheres siehe S. 198 ff.).

Das Volk gibt sich eine Verfassung

Darüber hinaus sollten wir nicht vergessen, daß wir mit der Schlußbestimmung des Grundgesetzes auch auf Bundesebene einen Artikel haben, der besondere Rechte des Volkes hinsichtlich der Verfassungsgebung anerkennt. Art. 146 GG ermächtigt das Volk, sich in freier Entscheidung eine neue Verfassung zu geben,[391] und eine solche Erneuerung käme zuallererst hinsichtlich der föderalistischen Struktur der Bundesrepublik und in bezug auf direktdemokratische Elemente in Betracht. Auf diesem Wege könnten sogar solche Reformen auf Bundesebene realisiert werden, die bisher als utopisch gelten, wie zum Beispiel die Ersetzung des Bundesrats durch einen volksgewählten Senat (siehe S. 111 f.). Welche rechtlichen Möglichkeiten die ebenso knapp formulierte wie weitreichende Vorschrift des Art. 146 GG eröffnet und daß sie tatsächlich eine Art demokratischen Urknall auslösen könnte, hat der Staatsrechtslehrer und Präsident der Humboldt-Universität, Hans Meyer, Ende 1999 in einem Vortrag in der Deutschen Hochschule für Verwaltungswissenschaften Speyer dargestellt.[392] Der Bundesgesetzgeber hat es zwar bisher versäumt, die nötigen Ausführungsgesetze zu erlassen, damit von dieser Vorschrift gegebenenfalls auch Gebrauch gemacht werden kann. Aber unseres Erachtens besteht diese Verpflichtung, und zwar von Verfassungs wegen.[393]

22 Warum überhaupt noch Länder?

Die vorstehend vorgenommene Analyse des bundesdeutschen Föderalismus könnte vernichtender nicht ausfallen. Die Bilanz ist durch und durch negativ. Die Versuche, dem bundesdeutschen Föderalismus in seinem derzeitigen Zustand noch einen guten Sinn abzugewinnen, sind alle gescheitert. Die Länder haben in den wenigen ihnen verbliebenen Bereichen schmählich versagt (Stichworte: Schul- und Hochschulmisere). So wurden immer mehr Kompetenzen auf den Bund übertragen. Auch in den bei den Ländern verbliebenen Kompetenzbereichen ist eine verschwiegene Zentralisierung gigantischen Ausmaßes im Gang. Beispiele sind die Ständige Konferenz der Kultusminister der Länder und die Gemeinsame Kommission für Bildungsplanung und Forschungsförderung. Doch solche gemeinsamen Gremien der Länder und des Bundes sind kein wirklicher Ersatz für ein alleiniges Tätigwerden des Bundes, weil sie entscheidungsschwach und immobil sind, den Status quo bewahren und ungeeignet sind, den modernen Herausforderungen gerecht zu werden. Zudem wird die politische Verantwortung bis zur Unkenntlichkeit verwischt und dadurch der Wähler entmachtet. Der deformierte bundesrepublikanische Zentralismusersatz bewirkt also weniger politische Handlungsfähigkeit und weniger Bürgerpartizipation, als sie in einem echt zentralistischen System möglich wäre.[394]

Die Entwicklung unseres Exekutivföderalismus hat zu einer Entmachtung der Parlamente, besonders der Landesparlamente, und zur Verlagerung der Entscheidungsmacht auf Regierungen und Bürokratien geführt. Bei Lichte besehen ist der Parlamentarismus zumindest in den Ländern bereits abgeschafft.

Tatsächlich haben sich die Länder zu Nisthöhlen für die politische Klasse entwickelt. Das, was Politiker an den Ländern am meisten interessiert, sind die über 2000 Landtagsmandate und die über 200 Ministerposten, nicht gerechnet die Tausende von parteipolitisierten Beamtenstellen und Positionen der politischen Bildung, in den öffentlich-rechtlichen Rundfunkanstalten etc. Die Länder haben sich zu Pfründen für die politische Klasse entwickelt. Derartiges gibt es in diesem Umfang in zentralstaatlichen Demokratien nicht. Dies ist der heimliche Grund, warum Berufspolitiker anderer Länder so begehrlich auf die Bundesrepublik sehen, und dürfte nicht zuletzt auch ein Grund dafür sein, warum auch manche andere Länder in Richtung Föderalismus tendieren.

Hinzu kommt die mangelnde Leistungsfähigkeit der politischen Institutionen auf Bundesebene. Die potentiell immer mehr zunehmende Blockademacht des Bundesrats entwickelt sich zu einer stetig wachsenden Gefahr für die Leistungs- und Handlungsfähigkeit der Bundespolitik.

Schließlich die Europäisierung: Seitdem uns bewußt wird, daß wir mit der Europäischen Union noch eine zusätzliche faststaatliche Ebene über dem Bund haben, stellt sich die Frage nach der Existenzberechtigung der Länder noch mehr. Damit haben wir in Deutschland faktisch sechs Ebenen: Gemeinde, Kreis, Regierungspräsidium, Land, Bund, Europäische Union. Das erscheint dem Bürger praktisch nicht mehr vermittelbar. Die politischen Blockaden und die Bürgerferne, zu denen die Politikverflechtungen auf innerbundesrepublikanischer *und* auf europäischer Ebene führen, kumulieren sich zu einer immer unerträglicheren Gesamtverfilzung.

Mit Recht spricht der Staatsrechtslehrer Gunter Kisker von der Gefahr, daß die parlamentarische Demokratie in einem Zangenangriff – von den Ländern und von Europa her – quasi zerstört wird.[395] Bloß besteht hinsichtlich der beiden Backen der Zange ein entscheidender Unterschied: Während wir die bisherigen Fortschritte auf dem Wege zu einer europäischen Einigung ohne Inkaufnahme der kooperativen Verflechtungen vermutlich nicht hätten erreichen können, fehlt eine entsprechende wirkliche Notwendigkeit für das innerdeutsche Pendant. Von daher besitzen die von Europarechtlern formulierten Grundfragen nach der Zukunft der deutschen Bundesländer[396] und danach, ob die Länder »im Strom der Europäischen Union« nicht untergehen müßten, unverminderte Aktualität. Doch ohne massiven äußeren Druck ist keine wirkliche Entflechtung zu erwarten. Wie objektiv verrückt und funktionswidrig die Strukturen auch sein mögen, die politische Klasse fühlt sich darin um so wohler, und die Bürger werden sie erdulden müssen, wenn sie nicht selbst die Möglichkeit ergreifen, das lähmende Gestrüpp zu lichten.

Sieht man die Entwicklung des bundesdeutschen Föderalismus in der geschichtlichen Dimension, so wird ihr Schieflauf besonders deutlich.

Am Anfang stand der Befehl der Alliierten, einen Bundesstaat mit starken Ländern zu errichten. Die Ministerpräsidenten stellten schon früh die Weichen gegen die Einführung des Senatsmodells nach US-amerikanischem Muster und setzten im eigenen Interesse das Bundesratsmodell durch. Die gewachsene und besonders von Bismarck geförderte Tradition eines Exekutivföderalismus wirkte in dieselbe Richtung, ebenso die verständliche (Über-)Reaktion auf die Abschaffung föderalistischer Strukturen unter der nationalsozialistischen Herrschaft. Dies waren die Ausgangspunkte und die Plattform, von der aus Bürokraten, die im Bundesrat hinter der Fassade das Sagen hatten, auch in viele andere Bereiche ausgriffen und im Wege der ebenenübergreifenden »Fachbruderschaft« und der »vertikalen Ressortkumpanei«[397] ihre Kreise immer weiter zogen. Die Unmasse von interföderalen Gremien wurde geschaffen, die Kooperation auf der dritten und der vierten Ebene entwickelte sich zu einer ungeahnten (Sumpf-)Blüte. Handlungsfähigkeit, Verantwortung der Politiker und demokratischer Einfluß der Bürger blieben auf der Strecke. Das System entwickelte sich zur Groteske. Wer noch Augen hat zu sehen, der sehe!

Daß die Absurdität unseres föderalistischen Ist-Zustandes nicht offen ins Auge sticht, liegt einmal an der unglaublichen Kompliziertheit, zum anderen an der Abdunklung des Sachverhalts, der für die breite Öffentlichkeit nicht wirklich sichtbar wird, zum dritten schließlich daran, daß eine bienenfleißige Föderalismusbürokratie in ihrer Arbeit in den interföderalen Gremien aufgeht und sie – dank jahrzehntelanger Gewöhnung – für wirklich wichtig hält.

Argumente für die Beibehaltung des Föderalismus sind – neben der normativen Kraft des Faktischen – vor allen Dingen die Festschreibung des Föderalismusprinzips im Grundgesetz. Allerdings ständen die unabänderlichen Bestimmungen einer wirklich durchgreifenden Reform des bundesdeutschen Föderalismus nicht von vornherein im Wege. Es erscheint jedoch fraglich, ob dafür politisch irgendwelche Chancen bestehen. Diesem Bedenken zum Trotz stellt sich, noch viel weiter gehend und geradezu radikal, die Grundfrage, warum wir in Deutschland überhaupt noch Länder brauchen.[398] Bisher konnte diese Frage in der Bundesrepublik aus zwei Gründen nicht gestellt werden: Einmal war der ganze Problemkomplex seit der Abschaffung der Länder durch die Nationalsozialisten lange tabuisiert. Zum anderen stehen derartigen Überlegungen eben von vornherein die erwähnten, durch Grundgesetzänderungen unberührbaren Bestimmungen des Grundgesetzes über Föderalismus, insbesondere über »die Gliederung des Bundes in Länder« (Art. 79 Abs. 3 GG), entgegen. Man mußte deshalb davon ausgehen, der Föderalismus sei von Verfassungs wegen nicht zu beseitigen.

Doch insoweit hat sich die verfassungsrechtliche Ausgangslage jetzt geändert. Art. 146 GG erlaubt eine Verfassungsablösung. Bis vor einigen Jahren war diese Möglichkeit nur für den Fall einer Vereinigung gegeben. Inzwischen besteht sie unabhängig davon. Art. 146 GG eröffnet also einen verfassungsrechtlichen Weg, notfalls den Föderalismus völlig abzuschaffen. Denn eine Verfassungsablösung gemäß Art. 146 GG ist nicht an die für Verfassungsänderungen bestehenden Voraussetzungen des Art. 79 GG gebunden. (Dies ist zwar umstritten, läßt sich unseres Erachtens aber überzeugend begründen.)

Der mögliche Weg über Art. 146 GG könnte sich zu einem wirksamen Drohmittel entwickeln und auf diese Weise bewirken, daß die Bereitschaft von Bund und Ländern, die grotesken Auswüchse des bundesdeutschen Föderalismus von sich aus zu beseitigen, derart erhöht wird, daß schließlich doch – und zwar, auch ohne von der Ultima ratio des Art. 146 GG Gebrauch zu machen – durchgreifende Reformen zustande kommen.

23 Schlußbemerkung: Die Mängel des Systems am Zustand des Bundesstaats erkennen

Auf dem Feld des Föderalismus treten charakteristische Entwicklungen und Fehlentwicklungen unserer Demokratie besonders scharf hervor, ja sie werden durch den deutschen Föderalismus tatsächlich noch erheblich verstärkt: die systembedingte Handlungs- und Reformschwäche unseres politischen Systems bis hin zur Reformblockade, die Entmachtung der Parlamente und der Bürger und die zunehmende Machtfülle der Regierungen und Verwaltungen, die Gewaltenteilungs- und Demokratiedefizite, die Vielschichtigkeit und Undurchsichtigkeit der Zusammenhänge und die fehlende Zurechenbarkeit auf politisch verantwortliche Akteure. In der Struktur unseres bundesdeutschen Föderalismus lassen sich alle diese Mängel – wie durch eine Lupe vergrößert – beobachten. Zugleich läßt sich aber auch beobachten, welche zentrale Rolle die Eigeninteressen der politischen Klasse spielen und wie wenig die überkommenen verfassungsrechtlichen Institutionen noch geeignet sind, die Akteure und ihr Kräftespiel unter Kontrolle der Gemeinschaft zu halten.

Vordringlich und auch durchaus in überschaubarer Zeit realisierbar erscheint deshalb vorab eine grundlegende Reform der Landesverfassungen selber, die die erforderliche Handlungsfähigkeit und Bürgernähe herstellt. Darüber hinaus steht im Hintergrund auch die Möglichkeit einer grundlegenden Reform auf Bundesebene im Wege des Art. 146 GG.

Teil 3:
Regieren ohne Kontrolle – Wie die Bürger von der Macht ferngehalten werden

24 Vorbemerkungen: Geht alle Staatsgewalt vom Volke aus?

In der Demokratie geht alle Staatsgewalt vom Volke aus. Das sagt jedenfalls die Verfassungslehre, und das Versprechen des Grundgesetzes geht in die gleiche Richtung. In Wahrheit hat das Volk im Staat des Grundgesetzes wenig zu sagen, jedenfalls sehr viel weniger, als die Verfassung ihm verheißt.[1] »Das Volk ist frei geboren, ist frei und liegt doch überall in Ketten.« Dieses Wort Rousseaus, mit dem er 1762 sein berühmtes Buch *Vom Gesellschaftsvertrag* (»Contrat social«) einleitete, stand an der Wiege der demokratischen Revolution gegen die absolute Monarchie. Heute sind die »Ketten« zwar raffinierter, zumal sie dem Volk von Organisationen (wie Parteien, Verbänden, Medien, Verwaltung) angelegt sind, die erst das Aufkommen der sozialen Demokratie ermöglicht haben und die natürlich niemand beseitigen will. Aber sie haben einen ähnlichen Effekt: die Entmündigung des Volkes. Aus dem monarchischen Absolutismus droht ein Absolutismus der politischen Klasse zu werden. In Anlehnung an des Abbé Siéyès berühmtes Wort könnte man formulieren: Was ist das Volk? Alles! Was hat es zu sagen? Nichts! Was will es? Daß es etwas zu sagen habe![2]
Die Analyse muß die verschiedenen politischen Situationen, in denen das Volk eigentlich mitentscheiden müßte, tatsächlich aber häufig nichts zu sagen hat, auseinanderhalten:

- Die Entscheidung des Volkes über die Verfassungsgebung und Verfassungsänderungen und die Entscheidung über Gesetze und Maßnahmen im gegebenen Rahmen der Verfassung,
- die Auswahl von Personen und die Entscheidung von Sachfragen,
- die mehrfach gestuften Ebenen des föderalen Staates mit kommunaler Selbstverwaltung, eingebettet in die Europäische Gemeinschaft. Um von unten anzufangen: Kommunen (Gemeinden und Landkreise), Länder, Bund und Europäische Gemeinschaft.

Die Aussage, das Volk sei entmündigt, ist allerdings nicht die ganze Wahrheit. Man muß unterscheiden. Es gibt einzelne Bundesländer, in denen das Volk durchaus etwas zu sagen hat. Aber insgesamt besteht in Deutschland eine merkwürdige Verkehrung, eine Art Demokratieparadox: Die Einwirkungsmöglichkeiten der Bürger sind um so größer, je weniger gewichtig die Entscheidungsebene ist. Unmittelbare Mitsprache besteht auf Ebenen mit geringen Entscheidungsbefugnissen, also auf der Gemeinde-, Kreis- und allenfalls noch auf der Landesebene, nicht dagegen auf der Bundesebene, auf der nach der Kompetenzverteilung des Grundgesetzes die wichtigsten Entscheidungen fallen, und schon gar nicht auf der Ebene der Europäischen Union, die immer größeres Gewicht gewinnt.

Bei der Schaffung des Grundgesetzes blieb das Volk bekanntermaßen außen vor, und die mangelnde demokratische Legitimation wurde auch nach der Wiedervereinigung nicht etwa nachgeholt. Und – was bei diesem Entstehungsprozeß nicht weiter verwundert – Volksbegehren und Volksentscheid kennt das Grundgesetz ohnehin nicht.[3] Das Bundestagswahlrecht ist im wesentlichen ein starres Verhältniswahlrecht, das es dem Wähler unmöglich macht, seine Abgeordneten auszusuchen. Zwar hat der Bürger bei der Bundestagswahl neben der sogenannten Zweitstimme (Listenstimme) auch eine Erststimme, mit der er den Direktkandidaten seines Wahlkreises wählt. Doch wer dort unterliegt, ist häufig auf der Liste »abgesichert«, so daß er am Ende doch in den Bundestag kommt. Ein Beispiel unter Hunderten: Bei der Bundestagswahl 1998 kämpften im Wahlkreis Ludwigshafen Helmut Kohl (CDU) und Doris Barnett (SPD) um das Direktmandat. Doch alles Wahlkampfgetöse war nur vordergründige Inszenierung, um den Bürger darüber hinwegzutäuschen, daß er in Wahrheit nichts mehr zu entscheiden hatte. Es stand nämlich – halbwegs normale Verhältnisse vorausgesetzt – schon vorab fest, daß auch der Verlierer in den Bundestag einziehen würde. Beide Kandidaten waren von ihren Parteigremien auf den Listen »abgesichert«.

Und bei den Europawahlen, bei denen deutsche Wähler lediglich eine Stimme haben, gibt es ohnehin nur starre Listen, so daß die Bevormundung der Wähler noch krasser ist. Auch hierzu ein Beispiel: Die SPD hatte noch 1994 40 von insgesamt 99 deutschen Abgeordneten ins Europäische Parlament nach Straßburg und Brüssel entsandt. Am 13. Juni 1999 schnitt sie schlecht ab und verlor sieben Sitze. Dennoch konnten zumindest ihre Kandidaten mit den Listenplätzen 1 bis 30 schon lange vor dem Wahltermin ihres Erfolges absolut sicher sein, mochte auch der Wähler fast keinen von ihnen auch nur dem Namen

nach kennen. Jene Kandidaten wären selbst dann ins Parlament gekommen, wenn die SPD noch mehr Stimmen verloren hätte.
Im Bund und in der Europäischen Union sind die Mitwirkungsrechte der deutschen Wähler also selbst beim »Königsrecht« des Bürgers in der repräsentativen Demokratie, bei der Wahl der Parlamente, sehr viel stärker eingeschränkt, als es in der Massendemokratie (aufgrund der gleichberechtigten Mitwirkung der Millionen anderen) ohnehin unvermeidlich ist. Alle Kandidaten, die die Parteigremien auf sogenannte sichere Listenplätze gesetzt haben, sind mit der Nominierung praktisch auch schon gewählt.[4] Die eigentliche Volkswahl wird zur Farce; von Freiheit und Unmittelbarkeit der Wahl (die das Grundgesetz in Art. 28 Abs. 1 Satz 2 und Art. 38 Abs. 1 Satz 1 verbrieft) kann keine Rede mehr sein.[5]
Tatsächlich gehen die Demokratiedefizite auf europäischer Ebene noch viel weiter. Zwar wird das Demokratieprinzip in den europäischen Verträgen geradezu emphatisch und an vorderster Stelle betont. So bekennen sich etwa in der Präambel des Vertrages über die Europäische Union (Maastricht-Vertrag) die Mitgliedstaaten ausdrücklich zur Demokratie und erklären den »Wunsch, Demokratie und Effizienz in der Arbeit der Organe (der Union) weiter zu stärken«.[6] Und Art. 23 Abs. 1 GG macht die Mitwirkung der Bundesrepublik Deutschland an der Europäischen Union von deren Verpflichtung auf demokratische Grundsätze abhängig. Tatsächlich ist genau das Gegenteil der Fall, so daß die vielfache Beschwörung der Demokratie fast wie ein Ritual anmutet, um so künstlicher und vorgeschützter, je weiter es von der Wirklichkeit entfernt ist.
Das demokratische Hauptproblem besteht darin, daß der Rat als Ganzes niemandem politisch verantwortlich ist. Der Rat, der aus je einem Vertreter der 15 Mitgliedstaaten auf Ministerebene besteht, ist nach wie vor das wichtigste Organ der Europäischen Union und hat insbesondere bei der Rechtsetzung und bei der Bestellung der Mitglieder der Kommission, des Gerichtshofs, der Europäischen Zentralbank[7] und des Rechnungshofs das entscheidende Wort (obwohl inzwischen das Europäische Parlament in vielen Bereichen an Gewicht gewonnen hat). Dennoch kann die europäische Bürgerschaft den Ministerrat weder durch Bestätigung politisch belohnen noch durch Abwahl bestrafen. Der Rat als Ganzes ist also niemandem wirklich verantwortlich, was angesichts seiner gewaltigen Regelungsmacht be-

sonders problematisch ist. Die von ihm beschlossenen Gesetze der Europäischen Gemeinschaft haben Vorrang vor nationalem Recht – im Unterschied zu Organen anderer internationaler Organisationen (wie zum Beispiel der UNO), die zwar ebenfalls aus Regierungsvertretern bestehen, die aber eben keine in den Mitgliedstaaten unmittelbar bindenden Rechtsnormen erlassen können.
Mangels hinreichender europäischer demokratischer Legitimation des Rats hat man versucht, Hilfs- und Ersatzlegitimationen zu konstruieren, und darauf verwiesen, daß jedes Regierungsmitglied zu Hause, das heißt in seinem jeweiligen Land, legitimiert sei. Die Regierungen seien ja schließlich durch die nationalen Parlamente und damit indirekt vom jeweiligen Staatsvolk gewählt. Derartige Versuche tragen aber ebenfalls nicht weit,

- weil die Legitimationskette sehr lang und dünn ist,[8]
- weil die Informationen der Parlamente und der Bürger über die Mitwirkung der nationalen Regierungen in der Europäischen Union begrenzt sind und deshalb keine wirkliche politische Zurechenbarkeit besteht,[9]
- weil die Verantwortung auf so vielen Schultern verteilt ist, daß sie sich verflüchtigt und damit die Möglichkeit von »credit claiming« and »scapegoating« (siehe S. 42) steigt. Wenn alle zugestimmt haben, kann die Angelegenheit ja gar nicht so schlimm sein, und die Regierung kann immer behaupten, sie habe für ihre Zustimmung an anderer Stelle Vorteile für das Land herausholen können,
- weil dementsprechend in den nationalen Wahlen EU-Themen fast keine Rolle spielen.[10]

Das aber bedeutet, zusammengefaßt, daß es schwierig ist, ja, strenggenommen, eigentlich unmöglich, aus den nationalstaatlichen Parlamentswahlen eine Vollmacht der Regierungen der Mitgliedstaaten für die europäische Gesetzgebung herzuleiten, die sie gemeinsam im Ministerrat beschließen.
Der Befund in der Europäischen Union ist dem im bundesdeutschen Föderalismus insofern nicht unähnlich, als der Rat der Europäischen Union und der deutsche Bundesrat sich beide aus Regierungsvertretern der jeweils »niedereren« Gebietskörperschaften zusammensetzen. Ein – die Problematik auf europäischer Ebene noch verschärfen-

der – Unterschied besteht allerdings darin, daß der Europäische Rat das zentrale Gesetzgebungsorgan ist, während diese Rolle in der Bundesrepublik dem Bundestag zufällt und der Bundesrat nur mitwirkt. (Der europäischen Lage vergleichbar wäre eine Konstellation, bei der der Bundesrat das gesetzgeberische Hauptorgan des Bundes wäre.) Hinzu kommt, daß die Bundespolitik bei den Landtagswahlen durchaus ein Thema ist, bisweilen sogar das zentrale Thema, während bei den Bundestagswahlen die Europapolitik meist kaum eine Rolle spielt. Die nationalen Parlamente und die Bürger werden durch die Institutionen der Europäischen Union noch stärker entmachtet als innerhalb des deutschen Föderalismus.

Auf den unterhalb der Europäischen Union und des Bundes liegenden Ebenen ist die Lage dagegen eine andere. Das gilt zum geringeren Teil für die Wahl der Parlamente, vor allem gilt es für die Möglichkeit von Sachentscheidungen unmittelbar durch die Bürger. In den Ländern, in Gemeinden und Landkreisen hat sich ein breiter Fächer von direktdemokratischen Institutionen entwickelt, was von der breiten Öffentlichkeit allerdings noch viel zuwenig wahrgenommen wird.

Auf *Landesebene* gibt es in der Mehrzahl der westlichen Bundesländer neben der für repräsentative Demokratien typischen Gesetzgebung durch die Parlamente seit langem auch ein alternatives Gesetzgebungsverfahren, das nach Initiative und Gesetzesbeschluß unmittelbar in die Hand des Volks gelegt ist: die Gesetzgebung durch Volksbegehren und Volksentscheid. Derartiges fehlte allerdings lange in vier der elf westlichen Länder. Inzwischen ist die Möglichkeit der Volksgesetzgebung aber auch dort überall eingeführt: 1990 in Schleswig-Holstein, 1993 in Niedersachsen, 1995 in Berlin[11] und 1996 schließlich auch in Hamburg. In den Verfassungen der fünf neuen Länder wurden nach der Wende ohnehin durchweg direktdemokratische Bestandteile verankert,[12] so daß das Volk heute in allen 16 Ländern die Möglichkeit besitzt, die Gesetzgebung im Wege von Volksbegehren und Volksentscheid selbst in die Hand zu nehmen.[13] In den meisten Ländern können auf diese Weise sogar die Verfassungen geändert werden. (In Bayern und Hessen bedarf es zur Verfassungsänderung ohnehin neben dem Parlamentsbeschluß stets auch einer Volksabstimmung.)

Beeindruckender noch als die Entwicklung der Rechtsnormen ist der Umschwung beim praktischen Gebrauch. Während lange nur eine

sehr geringe Praxis existierte, ist hier seit einiger Zeit ein signifikanter Wandel zu beobachten: Die direktdemokratischen Möglichkeiten werden in deutlich größerem Umfang auch genutzt.
Noch sehr viel ausgeprägter ist der Trend zu direkten Einflußrechten des Volkes auf der *kommunalen* Ebene:[14]

- In allen dreizehn Flächenländern werden die *Bürgermeister* inzwischen *unmittelbar durch das Gemeindevolk gewählt.* Bedenkt man, daß dies bis Anfang der neunziger Jahre nur in Baden-Württemberg und Bayern der Fall war, kann man geradezu von einem »Siegeszug der plebiszitären Bürgermeisterverfassung« sprechen.[15] (Zur Frage, wie diese Reformen durchgesetzt wurden, siehe S. 259 ff.)
- Auch die *Direktwahl der Landräte*, die es ursprünglich nur in Bayern gab, ist inzwischen in allen Flächenländern – mit Ausnahme von Baden-Württemberg und Brandenburg – vorgesehen.
- In vielen Ländern können darüber hinaus die Gemeinde- und Kreisbürger bei Wahlen zum Gemeinderat und zum Kreistag bestimmte Kandidaten auf den Listen durch *Kumulieren* von Stimmen hervorheben und auch andere Kandidaten dazuschreiben (»*panaschieren*«). Solch eine flexible Listenwahl gab es ursprünglich ebenfalls nur in Baden-Württemberg und Bayern. Sie wurde inzwischen auch auf Niedersachsen, Rheinland-Pfalz und die fünf neuen Länder erstreckt. 1999 hat auch die neue CDU/FDP-Mehrheit in Hessen eine entsprechende Änderung des Kommunalwahlrechts beschlossen.
- Noch beeindruckender war die Entwicklung bei kommunalen Sachentscheidungen: Inzwischen können die Gemeindebürger in allen dreizehn Flächenländern wichtige Sachfragen durch *Bürgerbegehren* an sich ziehen und durch *Bürgerentscheid* anstelle des Gemeinderats abschließend entscheiden,[16] eine Möglichkeit, die es bis Ende der achtziger Jahre nur in Baden-Württemberg gegeben hatte.[17]

Die Rasanz der – nur wenige Jahre benötigenden – Entwicklung war auch hier verblüffend. Nachdem das baden-württembergische Beispiel über drei Jahrzehnte lang keinen Nachahmer gefunden hatte, kam es Anfang der neunziger Jahre zu einem gewaltigen direktdemokratischen Schub: Als erstes Reformland führte Schleswig-Holstein Bürgerbegehren und Bürgerentscheid im Jahre 1990 ein. Es folgten Hessen 1992, Rheinland-Pfalz 1993 und Nordrhein-Westfalen 1994. In den Jahren 1993 und 1994 wurden Bürgerbegehren und Bürgerentscheid in die neuen Kommunalverfassungen der fünf ostdeutschen Länder aufgenommen. Und als in Bayern im Jahre 1995 eine entsprechende Reform durch landesweiten Volksentscheid – gegen die dortige Regierungsmehrheit – durchgesetzt worden war,[18] war der Entwicklung endgültig die Bahn gebrochen. Nun schlossen sich auch Niedersachsen und als letztes Flächenland das Saarland an. Damit haben sich direktdemokratische Sachentscheidungen auf gemeindlicher Ebene innerhalb von nur sieben Jahren flächendeckend in ganz Deutschland etabliert.[19]

Entsprechende Möglichkeiten sind den Bürgern inzwischen auch in den Landkreisen von immerhin zehn Flächenländern eröffnet (in allen außer Baden-Württemberg, Hessen und Thüringen). Damit können auch die Kreisbürger Bürgerbegehren anstrengen und Bürgerentscheide herbeiführen.

Der Ausweitung der rechtlichen Möglichkeiten folgte in jüngster Zeit eine ungeheure Belebung der Praxis. Während es in baden-württembergischen Gemeinden seit Einführung dieser Möglichkeit vor mehr als vier Jahrzehnten nur eine begrenzte Zahl von Bürgerbegehren und erst recht von Bürgerentscheiden gegeben hatte,[20] sind die Zahlen in den letzten Jahren in einigen Ländern geradezu explodiert, besonders in Bayern,[21] teilweise auch in Hessen[22] und in eingeschränktem Umfang auch in Nordrhein-Westfalen.[23] In Bayern wurden in den ersten dreieinhalb Jahren bereits 673 Bürgerbegehren und 389 Bürgerentscheide gezählt.

In welchem Umfang die direktdemokratischen Möglichkeiten auf der Ebene der Bundesländer und der Kommunen ausgebaut wurden – vorbehaltlich einer näheren Prüfung ihrer effektiven Handhabbarkeit –, läßt sich am besten anhand einer Grafik zeigen (siehe S. 176 f.). Sie macht vor allem die plötzlich zur Verfügung stehende Fülle direktdemokratischer Möglichkeiten auf kommunaler Ebene deutlich.

Übersicht: Direktdemokratische Verfahren in den Ländern, Gemeinden und Kreisen

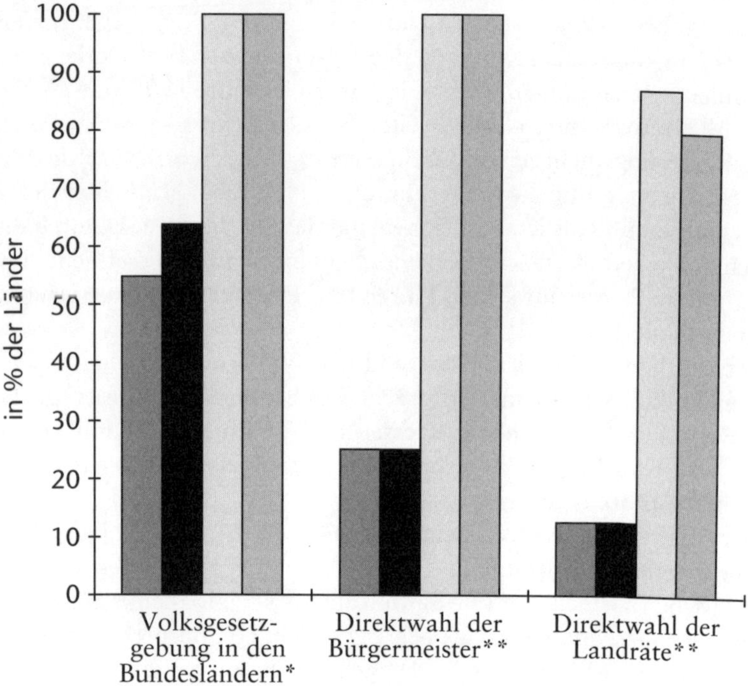

Bei der Erstellung dieser Übersicht dankt der Verfasser Carsten Nemitz für Unterstützung.

* 1971 und 1986: bezogen auf 11 Länder; 1999: bezogen auf 11 alte und 5 neue Länder.

** 1971 und 1986: bezogen auf die 8 Flächenländer; 1999: bezogen auf die 8 alten und die 5 neuen Flächenländer.

Die Einführung der Volksgesetzgebung in den Bundesländern (erste Säulengruppe in der Übersicht) erfolgte in folgenden Jahren: Bayern (1946), Hessen (1946), Bremen (1947), Rheinland-Pfalz (1947), Berlin (1950, Abschaffung 1974), Nordrhein-Westfalen (1950), Baden-Württemberg (1974), Saarland (1979), Schleswig-Holstein (1990), Brandenburg (1992), Sachsen (1992), Niedersachsen (1993), Sachsen-Anhalt (1993), Mecklenburg-Vorpommern (1994), Thüringen (1994), Berlin (1995), Hamburg (1996).

Was hat diesen rasanten Umschwung und die ausgeprägte Entwicklung hin zu mehr direkter Demokratie auf Landes- und Kommunal-

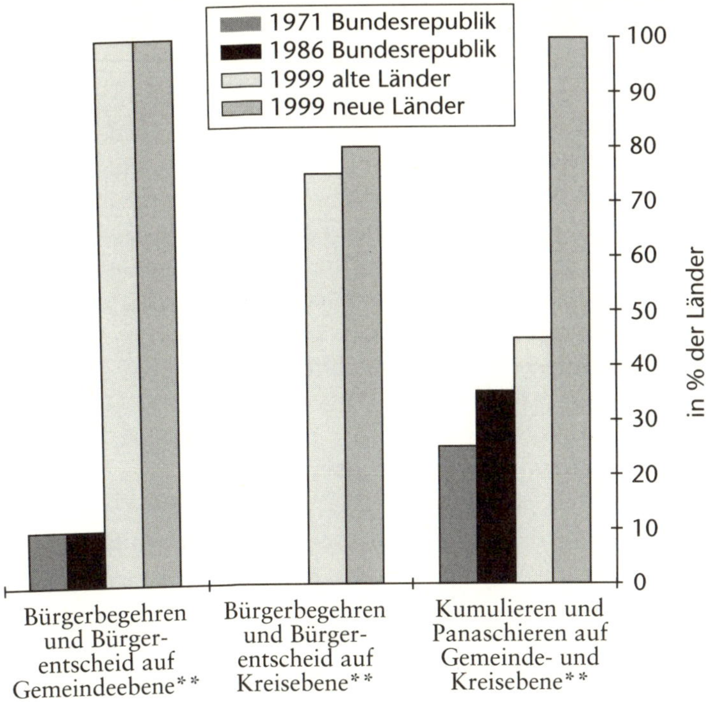

ebene bewirkt? Die Gründe sind gewiß vielschichtig und zahlreich.[24] Eine Konstante ist aber durchgehend zu beobachten: das sinkende Vertrauen in die Leistungsfähigkeit der rein repräsentativen Systeme und das wachsende Mißtrauen in die politische Klasse. Dieses erhielt durch spektakuläre Skandale zusätzliche Nahrung: die Barschel-Affäre 1987 in Schleswig-Holstein,[25] den hessischen Diätenskandal von 1988 und den Hamburger Diäten- und Versorgungsskandal von 1991.[26] In dieser Perspektive erschienen direktdemokratische Elemente als natürliches Gegengewicht zur Verhinderung von Machtmißbrauch und zur Rückbindung der Politik an die Interessen und Wünsche der Bevölkerung, die immer mehr zu kurz zu kommen drohen. Ein zweiter Schub kam von der friedlichen Revolution in der DDR mit ihrem – plötzlich wieder ganz real erfahrbaren – urdemokratischen Schlachtruf: »Wir sind das Volk!«

25 Einwände und Vorurteile gegen mehr direkte Demokratie

Die Entwicklung auf Landes- und kommunaler Ebene ist noch zu wenig bekannt. Viel bekannter ist, daß derartige direktdemokratische Elemente auf Bundesebene fehlen. Das öffentliche Bewußtsein und die öffentliche Diskussion werden nach wie vor von dem dumpfen Gefühl dominiert, daß es für dieses Fehlen gute Gründe gebe, Gründe, die, falls sie berechtigt sein sollten, auch auf die Beurteilung direkter Demokratie auf Landes- und Kommunalebene zurückschlagen, deren Legitimität beeinträchtigen und die vielfältigen Barrieren (die im einzelnen noch dargestellt werden) rechtfertigen könnten.

Das antidemokratische Ausgangsverständnis

Bei der Schaffung des Grundgesetzes selbst war das Volk kaum beteiligt. Selten war ein Volk so sehr von der Gestaltung »seiner« Verfassung ausgeschlossen wie das deutsche.

Der Parlamentarische Rat, der das Grundgesetz 1948/49 unter erheblicher Einflußnahme der westlichen Besatzungsmächte ausarbeitete, war weder direkt vom Volk gewählt worden, noch wurde das Grundgesetz einer Volksabstimmung unterzogen. Die Mitglieder des Parlamentarischen Rats waren von den Landesparlamenten entsandt, welche später auch die abschließende Entscheidung über das Inkrafttreten des Grundgesetzes trafen, ohne daß die Landesparlamente dazu aber von den Wählern ermächtigt worden wären; bei den Landtagswahlen hatte das Thema Grundgesetz noch keinerlei Rolle gespielt.

Das seinerzeitige Argument gegen die Beteiligung des Volkes, man wolle die deutsche Teilung dadurch nicht verfestigen, verlor seine Stichhaltigkeit spätestens, als auch nach der Wiedervereinigung die demokratische Legitimation nicht nachgeholt wurde. In der Gemeinsamen Kommission des Bundestags und des Bundesrats, die das Grundgesetz überprüfen sollte und die ausschließlich aus Vertretern der politischen Klasse zusammengesetzt war, blieb das Volk ebenfalls gänzlich ausgeschlossen.

Die mangelnde Beteiligung des Volks am Zustandekommen des Grundgesetzes wirkte nicht nur auf die öffentliche Meinung voraus – es fehlte an einer großen öffentlichen Verfassungsdebatte –, sondern prägte auch die Einstellung der Mitglieder des Parlamentarischen Rats. Der Zeithistoriker Heinrich Potthoff sprach von »Verfassungsvätern ohne Verfassungsvolk«. Der spätere Bundespräsident Theodor Heuss warnte im Parlamentarischen Rat vor dem Volk gar wie vor einem bissigen Hund (»cave canem«) und brachte damit die Volksferne des ganzen Gremiums auf den Punkt. So strahlten das volksferne Zustandekommen des Grundgesetzes und die volksferne Haltung vieler Verfassungsväter auch auf das Fehlen aller direktdemokratischen Momente *im* Grundgesetz aus.[27] Und diese Haltung wird seitdem immer wieder neu reproduziert. Dabei spielen die Eigeninteressen der politischen Klasse, die bei Einführung direktdemokratischer Elemente eine wirksamere Kontrolle befürchten und damit um Einfluß und Pfründe bangen müssen, eine nicht zu unterschätzende Rolle.

Gegenargumente

Natürlich wurde und wird versucht, das volksferne und bisweilen geradezu volksfeindliche Ausgangsverständnis auch objektiv zu begründen und zu rechtfertigen. Bei Abwägung der Vor- und Nachteile einer Einführung von Elementen der direkten Demokratie auch auf Bundesebene ist deshalb zunächst einmal ein Wust von vorgeschobenen Argumenten beiseite zu räumen.

Die sogenannten Weimarer Erfahrungen

Als Hauptargument gegen direktdemokratische Elemente zumindest auf Bundesebene gelten immer noch die angeblich schlechten Erfahrungen in der Weimarer Republik:[28] Volksbegehren und Volksentscheid seien – laut dem immer wieder zitierten Wort von Theodor Heuss – eine »Prämie für Demagogen«.[29] Doch haben neuere Untersuchungen – ganz abgesehen von der demokratischen Geschmacklosigkeit, das Volk mit einem bissigen Hund zu vergleichen – gezeigt, daß von schlechten Erfahrungen in Weimar keine Rede sein kann.[30] Die wenigen Fälle, in denen es in Weimar zu Volksabstimmungen kam, lassen sich im Ergebnis »als Bestätigung durchaus rationalen Verhaltens der Volksmehrheit interpretieren«.[31] Den radikalen, republikfeindlichen Gruppen und Parteien wurde nahezu ausnahmslos eine Abfuhr erteilt.[32]

Vielfach werden allerdings den »Weimarer Erfahrungen« kurzerhand die Erfahrungen unter der Herrschaft des *Nationalsozialismus* untergeschoben, als Abstimmungen auf Initiative des Volkes ausgeschlossen waren und sie nur noch als cäsaristisches Instrument plebiszitärer Bestätigung nicht vom Volk gestellter Fragen mißbraucht wurden. Hitler suchte sich 1933 für den Austritt aus dem Völkerbund, 1934 für die Übernahme des Reichspräsidentenamtes und 1938 für den Einmarsch in Österreich aus Volksabstimmungen Legitimation zu holen.[33] Derartige Volksabstimmungen dienten Hitler lediglich dazu, von ihm bereits getroffenen und vollzogenen Entscheidungen im nachhinein den Schein politischer Legitimation zu geben. Solche diktatorischen Pervertierungen sind etwas völlig anderes als echte Volksgesetzgebung, bei der die verbindliche Entscheidung und die Fragestellung in der Hand des Volkes liegen,[34] und dürfen deshalb fairerweise nicht gegen wirkliche Volksgesetzgebung ausgespielt werden.[35]

Es waren also gar nicht die direktdemokratischen Elemente der Weimarer Verfassung, die die Demokratie beseitigten und den Diktator an die Macht brachten, sondern eine Reihe anderer Faktoren, zu denen – neben den ungünstigen wirtschaftlichen und außenpolitischen Bedingungen – auch die merkwürdige Zwitterverfassung gehörte, die das System der parlamentarisch verantwortlichen Regierung in »unmöglicher« Weise mit dem System des volksgewählten Präsidenten zu verbinden suchte:[36] Der Reichskanzler benötigte in diesem unglücklichen Dualismus, der die monarchische Tradition fortführen wollte, das Vertrauen des Reichstags *und* des Reichspräsidenten und war dadurch konstitutionell zur Schwäche verurteilt.[37]

Nicht zu vergessen ist auch, daß es der Reichstag selbst war, der mit seiner Zustimmung zum Ermächtigungsgesetz das Ende der Weimarer Republik besiegelte. Dies geschah unter Mitwirkung des Zentrums und der Deutschen Staatspartei (zu der auch der spätere Bundespräsident Theodor Heuss und Reinhold Maier, der spätere Ministerpräsident von Baden-Württemberg, gehörten).[38] Für diesen demokratischen Totengräberdienst, der der Machtergreifung Hitlers den Anschein der Legalität vermittelte, waren nicht das Volk, sondern die

Parteien und ihre Fraktionen im Reichstag verantwortlich. Daraus nun – wie Theodor Heuss – den Schluß zu ziehen, das Volk trage die Schuld und die Parteien müßten es deshalb in aller Zukunft bevormunden und alle Entscheidungen für das Volk treffen, war eine historische Legendenbildung, eine »Fehlverarbeitung der Geschichte«,[39] die die Stellung der Parteien und ihrer politischen Klasse im Ergebnis unangreifbar machte und ihr Monopol institutionell absicherte.

Hinter den vorgeschützten »Weimarer Erfahrungen« dürfte 1948/49 in Wahrheit etwas ganz anderes gestanden haben, die Befürchtung nämlich, eine Volksabstimmung über das Grundgesetz oder Volksabstimmungen aufgrund des Grundgesetzes könnten von der damals noch mächtigen Kommunistischen Partei Deutschlands, unterstützt von der benachbarten Sowjetunion und der von ihr beherrschten sowjetischen Besatzungszone, zur Destabilisierung der jungen und unsicheren Demokratie instrumentalisiert werden. Die Väter des Grundgesetzes fürchteten, die KPD würde die Achillesferse des Grundgesetzes, den starken Einfluß der Besatzungsmächte auf sein Zustandekommen und die Schwäche seiner demokratischen Legitimation, bei dieser Gelegenheit propagandistisch ausschlachten und für ihre Zwecke instrumentalisieren.[40]

Eine vorbehaltlose Überprüfung der »Volksangst« oder »Plebiphobie«[41] der Verfassungsväter liegt heute um so näher, als das Grundgesetz selbst mit seiner Formulierung, das Volk übe die Staatsgewalt in Wahlen *und Abstimmungen* aus (Artikel 20 GG) – also in Personal- und in Sachentscheidungen –, die repräsentative und die direktdemokratische Staatswillensbildung in prinzipieller Gleichordnung nennt und dadurch quasi eine verfassungspolitische Überprüfung zu gegebener Zeit vorprogrammiert hat.[42] Im übrigen hatte Heuss selbst ausdrücklich die Situationsbedingtheit seiner Ablehnung, die Volksgesetzgebung »bereits in ein Grundgesetz hereinzunehmen«, betont und eine spätere Übernahme in die endgültige Verfassung offenhalten wollen.[43]

Fundamentalargumente

Andere Gegner tun so, als ginge es um die Beseitigung der repräsentativen Demokratie und um ihre *Ersetzung* durch direkte Demokratie,[44] was jedoch überhaupt nicht durchführbar wäre. Alle Entscheidungen direkt vom Volk treffen zu lassen ist allein aus praktischen Gründen in Gemeinden ab einer gewissen Größe nicht möglich und – schon angesichts der Gesetzgebungsmenge – erst recht nicht auf zentralstaatlicher Ebene. Direktdemokratische Elemente sollen das repräsentative System keinesfalls ersetzen, sondern nur *ergänzen*. Die Gesetzgebung durch das Parlament bleibt die Regel. Auch in der Politik muß es generell bei der Arbeitsteilung bleiben, welche die repräsentative Demokratie ermöglicht: Das Volk wählt seine Repräsentanten, die die erforderlichen politischen Entscheidungen dann in seinem Namen treffen müssen.

Das gilt selbst für die Schweiz und für die amerikanischen Gliedstaaten, in denen Entscheidungen des Volks relativ häufig sind. Um so mehr trifft es für diejenigen Länder zu, in denen Volksbegehren und Volksentscheide in der Praxis ausgesprochenen Ausnahmecharakter besitzen. Aber auch dort haben jene verfassungsrechtlichen Möglichkeiten schon durch ihr bloßes Dasein, also sozusagen als »Fleet in being«, eine erhebliche, vor allem indirekte Wirkung. Durch die bloße Möglichkeit direktdemokratischer Entscheidungen kann beides erreicht werden: Die Vorteile der Arbeitsteilung werden dadurch gewahrt, daß es bei der regelmäßigen Entscheidung der Parlamente bleibt. Und dennoch werden die Entscheidungen inhaltlich sehr viel stärker an den tatsächlichen oder vermuteten Mehrheitswillen zurückgebunden, weil das Volk die Entscheidungen jederzeit an sich ziehen und selbst treffen *kann* – was natürlich auch den Repräsentanten bewußt ist und den Inhalt ihrer Entscheidungen beeinflußt.

Fehlende Sachkunde?

Gegen die stärkere Ausrichtung der Politik am Volkswillen wird oft der Repräsentationsgedanke ins Feld geführt. Nicht selten beruhen derartige Einwände allerdings auf bloß fiktiver Grundlage. Die rechtliche Verpflichtung der Repräsentanten auf das Gemeinwohl wird mit deren tatsächlichem Verhalten gleichgesetzt, obwohl derartige Schlüsse von der Norm auf die Wirklichkeit nicht haltbar und wissenschaftlich absolut unzulässig sind (siehe S. 32 f.). Vielmehr muß – jenseits aller Fiktionen – die relative Leistungsfähigkeit von Repräsentation und direkter Demokratie überprüft werden (Näheres siehe S. 287 ff.). Hier sei nur ein zentrales Argument herausgegriffen, nämlich die im-

mer wieder verwendete Behauptung, die Repräsentanten seien von vornherein sachkundiger als die Bürger. Dieses Argument des mangelnden Sachverstandes erledigt sich aber schon durch den Hinweis, daß es in mindestens gleicher Intensität auch auf die Parlamente zutrifft: Auch die Parlamentarier und die sie beratenden Ministerialbeamten dürften schwerlich von sich behaupten, sie seien alle sachverständig genug, um sämtliche Gesetze zu machen. Im Gegenteil: Berufspolitiker können zwar über alles reden, wissen aber fast nichts wirklich genau – außer, wie man politische Gegner bekämpft (so ein bezeichnendes Wort von Richard von Weizsäcker). Im parlamentarischen Prozeß herrscht Arbeitsteilung. Es gibt für jeden Bereich Spezialisten, deren Empfehlungen regelmäßig die Entscheidung der Fraktionen bestimmen. Die große Mehrheit der Fraktionsmitglieder nickt dann lediglich den Vorschlag ihrer jeweiligen Experten in den Fraktionsarbeitskreisen und in den Parlamentsausschüssen ab.
Dies ist aber auch bei der Volksgesetzgebung nicht anders. Auch hier müssen die Initiatoren sich außerordentlich kundig machen, weil man von allen Seiten her versucht, ihr Projekt mit Einwänden zu kippen. Sie sind durch diesen Diskussionsprozeß oft bessere Experten als die parlamentarischen. Dazu trägt auch die Dauer des Verfahrens bei. Die Volksgesetzgebung nimmt vom Antrag über das Begehren bis zum Volksentscheid regelmäßig ein bis zwei Jahre in Anspruch. Was sich aber in einem so langen und entsprechend intensiven öffentlichen Diskussionsprozeß – trotz der massenweisen Einwendungen der Gegner – halten und schließlich so überzeugen kann, daß die Mehrheit zustimmt, hat eine starke Vermutung des Richtigen und Angemessenen für sich, mindestens ebenso stark, wie dies derzeit bei der Parlamentsgesetzgebung der Fall zu sein pflegt. Im übrigen ist es möglich, als Zulassungsvoraussetzung für das Volksbegehren und den Volksentscheid eine ausgearbeitete Begründung und einen Vorschlag zur Deckung der Kosten des Gesetzes zu verlangen, was übrigens auch bei der *Parlaments*gesetzgebung vonnöten wäre, weil auch hier Begründungen häufig fehlen.

Totschlagargumente

An Stammtischen, aber auch andernorts, werden am häufigsten zwei ganz konkrete Befürchtungen gegen Volksbegehren und Volksentscheid vorgebracht, die in Deutschland inzwischen fast den Charakter von Totschlagargumenten bekommen haben: Verfahren direkter Demokratie auf Bundesebene führten zur Wiedereinführung der Todesstrafe beziehungsweise (wenn die Verfahren auch auf Abgaben erstreckt würden) dazu, daß dem Staat die nötigen Steuereinnahmen entzogen würden.

Todesstrafe?

Mit der ersten Frage hat sich der Juraprofessor und Fachmann für Volksgesetzgebung Hermann Heußner kürzlich befaßt. Seine gründliche Studie belegt, daß die Wiedereinführung der Todesstrafe auch bei Einführung von Volksbegehren und Volksentscheid auf Bundesebene nicht zu erwarten ist.[45] Heußner belegt dies unter anderem mit folgenden Erwägungen:

- Da Volksgesetzgebungsverfahren längere Zeit in Anspruch nehmen, ergeben sich ausgedehnte »Abkühlungs- und Aufklärungsphasen«. Diese begünstigen einen Prozeß des ruhigen Abwägens des Für und Wider und machen emotionale Schnellschüsse, wie sie gemeinhin, etwa im Anschluß an spektakuläre Kapitalverbrechen, befürchtet werden, unmöglich. Dabei sei daran erinnert, daß zwischen echter Volksgesetzgebung und demoskopischen Umfragen, die »auf die Schnelle« erhoben werden, ein himmelweiter Unterschied besteht (siehe S. 194 f.).
- Ausländische Erfahrungen bestätigen dies. In Liechtenstein und der Schweiz wurde die Todesstrafe ohne Widerstand des Volks abgeschafft und mittels Volksgesetzgebung auch nicht wieder eingeführt. In keinem amerikanischen Staat, in dem die Todesstrafe bereits abgeschafft war, als die Volksgesetzgebung eröffnet wurde, ist sie im Wege der Volksgesetzgebung wieder eingeführt worden.

Hinzu kommt, daß es sich bei Einführung der Todesstrafe in Deutschland wegen Art. 102 GG um verfassungsändernde Volksgesetzgebung handeln würde, für die vermutlich noch einmal höhere Hürden gelten würden.

Aushungern des Staats?

Auch die Befürchtung, die Volksgesetzgebung entziehe der Gemeinschaft die nötigen finanziellen Mittel und mache Steuererhöhungen erst recht unmöglich, ist empirisch vielfach widerlegt (womit das in Deutschland übliche Ausklammern von Abgaben von der Volksgesetzgebung [siehe S. 201 f.] seine Rechtfertigung verliert). In der Schweiz wurde nicht nur die Mehrwertsteuer eingeführt, sondern auch die Mineralölsteuer beträchtlich erhöht, und jedesmal stimmte das Volk in Referenden zu.[46]

Dominanz von Partikularinteressen?

Daß gut organisierte Partikularinteressen sich zu Lasten von allgemeinen Interessen unangemessen durchsetzen, ist für die repräsentative Demokratie seit längerem nachgewiesen.[47]

Dafür, daß dies bei direkter Demokratie nicht oder nur schwächer der Fall ist, spricht, daß hier, bezogen auf ganz konkrete Entscheidungen, nicht nur gut organisierte Interessenten, sondern *alle* Bürger in gleicher Weise und in gleicher Stärke zur Sprache und zur Mitentscheidung kommen können. Denn alle haben das Recht, an Bürger- und Volksentscheiden teilzunehmen, und der Aufwand dafür ist so gering, daß keine allzu großen Unterschiede in bezug auf vermögens- und bildungsmäßigen Status bestehen. Deshalb dürfte die normativ begründete Erwartung, daß Interessen sich um so eher durchsetzen, je allgemeiner sie sind, hier in der Praxis wirklich in Erfüllung gehen und der in der repräsentativen Demokratie zu beobachtende umgekehrtdemokratische Effekt zurückgedrängt werden.

Sehr ernst zu nehmen ist allerdings der Einwand, wirtschaftlich potente Interessengruppen, für die viel auf dem Spiel steht, könnten versuchen, durch teure Anzeigen und Fernsehspots den Informations- und Diskussionsprozeß im Vorfeld von Abstimmungen zu dominieren und dadurch für sie günstige, wenn auch verfälschte Ergebnisse zu erzielen. In den USA gibt es dafür Beispiele, die allerdings eher die Verhinderungsmacht des großen Geldes unterstreichen als die Möglichkeit, positive Entscheidungen zu seinen Gunsten zu erreichen.[48] Doch diese Gefahren dürften sich in Deutschland aus folgenden Gründen ganz erheblich abschwächen:

- In Deutschland haben die politischen Parteien ein ungleich größeres Gewicht als in den USA und können sich einseitigem Einfluß –

nicht zuletzt auch mit Hilfe der erheblichen Mittel, die sie aus öffentlichen Kassen beziehen – besser entgegenstellen.[49]

- Falls öffentliche Mittel zur Finanzierung des Abstimmungskampfes gezahlt werden, wie dies in der Bundesrepublik bisher in fünf Bundesländern der Fall ist, wird ein weiteres Gegengewicht gegen ungebührliche Einflüsse privaten Kapitals geschaffen.
- Sofern Unterschriften für Volksbegehren nur an Amtsstelle geleistet werden können wie in den meisten deutschen Bundesländern, wird es jedenfalls unmöglich, sich die Unterschriften kommerziell zu besorgen, wie dies in den USA häufig der Fall ist. Dort gibt es einen regelrechten Markt, auf dem Unterschriftensammler für einen bestimmten Pro-Kopf-Betrag ihre Dienste anbieten.[50]
- Gegen den Einfluß finanzieller Übermacht kann auch § 7 Abs. 7 Rundfunkstaatsvertrag ausschwenken, der kommerzielle Werbung für politische Zwecke im öffentlich-rechtlichen und privaten Hörfunk und Fernsehen verbietet. In den USA läuft der Einfluß des großen Geldes vornehmlich über den Kauf von Sendezeit für Fernsehspots.

Sonstige Einwände

Auch der häufig gehörte Einwand, bei Volksabstimmungen ließe sich nur mit Ja oder Nein antworten, so daß Kompromisse unmöglich würden, schlägt nicht durch. Abgesehen davon, daß eine klare und kompromißlose Entscheidung gelegentlich besser sein kann, können Konkurrenzvorlagen des Parlaments durchaus auch die Möglichkeit eines Kompromisses offenhalten (Näheres siehe S. 207 und 233 ff.). Direktdemokratische Elemente wirken auch weder unbedingt einseitig konservativ noch umgekehrt einseitig progressiv; wer auf das eine oder andere hofft oder sich gar auf das ihm genehme Ergebnis fixiert, muß enttäuscht werden. Der internationale Vergleich gibt vielmehr Beispiele für beides, aber auch für ausgewogene mittlere Tendenzen.[51] Auch die These, bei direktdemokratischen Entscheidungen trage niemand die Verantwortung, leuchtet nicht ein.[52] Soll die Mehrheit der Abstimmenden, die die Entscheidung trifft, wirklich »niemand« sein? Natürlich müssen Vertreter, die für andere entscheiden, ihre Entscheidungen diesen gegenüber rechtfertigen und verantworten. Das gilt auch im Verhältnis von Volksvertretern zum Volk. Aber es gilt eben nur dann, wenn wirklich eine *Vertretung* vorliegt, nicht auch dann, wenn die Betroffenen selbst entscheiden. Der Umstand, daß die Menschen selbst die Folgen ihrer Entscheidung zu tragen haben, ist im Zweifel eine bessere Gewähr für sinnvolles Verhalten und Entscheiden als eine – in der Praxis doch nur schwer zu realisierende – politische Verantwortung im parlamentarischen System.

Ebensowenig schlägt das Gegenargument durch, der Bundesrat lasse sich bei Einführung der Volksgesetzgebung auf Bundesebene nicht mehr einbeziehen, so daß die Mitwirkung der Länder an der Bundesgesetzgebung (die Artikel 79 Absatz 3 GG festschreibt) sich nicht mehr realisieren lasse. Die Schweiz zeigt, wie Abhilfe zu schaffen ist. Dort ist eine doppelte Mehrheit für bestimmte Bundesgesetze erforderlich. Dem Gesetz müssen die Mehrheit der Bürger auf Bundesebene *und* in der Mehrheit der Kantone zustimmen. Die Mitwirkung »der Länder« braucht also keineswegs eine Mitwirkung der Landesregierungen zu sein. Mitwirken können auch die Landesvölker selbst.

Im übrigen: Falls man weiterhin Bedenken gegen *bestimmte Arten* der Volksgesetzgebung haben sollte, zum Beispiel in bezug auf verfassungsändernde Gesetze, die Grundrechte ändern (siehe S. 273) oder sonstige Minderheitenpositionen verletzen, wäre das keinesfalls ein hinreichender Grund, direktdemokratische Neuerungen überhaupt abzulehnen. Es bleibt ja die Möglichkeit, für bestimmte Bereiche ausnahmsweise qualifizierte Mehrheiten der Abstimmenden vorzusehen.

Argumente dafür

Festzuhalten sind in der Diskussion jedenfalls vier Konstanten, die alle für die Einführung direktdemokratischer Möglichkeiten sprechen:

Belebung des politischen Wettbewerbs, Offenheit

Natürlich spricht der Umstand, daß auch die Parteien sich des Volksgesetzgebungsverfahrens bedienen können, nicht gegen seine Einführung, obwohl derartige Argumente immer wieder auftauchen.[53] Auch dann bleiben nämlich elementare Unterschiede:

Die Parteien besitzen bei direktdemokratischen Entscheidungen kein

Monopol mehr, weder hinsichtlich des Entscheidungsthemas noch hinsichtlich des Ausgangs der Entscheidung. Die Fragen können auch von anderen Gruppierungen gestellt werden, was in der Praxis häufig geschieht. Ein Beispiel ist die Durchsetzung von Bürgerbegehren und Bürgerentscheid in Bayern durch die Aktionsgruppe »Mehr Demokratie«. Zudem entscheidet über den Erfolg nicht das von der politischen Klasse beherrschte Parlament, sondern allein das Volk, und beides verändert natürlich die Thematik, den Weg und das Ergebnis der Entscheidung.

Hinzu kommt, daß Parteien keine monolithischen Blöcke sind, sondern aus ganz unterschiedlichen Gruppierungen bestehen. Vor allem ist zwischen der politischen *Elite* – die besonders stark am Sieg der eigenen Partei und der Übernahme der Regierungsverantwortung interessiert ist, weil ihre Angehörigen hoffen können, Mitglied der Regierung zu werden – und der politischen *Klasse* zu unterscheiden – für die die Frage des Wahlsiegs sekundär ist, wenn sie nur ihre lukrativen Parlamentsmandate und damit Status und Beruf generell behält (siehe S. 35 ff.). Da die politische Elite sehr viel stärker wettbewerbsorientiert ist als die politische Klasse, können direktdemokratische Elemente es der politischen Elite erleichtern, attraktive Themen zum Gegenstand öffentlicher Auseinandersetzung zu machen und entsprechende Projekte auch dann durchzusetzen, wenn Eigeninteressen der politischen Klasse entgegenstehen. So wird der politische Wettbewerb beflügelt. Ein anschauliches Beispiel ist die Durchsetzung der Direktwahl der Bürgermeister (siehe S. 259).

Bereits das glaubwürdige Drohen mit solchen Möglichkeiten kann den Wettbewerb um die Mehrheit bei Wahlen intensivieren – und dadurch die Eigeninteressen der politischen Klasse um so wirksamer zurückdrängen. Direktdemokratische Institutionen fördern den Wettbewerb also bereits durch ihre bloße Existenz. Zwischen direkter Demokratie und dem Wettbewerb der Parteien und Kandidaten um den Sieg bei Wahlen besteht also kein Gegensatz, sondern im Gegenteil ein Verhältnis der gegenseitigen Verstärkung.

In der öffentlichen und auch in der wissenschaftlichen Fachdiskussion wird dies meist noch verkannt: Es wird – erstens – nicht erkannt, daß die politische Elite sich von der politischen Klasse unterscheidet und nur die Elite wirklich an der Macht und damit an politischem Wettbewerb orientiert ist, sich aber gegenüber der politischen Klasse häufig

nicht durchsetzen kann. Man geht mit Joseph Schumpeter und Anthony Downs[54] vielmehr davon aus, auch die Posten und der Status der politischen Klasse (und alles, was damit zusammenhängt) seien vom Erwerb der Regierungsmacht abhängig.[55] Ebensowenig wird – zweitens – die besondere wettbewerbsfördernde Wirkung direktdemokratischer Elemente gesehen, die der politischen Elite die Möglichkeit geben, durch Mobilisierung der Bürger Widerstände der politischen Klasse gegen Reformen zu überwinden.
Direkte Demokratie verbessert auch insofern den politischen Wettbewerb, als alle Personen und Ideen Zugang haben und dadurch die erforderliche Offenheit gefördert wird. Die Chance, erfolgreiche politische Initiativen zu unternehmen, bleibt nicht auf die Parlamentsmehrheit (und, soweit diese mit der Opposition ein politisches Kartell bildet, auf die politische Klasse) beschränkt, vielmehr erhält eine sehr viel größere Bandbreite von Ideen und Vorschlägen, von welchen Initiatoren auch immer sie kommen, eine Chance. Damit können auch Personen und Gruppen politisch wirksam werden, die nicht durch das Nadelöhr der parteiinternen Ochsentour gegangen sind, beispielsweise wirkliche Spezialisten und Personen, die sich um der Sache willen auf Zeit *für* die Politik engagieren.

Kontrolle der politischen Klasse

Hinsichtlich der Kontrolle besteht in der real existierenden Demokratie der Bundesrepublik Deutschland ein gewaltiges Defizit. Dieses Defizit wiegt um so schwerer, je mehr die verfassungsrechtliche Erwartung von der Gemeinwohlorientierung der Amtsinhaber sich in der Realität als frommer Wunsch herausstellt und statt dessen die eigennützigen Interessen der politischen Klasse den Ton angeben (siehe S. 34 ff.) und je geringer der effektive politische Wettbewerb tatsächlich ist. (Insofern berührt sich dieses Argument mit dem soeben behandelten Wettbewerbsargument.) Schließen sich Regierung und Opposition zu einem politischen Kartell zusammen, so wird der Parteienwettbewerb außer Funktion gesetzt. Selbst die verfassungsrechtlichen Grenzen und deren Sicherung durch die Verfassungsgerichte wird ausgehebelt, wenn Regierung und Opposition sich einig sind und die Verfassung entsprechend ändern. Beispiele sind die Regelungen über die Nichtrückgabe der in der damaligen sowjetischen Besatzungszone enteigneten Vermögenswerte,[56] die Asylregelung des Art. 16a GG und die – allerdings zunächst gescheiterte – Diätenregelung für Bundestagsabgeordnete.[57]

Das doppelt problematische Kontrolldefizit[58] – gesteigertes Kontrollbedürfnis bei tatsächlich geringeren Kontrollmöglichkeiten – läßt als wirksame Kontrolleinrichtungen dann eigentlich nur noch Institutionen der direkten Demokratie in Betracht kommen. Sie bilden, wie der Konstanzer Staatsrechtslehrer Hartmut Maurer formuliert hat, »ein sinnvolles und notwendiges Korrektiv zur Parteienherrschaft«[59]. Zugleich können sie anders nicht durchsetzbare Reformen anschieben.

Die Wirksamkeit direkter Demokratie zur Kontrolle der politischen Klasse zeigt sich drastisch beim Vergleich der Politikfinanzierung in Deutschland und der Schweiz.[60] In der Schweiz stellt die Befugnis, jedes Gesetz dem Volk zur Entscheidung zu unterbreiten, einen wirkungsvollen präventiven »Domestizierungsmechanismus« dar,[61] der bisher die staatliche Parteien- und Fraktionsfinanzierung und die Abgeordnetenentschädigung auf einem geringen Niveau gehalten hat. Wie der Schweizer Staatsrechtslehrer Gerhard Schmid betont, verhindern die Volksrechte »den Übergang der Macht an ein ›Kartell‹ der unter sich geeinten Parteien«, wie das in der Bundesrepublik der Fall ist. Selbst bei geschlossenem Auftreten der politischen Klasse kann das Volk das Referendum als »Vetorecht« gegen sie einsetzen.[62] Es spricht manches dafür, daß einige Parteien sich nicht zuletzt deshalb so sehr gegen die überfällige Einführung direktdemokratischer Elemente ins Grundgesetz wehren, weil dann ein für allemal Schluß wäre mit der parlamentarischen »Selbstbedienung«.

Die Notwendigkeit wirksamer Kontrolle geht allerdings weit über das Thema Politikfinanzierung hinaus, weil die Eigeninteressen der Politik praktisch die ganze Struktur von Staat und Gemeinden betreffen, darüber hinaus aber auch die Höhe der Staatseinnahmen und Staatsausgaben, also des Staatsanteils am Bruttosozialprodukt insgesamt. Aufschlußreich ist, daß auch Autoren, die aus dem Prozeß der im politischen Wettbewerb um Macht kämpfenden Politiker quasi automatisch »richtige« Entscheidungen entstehen sehen,[63] jedenfalls in Ausnahmefällen einen besonderen Kontrollbedarf anerkennen, der nur noch durch Elemente der direkten Demokratie gedeckt werden kann.[64] In Wahrheit geht es aber nicht nur um Ausnahmefälle. Die Mißbrauchsgefahr ist vielmehr schon beinahe der Normalfall.[65]

Mehrwert direktdemokratischer Entscheidungen

Mehr Direktentscheidung des Volkes ist in einer Demokratie ein Wert an sich (wenn natürlich auch nicht der einzige). Deshalb hat direkte Demokratie die Vermutung des höheren Ranges für sich und im Zweifel den Vorrang vor Parlamentsentscheidungen.

Der Bürger hat nun mal bei direktdemokratischen Verfahren mehr Chancen, auf den Inhalt der Entscheidung einzuwirken als bei Entscheidungen durch Repräsentanten. Deshalb sind direktdemokratische Entscheidungen, am Maßstab der Bürgermitwirkung gemessen, den Entscheidungen durch Repräsentanten grundsätzlich vorzuziehen. Die Unmittelbarkeit der Entscheidung gibt dem Bürger ein Mehr an demokratischer Mitwirkung und macht deshalb auch die Entscheidung selbst – vorbehaltlich der Frage der inhaltlichen Richtigkeit – demokratisch höherwertig. Direktdemokratische Entscheidungen haben einen demokratischen Mehrwert.[66]

Die Praxis bestätigt diese theoretische Sicht vielfach. Daß die direkte Volkswahl etwa dem süddeutschen Bürgermeister gleich einer Art demokratischer Salbung ein besonderes Maß an Legitimation verschafft, daß ein von vielen Personenstimmen gewähltes Ratsmitglied besonderes Ansehen genießt und daß eine direkt vom Volk getroffene Sachentscheidung von gesteigerter Dignität und besonderem politischen Gewicht erscheint, läßt sich in der Realität schwerlich bestreiten. (Gerade davor haben die Parteien und die lediglich von ihnen ausgewählten Repräsentanten Angst, weil vor diesem Hintergrund sie selbst und ihre Entscheidungen an demokratischem Glanz einbüßen – und das mit Recht.)

Der Vorrang direktdemokratischer Verfahren ist als Ausgangspunkt für alle weiteren Erwägungen festzuhalten und bedeutet praktisch, daß die Einführung direktdemokratischer Elemente (zur Ergänzung, nicht zur Ersetzung der repräsentativen Demokratie) rechts- und verfassungspolitisch nur mit Gründen abgelehnt werden kann, aus denen sich – hinsichtlich des Kriteriums der Richtigkeit – ein eindeutiges Votum für die rein repräsentative Demokratie und gegen direktdemokratische Elemente ergibt, das das geringere Maß an Selbstbestimmung überkompensiert oder zumindest aufwiegt.

Wenn direktdemokratische Entscheidungsverfahren aber »die Vermutung eines höheren Ranges für sich« haben[67] und im Zweifel die »bessere Regierungsform« darstellen,[68] wie die Staatsrechtslehrer Görg Haverkate und Albert Bleckmann mit Recht bemerken, dann sollten direktdemokratische Institutionen – mangels durchgreifender Gegenargumente – auch in die Verfassung eingebaut werden (eine Feststellung, deren Brisanz kaum überschätzt werden kann).

Die Schlüsselrolle des Verfahrens

Ein anderes Hauptargument für die Volksgesetzgebung bezieht sich nicht auf die Ergebnisse – obwohl auch diese sich sehen lassen können –, sondern auf das *Verfahren*, in dem der politische Wille des Volkes sich bildet. Der Wille des Volkes steht ja nicht von vornherein fest, er ist nichts Präexistentes (wie Carl Schmitt in seiner Polemik unterstellt[69] und wovon auch die Neue Politische Ökonomie lange ausging),[70] sondern muß sich erst in öffentlichen Auseinandersetzungen und Diskussionen um das Für und Wider bilden. Der Wille des Volkes darf also – entgegen gängigen Behauptungen – keinesfalls mit Ergebnissen von sogenannten repräsentativen Umfragen (siehe S. 194 f.) oder von cäsaristischen Akklamationen (siehe S. 180) gleichgesetzt werden. Es geht vielmehr ganz entscheidend um Lernprozesse, die erst durch die öffentliche Diskussion der Abstimmungsfragen in Gang gesetzt werden, um Erziehung zu staatsbürgerlicher Beteiligung und zu verantwortlichem politischen Räsonieren.

Einrichtungen der direkten Demokratie tragen aus mehreren Gründen dazu bei, daß die Argumente pro und kontra besonders gut zur Sprache gebracht werden:

- Die öffentliche Diskussion betrifft einen ganz spezifischen Gegenstand, der im Gesetzentwurf (beziehungsweise in der sonstigen Antragsschrift) genau umschrieben wird, so daß es – anders als bei allgemeinen Wahlen – für Politiker schwer wird, sich auf vage Versprechen zu beschränken.
- Politiker und Parteien werden auf diese Weise veranlaßt, präzis Stellung zu beziehen und sich konstruktiv an den Diskussionen vor Volksabstimmungen zu beteiligen, während die Wahlkämpfe vor Parlamentswahlen immer inhaltsleerer zu werden drohen und die Politiker und Parteien »systematisch aneinander vorbei« diskutieren.[71] (Um dieser gerade wieder im Bundestagswahlkampf 1998 zu

beobachtenden Tendenz entgegenzuwirken, erscheint direkte Demokratie doppelt wichtig.)

- Es lohnt sich für die einzelnen Bürger, sich gut zu informieren, nicht nur, weil sie selbst über die jeweilige Frage abstimmen, sondern weil sie auch in den vorangehenden Diskussionen bestehen wollen: »Weil Menschen in Diskussionen gern recht behalten und andere überzeugen, ist es ihnen wichtig, gut informiert zu sein und gute inhaltliche Argumente zu haben.«[72] Dadurch transformiert sich die individuelle politische Information gewissermaßen »in ein privates Gut«.[73]
- Die größere Informationsnachfrage auf seiten der Bürger veranlaßt auch die Medien, bessere Informationen anzubieten.

Ein Volk, das nicht gefragt wird, entwickelt auch kein wirkliches politisches Interesse. Erst die Mitwirkungsrechte des Volkes machen ein Thema überhaupt öffentlich und lösen die breite und intensive öffentliche Diskussion aus, die aufklärend wirkt, die Bürger in die Verantwortung nimmt und Voraussetzung für die materielle Erfüllung echter Demokratie ist. In die Verantwortung einbezogene und informierte Bürger wenden sich nicht ab.[74] Hätte das Volk mitzuentscheiden, wäre es nicht mehr möglich, fundamentale Fragen wie die Verfassung nach der Vereinigung oder den Maastricht-Vertrag praktisch unter Ausschluß der Öffentlichkeit zu diskutieren. Und daß das Volk mitentscheiden *will*, läßt sich kaum mehr ernsthaft bestreiten. Das zeigen auch Umfrageergebnisse, und zwar mit einer Nachhaltigkeit, welche die gegen solche Auskunftsmittel grundsätzlich angebrachte Skepsis mindert. So befürworteten zum Beispiel nach einer Forsa-Umfrage im Januar 1999 70 Prozent der Deutschen Volksbegehren und Volksentscheid auch auf Bundesebene.

Der Bürgerwille läßt sich nicht ersetzen: Drei Verwechslungen

Mangels direkter Sachentscheidungen der Bürger in Deutschland auf Bundesebene meint man vielfach, man könne den Bürgerwillen indirekt durch gewisse Hilfs- und Ersatzformen ermitteln.

Demoskopische Umfragen

Demoskopische Umfragen werden vielfach – gerade auch von Meinungsforschern selbst[75] – als brauchbare Substitute zur Ermittlung des Willens der Bevölkerung angesehen.[76] Gelegentlich entsteht sogar der Eindruck, daß Umfragen mit direktdemokratischen Institutionen in einen Topf geworfen werden, *um* diese dann leichter diskreditieren zu können.[77] Auch sonst scheinen viele, die mit »plebiszitären« Entscheidungen Stimmungsgebundenheit, Neigung zu irrationalen Schnellschüssen[78] oder mangelnde verfahrensmäßige Ausgestaltung[79] verbinden, in Wahrheit cäsaristische Akklamationen (dazu siehe oben S. 180) oder demoskopische Umfragen vor dem geistigen Auge zu haben.

In Wahrheit besteht aber ein himmelweiter Unterschied zwischen Umfragen und echter Volksgesetzgebung. Demoskopische Umfragen können unmittelbare Entscheidungsrechte des Volks keineswegs ersetzen, auch wenn sie »repräsentativ« sind, wenn also eine nach Zufallskriterien ausgewählte Mindestzahl von Personen befragt wurde.[80] Derartige Befragungen erfolgen nämlich regelmäßig »auf die Schnelle« – oft wird bei jedem Interviewten eine große Zahl unterschiedlicher Fragen in kürzester Zeit abgefragt –, ohne daß sichergestellt wäre, daß eine ausführliche Information der Befragten und eine intensive öffentliche Diskussion vorangegangen sind. Es wird ein Meinungsbild erhoben, das statisch zeigt, wie der Stand der Meinungen tatsächlich ist, aber nichts darüber aussagt, wie die Meinungen sich bei intensiver öffentlicher Information und Diskussion möglicherweie (dynamisch) verändern würden.

Demoskopische Befragungen schaffen damit all das gerade nicht, um dessentwillen wir Direktentscheidungen des Volkes befürworten: Sie beteiligen den Bürger nicht wirklich, nehmen ihn nicht in die politische Verantwortung, wecken kein politisches Interesse und keine gesteigerte Nachfrage nach sachlicher Information und schaffen keine rationalisierende öffentliche Diskussion.[81] Gleichwohl bestimmen derartige Befragungen das Handeln der Politiker wesentlich mit[82] – und die Ergebnisse solcher Befragungen scheinen oft gleichzeitig das Vorurteil vom unmündigen Bürger zu bestätigen,[83] eben weil sie in einem völlig anderen Verfahren und in einer anderen Situation zustande kommen als direktdemokratische Entscheidungen und ihnen deren staatsbürgerlich integrierende, politisch erziehende und mündigmachende Komponenten sämtlich fehlen.

Unterschriftenaktionen

Keinesfalls mit direktdemokratischen Entscheidungsrechten zu verwechseln sind Unterschriftenaktionen, wie sie 1999 in Hessen vor der Landtagswahl von der CDU betrieben wurden. Unter dem Schlagwort »Integration (von Ausländern) ja, Doppelpaß nein« wurden Augenblicksstimmungen geschürt und – ähnlich wie bei demoskopischen Umfragen – »auf die Schnelle« abgefragt, nur hier eben per Unterschrift. Dabei fehlte gerade das, was die besondere Qualität der Volksgesetzgebung ausmacht, die inhaltlich konkrete Diskussion. Statt dessen wurde mit vagen Parolen Stimmung gemacht. Es lag kein Gesetzentwurf vor, der die Initiatoren gezwungen hätte, in der Sache präzise Stellung zu beziehen und damit konkrete Bezugspunkte für die öffentliche Diskussion zu setzen. Das wäre auch nicht möglich gewesen, weil das Staatsangehörigkeitsrecht Bundessache ist, das Land Hessen also gar keine Gesetzgebungsbefugnis besitzt, was vielen Bürgern allerdings verborgen blieb (und wohl auch verborgen bleiben sollte). So bestand keine Chance für die rationalisierenden Effekte, um derentwillen wir das Volksgesetzgebungsverfahren befürworten. Mangels konkreter Sachbezüge wurde eher auf irrationale Gefühle und Polemik gesetzt.

Interessenverbände und Bürgerinitiativen

Als weiteres Ersatzsprachrohr des Volkes gelten Interessenverbände. Doch haben auch hier die normalen Mitglieder meist nichts zu sagen. Vor allem weist das Konzert der organisierten Interessen typische Schieflagen auf; die aus der Sicht des Gemeinwesens schlimmste ist folgende: Aus Erfahrung und wissenschaftlicher Analyse wissen wir, daß sich nur partikulare Interessen wirksam verbandlich organisieren lassen.[84] Je allgemeiner Interessen sind, je mehr Menschen sie teilen, desto schwieriger ist ihre verbandliche Organisation.[85] In politischen Auseinandersetzungen kommen deshalb Partikularinteressen regelmäßig sehr viel lautstärker zu Wort und beherrschen die öffentliche Meinung, während allgemeine Interessen häufig zu kurz kommen.

Ein Beispiel ist die 1998 gescheiterte Steuerreform: Die gut organisierten Interessenverbände kämpften mit allen Mitteln um den Erhalt jeweils »ihrer« Steuervergünstigungen, ohne deren Auswirkungen auf die Allgemeinheit (Erosion der Besteuerungsbasis, Fehlleitung der Ressourcen, Unübersichtlichkeit und Ungerechtigkeit der Besteuerung) und ohne die beabsichtigte gleichzeitige Senkung der Tarife mit in Rechnung zu stellen, die zur Schaffung von Arbeitsplätzen und zur Verbesserung der globalen Wettbewerbsfähigkeit erforderlich ist.

Wenn Interessen aufgrund verbandssoziologischer Gesetzlichkeiten aber um so weniger politische Berücksichtigung finden, je größer der Kreis der Betroffenen ist, läuft das praktisch auf einen »Mechanismus umgekehrter Demokratie« hinaus. Damit steht das Konzert organisierter Interessen im Gegensatz zu den Mechanismen und Verfahrensweisen, bei denen das Volk als Ganzes aktiviert wird: den allgemeinen Wahlen und Abstimmungen. Ein probates Mittel, vielleicht das einzig wirksame überhaupt, zum Schutz andernfalls zu kurz kommender allgemeiner Belange vor der Überwucherung durch organisierte Partikularinteressen ist ihre Politisierung. Der »Witz« einer solchen Strategie liegt darin, daß die Bürger unmittelbar angesprochen und mobilisiert und dadurch die Funktionäre zwischengeschalteter Gruppen ausmanövriert werden und ihr Sperrfeuer neutralisiert wird. Letztlich geht es um die Stärkung und Aktivierung des (dem Allgemeinen zugewandten) Citoyen. Eine solche Politisierung ist beim Thema Umweltschutz einigermaßen gelungen: durch die erfolgreiche Gründung einer neuen Partei, der Grünen, die auch die bisherigen Parteien – wollten sie nicht allzu viele Stimmen einbüßen – zwang, das Umweltthema stärker zu berücksichtigen. Das Medium war das allgemeine Wahlrecht. Ein anderes Mittel der Politisierung (und damit der Aktivierung des Citoyen) sind Volksbegehren und Volksentscheide. Die hier vorgeschlagene stärkere Nutzung der Instrumente direktdemokratischer Sachentscheidung läuft zu einem gut Teil auf eine Politisierung zur Durchsetzung von andernfalls pluralistisch blockierten Anliegen hinaus.

Auch Bürgerinitiativen sind nur ein unvollkommener Ersatz.[86] In ihnen kommen häufig »selbsternannte Engagierte« zu Wort, ohne Rücksicht darauf, ob ihre Anliegen wirklich von der Mehrheit der Bürger geteilt werden; die »Allgemeinheit« des Anliegens läßt sich gar nicht ermitteln, wenn man nicht auch die »schweigende Mehrheit« mit einbezieht, wie dies bei allgemeinen Wahlen und Abstimmungen (zumindest potentiell) der Fall ist. Deshalb erwecken derartige Bürgerinitiativen häufig einen unzutreffenden Eindruck vom Bürgerwillen, und es wird ihnen als dessen scheinbaren Repräsentanten sehr viel mehr Einfluß eingeräumt, als ihnen bei Einbeziehung aller Bürger wirklich zukäme. So kann es auch hier zu nachhaltigen Verzerrungen kommen.

26 Die Angst der Deutschen vor dem Volk und das Finanztabu

Die einseitige Argumentation der Mehrheit der deutschen Intelligenz, die die Durchsetzung von mehr direkter Demokratie in der Praxis so sehr erschwert, erklärt sich – neben den Eigeninteressen der politischen Klasse – auch aus tiefsitzenden Vorurteilen. Diese Vorurteile muß man thematisieren, stehen sie doch hinter vielen Regelungen, zum Beispiel hinter der Vorenthaltung direktdemokratischer Elemente im Bund und dem Ausschluß von Finanzfragen in den Ländern, obwohl Finanzfragen (einschließlich der Steuern) zu den wichtigsten Themen gehören und obwohl im Bund nach der Kompetenzverteilung des Grundgesetzes die wichtigsten Entscheidungen fallen.

Die Vorurteile beruhen in erheblichem Umfang auf historisch gewachsenen geistigen Beständen, die wir alle (zusammen mit unseren geistigen Vätern) im Zuge eines Jahrhunderte währenden Sozialisierungsprozesses in uns aufgenommen haben.

Ein Schlüsselerlebnis für unsere geistigen Väter war das Abgleiten der Französischen Revolution in schieren Terror. Bedenkt man, daß die Revolution sich ihrerseits auf Jean Jacques Rousseau, den Vater direktdemokratischer Ideen, berufen hatte, so kann man nachvollziehen, wie die Entartung der Französischen Revolution direktdemokratische Gedanken in den Augen zeitgenössischer Beobachter und ihrer Nachfahren diskreditiert haben muß. Ein vielbeschriebenes Beispiel für diese Wirkung war kein Geringerer als Johann Wolfgang von Goethe, der einflußreiche »Dichterfürst«. In einer Unterhaltung mit Eckermann im Jahre 1824 räumte er das auch ausdrücklich ein: »Es ist wahr, ich konnte kein Freund der Französischen Revolution sein, denn ihre Greuel standen mir zu nahe und empörten mich täglich und stündlich, während ihre wohltätigen Folgen damals noch nicht zu ersehen waren.«[87]

Goethe hat hier, einmal mehr, die Befindlichkeit seiner Zeit wiedergegeben, und die wirkt auch fast zwei Jahrhunderte später noch nach. Direkte Demokratie wird bis heute »mit Schrecken, Terror, Unberechenbarkeit, fehlender Kontrolle und Irrationalität gleichgesetzt«.[88]

Die nachwirkenden Erfahrungen mit der Französischen Revolution sind natürlich nicht der alleinige Grund, warum sich die veritable Phobie vor dem Volk, die wir in Deutschland beobachten, so lange halten konnte:

- In Deutschland gab es vor 1989 keine erfolgreiche wirkliche Revolution, die dazu genötigt hätte, das Verhältnis von Staat und Gesellschaft »von unten« zu sehen (statt in der überkommenen obrigkeitsstaatlichen Blickrichtung »von oben«). Das hat die radikale Abkehr von der absolutistischen Vergangenheit verhindert und es erschwert, die in Jahrhunderten gewachsenen obrigkeitsstaatlichen Vorstellungen und Denkweisen wirklich mit Stumpf und Stiel auszubrennen. Thomas Mann hat diese Grundhaltung in seinen *Betrachtungen eines Unpolitischen* (1917) in dem Satz zugespitzt: »Es ist so und nicht anders, daß in Deutschland die Bejahung des Nationalen die Verneinung der Politik und der Demokratie in sich schließt und umgekehrt.«[89]
- Martin Luther hatte die protestantischen Christen ausdrücklich dazu aufgerufen, der Obrigkeit – unabhängig vom Inhalt der Befehle – Folge zu leisten, wenn dabei nur die Religionsfreiheit anerkannt würde (»Seid untertan der Obrigkeit!«).[90] Luther hat mit seiner ganzen Kraft die Freiheit von Glauben und Gewissen eingefordert, aber ebenso nachdrücklich die revoltierenden Bauern und die unschlüssigen Reichsritter zum Gehorsam und zur Unterwerfung unter die überkommene Obrigkeit aufgerufen, eine Vorstellung, die in ihrer unpolitischen Obrigkeitshörigkeit erst durch die Denkschrift der Evangelischen Kirche von 1985 (!) zum Thema »Der Staat des Grundgesetzes als Angebot und Aufgabe« offiziell revidiert worden ist.
- Die meisten großen Taten und Ereignisse, die die Entwicklung einer gemeinsamen deutschen Identität (bis hin zu einem teilweise übertriebenen Nationalgefühl) förderten, wurden nicht durch eine Revolution von unten erkämpft, sondern von obrigkeitsorientierten Politikern durchgesetzt. Hauptbeispiel ist die Einigung Deutschlands nach den gewonnenen Einigungskriegen durch Otto von Bismarck. Und auch die identitätsfördernden Leistungen eines Preußenkönigs Friedrich, den man stolz »den Großen« nannte, waren alles andere als demokratiefördernd. Friedrich war Vertreter des Absolutismus (wenn auch eines »aufgeklärten«). Die Höhepunkte

der deutschen Geschichte des 18. und 19. Jahrhunderts waren »nicht Siege über die Monarchie, sondern Siege der Monarchie«.[91]

- Und auch bei Bekämpfung der sogenannten sozialen Frage waren die Leistungen der Monarchie beachtlich. Die Ursprünge der deutschen Sozialpolitik liegen nicht von ungefähr im letzten Drittel des 19. Jahrhunderts. Schon Thomas Jefferson hatte gelehrt, daß »die Klugheit befehle, Regierungen, die seit langem in Kraft sind, nicht zu ändern ..., solange die Übel erträglich sind«. Und unerträglich erschienen die seinerzeitigen Verhältnisse in Deutschland den meisten gewiß nicht, zumal die monarchischen Regierungen selbst Reformen unternahmen. »Warum sollte man Revolution machen, wenn man auf einem guten Weg war, die Mißbräuche abzuschaffen?«[92]
- Ein anderer – oft übersehener – Faktor ist die Verbeamtung. Die Bürokratie war nicht nur das Ausführungsinstrument des Verwaltungsstaats preußisch-monarchischer Prägung und ein Exportschlager selbst in die USA, wo um die Wende zum 20. Jahrhundert das nach deutschem Vorbild eingeführte Berufsbeamtentum das vorher bestehende Beutesystem ablöste. Auch die Parlamente bestanden vornehmlich aus Beamten. Die Parlamente des 19. Jahrhunderts waren völlig verbeamtet. Das gilt sogar für die Paulskirchenversammlung.
- Schließlich ist nicht zu vergessen, daß in Deutschland lange die Souveränität vom Monarchen beansprucht und auch in Bismarcks Kaiserreich allenfalls Teile an das Volk abgegeben wurden. Direktdemokratische Elemente, die wirkliche Volkssouveränität voraussetzen, hatten in derartigen Vorstellungswelten von vornherein keinen Platz, was auch erklärt, warum sich in Deutschland direktdemokratische Elemente anfangs nur auf kommunaler Ebene zeigten.

Vor diesem Hintergrund wird die wahre Phobie vor direktdemokratischen Elementen und die Überhöhung der Repräsentation deutlich, die auch in die Staatsrechtslehre Eingang gefunden hat.[93]

Damit kehrte man zu Lehren zurück, die von vornherein von eingeschränkten Fähigkeiten des Volkes ausgingen. Das Volk sei allein zur Wahl seiner Repräsentanten fähig, nicht aber zu unmittelbaren Sachentscheidungen. Die klassische Aussage dazu stammt von Charles de Montesquieu:

> »Der große Vorteil der Repräsentanten besteht darin, daß sie fähig sind, die Angelegenheiten zu verhandeln. Das Volk ist dazu keineswegs geschickt. Das macht einen großen Nachteil der Demokratie aus. (...) Das Volk (...) soll in die Regierungssphäre nur hineingelassen werden, um die Abgeordneten zu wählen, was seinen Fähigkeiten durchaus entspricht. Zwar gibt es wenige, die den genauen Grad der Fähigkeiten der Menschen kennen; trotzdem ist jeder in der Lage, im allgemeinen zu wissen, ob derjenige, dem er seine Stimme gibt, aufgeklärter ist als die meisten übrigen.«[94]

Die Angst vor dem Volk und vor der direkten Demokratie setzt sich im 20. Jahrhundert fort. Aus angeblich schlechten Erfahrungen von Weimar wie dem (allerdings gescheiterten) Plebiszit in Sachen Fürstenenteignung leitet man in Deutschland vielfach die Ungeeignetheit von Volksentscheiden generell ab. »Die Angst vor dem Volk ist besonders in Deutschland verbreitet; sie ... nährt sich aus den Quellen des 18. und 19. Jahrhunderts.«[95] »Es ist die Idee vom ›dummen‹ oder ›unmündigen‹ Volk, das von klugen und weisen Männern regiert werden müsse.«[96]

Ein Relikt der überkommenen (und von der politischen Klasse im eigenen Interesse geschürten) Angst vor dem Volk ist, wie schon erwähnt, das sogenannte Finanztabu. Selbst dort, wo die Volksgesetzgebung zugelassen ist, bleiben bestimmte Bereiche herkömmlicherweise ausgeklammert. Muttervorschrift ist Art. 73 Abs. 4 der Weimarer Reichsverfassung von 1919, wonach von der Volksgesetzgebung ausgeschlossen bleiben: der Haushaltsplan, Abgabengesetze und Besoldungsordnungen. Diese Ausnahme-Trias diente dann zum »Vorbild«, als direktdemokratische Verfahren in die Landes- und Kommunalverfassungen der Bundesrepublik eingefügt wurden.[97] In überkommenem Verständnis geht man wie selbstverständlich davon aus, das Volk sei zur Beurteilung von Steuern und sonstigen Abgaben unfähig; dasselbe gilt für Entscheidungen in anderen Tabubereichen.[98] Auf diese Weise werden den Bürgern gerade die wichtigsten, sie alle unmittelbar betreffenden Gegenstände vorenthalten.

Das bedeutet einen doppelten Bruch. Geschichtlich ist die Demokratie erst im Kampf um das Steuerbewilligungsrecht und das Budgetrecht der Volksvertretungen entstanden. Der Ruf »No taxation without representation«, mit dem die amerikanischen Kolonien sich vom englischen Mutterland lösten, war das Lied, das an der Wiege der westlichen Demokratien gesungen wurde. Um so, gelinde gesagt, überraschender ist es, daß just dieser Kernbereich der Demokratie den deutschen Bürgern vorenthalten wird. Die politische Klasse verteidigt das Steuerbewilligungs- und das Budgetrecht, historisch von den Parlamenten dem Monarchen abgerungen, heute perverserweise wie ein Privileg gegenüber ihren eigenen demokratischen Auftraggebern. Völlig anders ist es in der Schweiz und in den Einzelstaaten der USA. Dort ist die Volksgesetzgebung konsequenterweise auch über Abgaben und Finanzen zugelassen (siehe S. 277), und diese Gegenstände gehören zu den wichtigsten praktischen Anwendungsgebieten. Die damit gemachten Erfahrungen sind im übrigen durchaus ermutigend und scheinen die deutschen Befürchtungen geradezu Lügen zu strafen (siehe S. 295–298). Sowohl unter dem Gesichtspunkt der Regierung *durch* das Volk als auch unter dem Aspekt der Regierung *für* das Volk hat das überkommene Abgaben- und Finanztabu also keinen Platz mehr. Dies ist der Grundsatz. Wenn über ihn Klarheit besteht, mag über die Einzelheiten seiner Durchführung im weiteren Verlauf des öffentlichen Diskussionsprozesses getrost gestrittten werden.

27 Was genau ist »direkte Demokratie«?

Direkte Demokratie

Spätestens an dieser Stelle erscheint eine Klarlegung der Begriffe geboten, die in der öffentlichen Diskussion um das Thema »direkte Demokratie« bisher erheblich durcheinandergehen. Einen ersten Anhaltspunkt bietet das Grundgesetz, das in Art. 20 Abs. 2 Satz 2 zwei Formen der Ausübung von Staatsgewalt unmittelbar durch das Volk unterscheidet: Wahlen und Abstimmungen. Dabei sind, wie schon erwähnt, mit »Wahlen« Personalentscheidungen gemeint, bei »Abstimmungen« wird dagegen über Sachfragen entschieden. Auf dieser Grundlage ist immerhin zweierlei klar (und wird in der öffentlichen Diskussion auch nicht bestritten):

- Zu den direktdemokratischen Elementen gehören jedenfalls alle Formen der unmittelbaren Sachentscheidungen durch das Volk, sei es auf Landes- oder auf Kommunalebene, sei es auf der Ebene des Bundes oder der Europäischen Union (wo es an entsprechenden Einrichtungen vorerst allerdings fehlt).[99]
- Zu den Elementen direkter Demokratie gehören andererseits eindeutig *nicht* die Wahlen der Bundes- oder Landesparlamente. Zwar erfolgt die Wahlentscheidung nach den Verfassungen auch hier unmittelbar durch das Volk (siehe Art. 28 Abs. 1 Satz 2 und Art. 38 Abs. 1 Satz 1 GG). Doch sind die Parlamentswahlen gerade das Spezifische auch rein repräsentativer Demokratien ohne direktdemokratische Ansätze und scheiden deshalb aus dem begrifflichen Bereich direktdemokratischer Elemente von vornherein aus.

Umstritten ist die begriffliche Einordnung zweier weiterer Bereiche, nämlich

- die Eingruppierung der Direktwahlen von Exekutivspitzen durch das Volk (Bürgermeister, Landräte, Ministerpräsidenten, Bundespräsident) und

- die Eingruppierung spezifischer Wahlformen kommunaler Volksvertretungen (Stadt- und Gemeinderäte und Kreistage), bei denen die Wähler die Möglichkeit haben, etwa durch Kumulieren und Panaschieren ihre Vertreter der Person nach auszuwählen.[100]

Wir wollen die Streitfrage entschärfen und vorschlagen, zwischen direktdemokratischen Elementen im engeren Sinne und direktdemokratischen Elementen im weiteren Sinne zu unterscheiden. Unmittelbare Sachentscheide nennen wir im folgenden direktdemokratische Entscheidungen *im engeren Sinne.* Wahlen von Exekutivspitzen und von kommunalen Volksvertretungen unmittelbar durch das Volk (und nicht im Wege starrer Wahllisten) bezeichnen wir dagegen als direktdemokratische Elemente *im weiteren Sinne.*

Volksgesetzgebung und Referendum

Bei den folgenden Erörterungen konzentrieren wir uns auf direktdemokratische Elemente im engeren Sinne, also auf Sachentscheidungen des Volkes. Hier werden herkömmlicherweise zwei Formen unterschieden je nachdem, wer den Gesetzentwurf ausgearbeitet hat. Handelt es sich um einen vom Parlament (oder einer parlamentsähnlichen Versammlung oder auch von der Regierung) ausgearbeiteten oder beschlossenen Gesetz- oder Verfassungsentwurf (oder eine sonstige Vorlage), der entweder auf Initiative dieser Verfassungsorgane oder auf Verlangen einer gewissen Anzahl von Bürgern dem Volk zur Abstimmung vorgelegt wird, so wird die Volksabstimmung *Referendum* genannt. Hier wird also ein Beschluß des Parlaments oder der Regierung nachträglich durch das Volk bestätigt oder abgelehnt. Solche Referenden wurden über die meisten Landesverfassungen vor deren Inkrafttreten abgehalten.[101] In Bayern und Hessen bedürfen darüber hinaus auch alle vom Parlament beschlossenen Verfassungs*änderungen* der Zustimmung des Volkes im Wege eines Referendums.[102]
Kommen die Initiative und die Ausarbeitung des Entwurfs dagegen nicht »von oben«, sondern aus der Mitte des Volkes, ist das Volk also nicht nur berechtigt, die verbindliche Entscheidung zu treffen, sondern auch die Entscheidungs*frage* zu stellen, so spricht man von volksinitiierten Gesetzentwürfen und insgesamt von *Volksgesetzge-*

bung (Volksbegehren und Volksentscheid) oder – in den Kommunen – von Bürgerbegehren und Bürgerentscheid. Diese eigentliche Form der unmittelbaren Demokratie[103] soll im folgenden in ihrem Ablauf skizziert werden.

28 Wie funktionieren direktdemokratische Entscheidungsverfahren?

In den Ländern

Während der Ablauf der parlamentarischen Gesetzgebung zumindest in groben Zügen allgemein bekannt ist, stellen Verfahren der Volksgesetzgebung immer noch weiße Flecken auf der publizistischen Landkarte dar. Sie sollen deshalb kurz geschildert und am Beispiel der bayerischen Regelung illustriert werden, von der in den letzten Jahren am häufigsten Gebrauch gemacht worden ist. Die für die einzelnen Bundesländer geltenden Regelungen[104] finden sich in den jeweiligen Landesverfassungen, die durch einfache Gesetze und Rechtsverordnungen ergänzt werden.

Das Wesen der Volksgesetzgebung besteht letztlich darin, daß aus der Mitte des Volkes dem Volk ein Gesetzentwurf zur Abstimmung unterbreitet und dem Volk auf diese Weise selbst und unmittelbar die Möglichkeit gegeben wird, den Gesetzentwurf mehrheitlich zu billigen oder aber zu verwerfen.

Vorweg sind allerdings mehrere Hürden eingebaut: Um zu verhindern, daß die Bürger andauernd über alles und jedes abstimmen müssen, ist das Initiativrecht, also das Recht, einen »Antrag aus dem Volk an das Volk« zu stellen (so die klassische Formel des Schweizer Rechtswissenschaftlers Fritz Fleiner)[105] auf solche Teile des Volkes begrenzt, die eine bestimmte Mindestgröße aufweisen. In Bayern müssen mindestens 10 Prozent der rund 8,8 Millionen Stimmberechtigten den Gesetzentwurf unterschreiben, also rund 880 000. Erst dann ist ein sogenanntes *Volksbegehren* zustande gekommen.

Angesichts solcher Größenordnungen und der schon für das Volksbegehren erforderlichen, mit erheblichem Aufwand verbundenen Kampagne und ihren unausweichlichen Politisierungseffekten haben die deutschen Gesetze noch eine weitere Schleuse vorgeschaltet, in der die rechtliche Zulässigkeit des Antrags geprüft wird. Das Sammeln von Unterschriften für das Volksbegehren wird in Deutschland also in der Regel erst freigegeben, nachdem festgestellt worden ist, daß die vom Gesetzentwurf zu regelnde Materie zur Gesetzgebungskompetenz des

Landes gehört und daß die Verfassungen und die sonstigen einschlägigen Regelungen eingehalten werden. In Bayern liegt die Prüfung in der Hand des Innenministeriums, das allerdings, falls es die Zulässigkeit nicht für gegeben hält, nicht selbst (ablehnend) entscheidet, sondern eine Entscheidung des Bayerischen Verfassungsgerichtshofs herbeiführen muß. Um dieses Vorprüfungsverfahren in Gang zu setzen, verlangen die Gesetze schon in diesem Stadium zum Nachweis der Ernsthaftigkeit des Anliegens zusätzlich eine gewisse Mindestunterstützung an Unterschriften, die allerdings weit unterhalb des Quorums für das Volksbegehren liegt. In Bayern müssen vorab 25 000 Unterschriften gesammelt werden, damit es zu der erforderlichen Zulässigkeitsprüfung des Antrags kommt.[106]

Und selbst wenn das Volksbegehren zustande kommt, der Gesetzentwurf also in Bayern von rund 880 000 Bürgern unterschrieben wird, kommt es nur dann zu einer Volksabstimmung, wenn der Landtag den begehrten Gesetzentwurf nicht selbst beschließt. Das Parlament hat also eine Art Selbsteintrittsrecht, mit dem es der Volksabstimmung zuvorkommen kann. In diesem Falle gilt das Verfahren durch Zweckerreichung als erledigt.

Macht das Parlament von seinem Selbsteintrittsrecht keinen Gebrauch, hat es immer noch die Möglichkeit, dem Volk zusätzlich zu dem begehrten Gesetzentwurf einen eigenen Landtagsentwurf vorzulegen (sogenannte Konkurrenzvorlage), so daß das Volk dann bei der Volksabstimmung über zwei Gesetzentwürfe abzustimmen hat.

Vom zeitlichen Ablauf her kann man somit vier aufeinander aufbauende Stufen unterscheiden:

1. Stufe: Zulassungsverfahren
   - schriftlicher Zulassungsantrag
   - erstes Unterschriftenquorum (in Bayern 25 000)
   - Entscheidung der zuständigen staatlichen Stelle über die rechtliche Zulässigkeit

2. Stufe: Volksbegehren
   - zweites Unterschriftenquorum (in Bayern 10 Prozent der Wahlberechtigten = ca. 880 000)
   - Entscheidung der zuständigen staatlichen Stelle über das Zustandekommen des Volksbegehrens

3. Stufe: Parlamentarische Behandlung
– Vorlage an Landesparlament
– mögliche Beschlüsse des Landesparlaments:

= Beschluß des Gesetzes durch Landesparlament (Selbsteintritt): Ende des Verfahrens, oder
= Konkurrenzvorlage oder
= Ablehnung des begehrten Gesetzentwurfs

4. Stufe: Volksentscheid

Dies ist der normale Ablauf in den meisten Ländern.
Einige neuere Landesverfassungen eröffnen zusätzlich zur Volksgesetzgebung die Möglichkeit der *Volksinitiative.*[107] Ihr Sinn besteht darin, den Landtag mit einem bestimmten Gegenstand der politischen Willensbildung zu befassen (der natürlich zum Zuständigkeitsbereich des Landtags gehören muß).
Auch hier ist ein Antragsverfahren vorgeschaltet, in dem die rechtliche Zulässigkeit der Volksinitiative überprüft wird. Um dieses Verfahren in Gang zu setzen, muß die Vorlage von einer bestimmten Zahl von Personen unterstützt werden. In Schleswig-Holstein, das 1990 als erstes Land die Volksinitiative eingeführt hat, ist »die persönliche und handschriftliche Unterschrift von mindestens 20 000 Stimmberechtigten« erforderlich.
Der Landtag kann auf eine zulässige Volksinitiative auf zwei Weisen reagieren. Beschließt er die beantragte Vorlage, übernimmt er also den von der Volksinitiative begehrten Beschluß in unveränderter Form, so ist das Verfahren damit beendet. Er kann aber natürlich der volksinitiierten Vorlage auch nicht zustimmen.
In vier Ländern ist ein solcher ablehnender Beschluß des Landtags Voraussetzung für den Beginn des Volksbegehrensverfahrens. Eines gesonderten Antragsverfahrens bedarf es dann nicht mehr (so in Brandenburg, Hamburg, Sachsen und Schleswig-Holstein[108]). Hier sind Volksinitiative und Volksgesetzgebung also miteinander verzahnt[109] (siehe Tabelle 1, S. 304 ff.).
In einer dritten Gruppe von Ländern besteht zwar auch die Möglichkeit einer Volksinitiative (so in Berlin[110], Mecklenburg-Vorpommern, Niedersachsen[111] und Thüringen[112]). Die Volksinitiative ist allerdings

nicht Voraussetzung für die Durchführung von Volksbegehren und Volksentscheid.

In den Kommunen

Das direktdemokratische Verfahren in den *Gemeinden und Landkreisen* entspricht den vorstehend skizzierten Verfahren auf Landesebene weitgehend. Bloß heißen Volksbegehren auf kommunaler Ebene *Bürger*begehren, und Volksentscheide *Bürger*entscheide. Ein sachlicher Unterschied besteht allerdings darin, daß es kein dem Begehren vorgeschaltetes Vorverfahren gibt. Die rechtliche Zulässigkeit wird in Gemeinden und Kreisen nicht vorab, sondern erst nach dem Sammeln der für das Bürgerbegehren erforderlichen Unterschriften geprüft.
Für Bürgerbegehren, mit denen Ratsentscheidungen außer Kraft gesetzt werden sollen, gelten bestimmte, in vielen Ländern sehr knappe Fristen. Der Gemeinderat hat auch keine Möglichkeit, eine Konkurrenzvorlage zum Bürgerentscheid zu stellen. Der Gemeinderat kann aber in sechs Ländern – auch ohne Vorliegen eines Bürgerbegehrens – von sich aus einen Bürgerentscheid über einen von ihm getroffenen Beschluß – regelmäßig mit Zweidrittelmehrheit – herbeiführen, also eine Art kommunales Referendum anordnen.[113] Und vom Gegenstand her geht es nicht nur um gemeindliche Normen (Satzungen und Verordnungen), sondern – entsprechend dem Kompetenzbereich des Gemeinderats, an dessen Stelle das Gemeindevolk entscheidet – auch um sonstige, auf Einzelfälle bezogene wichtige Beschlüsse. Auf gewisse weitere Unterschiede zwischen den Verfahren auf staatlicher und kommunaler Ebene wird später noch eingegangen.

29 Ausgehebelt: Ist direkte Demokratie unerwünscht?

Angesichts der flächendeckenden Eröffnung von Volksbegehren und Volksentscheid auf Landesebene und von Bürgerbegehren und Bürgerentscheid auf Gemeindeebene könnte man geneigt sein, von einem Siegeszug der direkten Demokratie zu sprechen.[114] Nimmt man die Regelungen allerdings näher in Augenschein, stellen sich Zweifel ein, die immer mehr zunehmen, je genauer man hinsieht. Wie wir im einzelnen nachweisen werden, sind die Regelungen teilweise so abgefaßt, daß sie direktdemokratische Sachentscheidungen des Volkes in der Praxis nicht wirklich ermöglichen, sondern umgekehrt eher verhindern. Das gilt zwar nicht für alle Länder, aber doch für viele. Schon ein erster Überblick erlaubt folgende Feststellungen:

- Die Regelungen weisen überraschend große Unterschiede auf. Diese Unterschiede bestehen
  - zum einen zwischen den Ländern,
  - zum anderen zwischen den Regelungen für die *staatlichen* Volksbegehren und Volksentscheide einerseits und für *kommunale* Bürgerbegehren und Bürgerentscheide andererseits.
- Es gibt in Deutschland gewichtige Ausnahmeregelungen, also Sachbereiche, die nicht zum Gegenstand von Begehren und Entscheid gemacht werden können, insbesondere Besoldungsfragen und öffentliche Finanzen einschließlich aller Steuern und sonstigen Zwangsabgaben (sofern diese überhaupt zu den in diesem Bereich besonders dürftigen Gesetzgebungskompetenzen der Länder gehören [siehe S. 60 ff.).
- Auch die Vorschriften über die beim Sammeln von Unterschriften einzuhaltenden Formen und die Fristen weisen große Unterschiede auf.
- Die Regelungen sind regelmäßig sehr viel restriktiver, das heißt bürgerfeindlicher, als vergleichbare Regelungen in der Schweiz und den USA.

Anforderungen an Begehren, Anträge und Initiativen

Zahl der erforderlichen Unterschriften (Quoren)

Staatliche Volksbegehren

Bereits bei den Regelungen für staatliche Volksbegehren gibt es von Land zu Land riesige Unterschiede (siehe die Tabelle 1: »Volksbegehren und Volksentscheid in den Bundesländern« auf S. 304): Während in Brandenburg weniger als 4 Prozent der Stimmberechtigten (80 000 von rund 2 032 000 Stimmberechtigten = 3,94 Prozent) ein Begehren unterschreiben müssen und in Schleswig-Holstein 5 Prozent ausreichen, sind in Hessen, Nordrhein-Westfalen, Rheinland-Pfalz und im Saarland 20 Prozent der Stimmberechtigten erforderlich, in Baden-Württemberg 16,67 Prozent (= ein Sechstel der Stimmberechtigten) und in Thüringen 14 Prozent. Die Quoren der anderen Länder liegen dazwischen, wobei sechs Länder bei 10 Prozent liegen (Bayern, Berlin, Bremen [für einfache Gesetze], Hamburg, Mecklenburg-Vorpommern und Niedersachsen), was auch in der Weimarer Zeit das übliche Quorum war. Die Quoren für Volksbegehren schwanken bei den Ländern also zwischen knapp 4 und 20 Prozent.

Damit ist in Nordrhein-Westfalen, dem bevölkerungsreichsten deutschen Land, ein prozentual fünfmal so hohes Quorum erforderlich wie in Brandenburg. Das erstaunt und befremdet. Wenn in einem bevölkerungsreichen Land wie Nordrhein-Westfalen der absoluten Zahl nach mehr Unterschriften für ein Volksbegehren nötig sind als in dem vergleichsweise bevölkerungsarmen Brandenburg, leuchtet das natürlich ein. Doch daß die Zahl der erforderlichen Unterschriften überproportional zunimmt – und gar noch bis zum Fünffachen –, ist schlechterdings nicht mehr nachzuvollziehen und nährt den Verdacht, daß es den Initiatoren solcher Regelungen in Wahrheit gar nicht um eine Ermöglichung, sondern um die Verhinderung erfolgreicher direktdemokratischen Aktivitäten ging. Tatsächlich konnten in Hessen und Rheinland-Pfalz – ebenfalls mit dieser 20-Prozent-Hürde ausgestattet – in über fünfzigjähriger Verfassungspraxis bisher noch nie die für ein Volksbegehren erforderlichen Unterschriften gesammelt werden.[115] Fehlanzeige ist auch im Saarland zu vermelden, und in Nordrhein-Westfalen, dem vierten 20-Prozent-Land, kam bislang nur ein einziges Volksbegehren – in einer ganz besonderen Konstellation –

zustande,[116] in Baden-Württemberg mit seiner 16,67-Prozent-Hürde nicht einmal das.

Daß derartige Hürden prohibitiven (oder fast prohibitiven) Charakter tragen, auch wenn man das mögliche Vorwirken rasch gesammelter Unterschriften im vorangehenden Antragsverfahren gebührend in Rechnung stellt (siehe dazu S. 263 ff.), ist bei unvoreingenommener Betrachtung eigentlich offensichtlich.[117] Die überhöhten Quoren sind Relikte einer frühen, inzwischen überholten Entwicklungsstufe, in der es noch gar nicht darum ging, Volksgesetzgebungsverfahren wirklich praktikabel zu machen. Mit Ausnahme Thüringens, das sich an dem schlechten Vorbild Baden-Württemberg orientiert hat, sieht kein Bundesland, das sich in jüngerer Zeit eine neue Verfassung gegeben oder seine Verfassung revidiert hat, noch derartig hohe Begehrensquoren vor, vielmehr haben zum Beispiel Bremen und Berlin bei ihren Verfassungsrevisionen die auch dort bis dahin bestehende 20-Prozent-Hürde halbiert. In Bremen wurde die Absenkung der 20-Prozent-Hürde auch ausdrücklich mit den andernfalls »nahezu leer laufenden Einflußmöglichkeiten« der Bürger begründet.[118] (Diese prohibitive Wirkung gilt für Verfassungsänderungen in Bremen aber nach wie vor, da die Halbierung des Quorums nur Volksbegehren betrifft, die ein einfaches Gesetz zum Gegenstand haben.) In Rheinland-Pfalz wird die Halbierung der Quoren von zwei Sachverständigenkommissionen empfohlen, auch hier mit der Begründung, »damit das Volksbegehren künftig praktische Bedeutung gewinnen« könne.[119]

Bedenkt man weiter, daß auch in den fünf Ländern mit 20- oder 16,67-Prozent-Hürden auf Landesebene sehr viel niedrigere prozentuale Hürden für Bürgerbegehren in Städten und Gemeinden gelten, obwohl die Unterschriften auf kommunaler Ebene im allgemeinen leichter zu sammeln sind als auf staatlicher (siehe S. 245), so erscheint die Überhöhung der staatlichen Hürden auch aus diesem Grunde erst recht kraß und nicht zu rechtfertigen.

Die Quoren für Volksbegehren sollten aus allen diesen Gründen auf das Niveau von Brandenburg (rund 4 Prozent) oder höchstens von Schleswig-Holstein (5 Prozent) abgesenkt werden.

Die (Volksbegehrens-)Quoren gelten in allen Ländern außer Bremen sowohl für einfache Gesetze als auch für verfassungsändernde Gesetze in gleicher Höhe (soweit die Länder überhaupt Verfassungsänderungen durch Volksentscheid zulassen).

Kommunale Bürgerbegehren

In den Kommunen sind die Unterschiede ähnlich groß. In einigen Ländern betragen die Quoren für Bürgerbegehren – größenunabhängig – 10 Prozent der Stimmberechtigten (so in Brandenburg, Hessen und Schleswig-Holstein) oder sogar 20 Prozent (Thüringen). In den meisten Ländern wird ein Quervergleich allerdings dadurch erschwert, daß eine Staffelung je nach Größe der Gemeinde vorgesehen ist. Je mehr Einwohner die Gemeinde hat, desto stärker sinkt die Quote der für das Bürgerbegehren erforderlichen Unterschriften. So sinkt das Quorum in Bayern in Städten mit mehr als 500 000 Einwohnern auf 3 Prozent der Stimmberechtigten. In einigen anderen Ländern sind diese Tatbestände allerdings dadurch ziemlich verunklart, daß im jeweiligen Gesetz nur *eine* Prozentzahl steht, gleichzeitig aber bestimmte Obergrenzen gezogen werden. So sind beispielsweise nach § 17a der Gemeindeordnung von Rheinland-Pfalz für ein Bürgerbegehren grundsätzlich die Unterschriften von 15 Prozent der Wahlberechtigten erforderlich. Doch die erforderliche Zahl wird dadurch limitiert, daß

- in Gemeinden bis zu 50 000 Einwohnern höchstens 3000 Wahlberechtigte,
- in Gemeinden mit 50 001 bis 100 000 Einwohnern höchstens 6000 Wahlberechtigte,
- in Gemeinden mit 100 001 bis 200 000 Einwohnern höchstens 12 000 Wahlberechtigte und
- in Gemeinden mit mehr als 200 000 Einwohnern höchstens 24 000 Wahlberechtigte

das Bürgerbegehren unterstützen müssen. Ähnliche Regelungen gelten auch in einigen anderen Bundesländern.

Was das in Prozentsätzen bedeutet, muß erst ausgerechnet werden. Doch das Ergebnis verblüfft: In einer größeren Stadt wie Mainz mit rund 135 000 Wahlberechtigten müssen nur 8,9 Prozent der Wahlberechtigten unterschreiben, damit ein wirksames Bürgerbegehren zustande kommt.

In Großstädten anderer Länder wie Köln liegt der Prozentsatz bei 6,7 Prozent, in Stuttgart und Magdeburg bei etwa 5 Prozent und in Rostock sogar bei 4,4 Prozent (siehe Tabelle 2 auf S. 312 ff.).

Der Grund für die degressive Staffelung der Unterschriftenquoren liegt in der Erfahrungstatsache, daß es sich mit wachsender Größe der Gemeinden als zunehmend schwierig erwiesen hat, für ein Bürgerbegehren die Unterschriften einer hinreichend großen Quote stimmberechtigter Personen zu sammeln.[120] Mit diesem Erfahrungssatz wurde die Absenkung des Prozentsatzes unter 10 Prozent zum Beispiel in größeren nordrhein-westfälischen Städten in den dortigen Gesetzesberatungen auch ausdrücklich begründet.[121] Andernfalls, so war die entscheidende Erwägung, könnte sich die Hürde in größeren Städten – und Nordrhein-Westfalen ist nun einmal das Land der großen Städte – als unüberwindbar erweisen.[122]
Demgegenüber sind in den erstgenannten Ländern einheitliche Quoren, unabhängig von der Größe der Gemeinde oder des Landkreises, vorgeschrieben. Der jeweils festgesetzte Prozentsatz gilt damit auch in Großstädten wie Frankfurt am Main, Potsdam, Kiel und Erfurt und erschwert dort ein Bürgerbegehren außerordentlich.
Die vorstehende Darstellung legt Änderungen zumindest in folgende Richtung nahe: Die Gründe, die in vielen Ländern für eine degressive Staffelung der Prozentsätze bei wachsender Gemeindegröße ausschlaggebend waren, sollten auch die anderen Länder zu entsprechenden Änderungen veranlassen. Solange das nicht geschehen ist, weisen die Quoren für Bürgerbegehren im Ländervergleich besonders für Großstädte riesige Unterschiede im Verhältnis von fast 1:7 auf: zwischen 3 Prozent in Bayern, 10 Prozent in Brandenburg, Hessen und Schleswig-Holstein und sogar 20 Prozent in Thüringen. Derartige Unterschiede erscheinen kommunalpolitisch unhaltbar. Diese Überhöhungen können in den genannten Ländern – jedenfalls in den größeren Städten – leicht prohibitiven Charakter bekommen.
Ein anderes Problem ergibt sich in den Ländern, in denen die Gemeindegrößen mit bestimmten absoluten Stimmenzahlen verknüpft werden. So sind zum Beispiel in Rheinland-Pfalz bis 200 000 Einwohner 12 000 Unterschriften erforderlich und darüber 24 000. Das hat zur Folge, daß ein einziger zusätzlicher Einwohner darüber entscheiden kann, ob doppelt soviel Unterschriften für ein Bürgerbegehren erforderlich werden.[123] Hier handelt es sich nicht um eine unvermeidliche Härte, wie sie etwa Fristen und Obergrenzen eigen ist, sondern hierin liegt eine unnötige und willkürliche Erschwerung für Gemeinden, die just oberhalb der Schwelle liegen. Diese Inkonsistenz ließe sich durch

Heranziehen von Prozentzahlen immerhin in einigem Umfang glätten. Möglicherweise besteht – aus Gründen des Willkürverbots und erst recht wegen des wohl auch hier anzuwendenden strengen Gleichheitssatzes – geradezu eine Verfassungspflicht zu derartigen Anpassungen.

Zulassungsantrag beim staatlichen Volksbegehren

Wie erwähnt, ist dem Volksbegehren auf Landesebene überall noch eine zusätzliche Stufe vorgeschaltet. Die Initiatoren müssen, damit das Begehren auf seine rechtliche Zulässigkeit überprüft und damit überhaupt erst gestartet werden kann, vorab eine gewisse Zahl von zusätzlichen Unterschriften sammeln. Dieses Erfordernis eines »ersten Unterschriftenquorums« ist in den Landesverfassungen nicht vorgesehen, sondern wird nur in den jeweiligen Ausführungsgesetzen vorgeschrieben und deshalb oft gar nicht als zusätzliche Bedingung des Volksgesetzgebungsverfahrens registriert.[124] In einigen Ländern ist das Zulassungsverfahren auch mit der Institution der sogenannten *Volksinitiative* verknüpft: Wo das Volk die Möglichkeit hat, den Landtag zu zwingen, sich mit einer bestimmten Angelegenheit zu befassen, kann diese Volksinitiative (und die dafür gesammelten Unterschriften) auch als Antrag für ein Volksbegehren fungieren (für den Fall, daß der Landtag der Initiative nicht entspricht).

Eine derartige, dem Begehren vorgeschaltete Stufe mit zusätzlichen Anforderungen gibt es in den Kommunen nicht. Weiterhin fällt auf, daß die Unterschiede zwischen den Ländern besonders groß sind (siehe Tabelle 1): Im bevölkerungsreichsten Bundesland, Nordrhein-Westfalen, reichen 3000 Unterschriften für den Zulassungsantrag, im viel kleineren Berlin werden dagegen 25 000 Unterschriften verlangt.

Berücksichtigt man, daß es beim Ländervergleich nicht auf die absoluten Zahlen ankommen kann, sondern nur auf die Relationen, fallen die Unterschiede noch viel stärker ins Gewicht. Wenn in Nordrhein-Westfalen 0,02 Prozent (= 3000 von rund 13 Millionen Stimmberechtigten) ausreichen, wie soll es dann gerechtfertigt werden können, daß zum gleichen Zweck in Berlin 1,02 Prozent (= 25 000 von rund 2,44 Millionen) gefordert werden, also ein 51mal so hohes Quorum? Die Unterschiede sind derart groß, daß möglicherweise die Willkürgrenze überschritten ist. In Hessen werden für dieses Vorverfahren sogar 3 Prozent (= knapp 129 000 von rund 4,3 Millionen) verlangt.

Daß überhaupt ein gesondertes Vorverfahren eingerichtet worden ist, wird damit begründet, es bedürfe eines Nachweises der gesellschaftlichen Relevanz des Anliegens, bevor es Sinn mache, das aufwendige Volksbegehrensverfahren zu starten.[125] Doch diese Begründung macht es erst recht unverständlich, warum zur Erreichung einheitlicher Zwecke derart unterschiedliche Hürden gesetzt werden (die auch durch den Gedanken des Wettbewerbsföderalismus nicht zu rechtfertigen sind).

Für Antragsquoren stellt sich zudem die Frage, ob sie überhaupt noch mit den in den Landesverfassungen festgesetzten Quoren für Volksbegehren vereinbar sind. Denn für die Zulassungsanträge ist meist eine *zusätzliche* Zahl von Unterschriften erforderlich, die auf die für das Volksbegehren erforderlichen Unterschriften nicht angerechnet werden. Die Ausführungsgesetze stellen somit strengere Anforderungen, als sie die Verfassungen vorsehen. Diesen Bedenken tragen allein Niedersachsen und Mecklenburg-Vorpommern Rechnung. In Niedersachsen ist das Antragsverfahren in das Volksbegehren integriert, und die für den Zulassungsantrag benötigten 25 000 Unterschriften werden auf die für das Volksbegehren erforderlichen Unterschriften (10 Prozent der Wahlberechtigten) voll angerechnet. In Mecklenburg-Vorpommern ist ein Zulassungsantrag als Voraussetzung für ein Volksbegehren gar nicht vorgeschrieben.

Fristen und Formen

Für *Zulassungsanträge*, die es ja nur auf staatlicher, nicht auch auf kommunaler Ebene gibt, sind nur in der Hälfte der Länder Fristen vorgesehen (zwischen sechs Monaten und zwei Jahren). In anderen Ländern gelten keine Fristen. Überall können die Unterschriften (regelmäßig mit Angabe des Vor- und Zunamens, des Berufs, der Anschrift und bisweilen auch des Geburtstags und des Datums der Unterzeichnung) »frei« gesammelt werden, das heißt auch in der Fußgängerzone, bei Veranstaltungen und an der Haustür. Das Stimmrecht der Unterzeichner muß allerdings von den Gemeindebehörden ihres jeweiligen Wohnorts bestätigt werden.

Für *Volksbegehren* müssen die Unterschriften in allen Ländern innerhalb eines bestimmten Zeitraums zusammengebracht werden, der teilweise sehr kurz ist: In sieben Ländern (Baden-Württemberg,[126] Bayern, Hamburg, Hessen, Nordrhein-Westfalen, Rheinland-Pfalz und dem Saarland) stehen nur vierzehn Tage zur Verfügung. In anderen Ländern, die ihre Verfassungen in jüngerer Zeit überprüft haben, wie Schleswig-Holstein, Berlin, Bremen und Niedersachsen, und in den fünf neuen Ländern ist die Frist sehr viel länger, nämlich zwei (Berlin) oder mehr Monate, am längsten in Sachsen mit acht Monaten (siehe im einzelnen die Tabelle 1 auf S. 304). Daß die alte Vierzehn-Tages-Frist unhaltbar geworden ist, zeigt der Umstand, daß sie sich in den neueren (oder in neuerer Zeit gründlich revidierten) Landesverfassungen nirgendwo mehr findet.

Auch hinsichtlich der Art und Weise, wie (und wo) die Unterschriften für ein Volksbegehren gesammelt werden müssen, gibt es in vielen Ländern erhebliche Einschränkungen. In zehn Ländern können die Unterschriften nur an Amtsstelle geleistet werden. Das bedeutet, daß die Initiatoren die erforderliche Anzahl vorschriftsmäßiger Eintragungslisten den Kommunen rechtzeitig übersenden und diese sie dann in geeigneten Räumen zur Eintragung auslegen müssen. Anders ist dies nur in Bremen, Mecklenburg-Vorpommern, Niedersachsen, Sachsen, Sachsen-Anhalt und Thüringen (siehe wieder Tabelle 1). Dort können die Unterschriften (zusammen mit Vor- und Familiennamen, Tag der Geburt und Anschrift) frei, das heißt überall geleistet werden, wobei die Stimmberechtigung der Unterzeichner später von den jeweiligen Wohnortsgemeinden überprüft wird.

Beide Verfahren haben Vor- und Nachteile: Extra auf das Rathaus oder in sonstige staatliche Räume gehen zu müssen, um seine Unterschrift leisten zu können, ist relativ aufwendig und in der Regel an – von der Gemeinde festgelegte – zeitlich begrenzte Öffnungsstunden gebunden, was selbst Leute, die andernfalls (zum Beispiel bei Ansprache in der Fußgängerzone) durchaus bereit wären, ihre Unterschrift zu leisten, davon abhalten kann. Andererseits verlangt das »freie« Sammeln von Unterschriften große organisatorische Anstrengungen seitens der Initiatoren, und viele Bürger wissen dann auch gar nicht, wo sie die Unterschriften leisten können. Bei Aufnahme der Unterschriften an Amtsstelle können derartige organisatorische und Transparenzprobleme gemildert werden. Zugleich mag dadurch der Anschein erhöhter Seriosität entstehen. Auch dem »Kauf« von Unterschriften von gewerblichen Stimmensammel-Unternehmen könnte auf die Weise wohl ein Riegel vorgeschoben werden, falls derartige Praktiken auch in Deutschland um sich greifen sollten.

Ein ausgesprochen bürgerfreundliches Verfahren besteht wiederum in Mecklenburg-Vorpommern. Dort kann, wenn dem Volksbegehren eine Volksinitiative vorangegangen ist, das Sammeln der Stimmen kumulativ auf beide Arten erfolgen: an Amtsstelle *und* frei.
Daß es insgesamt auch anders geht, zeigt sich im kommunalen Bereich. Auf kommunaler Ebene können die Unterschriften für Bürgerbegehren nicht nur überall gesammelt werden, sondern es gibt regelmäßig auch keinerlei Fristen, es sei denn, das Bürgerbegehren richtet sich gegen einen Beschluß des Gemeinderats (oder eines Gemeinderatsausschusses).[127]

Kumulationswirkung

Sieht man die vorstehend dargestellten Anforderungen an Volksbegehren und Anträge nicht isoliert, sondern stellt sie in den Zusammenhang, in dem sie ja auch in der Praxis stehen, so nehmen die Bedenken gegen bestimmte Regelungen noch zu. Die ohnehin schon problematischen einzelnen Anforderungen können sich in ihrer Summe erst recht zu wahrhaft prohibitiven Barrieren auftürmen.
Beispiel Hessen: Dort bestehen Bedenken gegen vier Einzelregelungen:

- das 3prozentige Antragsquorum,
- das 20prozentige Begehrensquorum,
- die Regelung, daß die Unterschriften nur an Amtsstelle geleistet werden können, und dagegen,
- daß dies auch noch in dem sehr kurzen Zeitraum von vierzehn Tagen erfolgen soll.

Besonders gravierend ist, daß das hohe Begehrensquorum von 20 Prozent in der kurzen Frist von vierzehn Tagen erreicht werden soll – Regelungen, die sich so auch in Nordrhein-Westfalen, in Rheinland-Pfalz und dem Saarland finden. Man kann dies mathematisch auf den Punkt bringen und ausrechnen, wieviel Prozent der Unterschriften pro Tag der zur Verfügung stehenden Frist gesammelt werden müssen, um das Quorum zu erreichen. Dieser »Mobilisierungskoeffizient«[128] ist zum Beispiel in Nordrhein-Westfalen 48mal so hoch wie in Schleswig-Holstein mit seinem 5-Prozent-Quorum und seiner Eintragungsfrist von sechs Monaten. Unter Einbeziehung des Zeitfaktors besteht in Schleswig-Holstein also nur »ein Achtundvierzigstel der nordrhein-westfälischen Hürde«.[129]

Quoren für Volksentscheide und Bürgerentscheide

Quoren auf Landesebene

Die alten Verfassungen errichteten in der Sondersituation der Nachkriegszeit überhöhte Hürden beim Volksbegehren, indem sie regelmäßig verlangten (und zum Teil auch heute noch verlangen),[130] daß sich 20 Prozent der Stimmberechtigten einschreiben (so ursprünglich alle bis auf Bayern, das sich mit den aus Weimar überkommenen 10 Prozent begnügte). Falls es aber doch einmal gelingt, diese Hürde zu überwinden, gibt es für die nachfolgenden Volksabstimmungen dort keine künstlichen Barrieren mehr:[131] In Hessen und Nordrhein-Westfalen sind (genau wie in Bayern) für Volks*entscheide* keine Quoren vorgesehen. Das begehrte Gesetz kommt zustande, wenn die Mehrheit der Abstimmenden mit »Ja« votiert.[132] Die abgegebenen gültigen Stimmen entscheiden. Dem hat sich von den neuen Verfassungen nur Sachsen angeschlossen.

Zustimmungsquoren bei einfachen Volksgesetzen

Eine völlig andere Linie verfolgen alle anderen neuen oder in jüngerer Zeit revidierten Landesverfassungen. Sie begnügen sich nicht damit, daß die Mehrheit der *Abstimmenden* der Vorlage zustimmt, sondern verlangen darüber hinaus und zusätzlich, daß diese Mehrheit auch einen bestimmten Teil der Abstimmungs*berechtigten* ausmacht. Von den betroffenen zehn Ländern verlangen sechs ein derartiges Zustimmungsquorum in Höhe von 25 Prozent, das heißt, unabhängig von der Beteiligung an der Abstimmung muß mindestens ein Viertel der Stimmberechtigten dem Gesetzentwurf zustimmen (so Brandenburg, Bremen, Hamburg, Niedersachsen, Sachsen-Anhalt und Schleswig-Holstein). In vier Ländern gilt ein noch höheres Zustimmungsquorum von einem Drittel (Baden-Württemberg, Berlin,[133] Mecklenburg-Vorpommern und Thüringen), im Saarland gar ein Zustimmungsquorum von 50 Prozent[134] – wohlgemerkt, bei einfachen Gesetzen!

Derartige zusätzlich zum Mehrheitsbeschluß der Abstimmenden geforderte Zustimmungsquoren der Stimmberechtigten stellen in der Praxis eine erhebliche Barriere für erfolgreiche direktdemokratische Initiativen dar. In der Öffentlichkeit ist das allerdings weitgehend unbekannt, weil das Ausmaß der Beschränkung sich erst aus der Kenntnis der praktischen Gegebenheiten ergibt, die – mangels Erfahrungen mit direkter Demokratie in Deutschland – nur selten vorhanden ist und zudem noch komplizierte Rechenoperationen verlangt. Das Gewicht von Zustimmungsquoren hängt ganz wesentlich von der Beteiligung der Bürger ab, und diese ist bei Abstimmungen, die einzelne Sachfragen betreffen, erfahrungsgemäß sehr viel niedriger als bei Parlamentswahlen, bei denen es um die Bildung der Parlamentsmehrheit und damit der Regierung für die Dauer der ganzen Legislaturperiode geht. In Zahlen: Bei einer Beteiligung von 40 Prozent der Stimmberechtigten bedeutet ein Zustimmungsquorum von 33,33 Prozent, daß der Volksentscheid nur Erfolg hat, wenn 83,3 Prozent der Abstimmenden zustimmen (33,33 : 40 = 83,33 Prozent). Das heißt: Nicht mehr als 16,7 Prozent der Abstimmenden dürfen dagegen sein (6,67 : 40 = 16,67 Prozent). Bei einem Zustimmungsquorum von 25 Prozent (und einer Beteiligung von 40 Prozent der Stimmberechtigten) müssen mindestens 62,5 Prozent der Abstimmenden dafür sein (25 : 40 = 62,5 Prozent).

Verfassungsänderungen durch Volksgesetzgebung

Bei verfassungsändernder Volksgesetzgebung sind die Barrieren noch sehr viel höher. Bayern ließ bis zum Urteil des Bayerischen Verfassungsgerichtshofs vom 17. September 1999[135] zwar auch in diesem Fall die einfache Mehrheit der Abstimmenden genügen.[136] Seitdem besteht aber auch dort ein Zustimmungsquorum, wenn auch nur von 25 Prozent. In allen anderen Ländern gelten für Verfassungsänderungen im Wege der Volksgesetzgebung noch sehr viel massivere Einschränkungen, die entweder ausdrücklich oder jedenfalls im praktischen Ergebnis auf ein Unmöglichmachen erfolgreicher Volksentscheide hinauslaufen.[137]

Da die Verfassungsautonomie praktisch zu den wichtigsten Gesetzgebungsbereichen der Länder gehört, erscheint es besonders restriktiv, gerade hier das Volk völlig auszuschließen,[138] zumal Verfassungsnormen sich für die Volksgesetzgebung besonders eignen.[139] Die Volksge-

setzgebung soll ja nicht komplizierte Details regeln, sondern in erster Linie Grundsatzfragen entscheiden.[140]
Der Ausschluß verfassungsändernder Fragen hat im übrigen die mißliche Konsequenz, daß der Landtag dem Volk bestimmte Bereiche dadurch gänzlich entziehen kann, daß er sie – entweder von vornherein oder später durch Verfassungsänderung – in die Landesverfassung schreibt. Auf diese Weise kann, selbst wenn die Regelungen über Volksbegehren und Volksentscheid dem formalen Wortlaut des Verfassungstexts nach unberührt bleiben, ihr tatsächlicher Gegenstandsbereich massiv eingeschränkt und ihr Gewicht geschmälert werden.[141]
Zudem macht der Ausschluß von Verfassungsänderungen »von unten« es dem Volk unmöglich, auf diese Weise die Volksgesetzgebung über einfache Gesetze zu erleichtern und restriktive Verfassungsbestimmungen aufzuheben. Insofern stellt die Möglichkeit der Volksgesetzgebung über Verfassungsänderungen aus Bürgersicht tatsächlich die strategische Schlüsselstellung dar.

Ausschluß von Verfassungsänderungen

Am weitesten gehen Berlin und das Saarland. Deren Verfassungen schließen Verfassungsänderungen durch Volksentscheid von vornherein ausdrücklich aus.[142] Im Saarland ist immerhin noch ein Volks*begehren* über ein verfassungsänderndes Gesetz möglich, das dann die Landesregierung unter Darlegung ihres Standpunktes dem Landtag unterbreiten muß, so daß die jedem Volksbegehren eigene Warn- und Ventilfunktion hier besteht. In Berlin ist – als einzigem Land überhaupt – selbst das nicht möglich.[143] Eine sachliche Begründung dafür sucht man in den Berliner Gesetzesmaterialien allerdings vergeblich.[144]
Statt dessen findet sich bloß die Willensäußerung, man dürfe »nicht so weit gehen, daß die Verfassung durch Volksentscheid geändert werden könne«.[145] Die traditionell gegenüber direktdemokratischen Elementen skeptische CDU, in Berlin zur Zeit der Überarbeitung der Verfassung Regierungspartei und stärkste Fraktion des Abgeordnetenhauses, war im Wege des Kompromisses zwar gerade noch bereit, eine Volksgesetzgebung über einfache Gesetze zu schlucken. Damit war ihre Konzessionsbereitschaft aber erschöpft.

Hohe Zustimmungsquoren (und teilweise noch weitere Beschränkungen)

Aber auch dort, wo Verfassungsänderungen grundsätzlich zum Gegenstand des Volksgesetzgebungsverfahrens gemacht werden können, gelten (mit Ausnahme Bayerns)[146] extrem hohe Zustimmungsquoren. Die Zustimmungsquoren betragen überall (wo überhaupt Verfassungsänderungen im Wege der Volksgesetzgebung zugelassen werden) 50 Prozent, das heißt, mindestens die Hälfte der Stimm*berechtigten* muß dem Gesetzentwurf zustimmen, so zunächst einmal in sechs Ländern (Baden-Württemberg, Bremen, Niedersachsen, Rheinland-Pfalz, Sachsen und Thüringen). Während es in diesen Ländern bei jener Hürde bleibt, müssen in einigen weiteren Ländern außerdem zwei Drittel der Abstimmenden dem Gesetzentwurf zustimmen (so in Brandenburg, Hamburg, Mecklenburg-Vorpommern, Sachsen-Anhalt und Schleswig-Holstein). Das dürfte in aller Regel allerdings keine zusätzliche Erschwerung bedeuten: Wenn 50 Prozent der Stimmberechtigten zustimmen und das nicht zwei Drittel der Abstimmenden sind, müßten 75 Prozent der Berechtigten oder mehr an der Abstimmung teilnehmen, was im allgemeinen völlig unwahrscheinlich ist.[147]

Das Quorum: Unüberwindbare Hürde

Das Erreichen des 50prozentigen Zustimmungsquorums erscheint im Normalfall praktisch unmöglich (unabhängig davon, ob zusätzlich noch eine Zweidrittelmehrheit der Abstimmenden verlangt wird oder nicht). Davon gehen eigentlich alle Kommentatoren, soweit sie das Problem überhaupt erkennen, übereinstimmend aus.[148] Das folgt bereits aus einer einfachen Rechnung: Selbst bei einer Beteiligung von 50 Prozent der Stimmberechtigten, die bei Volksabstimmungen nur selten erreicht wird, müßten *sämtliche Abstimmenden* dem Begehren zustimmen. Dieses Beispiel signalisiert bereits, daß das Erfordernis der Zustimmung der Mehrheit der Wahlberechtigten »jeden Volksentscheid zur Farce« macht,[149] weil jenes Quorum »in der Verfassungswirklichkeit kaum jemals zustande kommen dürfte«[150] und damit diese Institution »überhaupt in Frage« stellt.[151]

Die Quoren müssen deshalb gesenkt oder am besten ganz beseitigt werden. In Betracht kommen allenfalls qualifizierte Mehrheiten der Abstimmenden.

Bisherige Erfahrungen

Man kann die Probe aufs Exempel machen, wenn man einen Blick auf die Volksentscheide wirft, die seit 1945 in den Bundesländern durchgeführt wurden:[152] Bei den insgesamt 36 Volksentscheiden stimmten nur in vier Fällen 50 Prozent oder mehr der Wahlberechtigten zu. Und dies geschah nur deshalb, weil die Abstimmungen gleichzeitig mit Bundestagswahlen oder Landtagswahlen stattfanden, so daß die Beteiligung sehr viel höher war als bei isolierten Volksabstimmungen. In sämtlichen anderen Fällen wurde die 50-Prozent-Marke nicht erreicht.

Initiativen »von oben«: Das hatte allerdings in zwei Gruppen von Fällen keinerlei rechtliche Auswirkungen. In allen von der politischen Klasse, also »von oben«, initiierten Volksabstimmungen waren und sind nämlich regelmäßig keine Quoren vorgesehen. Dazu gehören einmal die zwölf Volksentscheide, mit denen zwischen 1946 und 1995 Landesverfassungen durch Referenden angenommen wurden. Hätten hier dieselben Quoren wie bei Verfassungsänderungen durch Volksgesetzgebung gegolten, hätte fast keine der Verfassungen in Kraft treten können. Dazu gehören auch die elf Referenden über parlamentsinitiierte Verfassungsänderungen, die zwischen 1950 und 1998 in Bayern und Hessen stattfanden. Auch von ihnen wären die meisten gescheitert, wenn 50-Prozent-Zustimmungsquoren gegolten hätten.[153]

Die besondere Lage bei Initiativen »von unten«: Die Zustimmung von 50 Prozent der Stimmberechtigten ist noch schwerer zu erreichen, wenn die Initiative nicht von Parlament und Regierung ausgeht, sondern »von unten« kommt, also auf einem Volksbegehren beruht. Anders als bei den Referenden stehen dann nicht die Regierung und die Mehrheit des Parlaments dahinter, sondern allenfalls die Opposition und oft nicht einmal diese. Volksbegehrte Entscheidungen sind meist Werkzeuge der parlamentarischen oder auch der außerparlamentarischen Opposition.[154] Sie sind typischerweise ein Hebel, der »von unten« angesetzt wird, um Mißbräuche, Fehlentwicklungen oder schlicht Versäumnisse der Repräsentanten zu korrigieren. Sie haben damit gleichzeitig oft den Charakter von Mißtrauensvoten gegen die repräsentativen Organe oder werden doch so empfunden. Diese sind dann nicht mehr neutral, sondern eher Gegenpartei, die das Anliegen zu vereiteln sucht. Wenn aber die ganze politische Klasse (oder doch ihr größerer Teil) gegen die Vorlage Front macht, ist ein Erreichen der Zustimmung von 50 Prozent der Abstimmungsberechtigten noch schwieriger, selbst wenn die Abstimmung mit einer Parlamentswahl terminlich zusammengelegt wird.

Hinzu kommt, daß Zustimmungsquoren die Gegner des Volksentscheids oft zu Boykottstrategien verleiten, so daß es für die Initiatoren um so schwerer wird, die Öffentlichkeit für die Thematik zu sensibilisieren und potentielle Anhänger zu mobilisieren. Da alle, die nicht ausdrücklich mit »Ja« stimmen – also neben den ausdrücklichen Neinsagern auch alle »Unschlüssigen und Desinteressierten«,[155] die nicht zur Abstimmung gehen –, aufgrund der Zustimmungsquoren den Gegnern des Projekts zugerechnet werden, haben die Gegner des Projekts ein Interesse daran, daß möglichst viele auch unschlüssig und desinteressiert bleiben und nicht an der Abstimmung teilnehmen. Auf diese Weise können Zustimmungs- und Beteiligungsquoren die Gegner der Vorlage zu perversen Strategien verführen: Statt sich argumentativ mit den Initiatoren auseinanderzusetzen, suchen sie ihr Heil häufig in Unterdrückung der Thematik und Kommunikationsverweigerung. Denn – so ihr nicht unzutreffendes Kalkül – je weniger über das Anliegen öffentlich diskutiert wird, desto geringer werden die Mobilisierungserfolge der Initiatoren sein mit der Folge, daß die Vorlage auf diese Weise am Quorum scheitert. Statt sich an einer aufklärenden öffentlichen Diskussion des Für und Wider aktiv zu beteiligen, werden sie versucht sein, das Thema totzuschweigen oder gezielt zum Boykott aufzurufen. Allenfalls werden sie es darauf anlegen, die Initiatoren in eine Ecke zu stellen und ihr Vorhaben als politisch inkorrekt zu brandmarken. Abstimmungsquoren sind deshalb geeignet, Volksabstimmungen gerade dasjenige Attribut zu nehmen oder doch zu beschneiden, um dessentwillen viele um die Belebung unserer Demokratie Besorgte sie befürworten: die sachbezogene und das Niveau der öffentlichen Diskussion und die Verantwortung aller Beteiligten steigernde intensive Auseinandersetzung über wichtige Gemeinschaftsfragen.

Wenn aber nur noch diejenigen zur Abstimmung gehen, die dem Gesetzentwurf zustimmen möchten, und die Gegner getrost zu Hause bleiben können, weil dieses Verhalten aufgrund der Zustimmungsquoren wie ein »Nein« wirkt, enthüllen diejenigen, die zur Abstimmung gehen, damit faktisch auch ihr Abstimmungsverhalten.[156] Das Abstimmungsgeheimnis entfällt (oder wird jedenfalls beeinträchtigt) und auch die Abstimmungs*freiheit* nimmt Schaden, die ja durch das Abstimmungsgeheimnis gerade gesichert werden soll. Denn dann werden wirtschaftlich-soziale Pressionen für politisch nicht genehmes Verhalten möglich, also genau das, wovor die Grundsätze des Abstimmungsgeheimnisses und der Abstimmungsfreiheit die Bürger bewahren sollen.

Derartige Strategien, zu denen Zustimmungsquoren verleiten, haben im übrigen zur Folge, daß die Erfahrungen mit Referenden, bei denen keine Zustimmungsquoren bestanden, nicht ohne weiteres auf volksbegehrte Volksabstimmungen mit Quoren übertragen werden dürfen, weil dann – aufgrund der Boykottgefahren – noch geringere Beteiligungsraten zu erwarten sind.

Wegen des typischen Oppositionscharakters von unten initiierter Volksgesetzgebung sind auch die Chancen für eine Zusammenlegung der Abstimmung mit Wahlen sehr viel schlechter als bei Referenden. Die Festlegung des Termins liegt in der Hand der Regierung oder eines Ministeriums, und diese werden – eben aufgrund ihrer strukturellen Gegnerstellung – den Initiatoren kaum den Gefallen tun, dem Volksentscheid »das Zugpferd einer allgemeinen Wahl vorzuspannen«[157] und so eine für seine Erfolgschancen günstige Terminierung zu wählen.

Beispiel Bayern: Die bisherigen Erfahrungen mit volksinitiierten Volksentscheiden bestätigen dies. Die beiden erfolgreichen bayerischen Volksentscheide zur Einführung des kommunalen Bürgerentscheids und zur Abschaffung des Senats, die beide eine Änderung der bayerischen Landesverfassung vorsahen, erhielten nur die Zustimmung von 21,18 beziehungsweise 27,3 Prozent der Stimmberechtigten. Auch wenn man berücksichtigt, daß ein Teil der Stimmen auf die jeweiligen Konkurrenzvorlagen des Landtags entfiel, bleibt die Entfernung von der 50-Prozent-Marke doch gewaltig.[158] Hätten die sonst üblichen Zustimmungsquoren für volksbegehrte Volksentscheide auch in Bayern gegolten, wären die Verfassungsänderungen offensichtlich gescheitert (wobei die möglichen negativen Rückwirkungen von Quoren auf die Beteiligung noch gar nicht berücksichtigt sind).

Beispiel Schleswig-Holstein: Ein solches Scheitern, sogar bei einem einfachen Gesetz, zeigte sich beim Volksentscheid zur Erhaltung des Buß- und Bettags in Schleswig-Holstein, bei dem zwar mehr als zwei Drittel der Abstimmenden dafür waren (68,2 Prozent dafür und 31,8 Prozent dagegen), diese aber bei weniger als 30 Prozent Abstimmungsbeteiligung nur 19,9 Prozent der Stimmberechtigten ausmachten, so daß das (in Schleswig-Holstein für einfache Gesetze geltende) Quorum von 25 Prozent nicht erreicht wurde. Wäre die Abstimmung vom 30. November 1997 mit den Kommunalwahlen vom 22. März 1998 zusammengelegt worden (Wahlbeteiligung 62,8 Prozent), so wäre das Zustimmungsquorum sicher erreicht worden. Doch die Regierung hatte den Initiatoren eine solche Zusammenlegung verweigert.[159]

Beispiel Hamburg: Daß Verfassungsänderungen, selbst wenn die Abstimmung mit Bundestagswahlen zusammengelegt wird, häufig an der Hürde von 50 Prozent der Stimmberechtigten scheitern, auch wenn das Projekt in der Bevölkerung auf überwältigende Zustimmung trifft, zeigt eine im Mai 1997 gestartete Initiative zur Änderung der Hamburger Verfassung (Erleichterung der Volksgesetzgebung).[160] Am 25. August 1997 wurden dem Hamburger Senat von der »Initiative: Mehr Demokratie in Hamburg!« 30 000 Unterschriften überreicht. Nachdem der Senat eine entsprechende Verfassungsänderung nicht innerhalb von vier Monaten verabschiedet hatte, kam es zum Volksbegehren, das zu einem »wahren Triumph der Initiatoren« wurde: In der vierzehntägigen Auslegungsfrist (9. bis 23. März 1998) trugen sich 222 328 Bürger (= 18,4 Prozent der Stimmberechtigten) ein. Ein derartiger Zuspruch »von unten« – bei Abstinenz der beiden großen Parteien – war bisher in Deutschland einmalig.
Trotzdem scheiterte die begehrte Verfassungsänderung beim anschließenden Volksentscheid – und das obwohl die Abstimmung auf den Termin der Bundestagswahl (27. September 1998) gelegt wurde und damit eine relativ hohe Abstimmungsbeteiligung zu erwarten war. Das Parlament präsentierte eine »gemäßigte« Konkurrenzvorlage, über die die Hamburger Bürger zusätzlich abzustimmen hatten. Dabei kam das Parlament dem Anliegen in einigem Umfang entgegen. Beim Volksentscheid mit einer Abstimmungsbeteiligung von 66,7 Prozent überwand keine der beiden Vorlagen die Hürden. Der begehrte Ge-

setzentwurf erhielt mit 74,05 Prozent zwar die überwältigende Mehrheit der abgegebenen Stimmen und überwand damit die erste Hürde (»zwei Drittel derjenigen, die ihre Stimme abgegeben haben«). Er scheiterte aber an der zusätzlich errichteten zweiten Hürde, der Zustimmung von 50 Prozent der Stimmberechtigten; die 74,05 Prozent, die dem Gesetzentwurf zustimmten, machten – bezogen auf die Gesamtwählerschaft – »nur« 45,5 Prozent aus.

Zwei Barrieren: Wie die vorstehende Darstellung illustriert, führen Zustimmungsquoren zu zwei soziologischen Barrieren, die ihre Überwindung erschweren oder vollends unmöglich machen:[161]

- Die eine Barriere hat ihre Ursache darin, daß die Beteiligung an Abstimmungen tendenziell deutlich geringer ist als die Beteiligung an Wahlen. Die Entscheidung über einzelne Sachfragen vermag die Wähler im allgemeinen weniger zu aktivieren als die Bestimmung der Parlamentsmehrheit und damit der Regierung für die ganze Dauer der Wahlperiode.
- Die zweite Barriere hat ihren Grund in der strukturellen Oppositionsfunktion volksinitiierter Abstimmungen, die damit im Gegensatz zu jenen Referenden stehen, die »von oben« angeordnet werden. Da sich solche volksinitiierten Abstimmungen typischerweise gegen die politische Elite (und womöglich gegen die gesamte politische Klasse) richten, pflegt – in Verbindung mit Zustimmungsquoren – zum einen die Mobilisierung der Öffentlichkeit und damit auch das Erreichen höherer Abstimmungsbeteiligung ohnehin schwer zu sein. Die Gegner sind häufig versucht, ihre Zuflucht zu Boykottstrategien zu nehmen. Zum zweiten ist es – unabhängig von der Beteiligung – unter diesen Rahmenbedingungen schwer, überhaupt die Mehrheit der Abstimmenden zu bekommen.

Beide Barrieren sind der politischen Klasse wohlbekannt. Das zeigt schon der Umstand, daß sie für ihre eigenen Entwürfe, also für Referenden über Vorlagen, die sie selbst beschlossen hat und die von ihr getragen werden, bisher regelmäßig keine Entscheidungsquoren gefordert oder festgelegt, sondern die Gültigkeit allein von der Mehrheit der Jastimmen abhängig gemacht hat.[162] Die politische Klasse weiß auch, daß bei Zusammenlegung mit Wahlen eine sehr viel höhere Beteiligung zustande kommt. Deshalb werden Referenden regelmäßig auf Wahltage gelegt. Da die Regierungen oder Ministerien selbst den Termin festlegen, ist die Zusammenlegung kein Problem. Ja, die politische Klasse scheut nicht einmal vor Absonderlichkeiten zurück, um die Zusammenlegung zu erreichen. So wurden in Mecklenburg-Vorpommern und Thüringen die Landesverfassungen schon vor der Volksabstimmung vorläufig in Kraft gesetzt, weil der nächste Wahltermin, an dem unbedingt auch die Abstimmung stattfinden sollte, erst sehr viel später lag (in beiden Fällen rund ein Jahr).

Die tendenziell geringere Beteiligung an Abstimmungen läßt sich überwinden, indem Abstimmungen mit Wahlen zeitlich zusammengelegt werden; der Einseitigkeit der Kräfteverhältnisse scheint schwerer beizukommen zu sein. Denn wenn nicht größere Oppositionsparteien sich zur Unterstützung der Volksinitiative entschließen, entsteht fast zwangsläufig eine Frontstellung »David gegen Goliath«. Diese Ausgangslage erschwert es naheliegenderweise oft, hohe Zustimmungswerte zu erreichen.

Andererseits könnte sich insoweit aber eine Gegenbewegung abzeichnen, als die David-Goliath-Konstellation auch neue Chancen eröffnet. Das gilt gerade bei solchen Anliegen, die die politische Klasse aus Gründen der Bürgerferne, der Ideologie oder einfach aus Eigeninteresse vernachlässigt. Hier könnte die zunehmende Politik(er)verdrossenheit durchaus auch einen zusätzlichen Mobilisierungseffekt freisetzen.

Alles in allem kann man wohl zusammenfassen: Durch Zusammenlegung der Abstimmungen mit Wahlen läßt sich die Beteiligung und damit bis zu einem gewissen Grad auch die Zahl der Zustimmenden beträchtlich erhöhen. Das bedeutet im praktischen »Ergebnis« zweierlei: Die typischerweise bei einfacher (Volks-)Gesetzgebung bestehenden Zustimmungsquoren von 25 oder 33,3 Prozent sind in der Praxis nicht unüberwindbar. Voraussetzung aber ist, daß günstige Ausgangsbedingungen geschaffen werden, insbesondere, daß die Abstimmung mit einer Wahl zusammengelegt wird. Das belegen die erfolgreichen Abstimmungen über die Rechtschreibreform in Schleswig-Holstein und über direktdemokratische Elemente in den Hamburger Bezirken. Beide kamen in den Genuß des Huckepackeffekts von Parlamentswahlen und konnten so die 25-Prozent-Zustimmungsquoren nehmen.

Dagegen erweisen sich die 50-Prozent-Quoren für verfassungsändernde Abstimmungen als praktisch unüberwindlich, auch dann, wenn sie mit Wahlen, selbst mit Bundestagswahlen, zusammengelegt werden. Das bestätigen sogar die Erfahrungen mit Referenden, deren weit überwiegende Zahl nicht die Zustimmung von 50 Prozent der Abstimmungsberechtigten erlangte – allerdings hing ihre Gültigkeit davon nicht ab.

Die praktische Unüberwindbarkeit der Hürde hat zuletzt wieder die Abstimmung in Hamburg über die Verbesserung des direktdemokratischen Verfahrens gezeigt, wo – trotz Zusammenlegung mit der Bundestagswahl und trotz einer Zweidrittelmehrheit der Ja- gegenüber den Neinstimmen – die 50-Prozent-Marke nicht erreicht werden konnte. Immerhin, völlig ausgeschlossen erscheint das Überspringen der Hürde auch in diesem Fall nicht.

Mit Zustimmungsquoren wird der Volksgesetzgebung etwas Künstliches in den Weg gelegt,[163] es werden geradezu »Stolpersteine«[164] konstruiert. Das sieht man auch daran, daß es in der Schweiz und in den USA keine Abstimmungsquoren gibt (siehe S. 277).

Daß Zustimmungsquoren Fremdkörper in der Demokratie sind, bestätigt auch der Vergleich mit Abstimmungen *im* Parlament und mit allgemeinen Wahlen *zum* Parlament. Im Parlament wird jedenfalls bei einfachen Gesetzen regelmäßig weder eine Mindestbeteiligung an der Abstimmung verlangt, noch muß ein bestimmter Teil der Stimm*berechtigten* zustimmen. Ebenso sind Wahlen gültig, wie gering die Wahlbeteiligung auch immer sein mag.[165] Ein neueres Beispiel sind die Wahlen zum Europäischen Parlament im Jahre 1999, bei denen die Beteiligung in Deutschland nur 45,2 Prozent betrug,[166] in Großbritannien gar nur 24 Prozent. Doch deshalb die rechtliche Gültigkeit der Europawahlen anzuzweifeln wäre niemandem in den Sinn gekommen.

Auch der immer wieder bemühte Schutz der Mehrheit des Volkes vor einer Entscheidung, an der sich nur eine Minderheit des Volkes beteiligt, erscheint dann kein schlüssiges Argument, wenn alle Stimmberechtigten die (rechtliche und faktische) Möglichkeit besitzen, an der Abstimmung teilzunehmen, und gleichzeitig durch angemessene Begehrensquoren gesichert ist, daß Volksabstimmungen auf Fragen beschränkt bleiben, die ein erheblicher Teil der Bürgerschaft für entscheidungsrelevant hält. Wer dennoch nicht teilnimmt, sei es aus mangelnder Kenntnis des Sachproblems, sei es aus mangelndem Interesse, muß die Mehrheitsentscheidung gegen sich gelten lassen. Wer behauptet, dadurch werde »die demokratische Mehrheitsregel außer Kraft« gesetzt,[167] verkennt deren Gehalt. Warum sollen die Bürger nicht – wie auch sonst bei demokratischen Mehrheitsentscheidungen – die Möglichkeit haben, sich der Stimme zu enthalten, und warum soll die Nichtteilnahme an der Abstimmung nicht wie eine Stimmenthaltung gewertet werden können? Es ist durchaus sinnvoll, für diejenigen, die sich nicht betroffen fühlen oder uninteressiert sind oder sich aus Zeitgründen nicht sachkundig machen konnten, die Möglichkeit der Stimmenthaltung zu schaffen. Werden solche Enthaltungen dagegen über Zustimmungsquoren im Ergebnis den Neinstimmen zugerechnet, so läuft dies auf eine Verfälschung des Bürgerwillens hinaus.

Zustimmungsquoren erscheinen darüber hinaus auch deshalb zweifelhaft, weil nach der Lehre von der Volkssouveränität selbst die Verfassungs*gebung* nur der einfachen Mehrheit der Abstimmenden bedarf. Dann für Verfassungsänderungen durch Volksentscheid (und erst recht für die Änderung einfacher Gesetze) die Erfüllung zusätzlicher Anforderungen zu verlangen erscheint unsystematisch und dogmatisch mit dem Ausgangspunkt der Volkssouveränität schwer in Einklang zu bringen. Man hat hier einfach aus den qualifizierten Mehrheiten, die für *parlamentarische* Verfassungsänderungen erforderlich sind, rückgeschlossen auf Entscheidungen unmittelbar durch das Volk und hier dann auch noch die zusätzlichen Erschwerungen in Form hoher Zustimmungsquoren eingebaut.

Dabei wird aber das Verhältnis zwischen Volk und Parlament verkannt. In der Demokratie ist das Volk der eigentliche Souverän, das Parlament hat nur vom Volk abgeleitete Gesetzgebungsmacht. *Deshalb* soll das Parlament die vom Volk gegebene Verfassung nur mit qualifizierter Mehrheit abändern können. Diese Begründung für qualifizierte Mehrheiten läßt sich auf Verfassungsänderungen durch das Volk gerade nicht zurückübertragen.

Darüber hinaus stellt sich hier die Frage des verfassungswidrigen Verfassungsrechts: Wenn dem Volk das Recht auf Verfassungsänderung eingeräumt wird, gleichzeitig aber Entscheidungsquoren festgelegt werden, die die Realisierung dieses Rechts im Ergebnis unmöglich machen, könnte ein Verstoß gegen wesentliche Elemente des Demokratieprinzips vorliegen, die nach den Landesverfassungen, teils auch ausdrücklich, zum unabänderlichen Kernbestand gehören und widersprechende Verfassungsbestimmungen außer Kraft setzen.

Die Terminfestsetzung als Schlüssel für die Überwindung von (einfachen) Zustimmungsquoren

Da allenfalls dann, wenn der Abstimmungstermin auf einen Sonntag fällt, an dem ohnehin Parlamentswahlen stattfinden, gewisse Chancen bestehen, die Quoren zu überwinden, erhält die Frage zentrale Bedeutung, *wer* den Termin für die Volksabstimmung festlegt.
Vor diesem Hintergrund erscheint es der Mühe wert, darüber nachzudenken, ob es weiterhin den repräsentativen Staatsorganen überlassen werden kann, Schlüsselfragen für den Verfahrensfortgang ganz nach Belieben zu entscheiden und damit die Erfolgsaussichten einer Volksabstimmung wesentlich mitzubestimmen. Diese Frage, mit der wir verfassungsrechtliches Neuland betreten, stellt sich zuallererst, wenn es um die Zusammenlegung der Abstimmung mit Wahlen (oder aber um die Verweigerung einer solchen Zusammenlegung) geht.

Der Grundsatz der Kompetenzeffektivität

Hier bieten sich rechtsmethodisch mehrere Ansätze an, einmal die Heranziehung des Grundsatzes, daß Rechte, die die Verfassung gewährt – hier das Recht des Volkes, selbst Gesetze zu beschließen –, auch realisierbar sein müssen.[168] Hinzu kommt das Demokratieprinzip, das eine Auslegung der Kompetenzvorschriften nahelegt, »durch welche eine möglichst weitgehende Einflußnahme des Staatsvolkes« gesichert werden kann.[169] Da die Volksgesetzgebung dem Staatsvolk offenbar den unmittelbarsten Einfluß verschafft, erhärtet sich der Schluß, daß die Kompetenz der Regierung, den Abstimmungstermin festzulegen, im Sinne einer wirksamen Kompetenzausübung des Volkes interpretiert und damit die Abstimmung möglichst auf einen Wahltag gelegt werden muß.

Der Grundsatz der Verfassungsorgantreue

Das gleiche Ergebnis folgt auch aus einem Prinzip, welches das Bundesverfassungsgericht zunächst für das Verhältnis von Bund und Ländern entwickelt hat. Danach haben beide Seiten alles zu unterlassen, was die Wahrnehmung der Kompetenzen und Rechte der jeweils anderen beeinträchtigen könnte. Positiv gewendet, haben sie dazu beizutragen, die Wahrnehmung jener Rechte zu ermöglichen.[170] Mit den Worten des Bundesverfassungsgerichts:

> »Dieser ungeschriebene Verfassungsgrundsatz, der dem bundesstaatlichen Prinzip entspringt, gebietet gerade beim Gebrauch bestehender Kompetenzen gegenseitige Rücksichtnahme; er hält die Egoismen des Bundes und der Länder in Grenzen und greift dort ein, wo deren Interessen auseinanderfallen, und zwar so, daß der eine Teil Schaden nimmt, wenn der andere Teil seine Maßnahmen ausschließlich nach seinen Interessen treffen würde.«[171]

Die Staatsrechtslehre hat den Anwendungsbereich dieses Prinzips schon von sich aus über das Verhältnis von Bund und Ländern hinaus erweitert und es auch auf das gegenseitige Verhalten von Verfassungsorganen bezogen (Grundsatz der Verfassungsorgantreue).[172] Auch die Verfassungsorgane – im Bund: der Bundestag, die Bundesregierung, der Bundesrat, der Bundespräsident, das Bundesverfassungsgericht und das Bundesvolk – müssen sich danach so verhalten, daß anderen Verfassungsorganen die Wahrnehmung ihrer Rechte ermöglicht wird.

Der Grundsatz volksrechtsfreundlichen Verhaltens repräsentativer Organe

Genau darum geht es auch hier. Auch das Volk ist ein (und in einer Demokratie mit Volkssouveränität eigentlich das allerwichtigste) Verfassungsorgan, dem gegenüber sich die anderen, also die repräsentativen Verfassungsorgane »freundlich«, das heißt rücksichtsvoll und förderlich, zu verhalten haben. Ja, der Grundsatz der Verfassungsorgantreue muß dann erst recht Anwendung finden, wenn es, wie beim Volksgesetzgebungsverfahren, um das Verhältnis von repräsentativen Verfassungsorganen einerseits und dem Verfassungsorgan Volk (dem letztlichen Träger aller demokratischen Legitimation) andererseits geht. Hier müssen die repräsentativen Organe von Verfassungs wegen dazu beitragen, daß das Volk seine Rechte möglichst wahrnehmen kann, unnötige Hindernisse beseitigt werden und die Ausgestaltung im einzelnen derart erfolgt, daß dem Volk die Wahrnehmung seiner Rechte nicht unnötig erschwert oder gar unmöglich gemacht wird.
Die politische Ablehnung des Sachanliegens, von der in der Regel aus-

zugehen ist, gibt den repräsentativen Organen also nicht die Freiheit, einen Volksentscheid – wenn er denn einmal verfahrensmäßig notwendig geworden ist – beispielsweise über die Zeitherrschaft zu hintertreiben. Dem so umschriebenen Grundsatz, den wir den *Grundsatz volksrechtsfreundlichen Verhaltens repräsentativer Organe* nennen wollen, lassen sich ganz konkrete Pflichten repräsentativer Organe in bezug auf die Organisation und das Verfahren der Volksgesetzgebung entnehmen, insbesondere die Pflicht, den Abstimmungstermin möglichst auf einen Wahlsonntag zu legen.

Weitere Folgerungen aus diesem Grundsatz

Der Grundsatz volksrechtsfreundlichen Verhaltens der repräsentativen Organe dürfte aber auch zur Anwendung kommen, wenn es um die Überwindung von Begehrensquoren geht. Ein negatives Beispiel ist das Volksbegehren gegen die Rechtschreibreform in Berlin. Dort fiel die Europawahl in die Eintragungsfrist. Aber gerade am Wahlsonntag waren die Lokale für die Eintragung geschlossen – meines Erachtens ein eindeutiger Verstoß gegen den Grundsatz des volksrechtsfreundlichen Verhaltens.

Aus demselben Grundsatz dürfte sich beispielsweise auch das Gebot ergeben, daß der Inhalt der Initiative gebührend öffentlich bekanntgemacht wird; daß Abstimmungsbenachrichtigungen an alle stimmberechtigten Bürger versandt werden, und zwar – wenn die Abstimmung auf einen Wahlsonntag fällt – gleichzeitig mit den Wahlbenachrichtigungen; daß Briefabstimmungen zugelassen werden; daß in ausreichendem Umfang Abstimmungslokale zur Verfügung stehen.[173] Möglicherweise verlangt jener Grundsatz auch, den Initiatoren die notwendigen Kosten einer angemessenen Werbung aus öffentlichen Mitteln zu erstatten (wie dies in fünf Ländern bereits ausdrücklich vorgesehen ist).[174]

Probleme bei Konkurrenzvorlagen des Landtags

Besonders einschneidend können sich Abstimmungsquoren auswirken, wenn der Landtag (nach erfolgreichem Volksbegehren) einen Alternativentwurf ausarbeitet und diesen als Konkurrenzvorlage zur Abstimmung stellt, eine Möglichkeit, die den Parlamenten fast aller Bundesländer ausdrücklich eröffnet ist, sowohl bei einfachen Gesetzen als auch bei Verfassungsänderungen. Da die Konkurrenzvorlage dem ursprünglichen Entwurf in der Regel bis zu einem gewissen Grad entgegenkommt, können die Befürworter einer Änderung nach der Devise »Teile und herrsche!« auseinanderdividiert werden, so daß keiner der beiden Entwürfe die nötigen Zustimmungsquoren erreicht.

Der daraus resultierende Prohibitiveffekt besonderer Art besteht allerdings nur unter der Voraussetzung, daß jeder Abstimmende auch bei zwei konkurrierenden Entwürfen nur eine Stimme hat oder im Falle von zwei Stimmen, nur einmal mit »Ja« stimmen, also nicht beiden Vorlagen zugleich zustimmen darf (»Doppel-Ja-Verbot«).[175] Dies ist immerhin in sieben der sechzehn Bundesländern der Fall, allerdings in Hessen und Sachsen bei Volksabstimmungen über einfache Gesetze unschädlich, weil es dort ohnehin keine Abstimmungsquoren gibt.[176] Dagegen kann sich der Prohibitiveffekt in vier Ländern bereits bei einfachen Gesetzen auswirken: In Brandenburg, Mecklenburg-Vorpommern und Schleswig-Holstein haben die Bürger, auch wenn sie zusätzlich über Konkurrenzvorlagen des Parlaments abstimmen müssen, nur eine Stimme. Im Saarland hat der Bürger zwar zwei Stimmen, aufgrund des dort geltenden »Doppel-Ja-Verbots« muß er sich aber für eine der konkurriendeN Vorlagen entscheiden.[177]

Noch gravierender wirken sich solche Regelungen bei Abstimmungen über Verfassungänderungen aus: Selbst wenn 60 Prozent der Abstimmungsberechtigten teilnehmen, wird das 50prozentige Zustimmungsquorum nicht erreicht, falls nur 11 Prozent der Abstimmungsberechtigten für die Konkurrenzvorlage des Landtags stimmen. Auf diese Weise wird es noch sehr viel schwerer, die nötigen Zustimmungsquoren zu erreichen. Diese Konstellation kann sich in Brandenburg, Mecklenburg-Vorpommern, Sachsen, Schleswig-Holstein und Thüringen ergeben.

Der Landtag bekommt damit in den genannten Ländern ein Instrument in die Hand, das Zustandekommen eines wirksamen Volksentscheids (über ein einfaches Gesetz und erst recht über eine Verfassungsänderung) faktisch zu blockieren, und zwar meist ohne großes Risiko: Das Parlament kann mit seiner Konkurrenzvorlage dem volksbegehrten Entwurf ziemlich nahe kommen, diesem also weitgehend den politischen Wind aus den Segeln nehmen, ohne befürchten zu müssen, daß eine der beiden Vorlagen die Quoren überwindet und das entsprechende Gesetz zustande kommt. Ein gewisses Risiko liegt höchstens darin, daß die ursprünglichen Initiatoren auf ihren Entwurf verzichten, um zumindest für den Landtagsentwurf die Chance, die Quoren zu überschreiten, zu erhöhen. Dann aber kann es sein, daß der politische Elan verflogen ist. Der Landtag wird den erzwungenen Konkurrenzentwurf kaum wirklich fördern, und die ursprünglichen Initiatoren werden die Konkurrenzvorlage nur mit halbem Herzen unterstützen, so daß auch in diesem Fall die Chancen, die hohen Quoren zu überschreiten, im allgemeinen nicht gut sein dürften.

Um diesem offensichtlichen Mißstand abzuhelfen, gilt in Sachsen-Anhalt das Zustimmungsquorum von 25 Prozent für einfache Gesetze nicht, wenn der Landtag eine Konkurrenzvorlage zur Abstimmung stellt.[178] Aus den gleichen Gründen hat die Hamburger Enquetekommission »Parlamentsreform« sich dagegen ausgesprochen, dem Parlament oder der Regierung die Möglichkeit zu geben, dem im Wege eines Volksbegehrens eingebrachten Gesetzentwurf einen alternativen Entwurf entgegenzustellen.[179] Gleichwohl sieht Hamburg die Möglichkeit der Konkurrenzvorlage vor, aber es gibt den Bürgern in diesem Fall zwei Stimmen und erlaubt ein doppeltes »Ja«. Für Verfassungsänderungen, wo das Argument ebenfalls zutrifft, ja dort wegen der höheren Quoren erst recht, sieht allerdings auch Sachsen-Anhalt keinen Wegfall der Quoren oder der Möglichkeit von Konkurrenzvorlagen vor.

Fazit: Zwei Formen von Prohibition

Im Ergebnis haben wir somit zwei Formen der (annähernden oder völligen) Prohibition. Eine hat ihre Wurzeln in der Nachkriegszeit und zeigt sich an den schier unüberwindlich hohen Begehrensquoren (siehe S. 211 f.). Die andere ist neueren Datums und beruht auf Abstimmungsquoren, die schon bei einfachen Gesetzen nur schwer zu überwinden sind und bei verfassungsändernden Gesetzen (wenn diese nicht überhaupt der Volksgesetzgebung verschlossen bleiben) noch derart erhöht werden, daß sie eine veritable Mauer bilden, an der alle direktdemokratischen Hoffnungen zu zerschellen drohen. Von Bayern abgesehen,[180] weisen alle Länder entweder die eine oder die andere Barriere auf, bisweilen auch beide. Reformen müssen deshalb an beiden Enden ansetzen. Man kann die überzogenen Quoren geradezu als virtuelle Mauern interpretieren, welche die dem Volk vordergründig gewährten direktdemokratischen Selbstentscheidungsmöglichkeiten hintergründig wieder scheitern lassen. Auf diese Weise wird es der politischen Klasse ermöglicht, sich weiterhin »kunstvoll« gegenüber dem Volk abzuschotten, indem sie seinen Einfluß gezielt entschärft und ins Leere laufen läßt.

Quoren auf kommunaler Ebene

Auf kommunaler Ebene (auf der es den Unterschied zwischen einfachen Gesetzen und verfassungsändernden Gesetzen nicht gibt) sind stets Zustimmungsquoren vorgesehen, zumeist von 25 Prozent, in drei Ländern sogar von 30 Prozent, nämlich in Baden-Württemberg, Rheinland Pfalz und im Saarland[181] (siehe im einzelnen die Tabelle 2 auf S. 312 ff.).
Diese Quoren erschweren einen erfolgreichen Bürgerentscheid ganz erheblich und machen ihn besonders in Städten und erst recht in Großstädten praktisch unmöglich. Der Grund liegt in dem Erfahrungssatz, daß mit zunehmender Gemeindegröße die Abstimmungsbeteiligung deutlich sinkt.[182] Das bestätigen die Erfahrungen in Baden-Württemberg, dem einzigen Land, in dem bereits seit längerem Bürgerbegehren und Bürgerentscheide möglich sind. Von 1976, als dort das 30-Prozent-Quorum eingeführt wurde, bis Ende 1996 gab es in Baden-Württemberg insgesamt 131 Bürgerentscheide, von denen 92 aufgrund eines Bürgerbegehrens und 39 aufgrund eines Gemeinderatsbeschlusses stattfanden. Von den 131 Bürgerentscheiden sind allein 39, also fast ein Drittel, am 30-Prozent-Quorum gescheitert, davon die meisten in den Städten. In größeren Städten gab es überhaupt nur zwei erfolgreiche Bürgerentscheide: 1990 in Ulm, wo es um die Gestaltung des Münsterplatzes ging, und 1996 in Karlsruhe über die Linienführung der Stadtbahn in der Innenstadt. In beiden Fällen war die Konstellation besonders günstig, so daß das Quorum ausnahmsweise überwunden werden konnte: In Ulm ging es um das Integrationssymbol Ulmer Münster, zudem war drei Jahre vorher ein Bürgerentscheid über ein ähnliches Thema gescheitert, so daß bei den Bürgern das institutionelle Wissen um das Instrument Bürgerentscheid vorhanden war. In Karlsruhe betraf der Bürgerentscheid einen Gegenstand, der allen geläufig war und von dem selbst Vorstadtbewohner sich betroffen fühlten.[183]
In anderen Ländern gehen die Erfahrungen in dieselbe Richtung. So

kam es in Hessen in den ersten vier Jahren seit Einführung des Bürgerentscheids am 1. April 1993 zu 34 Bürgerentscheiden, von denen 17 erfolgreich waren, davon aber nur ein einziger in einer Stadt über 30 000 Einwohner. Dabei handelte es sich um einen Bürgerentscheid in Wiesbaden, der insofern ebenfalls einen Ausnahmefall darstellt, als das 25-Prozent-Quorum nur aufgrund der außerordentlich hohen Abstimmungsmehrheit von 85 Prozent – bei einer Beteiligung von 36 Prozent – überwunden werden konnte.[184]
Der Umstand, daß Bürgerentscheide mit zunehmender Größe der Gemeinde immer eher an den bestehenden Zustimmungsquoren scheitern und ab einer Größenklasse von 50 000 Einwohnern in aller Regel praktisch unmöglich werden, ist um so mißlicher, als die Anwendungshäufigkeit mit zunehmender Gemeindegröße deutlich zunimmt.[185] Wenn in größeren Städten aber häufiger Bürgerbegehren stattfinden als in kleineren Gemeinden, gleichzeitig jedoch die Erfolgschancen von Bürgerentscheiden in größeren Städten stark sinken, so bedeutet dies, daß die Zustimmungsquoren (denen dieses Absinken zuzurechnen ist) die Möglichkeiten direkter Demokratie auf kommunaler Ebene um so stärker behindern.
Die Beurteilung von Zustimmungsquoren fällt beim Bürgerentscheid ähnlich negativ aus wie beim Volksentscheid auf Landesebene. Verständige Beobachter wie der Chef der Landeszentrale für politische Bildung Baden-Württemberg Hans-Georg Wehling und der ehemalige Vorstand der Kommunalen Gemeinschaftsstelle für Verwaltungsvereinfachung Gerhard Banner schlagen deshalb vor, die Zustimmungsquoren ersatzlos abzuschaffen.[186] Bedauerlicherweise ist der bayerische Landtag gerade in die umgekehrte Richtung gegangen und hat 1999 in Bayern, wo es bis dahin keinerlei Zustimmungsquorum gab, ebenfalls ein solches Quorum eingeführt. Immerhin ist dieses Quorum degressiv gestaffelt. Es beträgt 20 Prozent der Stimmberechtigten und sinkt in Gemeinden über 50 000 Einwohner auf 15 Prozent und in Gemeinden mit mehr als 100 000 Einwohnern auf 10 Prozent.[187]
Diese Regelung war in der Begründung des Gesetzentwurfs wie folgt erläutert worden:

> »Ein einheitliches Abstimmungsquorum empfiehlt sich nicht, weil nur mit einer Abstufung der Tatsache Rechnung getragen werden kann, daß mit zunehmender Einwohnerzahl in der Regel die Bürger

schwerer mobilisiert werden können und seltener in ihrer Gesamtheit betroffen sind.«[188]

Das degressive bayerische Quorum wird damit – zumindest der Tendenz nach – dem erwähnten Erfahrungssatz gerecht, daß die Beteiligung mit zunehmender Größe der Stadt in aller Regel sinkt und in größeren Städten die Zustimmung von 25 und erst recht von 30 Prozent der Stimmberechtigten in aller Regel kaum noch zu erreichen ist. Dieser Erfahrungssatz gilt natürlich in allen anderen Ländern genauso und legt auch dort nach bayerischem Vorbild eine Absenkung der Quoren mit zunehmender Gemeindegröße nahe, falls man nicht überhaupt auf ein Zustimmungsquorum verzichtet.
Im übrigen sollten auch Bürgerentscheide möglichst auf die Termine von Wahlen gelegt werden, um die Abstimmungsbeteiligung zu erhöhen. Die repräsentativen Gemeindeorgane sind in gleicher Weise zu volksrechtsfreundlichem Verhalten verpflichtet, wie das für Staatsorgane dargelegt worden ist (siehe S. 232 f.).

Manches ist tabu: Eingeschränkter Gegenstandsbereich von Bürgerbegehren und Bürgerentscheid

Bürgerbegehren und Bürgerentscheide sind auch in materieller Hinsicht vielfach beschränkt. Zunächst einmal können sie nur in dem Bereich zum Zuge kommen, der der Selbstverwaltung der Gemeinde unterliegt, also frei ist von staatlichen Weisungen. Darüber hinaus sind dem Bürgerentscheid, der die Wirkung eines Gemeinderatsbeschlusses besitzt, nur solche Gegenstände eröffnet, die zur Kompetenz des Gemeinde*rats* gehören (nicht also der dem Bürgermeister vorbehaltene Bereich, in den zum Beispiel Routineangelegenheiten fallen).[189]
Viele Länder gehen in ihren Vorbehalten aber weit über diese notwendigen Begrenzungen hinaus. Einige Gemeindeordnungen beschränken Bürgerbegehren auf »wichtige Gemeindeangelegenheiten« und listen in einem mehr oder weniger restriktiven Positivkatalog abschließend auf, was dazugehört. In Baden-Württemberg, der ältesten, mittlerweile aber auch besonders rückständigen Regelung, können Bürgerentscheide im wesentlichen nur betreffen: »die Errichtung, wesentliche Erweiterung und Aufhebung einer öffentlichen Einrichtung, die der

Gesamtheit der Einwohner zu dienen bestimmt ist«.[190] Das ist sehr wenig. Nicht dazu gehören (nach der einschlägigen juristischen Spezialliteratur, die sich dem normalen Bürger nur schwer erschließt) etwa der Neubau oder die Erweiterung des Rathauses oder Straßenbaumaßnahmen, ebensowenig einmalige Veranstaltungen (Ausstellungen und Messen) oder Kindergärten in einem Ortsteil. Eine gewisse Ausweitung des Gegenstandsbereichs von Bürgerbegehren und Bürgerentscheid ist nur möglich, wenn der Gemeinderat dies in der Hauptsatzung vorsieht, was aber höchst selten geschieht.[191] Der Gemeinderat verspürt im allgemeinen wenig Neigung, von sich aus sein Entscheidungsmonopol weiter aufzulockern als die Gemeindeverfassung es zwingend vorsieht, und sei es auch zugunsten des Volkes selbst.[192]

Diese Enge des Anwendungsbereichs beruht noch auf einem inzwischen längst überholten Entwicklungsstand. Das Gemeindevolk sollte im Rahmen der Zuständigkeit des Rats richtigerweise selbst entscheiden dürfen, was es als tauglichen Gegenstand für ein Bürgerbegehren ansieht. Wenn 10 Prozent der Bürgerschaft das Bürgerbegehren unterzeichnen, sollte damit die Bedeutung der Angelegenheit in den Augen der Bürger eigentlich erwiesen sein.[193] Es ist deshalb nur konsequent, daß die meisten neueren Gemeindeverfassungen grundsätzlich alle Selbstverwaltungsangelegenheiten, die in die Zuständigkeit des Rats fallen, dem Bürgerbegehren eröffnet haben (so alle außer Baden-Württemberg, Rheinland-Pfalz und Sachsen-Anhalt).

Wie groß der Gegenstandsbereich für direkte Demokratie in den Gemeinden wirklich ist, hängt allerdings auch vom Katalog der ausgeschlossenen Angelegenheiten ab, dem sogenannten Negativkatalog, den es in allen Gemeindeordnungen ebenfalls gibt, wenn auch in höchst unterschiedlicher Ausprägung. Der Negativkatalog ist in Bayern am kleinsten, was sich daraus erklärt, daß die direktdemokratischen Instrumente dort nicht durch den parlamentarischen Gesetzgeber eingeführt, sondern von »unten« erzwungen wurden: 1995 durch Volksbegehren und Volksentscheid.[194] In Bayern sind vom Bürgerentscheid nur folgende Sachgebiete ausgeschlossen: Angelegenheiten, die kraft Gesetzes dem ersten Bürgermeister obliegen; die innere Organisation der Gemeindeverwaltung; die Rechtsverhältnisse der Gemeinderatsmitglieder, der Bürgermeister und der Gemeindebediensteten; und schließlich die Haushaltssatzung.[195] Allerdings ist auch der bayerische Ausnahmekatalog überprüfungsbedürftig, wie das Beispiel der

Rechtsverhältnisse der Gemeinderatsmitglieder zeigt. Daß Gemeinderäte, obwohl eigentlich befangen, über die Höhe ihrer Diäten selbst entscheiden, ließe sich leichter ertragen, wenn die Entscheidungen notfalls auch von den Bürgern selbst getroffen werden könnten.[196]
In den anderen Ländern ist der Negativkatalog meist sehr viel umfassender (wenn nicht bereits der positiv dem Bürgerentscheid eröffnete Bereich sehr schmal ist wie etwa in Baden-Württemberg). So sind in allen Ländern außer Bayern Steuern, sonstige Abgaben und Tarife ausgeschlossen. Zugrunde liegt die Befürchtung, andernfalls würden die Einnahmen der Gemeinde in »nicht vertretbarem Umfang« gesenkt,[197] also die überkommene typisch deutsche Vorstellung, daß selbst das Gemeindevolk in Sachen offentliche Finanzen nicht ohne Bevormundung durch die wohlmeinende Obrigkeit auskomme.
Wie überholt diese Auffassung in Wahrheit ist, zeigen bereits folgende Überlegungen: Einmal müssen Bürgerbegehren in fast allen Ländern einen Finanzierungsvorschlag enthalten, über den mit abgestimmt wird; so kann die Erhöhung von Abgaben, wenn auch indirekt, schon jetzt zum Gegenstand des Bürgerentscheids werden. Zum zweiten müßten umgekehrt natürlich auch Abgabensenkungsbegehren, wenn sie zugelassen würden, einen Deckungsvorschlag (Erhöhung anderer Einnahmen und/oder Einschränkung bestimmter Ausgaben) enthalten, so daß der heilsame Zusammenhang zwischen gemeindlichen Einnahmen und Ausgaben nicht aus dem Bewußtsein der Bürger ausgeblendet werden könnte. Drittens ist ohnehin in vielen Ländern vor jedem Bürgerentscheid eine Aufklärung der Bürger über die Gesamtzusammenhänge und über die Gründe und Gegengründe vorgeschrieben, die eine verantwortungsvolle Entscheidung erleichtert. Viertens besteht zwischen öffentlichen Finanzen und Demokratie seit alters her eine besonders enge Verbindung, waren es doch finanzwirtschaftliche Mißstände des absolutistischen Staates, die an der Wiege der Demokratie standen und vor über 200 Jahren der demokratischen Selbstregierung in der amerikanischen und Französischen Revolution zum Durchbruch verhalfen.[198]
Die bayerischen Erfahrungen bestätigen diese Thesen. Die dortigen Bürgerentscheide über Abgaben und Tarife zeigen alles andere als einen unverantwortlichen Umgang der Bürger mit diesem Instrument – und das, obwohl in Bayern als einzigem Land kein Finanzierungsvorschlag erforderlich ist.

Für deutsche Verhältnisse noch relativ umfangreich ist auch der Gegenstandsbereich in Hessen. Die Bürger können über jede wichtige Angelegenheit der Gemeinde, also grundsätzlich über alle Gegenstände, für die der Gemeinderat zuständig ist, einen Bürgerentscheid beantragen.[199] Ausgeschlossen sind in Hessen – über den bayerischen Negativkatalog hinaus – auch Bürgerbegehren über Abgaben, über die Tarife der Versorgungs- und Verkehrsbetriebe und über die Feststellung der Jahresrechnung und der Jahresabschlüsse der Eigenbetriebe sowie über Entscheidungen im Rechtsmittelverfahren.[200] Damit bleiben in Hessen Bürgerbegehren über Bebauungspläne und Planfeststellungsverfahren zulässig, die zum Beispiel in Baden-Württemberg, aber auch in Rheinland-Pfalz mit seiner ebenfalls sehr viel restriktiveren Regelung ausgeschlossen sind.
Wie sehr die Häufigkeit von Bürgerbegehren und damit die Praxis direktdemokratischer Verfahren durch die mehr oder weniger große Weite des Themenausschlußkatalogs beeinflußt wird, zeigt ein Vergleich zwischen Hessen und Rheinland-Pfalz. Wären die Regelungen in Hessen genauso restriktiv wie die in Rheinland-Pfalz, so wären die Hälfte aller hessischen Bürgerbegehren und 60 Prozent aller Bürgerentscheide, die in Hessen stattfanden, schon vorab am Themenausschluß gescheitert,[201] eine Tatsache, die »von oben« nicht selten übersehen oder jedenfalls nur ungern eingeräumt wird.[202]

Zusammenfassende Bewertung: Auf die Ausgestaltung kommt es an

Nach dem vorstehenden Überblick über die verschiedenen Regelungen ist es möglich, die Eingangsfrage, ob die Regelungen insgesamt oder in bestimmten Ländern in Wahrheit faktisch prohibitiv sind, noch einmal zusammenfassend aufzugreifen. Laufen die Regelungen darauf hinaus, das, was sie versprechen, in Wahrheit zu unterbinden? Verwehren sie dem Bürger im Ergebnis, mit Aussicht auf Erfolg Initiativen zu ergreifen und die politischen Entscheidungen in die eigene Hand zu nehmen? Bei der Bewertung der Regelungen kommt es, wie wir gesehen haben, auf das Gesamtbild unter Einbeziehung der praktischen Auswirkungen an.

Bürgerfreundliches Bayern

Da Bayern, insgesamt gesehen, die bürgerfreundlichsten Regelungen aufweist, sei mit diesem Bundesland begonnen. Hier erscheinen das Zulassungsquorum von 25 000 Unterschriften (im Vergleich zu 3000 in Nordrhein-Westfalen) und das Quorum für das Volksbegehren von 10 Prozent (im Vergleich zu 4 Prozent in Brandenburg und 5 Prozent in Schleswig-Holstein) zwar relativ hoch. Andererseits besteht bei Volksentscheiden über einfache Gesetze kein Zustimmungsquorum (oder ein sonstiges Quorum). Für Verfassungsänderungen hat der Bayerische Verfassungsgerichtshof mit Urteil vom 17. September 1999 ein Zustimmungsquorum von 25 Prozent geschaffen, das aber immer noch niedriger liegt als in allen anderen Ländern.[203]
Auch der Vorbehalt (»Staatshaushalt«) erscheint – jedenfalls dem Wortlaut der Bayerischen Verfassung nach – relativ zurückhaltend.[204]
Für »deutsche Verhältnisse« sind die bayerischen Regelungen, die auf den Erfahrungen Wilhelm Hoegners, des »Vaters der Bayerischen Verfassung«, in seinem Schweizer Exil zur Nazizeit beruhen, also insgesamt großzügig (besonders vor der Schaffung des Zustimmungsquorums für Verfassungsänderungen durch den Bayerischen Verfassungsgerichtshof im September 1999). Das erklärt, warum die bedeutendsten direktdemokratischen Entscheidungen bisher in Bayern erfolgten und sowohl Änderungen der Verfassung als auch einfacher Gesetze umfaßten.
Auch die kommunalen Bestimmungen für Bürgerbegehren und Bürgerentscheid sind in Bayern ausgesprochen bürgerfreundlich, was natürlich daher rührt, daß sie im Jahre 1995 durch Volksbegehren und Volksentscheid der Bürgeraktion »Mehr Demokratie e.V.« eingeführt wurden: Der Anwendungsbereich ist umfassend (die Ausnahmetatbestände sind relativ eng gefaßt), die Quoren für Bürgerbegehren sind für deutsche Verhältnisse niedrig. 1999 wurden zwar – ebenfalls nach einem restriktiven Urteil des Bayerischen Verfassungsgerichtshofs – auch in Bayern Zustimmungsquoren für den Bürgerentscheid eingeführt (siehe S. 237). Diese sind mit maximal 20 Prozent der Stimmberechtigten aber immer noch die niedrigsten im deutschen Kommunalrecht, und sie sinken zudem mit zunehmender Gemeindegröße auf 15 oder 10 Prozent.

Andere Länder, schlechtere Regelungen

Staatsebene

Am anderen Ende der Skala stehen Länder,

- wo Verfassungsänderungen von vornherein dem Volksentscheid entzogen sind (Berlin, Saarland und nach herrschender Auffassung auch Hessen und Nordrhein-Westfalen).
- wo Verfassungsänderungen nur mit so hohen Quoren möglich sind – nämlich mit einem Zustimmungsquorum von 50 Prozent oder noch restriktiveren Voraussetzungen –, daß Verfassungsänderungen per Volksgesetzgebung praktisch kaum zustande kommen können (so in allen restlichen Ländern außer Bayern) und erst recht nicht, wenn der Landtag auch noch die Möglichkeit hat, durch Konkurrenzvorlagen einen wirksamen Entscheid des Volkes scheitern zu lassen (wie dies in einigen Ländern der Fall ist).
- wo auch bei einfachen Gesetzen hohe Zustimmungsquoren für Volksentscheide gelten und die Landtage zum Teil wiederum die Möglichkeit hintertreibender Konkurrenzvorlagen besitzen.
- wo bereits die Bestimmungen über Volksbegehren derart restriktiv sind, daß sie praktisch unerfüllbar erscheinen:
  - zu hohe Hürden,
  - zu kurze Fristen,
  - zu restriktive Bestimmungen über die Form des Stimmensammelns.

Die Möglichkeit von Verfassungsänderungen unmittelbar durch das Volk ist deshalb besonders wichtig, weil auf diese Weise auch restriktive Bestimmungen für Volksbegehren und Volksentscheide in der Verfassung selbst aufgehoben oder gemildert werden können. Im Falle prohibitiver Regelungen über Verfassungsänderungen ist dieser Weg jedoch verschlossen; die Bürger können dann nur noch auf der Ebene der Ausführungsgesetze Verbesserungen durchzusetzen versuchen.

Bei einfachen Gesetzen besteht ein ausdrückliches Verbot direkter Volksentscheidung regelmäßig hinsichtlich Finanz- und Abgabengesetzen. Darüber hinaus können Zustimmungsquoren von 25 Prozent oder gar von 33,3 Prozent faktisch einem Verbot gleichkommen, ebenso Quoren für Volksbegehren von 20 Prozent, besonders wenn sie mit restriktiven Vorschriften über die Dauer (nur vierzehn Tage) und/oder die Art der Sammlung der Unterschriften kombiniert werden.

Kommunale Ebene

Hier stehen am Ende der Skala Länder,

- wo der für Bürgerentscheide zugängliche Kompetenzbereich eng ist wie zum Beispiel in Baden-Württemberg.
- wo das Zustimmungsquorum mit 30 Prozent der Stimmberechtigten überaus hoch und jedenfalls in größeren Städten und erst recht Großstädten kaum zu erreichen ist.
- wo die Bestimmungen über das Bürgerbegehren besonders restriktiv sind:
  - zu hohe Hürden, etwa, wenn bei starren Quoren in größeren Städten die Hürde von vornherein praktisch nicht oder nur sehr schwer zu überwinden ist (Thüringen 20 Prozent, Brandenburg, Hessen und Schleswig-Holstein 10 Prozent). Das schlägt besonders zu Buch, wenn auch ansonsten erschwerte Bedingungen gelten:
  - zu kurze Fristen (hier bei Begehren gegen Ratsbeschlüsse),
  - zu restriktive Bestimmungen über das Sammeln von Stimmen.

Von den Gemeinden lernen

Was bei übergreifender Beurteilung besonders auffällt, sind die zum Teil völlig unterschiedlichen Voraussetzungen, unter denen das Volk einerseits auf *kommunaler* Ebene, andererseits auf *Staaten*ebene politische Entscheidungen initiieren und selbst treffen kann.

Die Unterschiede betreffen vor allem die für Bürger- beziehungsweise Volksbegehren erforderlichen Quoren: Während für ein Volksbegehren auf Landesebene meist 10 Prozent, manchmal sogar 20 Prozent der Stimmberechtigten unterschreiben müssen, ist dieses Quorum für Bürgerbegehren auf Gemeindeebene meist niedriger. Das gilt jedenfalls in größeren Städten, wo es bisweilen auf 5 Prozent oder weniger fällt, in Bayern bei Städten mit mehr als 500 000 Einwohnern sogar auf 3 Prozent.

Auch hinsichtlich des Zeitraums, innerhalb dessen, und bei der Art und Weise, wie die Unterschriften für das Begehren gesammelt werden müssen, ist man in den Gemeinden regelmäßig erheblich großzügiger als auf Staatsebene: Es gibt keine Frist für das Sammeln der Unterschriften, es sei denn, das Begehren richtet sich gegen einen Ratsbeschluß. Und es gibt regelmäßig auch keine formale Voraussetzung für den Ort und die Art und Weise der Unterschriftensammlung. Vielmehr kann diese auch in der Fußgängerzone und durch Ansprache an der Haustür erfolgen.

Beides ist auf Landesebene anders, wo oft auch dann eine sehr kurze Frist von teilweise nur zwei oder vier Wochen für das Sammeln der Unterschriften gilt, wenn das Begehren sich nicht gegen einen Landtagsbeschluß richtet. Ebenso ist häufig vorgeschrieben, daß die Unterschriften auf einer Amtsstelle, also zum Beispiel im Bürgermeisteramt geleistet werden müssen. Beides erschwert es sehr, die notwendigen Unterschriften zusammenzubekommen.

Beim Vergleich von gemeindlichen und staatlichen Regelungen fällt eine prinzipielle Wertungsdiskrepanz auf. Der für ein gemeindliches Bürgerbegehren erforderliche Prozentsatz an Unterschriften sinkt in vielen Ländern mit zunehmender Größe der Gebietskörperschaften, also je mehr die Zahl der Einwohner steigt. Eine ähnliche degressive Staffelung besteht in Bayern für den Bürger*entscheid*. Geht es aber um ein Volksbegehren oder einen Volksentscheid auf der Ebene des doch sehr viel größeren Landes, wird diese Linie abgebrochen, ja sogar in ihr Gegenteil verkehrt. Für Volksbegehren auf Landesebene sinkt der Prozentsatz nicht noch weiter, sondern macht umgekehrt einen Sprung nach oben auf einen sehr viel höheren Prozentsatz von 10 oder 20 Prozent, also auf das doppelte oder dreifache prozentuale Niveau. Entsprechendes gilt bei den Zustimmungsquoren für Volksentscheide. Darin liegt ein Bruch, eine krasse Wertungsdiskrepanz. Es würde umgekehrt naheliegen, die für ein Begehren erforderlichen Prozentsätze für die Länder noch weiter, das heißt unter die bei Großstädten erforderlichen Prozentsätze, abzusenken. Dies läge auch deshalb besonders nahe, weil es in Großstädten – unter sonst gleichen Umständen – erfahrungsgemäß einfacher ist, Stimmen zu sammeln, als in Ländern. Abgesehen von den ohnehin bestehenden größeren räumlichen Entfernungen gibt es in Flächenländern regelmäßig auch ländliche Gebiete, in denen eine öffentliche Bekanntmachung des Themas des Begehrens und seine Verbreitung unter möglichst vielen Bürgern – und damit ganz konkret auch das Sammeln von Unterschriften – wegen der geringeren Dichte der Bevölkerung – sehr viel schwerer ist als in Großstädten.[205]

Die krassen Diskrepanzen belegen, daß es der politischen Klasse häufig gar nicht wirklich ernst damit war, dem Volk praktikable und wirksame direktdemokratische Institutionen an die Hand zu geben. In den Ländern mit 20-Prozent-Begehrensquoren[206] taten sie offenbar nur so, »als ob«, wollten in Wahrheit aber eine echte Entscheidungsmöglichkeit des Volkes durch weitgehend prohibitiv wirkende Regelungen gerade verhindern. Die zumeist noch aus älterer Zeit stammenden Regelungen[207] sind inzwischen überholt. Auch für landesweite Volksbegehren müssen deshalb die Voraussetzungen erleichtert werden. Die erforderlichen Reformen der staatlichen Regelungen ließen sich wiederum selbst durch Volksbegehren und Volksentscheid durchsetzen, soweit in dem betreffenden Land auch Verfassungsänderungen dafür offenstehen.

Natürlich wird man versuchen, die Vergleichbarkeit von Ländern und Kommunen von vornherein in Abrede zu stellen, etwa mit dem Hinweis, auf kommunaler Ebene seien die Probleme übersichtlicher als auf staatlicher Ebene, die Bürger seien mit den Verhältnissen besser vertraut und deshalb zu eigener Entscheidung eher in der Lage. Sosehr dieses Argument zutreffen mag, wenn es um die Frage des »Ob überhaupt« geht, sowenig erscheint es, wenn die Möglichkeit des Begehrens einmal eröffnet ist, zur Begründung strengerer Regelungen auf staatlicher Ebene schlüssig. Denn dann müßten auch auf gemeindlicher Ebene die prozentualen Quoren mit der Größe der Städte zunehmen. Tatsächlich ist das Gegenteil der Fall.

Auch die zunächst einmal naheliegende Vermutung, der Umstand, daß es in Gemeinden nicht nur um allgemeine Normen gehe (wie regelmäßig in den Ländern), sondern häufig auch um Einzelakte, mache die Mobilisierung in den Gemeinden generell schwieriger, scheint sich *nicht* zu bestätigen. Nach den vorliegenden Erhebungen bewegt sich die Abstimmungsbeteiligung in Städten mit über 100 000 Einwohnern durchschnittlich noch bei rund 30 Prozent[208] und damit auf durchaus vergleichbarem Niveau wie die Beteiligung bei volksinitiierten Volksentscheiden, die, wenn sie nicht auf Wahltage gelegt wurden, zwischen 23,3 Prozent (Bayern 1973: Rundfunkfreiheit), 29,4 Prozent (Schleswig-Holstein 1997: Erhaltung des Buß- und Bettags) und 36,8 Prozent (Bayern 1995: kommunaler Bürgerentscheid) liegen.[209]

Die höheren Kosten, die auf Landesebene anfallen, können – ganz abgesehen von der gewissen Peinlichkeit einer solchen Argumentation – erst recht kein schlüssiges Argument darstellen. Es kann ja nicht auf die absoluten Kosten ankommen, sondern nur auf die Kosten pro Kopf, und insofern dürften auf Landesebene – jedenfalls im Vergleich zu Begehren auf gemeindlicher Ebene – grundsätzlich keine größeren Kosten anfallen.

Damit die Bürger zu Wort kommen: Folgerungen für die Verfahrensregeln

Die strukturelle Gegenposition direktdemokratischer Initiativen gegen die repräsentative Obrigkeit hat Konsequenzen für ihre gesamte Stellung. Die repräsentativen Organe erscheinen bei allen Organisations- und Verfahrensfragen dann nicht mehr als neutrale Amtswalter, sondern eher als Gegenpartei (siehe S. 223 f.), der die vorausgesetzte Unabhängigkeit in Wahrheit fehlt. Zumindest besteht ein dahingehender böser Schein. Das verlangt ein strukturelles Umdenken.
Ein Beispiel ist die Festlegung des Termins für Volksabstimmungen. Die Terminierung kann darüber entscheiden, ob Zustimmungsquoren mangels ausreichend hoher Abstimmungsbeteiligung von vornherein unüberwindbar sind oder ob sich die Gefahr, trotz Erreichen der Mehrheit am Zustimmungsquorum zu scheitern, durch Zusammenlegung der Abstimmung mit einer Wahl praktisch verflüchtigt. Das Problem liegt darin, daß die für die Festlegung des Abstimmungstermins regelmäßig zuständige Regierung nicht unvoreingenommen ist, so daß von ihr keine objektive Entscheidung erwartet werden kann. Wir haben diese Frage bereits behandelt und sind zum Schluß gekommen, daß die Regierung bei der Terminfestsetzung nicht frei, sondern durch den Verfassungsgrundsatz volksrechtsfreundlichen Verhaltens gebunden ist: Sie muß die Abstimmung nach Möglichkeit auf einen Wahltag legen.
Vor dem Hintergrund der Parteistellung der Regierung ergibt sich nun aber die weitergehende Frage, ob die Regierung überhaupt das geeignete Organ ist, den Abstimmungstermin festzulegen. Damit verbunden sind weitere Fragestellungen von grundsätzlicher Natur, insbesondere: Wer sollte über die rechtliche Zulässigkeit des kommunalen Bürgerbegehrens entscheiden. Diese Entscheidung liegt in fast allen

Bundesländern in der Hand der Gemeinde- beziehungsweise der Kreisvertretung und damit in der Hand eines Organs, an dessen Stelle die Bürger treten wollen und an dessen Neutralität Zweifel angebracht sind.[210] Angesichts der vielen rechtlichen Zweifelsfragen und des hohen Anteils von Bürgerbegehren, die an Unzulässigkeitsentscheidungen des Gemeinderats oder des Kreistags scheitern,[211] kann die praktische Bedeutung solcher Kompetenzfragen gar nicht überschätzt werden.[212]

Maßgebliche Stimmen in der rechtswissenschaftlichen Literatur sehen in der Zuständigkeit der kommunalen Volksvertretung für die Zulässigkeitsentscheidung deshalb einen Verstoß gegen den sogenannten Grundsatz funktionsgerechter Organstruktur.[213] Dieser verfassungsrechtliche Grundsatz verlangt, daß die staatlichen Kompetenzen solchen Organen zugewiesen werden, die dafür die erforderliche Eignung besitzen. In Schleswig-Holstein hat der Gesetzgeber die Konsequenz gezogen und Zulässigkeitsentscheidungen statt dessen in die Hand der (von der Gemeinde oder dem Kreis unabhängigen) staatlichen Rechtsaufsichtsbehörde gelegt.[214]

Die gleiche Frage stellt sich auch auf Landesebene. Ist die Landesregierung, das Innenministerium oder der Innenausschuß des Landtags wirklich die »richtige« Instanz, um über die rechtliche Zulässigkeit eines Volksbegehrens zu befinden?[215] Angesichts der politischen Nähe der Regierung zur Landtagsmehrheit ergibt sich hier eine ganz ähnliche Konstellation wie auf kommunaler Ebene: Auch die Regierung ist bei Entscheidungen über die Zulässigkeit des Begehrens Partei. Daraus haben mehrere Länder (zum Beispiel Bayern und Bremen) bereits die Konsequenz gezogen und der Regierung zumindest eine negative Entscheidung verwehrt: Will die Regierung die Zulässigkeit des Antrags auf Volksbegehren verneinen, muß sie eine Entscheidung des Landesverfassungsgerichts herbeiführen.

Dieses Verfahren kann als Vorbild für alle Entscheidungen über die rechtliche Zulässigkeit von Anträgen dienen, bei denen nicht nur Regierungen und Volksvertretungen, sondern genauso auch die Initiatoren Partei sind.

Damit gewinnt allerdings auch die Frage, wer die Richter bestellt, einen ganz neuen Stellenwert. Bisher ist man – hinsichtlich der Landesverfassungsgerichte – meist davon ausgegangen, die Wahl der Richter durch eine qualifzierte Mehrheit des Parlaments – was also auch der

Opposition Einfluß gibt – sei eine ausreichende Sicherung gegen systematische Einseitigkeiten in der Zusammensetzung der Verfassungsgerichte. Doch erstens ist diese Berücksichtigung der Opposition keineswegs überall gegeben. Gerade Bayern, das Land, in dem seit 1962 eine Partei mit absoluter Mehrheit regiert, bestellt seine Verfassungsrichter mit der einfachen Mehrheit dieses von der bayerischen »Staatspartei« dominierten Landtags.[216] Und zweitens ändert die Einbeziehung der parlamentarischen Opposition nichts daran, daß die Richter »von oben« bestellt werden und sich deshalb bei Initiativen »von unten« auch hier die Frage der Unabhängigkeit stellt. Nicht von ungefähr werden in den USA die Verfassungsrichter auf Staatenebene vielfach unmittelbar vom Volk, also »von unten« gewählt.

Generell stellt sich die Frage, ob der Charakter des Volksbegehrens als eines »Antrags aus dem Volk an das Volk« nicht geradezu verlangt, daß auch Verfahrens- und Organisationsentscheidungen (soweit sie keine Rechtsfragen betreffen) nicht »von oben«, sondern »von unten«, also »aus dem Volk« getroffen werden. Warum sollen wichtige Festlegungen etwa betreffend die Zeit des Volksbegehrens und sonstige Modalitäten von Volksbegehren, Volksentscheiden und Bürgerentscheiden (zum Beispiel die Zulassung von Briefabstimmungen) nicht auch »von unten«, also von den Initiatoren oder den einen Volksentscheid begehrenden Bürgern entschieden werden? Wäre es nicht konsequent, nicht nur die Frage des Was und des Wie, sondern auch die Frage des Wann aus der Mitte des Volkes entscheiden zu lassen? Das gilt grundsätzlich auch bei Konkurrenzvorlagen der Volksvertretung, die ja von dem vorausgehenden Begehren abhängig (»akzessorisch«) sind. Auch dann sollten Termine nicht einseitig von den repräsentativen Organen, sondern mindestens im Einvernehmen mit den Initiatoren festgelegt werden.

30 Darf das Volk oder darf es nicht? – Streit um Verfassungsänderungen in Hessen und Nordrhein-Westfalen

Wie oben dargelegt, haben die Regelungen über die Volksgesetzgebung teilweise prohibitiven Charakter. Dieser Effekt wird durch die restriktive Auslegung von Schlüsselvorschriften in bestimmten Ländern noch verstärkt. Hauptbeispiele sind Hessen und Nordrhein-Westfalen. In beiden Ländern geht die herrschende Auffassung davon aus, Verfassungsänderungen könnten von vornherein nicht Gegenstand von volksbegehrten Volksentscheiden sein. Das überrascht schon deshalb, weil sich in beiden Ländern ganz ähnliche Regelungen finden wie in Bayern, wo nie zweifelhaft war, daß Volksbegehren und Volksentscheide auch über Verfassungsänderungen möglich sind. Geht man der Entwicklung der herrschenden Auffassung in beiden Ländern nach, stellt man fest, daß die Entstehungsgeschichte der Verfassungsvorschriften in beiden Fällen unberücksichtigt blieb, ja geradezu ausgeblendet wurde.

Nordrhein-Westfalen

Für Nordrhein-Westfalen hätte schon stutzig machen müssen, daß am Anfang ein ganz anderes Verständnis vorherrschte: Die erste Kommentierung zur nordrhein-westfälischen Landesverfassung von 1951 war unzweideutig der Auffassung, volksbegehrte Volksentscheide seien auch über Verfassungsänderungen zulässig.[217] Gerade dieser Stimme hätte besonderes Gewicht beigemessen werden müssen, denn der Kommentator Alois Vogels war nicht nur der zuständige Mann im nordrhein-westfälischen Innenministerium, sondern er war bei den entscheidenden Verfassungsberatungen auch persönlich dabei.
Der Verfassungsausschuß hatte in seiner Sitzung vom 8. März 1950 genau die heute von uns gestellte Frage aufgeworfen und eindeutig in dem Sinne beantwortet, daß auch Verfassungsänderungen durch Volksbegehren und Volksentscheid möglich seien, der Volksentscheid

dann allerdings von der Mehrheit der Abstimmungs*berechtigten* getragen werden müsse (Art. 69 Abs. 2 Landesverfassung).[218] Ebendieses Ergebnis faßte der Vorsitzende des Verfassungsausschusses am Ende der Beratungen noch einmal zusammen, ohne daß abweichende Meinungen laut wurden oder sich Widerspruch erhob.[219] Dieses Ergebnis der Verfassungsberatungen, das an Klarheit und Eindeutigkeit nichts zu wünschen übrigläßt, hat Otmar Jung, der profilierteste Forscher in Sachen direkte Demokratie, in einer gründlichen Untersuchung der Entstehungsgeschichte aufgedeckt,[220] und Hermann Heußner hat Jungs Ergebnisse in seiner gründlichen Arbeit über *Volksgesetzgebung in den USA und in Deutschland* ebenso bestätigt[221] wie der Staatsrechtslehrer Stefan Muckel in einem Rechtsgutachten von 1999.[222]

Demgegenüber krankt die herrschende Lehre nicht nur daran, daß sie die Entstehungsgeschichte übergeht, sondern auch an einem unzutreffenden Ausgangsverständnis. Sie geht nämlich davon aus, ohne ausdrückliche verfassungsrechtliche Erwähnung seien Volksbegehren und Volksentscheid über Verfassungsänderungen ausgeschlossen. In Wahrheit ist das Gegenteil richtig. Das bestätigt der Verfassungsvergleich mit anderen Landesverfassungen der ersten Stunde. In Bayern und Bremen wurde – auch ohne ausdrückliche Erwähnung in den Verfassungen – die Zulässigkeit verfassungsändernder Volksgesetzgebung vorausgesetzt. Und genau das war, wie die Entstehungsgeschichte belegt, die Auffassung der »Verfassungsväter« in Nordrhein-Westfalen. Die herrschende Auffassung ließe sich deshalb nur begründen und aufrechterhalten, wenn der Ausschluß von volksbegehrten Verfassungsänderungen ausdrücklich in der Landesverfassung niedergelegt wäre. Das aber ist eben nicht der Fall. Damit verstößt die noch herrschende Auffassung gegen zwingende Regeln der juristischen Auslegungslehre: Wenn der Wortlaut und die Systematik keine eindeutige Antwort ergeben, wie dies hier der Fall ist, ist auf die Entstehungsgeschichte zurückzugreifen. Das wird von der noch herrschenden Auffassung versäumt.

Der Verfassungsgerichtshof des Landes Nordrhein-Westfalen hat sich in einem Beschluß von 1974 zwar in einer Nebenbemerkung der bisher herrschenden Auffassung angeschlossen. Dies geschah aber ohne jede Begründung.[223] Vermutlich hat sich der Verfassungsgerichtshof – unausgesprochen – auf die herrschende Kommentarliteratur gestützt.

Diese aber ist zwischenzeitlich durch die Erforschung der Entstehungsgeschichte widerlegt. Damit hat auch die Äußerung des Verfassungsgerichtshofs ihre Grundlage verloren.[224]

Hessen

Für Hessen gilt ähnliches. Hier wurde die herrschende Lehre durch einen kleinen Aufsatz Walter Jellineks von 1947 begründet.[225] Jellinek war zwar an der Vorbereitung der hessischen Verfassung beteiligt, ja er hatte sogar einen Vorentwurf geliefert, an den Verhandlungen der Verfassungsgebenden Landesversammlung hat er jedoch nicht mehr teilgenommen (und wurde nur zweimal von Fall zu Fall herangezogen). Und in dieser Versammlung hat sich gerade hinsichtlich der uns interessierenden Frage eine wesentliche Änderung ergeben. Das zeigen auch hier die Materialien, und wieder war es Otmar Jung, der dies in sorgfältiger Arbeit »ausgegraben« hat.[226] Auch der hessische Verfassungsausschuß setzte voraus, daß Verfassungsänderungen ebenso Gegenstand der Volksgesetzgebung sein können wie die normale Gesetzgebung, streitig waren lediglich die Quoren: Während für Verfassungsänderungen zunächst eine Sonderhürde gefordert wurde, entschied man sich schließlich (wie in Bayern) auch in diesen Fällen für die einfache Abstimmungsmehrheit. Der Verfassungsgeber tendierte also zur Erleichterung volksinitiierter Volksabstimmungen, nicht zu deren Beseitigung.[227]
In seiner zusammenfassenden Bewertung weist Jung darauf hin, daß die Entstehungsgeschichte in beiden Fällen bisher »schlicht ignoriert« wurde, »um gleichsam ungestört mit einer verabsolutierten systematischen Argumentation das gewünschte Ergebnis zu rechtfertigen«. Dieses Vorgehen werfe »die Machtfrage auf, wer über die Verfassung bestimmt: der demokratisch gewählte parlamentarische Verfassungsgeber oder eine Interpretationsaristokratie, die um ihrer unaufgedeckten Ziele willen das einzige über Bord wirft, was sie legitimieren könnte: die fachlich-methodische Disziplin. Immerhin sind die Ziele erschließbar. Nicht zufällig geht die Fehlinterpretation beide Male in die gleiche Richtung: hin zu einer Verkürzung der direktdemokratischen Partizipationsmöglichkeit.«[228]

31 Rolle rückwärts in Bayern?

In Bayern waren durch Volksbegehren und Volksentscheid bisher auch Verfassungsänderungen unbeschränkt möglich. Die Bayerische Verfassung verlangt dafür keine strengeren formalen Voraussetzungen als für die Änderung einfacher Gesetze. Das war seit einem halben Jahrhundert herrschende Meinung: Der Bayerische Verfassungsgerichtshof hatte bereits 1949 ein bayerisches Wahlgesetz, das Verfassungsänderungen durch Volksbegehren und Volksentscheid nur mit bestimmten Qualifikationen zuließ, für verfassungswidrig erklärt.[229]
Seit den erfolgreichen Volksentscheiden von 1995 (Änderung der Bayerischen Verfassung: Einführung von Bürgerbegehren und Bürgerentscheid auf kommunaler Ebene) und von 1998 (Verfassungsänderung: Abschaffung des Senats) rührt sich jedoch Widerspruch von seiten derer, denen die ganze Richtung nicht paßt. Dieser Widerspruch hatte sich in einem Gutachten des Bonner Staatsrechtslehrers Josef Isensee[230] niedergeschlagen und in einer darauf beruhenden Klage des Bayerischen Senats. Darin wurde behauptet, das Volksgesetzgebungsverfahren, durch das der Senat zum 1. Januar 2000 abgeschafft und die Bayerische Verfassung entsprechend geändert wurde, sei seinerseits verfassungswidrig. Isensee behauptet nicht mehr und nicht weniger, als daß das ganze bisher in Bayern bestehende Verständnis über Verfassungsänderungen durch Volksbegehren und Volksentscheid falsch sei und der Bayerischen Verfassung und dem Grundgesetz widerspreche.
Der Bayerische Verfassungsgerichtshof hat darüber am 17. September 1999 entschieden: Unter Aufgabe seiner früheren Auffassung hält das Gericht nunmehr bei Verfassungsänderungen im Wege der Volksgesetzgebung ein Quorum für erforderlich. Gleichwohl sei die Abschaffung des Senats durch den Volksentscheid von 1998 verfassungsrechtlich in Ordnung. Denn der Beseitigung des Senats hatten 27,3 Prozent der stimmberechtigten Bürger zugestimmt. Ein Quorum von 25 Prozent genüge aber den Anforderungen.
Diese Entscheidung ist unübersehbar vom Ergebnis her bestimmt. Sie wird zwei Anliegen gleichzeitig gerecht: Einerseits wird ein Quorum eingeführt, andererseits bleibt der bereits abgeschlossene Volksent-

scheid über die Abschaffung des Senats unberührt. Dementsprechend aufgesetzt wirken die Versuche des Gerichts, seine Entscheidung zu begründen:

Während das Gericht früher davon ausging, die Bayerische Verfassung habe mit dem Satz »Mehrheit entscheidet« (Art. 2 BV) festgelegt, daß auch Verfassungsänderungen im Wege der Volksgesetzgebung mit der normalen Mehrheit der Abstimmenden zustande kommen, meint es jetzt, die Verfassung enthalte selbst keine abschließende Regelung, so daß die Entscheidung über das Quorum in der Hand des Gesetzgebers liege.

Selbst wenn man so argumentiert, hätte es aber nahegelegen, dem einfachen Gesetzgeber auch die Frage zu überlassen, ob überhaupt ein Quorum eingeführt werden solle. Das Gericht versucht demgegenüber aus allgemeinen Erwägungen einen verfassungsrechtlichen Zwang zur Einführung eines Quorums in die Bayerische Verfassung hineinzulesen.

Kern der gerichtlichen Argumentation ist die Sorge, volksbegehrte Verfassungsänderungen begründeten ohne Quorum die Gefahr der »Umgestaltung durch eine verhältnismäßig kleine aktive Gruppe gegen den wahren Willen der Mehrheit der Staatsbürger«. Dabei beruft sich das Gericht auf ein 50 Jahre altes Zitat. Eine derartige Sorge mag in den Anfangsjahren nach 1945 noch verständlich gewesen sein (siehe S. 179 ff.), nach den inzwischen gesammelten Erfahrungen mit Volksbegehren und Volksentscheiden in Bayern erscheint sie heute aber geradezu abwegig. Bereits das Eingangsquorum von 10 Prozent der Stimmberechtigten – also von rund 880 000 Unterschriften, innerhalb von 14 Tagen auf Amtsstelle zu sammeln – stellt eine hohe Hürde dar und ist in der politischen Praxis regelmäßig nur zu erreichen, wenn das Anliegen breite Zustimmung in der Bevölkerung findet. Geradezu abwegig aber erscheint die Befürchtung, ein Volksentscheid könne »gegen den wahren Willen der Mehrheit der Staatsbürger« erlangt werden. Diese These des Gerichts ist durch nichts begründet und übersieht die entscheidenden Gegebenheiten:

- Parteien und Politiker werden – gerade dann, wenn sie vermuten, daß die Mehrheit der Bürger das Anliegen ablehnt – alles daransetzen, diese auch zu informieren und zu mobilisieren.
- Die öffentliche Diskussion über die zu entscheidende Frage er-

streckt sich über viele Monate, so daß es ausgeschlossen erscheint, daß der Mehrheit ein von ihr unerwünschtes Projekt verborgen bleiben könnte, zumal die etablierte Politik sie darauf eben gezielt hinweisen wird.

- Da jeder stimmberechtigte Bürger zudem die völlig ungehinderte Möglichkeit besitzt, an der Abstimmung teilzunehmen, erscheint ein Votum gegen die Mehrheit der Staatsbürger kaum denkbar. Vielmehr zeichnet sich die Volksgesetzgebung gerade umgekehrt dadurch aus, daß sie ein Instrument darstellt, (auch) die sogenannte schweigende Mehrheit zum Sprechen zu bringen.

Im übrigen bestätigt der Blick in zwei Mutterländer der Demokratie, die USA und die Schweiz, daß allgemeine demokratische Erwägungen keineswegs nach Erschwerungen für volksbegehrte Verfassungsänderungen verlangen. In der Schweiz und den USA sind solche Änderungen meist mit einfacher Mehrheit möglich. Dagegen argumentiert der Bayerische Verfassungsgerichtshof wie folgt:

> »Auch in Würdigung dieser ausländischen Bezugsfälle kann der Bayerischen Verfassung nicht unterstellt werden, daß sie eine im innerdeutschen Verfassungsvergleich derart ungewöhnliche Regelung will.«[231]

Dabei übersieht das Gericht aber, daß die Väter der Bayerischen Verfassung gerade bei Einführung der direktdemokratischen Elemente direkt unter Schweizer Einfluß standen. Auch die amerikanischen Erfahrungen haben eine Rolle gespielt und nachweisbar sogar dazu geführt, daß das ursprünglich vorgesehene Quorum für Referenden bei parlamentarisch beschlossenen Verfassungsänderungen von den Vätern der Bayerischen Verfassung schließlich fallengelassen wurde. Die Zustimmungsquoren in den anderen deutschen Bundesländern wurden erst sehr viel später eingeführt.
Wenn der Bayerische Verfassungsgerichtshof daraus jetzt auf die Auslegung der Bayerischen Verfassung rückschließen will, so ist dies ahistorisch und methodisch unzulässig. Der innerdeutsche Rechtsvergleich läßt sich – angesichts der Verfassungsautonomie der Bundesländer – nicht zum entscheidenden Kriterium für die Auslegung der Bayerischen Verfassung umfunktionieren, zumal die Zustim-

mungsquoren in den anderen Ländern ja ihrerseits hoch problematisch sind.

Im übrigen ist selbst die Begründung, mit der der Bayerische Verfassungsgerichtshof den Volksentscheid zur Abschaffung des Senats abgesegnet hat, vordergründig. Daß 27,3 Prozent der Stimmberechtigten zustimmten, heißt ja noch nicht, daß dieses Maß an Zustimmung auch erreicht worden wäre, wenn schon damals ein 25-Prozent-Quorum bestanden hätte. Derartige Quoren können erhebliche Rückwirkungen auf die Beteiligung an der Abstimmung haben, und diese Rückwirkungen hat das Gericht schlicht ignoriert. Ja, es hat sich, um diese offene Flanke abzudecken, sogar zu der Aussage hinreißen lassen, die Gefahr von Boykottstrategien ergebe sich nur bei *Beteiligungs*quoren. Für *Zustimmungs*quoren stelle »sich die ganze Frage nicht, weil hier ein Fernbleiben von der Abstimmung für die Gegner eines Volksbegehrens niemals sinnvoll« sei.[232] Doch dadurch wird die Argumentation erst recht unhaltbar. Das Gericht verkennt, daß ein Minimum an Zustimmung ein Minimum an Beteiligung voraussetzt und Zustimmungsquoren sich deshalb bei nichtausreichender Beteiligung genauso auswirken wie Beteiligungsquoren: Die Initiative scheitert, selbst wenn die Mehrheit der Abstimmenden zustimmt. Das bewirkt, daß Gegner von Initiativen in beiden Fällen versucht sein können, ihre Zuflucht zu Boykottstrategien zu nehmen, auf das sachliche Anliegen möglichst gar nicht einzugehen, sich einem Austausch der Pro- und Kontra-Argumente zu verweigern und so die eigentlichen Qualitäten des Volksgesetzgebungsverfahrens zu schmälern.

Die offensichtliche Schwäche, ja die Unhaltbarkeit der Argumentation des Bayerischen Verfassungsgerichtshofs legt den Verdacht nahe, daß das Gericht bei seiner Entscheidung vielleicht nicht ganz frei von Eigeninteressen war. Die Mitglieder des Bayerischen Verfassungsgerichtshofs werden, wie erwähnt, von der Regierungsmehrheit bestellt; die Opposition und erst recht die Bürger haben darauf keinen Einfluß. Pikanterweise ist nun aber just diese einseitige Auswahl der bayerischen Verfassungsrichter Gegenstand einer anderen durch Volksbegehren zu initiierenden Verfassungsänderung. Sollte diese Erfolg haben, wäre die Legitimation der nach dem bisherigen Wahlverfahren bestellten Verfassungsrichter erschüttert, was diese kaum erfreuen kann.

Diese Verquickung der Interessen läßt befürchten, daß der Bayerische

Verfassungsgerichtshof bei seiner Entscheidung über die Verfassungsmäßigkeit des Verfassungsänderungsverfahrens nicht ganz unvoreingenommen war. Denn dadurch, daß der Verfassungsgerichtshof jetzt eine Quorumshürde für derartige Volksentscheide aufstellt, wird auch der Erfolg jener Initiative zur Änderung des Richterwahlverfahrens in Frage gestellt, und daran könnten die Richter eben durchaus ein Interesse haben, weil damit die Gefahr ihrer eigenen Delegitimation durch Neuregelung der Richterwahl verringert würde.

In dieses Bild paßt auch, daß der Bayerische Verfassungsgerichtshof, indem er selbst ein Mindestquorum von 25 Prozent festgelegt hat, dieses gegen eine Senkung oder Beseitigung durch einfache Volksgesetzgebung immunisiert hat. Denn jetzt wäre eine Beseitigung oder Veränderung des Quorums durch Volksgesetzgebung nur noch unter Einhaltung des Zustimmungsquorums möglich. Das Gericht hält sich darüber hinaus sogar den Weg offen, eine solche Revision überhaupt zu unterbinden. Es läßt nämlich ausdrücklich unentschieden, ob das Quorum durch die gegen Verfassungsänderungen geschützten demokratischen Grundgedanken der Bayerischen Verfassung im Sinne des Art. 75[233] oder gar durch das Demokratieprinzip im Sinne des Art. 28 Grundgesetz[234] geboten ist. Initiatoren, die eine solche Revision im Wege der Volksgesetzgebung betreiben wollten, müßten deshalb von vornherein damit rechnen, daß das Gericht die ganze Aktion für verfassungswidrig erklärt, selbst wenn das Quorum von 25 Prozent der Stimmberechtigten erreicht werden sollte. Über derartigen Aktionen würde deshalb von vornherein eine Art Damoklesschwert hängen – mit den entsprechenden entmutigenden Vorauswirkungen.

Auf der anderen Seite kann der Bayerische Verfassungsgerichtshof sich wenigstens nicht der Erkenntnis verschließen, daß Quoren, die erheblich über 25 Prozent hinausgehen, »praktisch nicht zu übersteigen sind und deshalb prohibitiv wirken«.[235] Dies ist der ausschlaggebende Grund, warum Zustimmungsquoren von 50 Prozent, wie sie in anderen Ländern bestehen, nach Auffassung des Bayerischen Verfassungsgerichtshofs nicht in Betracht kommen. So anfechtbar das Urteil in vielen Teilen auch ist, so ist dennoch nicht zu verkennen, daß die ungeschminkte Feststellung der prohibitiven Wirkung von 50-Prozent-Quoren die Aufmerksamkeit auf alle die Länder lenkt, in denen solche Quoren bestehen, und sie zur alsbaldigen Verfassungsrevision veranlassen sollte.

32 Belebung des politischen Wettbewerbs: Mit direkter Demokratie zur Direktwahl von Bürgermeistern und Landräten

Eine Schlüsselfrage für die Einschätzung direktdemokratischer Ergänzungen der repräsentativen Demokratie lautet, wie direktdemokratische Elemente sich auf den Parteienwettbewerb auswirken. Wir haben oben bereits darauf hingewiesen, daß solche Elemente den Parteienwettbewerb nicht stören, sondern ihn im Gegenteil erheblich intensivieren können (siehe S. 187 ff.). Diese These soll im folgenden an mehreren praktisch relevanten und aussagekräftigen Beispielen illustriert werden. Es handelt sich um Fragen, die in der öffentlichen und in der wissenschaftlichen Fachdiskussion bisher weitgehend vernachlässigt worden sind.

Wie oben dargelegt, hat die Direktwahl von Bürgermeistern und Landräten im letzten Jahrzehnt des 20. Jahrhunderts geradezu einen Siegeszug durch Deutschland gehalten. Während es zunächst eine Direktwahl von Bürgermeistern nur in Baden-Württemberg und Bayern gab, ist diese jetzt in allen Flächenländern eingeführt. Auch die Direktwahl von Landräten, die anfangs nur in Bayern bestand, gibt es inzwischen in fast allen Ländern. Diese Entwicklung hat viele Aspekte. In unserem Zusammenhang sind vor allem zwei Gesichtspunkte von Interesse: Einmal hat diese Entwicklung (zusammen mit der ebenfalls flächendeckenden Einführung der Institutionen Bürgerbegehren und Bürgerentscheid und der Ausbreitung des Kumulierens und Panaschierens bei der Gemeinderats- und Kreistagswahl) eine gewisse Begrenzung des Parteienmonopols in den Kommunen gebracht. Zum zweiten interessiert die Frage, auf welche Weise die Reformen politisch durchgesetzt wurden.[236] Die Relevanz dieser Fragestellung ist – spätestens seit der öffentlichen Diskussion um den bundesrepublikanischen »Reformstau«, insbesondere nach der vielzitierten Bemerkung des damaligen Bundespräsidenten Herzog, die Bewerkstelligung der erforderlichen Reformen sei »kein Erkenntnisproblem, sondern ein Umsetzungsproblem« – auch einem größeren Kreis deutlich geworden.

Auflockerung des Parteienmonopols

Das Spannende an den Reformen der Kommunalverfassung liegt zunächst einmal darin, daß sie eine Gewichtsverschiebung von den politischen Parteien hin zum Volk bewirken. Die annähernde Monopolstellung, die die Parteien in einem Parteienstaat wie der Bundesrepublik Deutschland ansonsten innehaben, wird zumindest auf kommunaler Ebene zu einem gewissen Teil dadurch aufgebrochen, daß das Monopol der Parteien bei der Rekrutierung des politischen Personals gelockert wird: Der personelle Zugriff, den die Parteien bei starren, vom Wähler nicht beeinflußbaren Parteilisten für die Gemeinderatswahl und bei der Wahl der Bürgermeister und Landräte durch die von ihnen beherrschten Gemeinderäte und Kreistage haben, ist erheblich fester als bei flexiblen Wahllisten und bei Direktwahl der Bürgermeister und Landräte. In Baden-Württemberg haben über 50 Prozent der direkt gewählten Bürgermeister kein Parteibuch, und auch der Rest pflegt ein eher distanziertes Verhältnis zu seiner Partei, um glaubwürdig als Repräsentant der gesamten Gemeinde auftreten zu können. Die Möglichkeit von Bürgerbegehren und Bürgerentscheid wirkt tendenziell in dieselbe Richtung.

Durchsetzung der Direktwahl

Die geradezu sprunghafte Entwicklung hin zu mehr direkter Demokratie, die wir in der Bundesrepublik auf kommunaler Ebene beobachten, steht in Widerspruch zu den Kartellpartei-Thesen der Politikwissenschaftler Richard Katz und Peter Mair.[237] Danach greifen die etablierten Parteien auf möglichst alle politischen Schlüsselentscheidungen zu, teilen die Positionen unter sich auf und tendieren dazu, sich dabei keine Konkurrenz zu machen, sondern eher zu kooperieren, ja zu kolludieren. Statt Wettbewerb herrschen dann politische Kartelle. Die Einführung direktdemokratischer Elemente dürfte nach den Thesen von Katz und Mair eigentlich keinen Platz in den politischen Programmen von »Kartellparteien« haben, weil derartige Elemente die Monopolmacht der Parteien schwächen und die Parteien deshalb dahingehende Reformversuche in kartellartigem Einverständnis abzuwehren suchen.[238]

Um so mehr muß es Reformer faszinieren, daß die Einführung der Direktwahl dennoch gelang. Die Fragen, wie die Reformprozesse abliefen und warum sie (wenn auch teilweise mit Einschränkungen) überhaupt zustande kamen, verdienen vor diesem Hintergrund besondere Aufmerksamkeit. Dabei scheint es wichtig, nicht nur pauschal von »Parteien« zu sprechen, sondern die verschiedenen Akteure innerhalb der Parteien und ihre jeweiligen Interessen ins Auge zu fassen: Widerstand gegen die Einführung der Direktwahl kam vor allem von Kommunalpolitikern.

Sie wandten sich zum Beispiel in Nordrhein-Westfalen und Niedersachsen gegen die Halbierung der Stellen, was die zwangsläufige Folge der im Zuge der Reform erforderlichen Zusammenlegung der bisher getrennten Ämter von Stadtdirektor (als Verwaltungschef) und Bürgermeister (als Ratsvorsitzender) war. Die Bürgermeister und Landräte im Landtag wandten sich gegen die Aufhebung der bisherigen Vereinbarkeit von Bürgermeister- oder Landratsamt mit dem Landtagsmandat, die ebenfalls aus der Einführung des hauptberuflichen Bürgermeisters und Landrats folgte. Die kommunalen Fraktionsvorsitzenden befürchteten eine Einschränkung ihrer bisherigen »Allmacht«, weil sie sich sorgten, nach Einführung der Direktwahl in den Schatten des Direktgewählten zu geraten. Sie fürchteten zugleich um den Zugriff der Fraktionen auf die Posten von Beigeordneten und um die Sicherung von deren Einfluß.

Mit diesen Interessen können jedoch andere parteiinterne Interessen kollidieren, besonders das Interesse, die nächsten Landtagswahlen möglichst zu gewinnen. Dieses Interesse ist besonders ausgeprägt bei denjenigen, die vom Gewinn der Wahlen am meisten profitieren, also bei den Spitzenpolitikern, die erwarten können, einflußreiche (und gut dotierte) Regierungsposten zu übernehmen oder beizubehalten. Das waren bei den Initiativen zur Reform der Kommunalverfassungen vor allem die Ministerpräsidenten (und Parteivorsitzenden) und ihre Kabinettsmitglieder beziehungsweise ihre Herausforderer in der Opposition. Faszinierend ist nun,

- wie die amtierenden Ministerpräsidenten und ihre Herausforderer sich des populären Themas (Einführung der Direktwahl) in der Vorwahlzeit sozusagen als »Material« bedienten, um bei den anstehenden Wahlen Punkte zu sammeln,[239]

- wie es ihnen dabei gelang, die parteiinternen Widerstände zu überwinden, und
- wie sie dabei auch die Möglichkeiten der direkten Demokratie einbezogen.

Volksabstimmung in Hessen

Den Schlüssel für die Durchsetzung der Direktwahl von Bürgermeistern und Landräten bildete die Volksabstimmung am 20. Januar 1991 in Hessen, mit der ein entsprechender vorheriger Beschluß des Landtags zur Änderung der Landesverfassung vom Volk bestätigt wurde.[240] Das Überraschende bei dieser Abstimmung lag im Ausmaß der Zustimmung: 82 Prozent der Abstimmenden hatten sich für die Direktwahl ausgesprochen. Es gab in der Bevölkerung in diesem Punkt also fast so etwas wie einen Konsens, und das, obwohl die Grünen und zunächst auch die SPD opponiert hatten und auch die CDU durchaus nicht mit ganzem Herzen dabeigewesen war.[241]
Die Initiative zu dieser Reform ging vom damaligen CDU-Ministerpräsidenten Walter Wallmann aus, der sie, trotz erheblicher Reserven in den eigenen Reihen, im Alleingang auf die politische Tagesordnung gesetzt hatte. Die Volksabstimmung wurde auf denselben Sonntag gelegt, an dem auch die Wahl zum nächsten Landtag stattfand, und man kann getrost davon ausgehen, daß Wallmann einerseits eine gute Chance sah, sein vorher als unrealisierbar geltendes Projekt der Direktwahl in der Vorwahlzeit dennoch durchzubringen, andererseits mit dem populären Thema auch Punkte bei der Landtagswahl sammeln und die SPD in Schwierigkeiten bringen wollte. Genau das aber trachtete die SPD natürlich zu verhindern, die in der Vorwahlzeit Aussagen, die ihre Wahlchancen hätten beeinträchtigen können, scheute »wie der Teufel das Weihwasser«.[242] Die Popularität des Themas – eine Meinungsumfrage hatte eine hohe Zustimmung für die Direktwahl signalisiert[243] – veranlaßte sie deshalb, ihren Widerstand »noch rechtzeitig, wenn auch erst spät«,[244] aufzugeben, so daß Wallmanns Initiative im Landtag schließlich sogar die für Verfassungsänderungen nötige qualifizierte Mehrheit erhielt. Mit ihrer Zustimmung sprang die SPD sozusagen auf den Zug auf, und es gelang ihr so, das attraktive (wenn auch von ihr ungeliebte) Thema wahlkampfmäßig zu neutralisieren. Das Thema büßte damit den Charakter als CDU-Wahl-

kampfschlager weitgehend ein, und Wallmann verlor ja am Ende auch die Landtagswahl.

In unserem Zusammenhang ist vor allem von Interesse, daß sich hier ein Spitzenpolitiker, also ein Angehöriger der »politischen Elite«, mit seinem Reformprojekt gegen die Eigeninteressen der politischen Klasse durchsetzte, indem er dies in der Vorwahlzeit zum Thema machte und dadurch sowohl die eigene Partei als auch die große Oppositionspartei – bei Strafe des Verlustes von Wählerstimmen – zwang, sich das Projekt zu eigen zu machen.

Einen ähnlichen Alleingang hatte Wallmann übrigens schon früher gemacht: Beim hessischen Diätenskandal war es ebenfalls der Ministerpräsident, der nach massiver öffentlicher Kritik an den Auswüchsen des kurz vorher verabschiedeten Diätengesetzes von 1988, auf die der gesamte Landtag (mit Ausnahme der Grünen) eher hinhaltend reagiert hatte, die völlige Rücknahme des Diätengesetzes auf einer Pressekonferenz ankündigte und damit – zum Ärger vieler Abgeordneter auch aus den eigenen Reihen – einen kompletten Schwenk in dieser Angelegenheit einleitete.[245]

Das 82-Prozent-Ergebnis der hessischen Volksabstimmung hatte auch in anderen Ländern hellhörig gemacht. Schlagartig wurde deutlich, welche Meinung die breite Mehrheit des Volkes in dieser Sache hatte und daß die Gemeindeverfassungen vieler Länder davon in zentralen Punkten abwichen.[246] Damit war aber ihre Legitimation erschüttert, auch wenn die »politische Klasse« sich bemühte, die hessische Abstimmung möglichst nicht zum öffentlichen Thema werden zu lassen. Verfassungen verlieren in der Demokratie ihre Legitimation, wenn sie in zentralen Punkten und auf Dauer nicht mehr von der Mehrheit des Volkes, von dem »alle Staatsgewalt ausgeht«, getragen werden. Das gilt *mutatis mutandis* auch für Gemeindeverfassungen. Und ebendieses Abweichen der Verfassung vom Volkswillen war durch die Volksabstimmung in einem zentralen Punkt in so krassem Ausmaß zutage getreten, daß es unmöglich wurde, etwa nur von einem »vorübergehenden Stimmungsbild eines wankelmütigen Volkswillens« zu sprechen. Zugleich wurde – angesichts der Tatsache, daß alle Landesverfassungen Volksbegehren und Volksentscheid auf Landesebene zuließen (oder deren Zulassung planten) – auch deutlich, welches politische Potential in der Möglichkeit liegt, das Volk entscheiden und den Gordischen Knoten pluralistischer Blockierung durchhauen zu lassen.

Damit wurde die hessische Erfahrung zu einem wichtigen Motor für die durchgreifende Reform der Gemeindeverfassungen in der ersten Hälfte der neunziger Jahre.
Auch in anderen Ländern, wie in Nordrhein-Westfalen, Schleswig-Holstein, Niedersachsen und dem Saarland, wo die Einführung der Direktwahl von Bürgermeistern und Landräten zunächst blockiert schien, trug das hessische Beispiel dazu bei, das Reformschiff schließlich doch wieder flottzumachen.

Antrag auf Volksbegehren in Nordrhein-Westfalen

In Nordrhein-Westfalen,[247] wo die Mängel der Gemeindeverfassung (latente Führungsschwäche und Defizit an Partizipationsmöglichkeiten der Bürger)[248] besonders manifest waren, war die SPD-Regierung zunächst für die Direktwahl eingetreten, dann aber vor parteiinternen Widerständen zurückgewichen. Der Hagener Parteitag der nordrhein-westfälischen SPD hatte den Reformern in der eigenen Landesregierung, besonders dem Innenminister Schnoor, Ende 1991 eine Abfuhr erteilt.[249] Damit drohte die nordrhein-westfälische Gemeindeverfassung zu einem Symbol parteipolitisch bedingter Politikblockade zu werden und dafür, daß selbst dringende Reformen in unserem Lande unrealisierbar erscheinen, wenn dadurch Positionen wegfallen und Personen befürchten müssen, ihre Ämter zu verlieren[250] oder eine Schwächung ihres Einflusses zu erfahren.[251] Der damalige Bundespräsident Richard von Weizsäcker sprach von einem »klassische(n) Fall der Machtbehauptung von Parteizentralen und der Abschreckung der Bevölkerung«.[252]
Die Blockade wurde schließlich dadurch aufgebrochen, daß die Spitze der oppositionellen nordrhein-westfälischen CDU, besonders der Landesvorsitzende Norbert Blüm und der Generalsekretär Herbert Reul, zusammen mit der FDP unter Führung Jürgen Möllemanns – beflügelt von Umfrageergebnissen, wonach mehr als 80 Prozent der Bürger Nordrhein-Westfalens für die Direktwahl der Bürgermeister seien,[253] und sicher auch in der Hoffnung auf »ein zugkräftiges Wahlkampfthema«[254] –, ein dahingehendes Volksbegehren in Angriff nahmen. Zu seiner Vorbereitung sind 3000 Unterschriften erforderlich. Die Initiatoren bekamen statt dessen schon in diesem Vorbereitungsstadium, also vor Beginn des eigentlichen Volksbegehrens, imponie-

rende 50 000 Unterschriften zusammen,[255] was die Popularität des Themas erneut unterstrich und die Regierungspartei, wollte sie nicht Gefahr laufen, auch bei den Kommunalwahlen im Herbst 1994 und den Landtagswahlen im Frühjahr 1995 Punkte an die Opposition zu verlieren, zu Reaktionen zwang. Hinzu kam, daß am 13. Juni 1993 die Kür des SPD-Parteivorsitzenden Rudolf Scharping erstmals im Wege einer innerparteilichen Urwahl erfolgt war[256] und damit die weitere Ablehnung von Direktwahlen in den Kommunen vollends nicht mehr in der Öffentlichkeit vermittelbar erschien.[257] Die SPD-Führung zog deshalb einen Parteitag in Bielefeld, der ursprünglich später stattfinden sollte, auf Mitte Januar 1994 vor. Mit dem drohenden Volksbegehren der Opposition im Rücken und den anstehenden allgemeinen Wahlen vor Augen erreichte sie es nun, daß die Delegierten in Bielefeld den Hagener Beschluß revidierten und sowohl die Beseitigung der kommunalen Doppelspitze als auch die Einführung der Direktwahl beschlossen.
In Nordrhein-Westfalen zwangen also Spitzenpolitiker der Opposition durch Appell an das Volk die Regierungspartei, ihre Beschlußlage in einer dramatischen Kehrtwende zu revidieren, und kamen damit – wahrscheinlich unbeabsichtigt – der Landesregierung bei ihrem Bemühen, sich gegen die eigene Partei durchzusetzen, zu Hilfe. Parteiführer setzten sich also im Wettbewerb miteinander gegen die Eigeninteressen ihrer politischen Klasse durch.

Volksinitiative in Schleswig-Holstein

Auch in Schleswig-Holstein hatte die SPD-Landesregierung ursprünglich der Einführung der Direktwahl von Bürgermeistern und Landräten positiv gegenübergestanden, war dann aber durch ihren Landesparteitag »zurückgepfiffen« worden. Die daraufhin von CDU und FDP eingeleitete Volksinitiative zur Vorbereitung eines Volksbegehrens erbrachte rasch die erforderliche Zahl von Unterschriften und schaffte so den nötigen politischen Druck: Die sozialdemokratische Mehrheit im Landtag setzte das Thema auf die Tagesordnung. Ein erneuter Landesparteitag der SPD widerrief die ursprüngliche Ablehnung der Direktwahl, nachdem der SPD-Fraktionsvorsitzende Börnsen argumentiert hatte, die Sozialdemokraten sollten sich »als Mitbestimmungspartei nicht von der parlamentarischen Konkurrenz übertrumpfen« lassen.[258] Anschließend trug der Landtag der Volksinitiative durch eine entsprechende Gesetzesänderung – jedenfalls teilweise – Rechnung.

Drohendes Volksbegehren in Niedersachsen

Die Rolle des Wettbewerbs der politischen Eliten war noch offensichtlicher bei der Reform der Kommunalverfassung in Niedersachsen.[259] Dort griff der Führer der CDU-Opposition, Christian Wulff, das Thema Direktwahl von Bürgermeistern und Landräten im Herbst 1993, kurz vor der Landtagswahl, auf.[260] Als Reaktion darauf (und nur Stunden, bevor die Opposition ihre bereits anberaumte erste Pressekonferenz zum Reformprojekt abhielt) verkündete die SPD-Spitze ihre Unterstützung. Den Widerstand der eigenen Partei[261] rang der Ministerpräsident und SPD-Landesvorsitzende Gerhard Schröder (nach der Landtagswahl) nieder und erlangte schließlich im März 1995 mit knapper Mehrheit den positiven Beschluß eines SPD-Sonderparteitags. Die parteiinterne Überzeugungsarbeit war ihm auch dadurch erleichtert worden, daß Wulff ein Volksbegehren angekündigt hatte.[262] Dementsprechend hatte Schröder erfolgreich argumentiert, die SPD dürfe vor dem niedersächsischen Kommunalwahlkampf 1996 nicht den Eindruck erwecken, sie sperre sich aus Angst vor dem Volk gegen die Einführung der Direktwahl.[263] (Bei einem anschließend stattfindenden Parteitag der CDU hatten sich in dieser Partei allerdings wieder die Reformgegner knapp durchgesetzt.)[264]
Auch in Niedersachsen war der Widerstand interessierter Kommunalpolitiker gegen eine Reform, die die Positionen des Bürgermeisters und des Gemeindedirektors zusammenlegt und so »mit einem Schlag die Zahl der Führungspositionen in den Kommunen halbiert«,[265] sehr ausgeprägt. Den politischen Gegenwind hatten nicht nur Schröder bei seinem nur mit knapper Mehrheit erlangten Parteitagsbeschluß und Wulff bei seiner schließlichen parteiinternen Niederlage gespürt. Hinzu kam, daß die bisher »allmächtigen« kommunalen Fraktionsvorsitzenden der großen Parteien eine Zurücksetzung durch die direktgewählten hauptberuflichen Bürgermeister befürchteten. Darüber hinaus waren die Bürgermeister und Landräte im Landtag von der Neuregelung auch dadurch betroffen, daß sie – selbst im Falle einer künftigen Übernahme des Amtes des hauptberuflichen Bürgermei-

sters oder Landrats in ihrer Kommune – nicht länger Landtagsabgeordnete hätten bleiben können, weil insoweit Unvereinbarkeitsbestimmungen greifen würden (die hinsichtlich der bisher ehrenamtlichen, aber gleichwohl großzügig entschädigten Ämter von Bürgermeistern und Landräten nicht bestanden). Allein unter den 81 Landtagsabgeordneten der SPD-Mehrheitsfraktion im Landtag waren 21 Bürgermeister und fünf Landräte.[266]

Selbst in einer Enquetekommission des Landtags hatten sich die Interessenten durchgesetzt. »Die mehrheitlich aus betroffenen Bürgermeistern und Landräten zusammengesetzte Kommission«[267] hatte in ihrem Bericht vom Mai 1994 empfohlen, alles beim alten zu lassen, die »bewährte Zweigleisigkeit« beizubehalten und auf die Direktwahl von Bürgermeistern und Landräten zu verzichten.

Einleitung eines Volksbegehrens im Saarland

Im Saarland war die CDU seit Ende der achtziger Jahre für die Direktwahl von Bürgermeistern und Landräten eingetreten und hatte wiederholt Gesetzesvorlagen im Landtag eingebracht,[268] die aber – angesichts der SPD-Mehrheit – nicht beschlossen wurden.[269] Auch eine Sachverständigenkommission hatte im März 1994 dahingehende Empfehlungen unterbreitet. Doch erst als die CDU im April 1994 ein Volksbegehren einleitete und innerhalb weniger Tage 15 000 Unterschriften sammelte,[270] kam Bewegung in das Projekt: Auf einem Sonderparteitag der SPD am 17. April 1994 beschloß die saarländische Mehrheitspartei die Einführung der Direktwahl,[271] und bereits am 11. Mai 1994 wurde die Reform vom Landtag verabschiedet.[272]

Zusammenfassung: Die List des politischen Wettbewerbs

Der gemeinsame Nenner der genannten Reformen liegt darin, daß sie durch konkurrierende Spitzenpolitiker in der Vorwahlzeit in Gang gebracht wurden, sei es, daß diese aus der Opposition heraus Volksbegehren begannen oder ankündigten, sei es, daß sie aus der Regierung heraus – meist unter dem Druck oppositioneller Volksbegehren – ihre eigenen Parteien und Fraktionen zu entsprechenden Beschlüssen veranlaßten. Durch Nutzung der Möglichkeiten der direkten Demokratie haben die Parteiführer sozusagen als »politische Unternehmer« die

Parteienkonkurrenz im Ergebnis also verschärft. Das bedeutete letztlich eine programmatische Annäherung der Parteien an die Präferenzen der Mehrheit des Volkes. Die (vom Volk mit überwältigender Mehrheit gewünschte) Direktwahl von Bürgermeistern und Landräten kam so auf die politische Tagesordnung und wurde auch durchgesetzt.

Dabei hat auch die »List des Wettbewerbs« (die wir aus der Wirtschaftstheorie kennen) ihre Wirkung getan. Sie verspricht nämlich genau das, was hier geschehen ist: Die Neuerung, die zusätzlichen Gewinn (in der Wirtschaft) beziehungsweise zusätzliche Wählerstimmen (in der Politik) verheißt, wird von den (wirtschaftlichen oder politischen) Konkurrenten übernommen, so daß der Zusatzgewinn beziehungsweise die Zusatzstimmen aus der Innovation durch das Nachmachen seitens der Konkurrenten wieder verschwindet. Wer davon dann im Ergebnis profitiert, ist der Bürger und Wähler; er kommt in den Genuß der Innovation. Auf diese Weise bringt der Mechanismus der Konkurrenz, wenn er funktioniert, für die Allgemeinheit gute Ergebnisse hervor. Das Aufbrechen des Kartells durch einzelne Parteiführer »lohnt« sich also im Ergebnis in der Regel nicht für die Akteure, die damit mehr Stimmen ergattern wollten, sehr wohl aber für die Wähler – und darauf kommt es an.

Die vorstehend aufgeführten empirischen Reformbeispiele legen zwei Thesen nahe:

1 Die Möglichkeit der Volksgesetzgebung trägt allein durch ihre Existenz zu einer besseren Rückbindung an den Volkswillen und zu größerer Reformfähigkeit der Landespolitik bei.
2 Sie bildet keinen Fremdkörper im System der repräsentativen Demokratie, sondern verbessert im Gegenteil deren Funktionsfähigkeit, indem sie den politischen Wettbewerb intensiviert.

Wie die Reformen teilweise verpatzt wurden

Die Durchsetzung der Direktwahl von Bürgermeistern und Landräten mittels des Volksentscheids in Hessen und durch glaubwürdig angedrohte Volksbegehren in anderen Ländern hatte oft allerdings auch eine Kehrseite. Die widerstrebenden Kräfte in den Parteien suchten –

aus ihrer eigeninteressierten Sicht[273] – soviel wie möglich zu »retten«. Wenn sie schon die ihnen aufgezwungene Direktwahl nicht verhindern konnten, so wollten sie sie doch wenigstens so ausgestaltet wissen, daß ihr Einfluß möglichst wenig geschmälert würde und sie, sprich: die Partei- und Fraktionsfunktionäre, die Fäden, soweit wie – angesichts der neuen Gegebenheiten – möglich, in den Händen behielten. Doch ist die Direktwahl Teil eines Gesamtsystems, und man darf bei ihrer Einführung die dazugehörigen anderen Teile des Systems nicht einfach ausklammern. Diese unter Kommunalwissenschaftlern selbstverständliche Einsicht blieb in der Praxis vielfach unberücksichtigt. Das Ergebnis sind kommunalverfassungsrechtliche Torsen in einigen Ländern, deren Funktionsfähigkeit mehr oder weniger fraglich erscheint. Das Rezept für eine Gesamtreform wurde nur teilweise befolgt, so daß das zustande gekommene Mahl teilweise verdorben wurde.

Hessen: Stockende Begleitreformen

Das erste Beispiel ist die Beibehaltung der Magistratsverfassung in Hessen, wo Ministerpräsident Wallmann in der Vorwahlzeit zwar den Landtag dazu gebracht hatte, die Direktwahl der Bürgermeister einzuführen (und das überwältigende Ergebnis des Referendums alle Widerstände erstickte). Aber die nötigen Begleitreformen (Abschaffung des Magistrats, Einführung der Möglichkeit des Kumulierens und Panaschierens bei der Ratswahl und Beseitigung der Fünfprozentklausel) unterblieben zunächst.[274] Erst nach dem Regierungswechsel im Jahre 1999 sollen nun die Sperrklausel auf 3 Prozent abgesenkt und Kumulieren und Panaschieren eingeführt werden.[275]

Nordrhein-Westfalen: Zähe Rückzugsgefechte

Ein zweites Beispiel sind die Absonderlichkeiten der neuen Kommunalverfassung in Nordrhein-Westfalen. Auch hier wurde die politische Klasse zwar durch ein anlaufendes Volksbegehren zur (von ihr abgelehnten) Zusammenlegung der Positionen des Verwaltungschefs und des Ratsvorsitzenden und zur Direktwahl des nunmehrigen hauptberuflichen Bürgermeisters gezwungen; sie versuchte aber dennoch, möglichst viel in der Hand zu behalten, beispielsweise durch die

Regelung, daß die Wahl des Bürgermeisters gleichzeitig mit der Wahl des Gemeinderats stattfindet, daß beim vorzeitigen Ausscheiden eines Bürgermeisters sein Nachfolger vom Rat (und nicht vom Volk) gewählt wird, daß der Bürgermeister keinen eigenen, ihm vorbehaltenen Entscheidungsbereich besitzt (sondern der Rat per »Rückholrecht« alles an sich ziehen kann),[276] außerdem durch die Beibehaltung eines besonders parteifreundlichen (und entsprechend bürgerfeindlichen) Ratswahlrechts und ferner durch einige Spezialregelungen, die zu erheblichen Auswüchsen bei der Versorgung führen können.[277]

Die Fünfprozentklausel bei der Ratswahl allerdings wurde nach einem Urteil des Verfassungsgerichtshofs von Nordrhein-Westfalen vom 6. Juni 1999 noch kurz vor den Kommunalwahlen im Herbst 1999 im Blitzverfahren beseitigt. Und die zeitliche Koppelung beider Wahlen erwies sich im Herbst 1999 geradezu als selbstgegrabene Grube, als die riesigen Verluste der SPD bei den Ratswahlen auch auf ihre Bürgermeisterkandidaten durchschlugen und deren Wahlchancen schwer beeinträchtigten.

Schleswig-Holstein: Kleine Gemeinden ausgeklammert

Ein drittes Beispiel ist Schleswig-Holstein. Dort wurde die Direktwahl nur in den Landkreisen und in den Städten und Gemeinden mit hauptberuflichem Bürgermeister eingeführt. In den kleineren Gemeinden mit ehrenamtlichem Bürgermeister blieb es dagegen bei der Wahl durch den Gemeinderat. Hier setzte sich der parteiinterne Widerstand in der SPD durch, und auch die CDU gab ihren Widerstand schließlich auf.

Doch das Ausklammern ausgerechnet der Bürgermeister von kleinen Gemeinden erscheint doppelt widersinnig, weil in den kleineren, überschaubaren Gemeinden die Direktwahl besonders nahegelegen hätte.[278] 800 000 schleswig-holsteinische Bürger in über tausend ehrenamtlich verwalteten Gemeinden wurden auf diese Weise von der Direktwahl ausgeschlossen.

Ein Grund für den besonderen Widerstand der Parteifunktionäre gegen die Direktwahl in kleineren Gemeinden dürfte darin liegen, daß in größeren Städten die Parteien die Rekrutierung auch bei Direktwahl einigermaßen in der Hand behalten können, nicht aber in kleineren Gemeinden.[279] Auf SPD-Kreisverbands- und Ortsvereinsebene wurde ganz offen damit argumentiert, »die Einbeziehung der Ehrenamtlichen in die Direktwahl würde den Parteieneinfluß zurückdrängen«.[280] In Nordrhein-Westfalen mit seinen relativ wenigen, dafür aber um so größeren Gemeinden mit ausschließlich hauptberuflichen Bürgermeistern gibt es dieses Problem nicht.

Auch die CDU hat schließlich nicht mehr opponiert, und ein Volksbegehren wollte sie gegen die mittelbare Wahl der Ehrenamtlichen schon gar nicht unternehmen. Auf dem CDU-Parteitag von Neumünster wurde die Direktwahl von Ehrenamtlichen zur »Verhandlungsmasse« erklärt.[281] Zwar wollte die FDP daraufhin das Volksbegehren wieder aufgreifen, die CDU versagte aber die Unterstützung, und allein hat es die FDP nicht gewagt.[282]

Saarland: Halbherzige Teilreform

Im Saarland blieb es trotz der Einführung der Direktwahl von Bürgermeistern und Landräten bei der indirekten Wahl der Ortsvorsteher. Auch die Möglichkeit, bei der Gemeinderatswahl zu kumulieren und zu panaschieren, wurde nicht eingeführt und schon gar nicht die Fünfprozentklausel abgeschafft. Ein Urteil des Verfassungsgerichtshofs des Saarlandes aus dem Jahre 1998[283] konnte wegen Stimmengleichheit (4:4 der acht Mitglieder des Gerichts) die Verfassungswidrigkeit der Fünfprozentklausel zwar noch nicht festellen.[284] Doch werden dieses – im Ergebnis meines Erachtens unhaltbare[285] – Urteil und das ängstliche Festhalten der SPD-Mehrheit an der Sperrklausel nach der jüngsten Entwicklung in Nordrhein-Westfalen, die dort zur ersatzlosen Abschaffung der Sperrklausel bei Kommunalwahlen geführt hat (siehe S. 269), erst recht zu überdenken sein. Gleiches gilt für die anderen überholten Elemente der saarländischen Kommunalverfassung.[286]

Zusammenfassung: Das Parteienkartell faßt wieder Tritt

Die unsystematische Übernahme bloß von Teilen der baden-württembergischen Gemeindeverfassung in den genannten Ländern läßt unterschiedliche Erklärungen zu: Zunächst einmal liegt die Vermutung nahe, daß die Parteien und Parlamente, denen die Reformen aufgezwungen wurden, nicht wirklich dahinterstanden und – angesichts

ihrer Eigeninteressen – dem Systemgedanken wenig Gewicht beimaßen, auch wenn davon das Funktionieren der neuen Kommunalverfassungen in der Praxis abhängt.
Damit ist allerdings noch nicht erklärt, warum diejenigen Parteiführer, die die Reformen betrieben und zu ihrer Durchsetzung Volksbegehren vorbereitet hatten, nun nicht auch dieselbe Methode anwendeten, um die unter den Tisch gefallenen Teile der Reform ebenfalls durchzusetzen. Als Gründe für dieses Unterlassen kommen in Frage: Einmal blieb der Widerstand der kommunalen Funktionäre bestehen, und der Verzicht auf die genannten Teile erscheint sozusagen als Kompromiß, dessen Infragestellung die parteiinterne Stellung der Parteichefs vermutlich gefährdet hätte. Zum anderen erschienen die noch ausstehenden Teile der Reform möglicherweise nicht attraktiv genug, um damit – insbesondere angesichts der hohen Quoren für Volksbegehren von 20 Prozent der Wahlberechtigten in Hessen, Nordrhein-Westfalen und im Saarland – die Mobilisierungsschwelle überwinden zu können, ein Gedanke, der wiederum die Forderung nach Absenkung jener Quoren (siehe S. 211 ff.) unterstreicht. Auch wäre es – angesichts der im Gang befindlichen oder bereits durchgeführten Teilreformen – schwerer zu vermitteln gewesen, worum es bei dem Projekt noch zusätzlich ging.
Falls die erforderliche Mobilisierung aber doch gelungen beziehungsweise aussichtsreich erschienen wäre (was sich wohl schon bei der mehr oder weniger großen Leichtigkeit gezeigt hätte, mit der die Stimmen für den Antrag gesammelt worden wären), hätte die »Gefahr« bestanden, daß die Regierung das Projekt wiederum übernehmen und es damit erneut wahlpolitisch neutralisieren würde, so daß die Opposition die erhoffte politische »Rendite« bei den Landtagswahlen wiederum nicht hätte einstreichen können. So hatte das Prinzip des Parteienkartells letztlich doch wieder die Oberhand gewonnen.

33 Volksbegehren und Volksentscheid auf Bundesebene: Eckpunkte der anstehenden Regelung

Nach der flächendeckenden Einführung direktdemokratischer Sachentscheidungen in den Bundesländern und in den Gemeinden richtet sich die öffentliche Diskussion zunehmend auch auf die Bundesebene.[287]

Die Gemeinsame Verfassungskommission des Bundestags und des Bundesrats war mehrheitlich bereits für derartige Vorschläge eingetreten, doch blieb dies ohne Konsequenz, da die vorher vereinbarte Zweidrittelmehrheit entsprechende Kommissionsbeschlüsse von vornherein unterband. Ein neuer Anstoß könnte von der rot-grünen Bundesregierung unter Bundeskanzler Schröder ausgehen, die laut ihrer Koalitionsvereinbarung ausdrücklich plant, »auch auf Bundesebene Volksinitiative, Volksbegehren und Volksentscheid durch eine Änderung des Grundgesetzes« einzuführen. Doch könnte auch dieser Anlauf letztlich erfolglos bleiben, da dazu Zweidrittelmehrheiten im Bundestag und im Bundesrat benötigt werden, was nicht ohne Mitwirken der CDU/CSU möglich ist, die sich in der Vergangenheit aber stets gegen derartige Projekte ausgesprochen hat.

Ein weiterer Anstoß geht von der Bürgeraktion »Mehr Demokratie« aus, die, um die Öffentlichkeit für das Thema zu sensibilisieren und um öffentlichen Druck auf die politische Klasse in Berlin zu schaffen, für das Jahr 2001 eine großangelegte Unterschriftenaktion plant.[288]

Angesichts der anstehenden öffentlichen Diskussion erscheint es angezeigt, sich Gedanken über das Ob und das Wie einer solchen Verfassungsänderung zu machen und dabei auch die aus den vorstehenden Analysen gewonnenen Erkenntnisse heranzuziehen. Dies erscheint doppelt wichtig, weil schon jetzt die Gefahr abzusehen ist, daß, falls Bundestag und Bundesrat sich überhaupt auf eine Verfassungsänderung einigen, dies auf der Ebene des kleinsten gemeinsamen Nenners geschieht und damit Fehler, die auf Landesebene gemacht worden sind, sich auf Bundesebene zu wiederholen drohen. Mit Regelungen, die nur so tun »als ob«, in Wahrheit aber durch überzogene Aus-

schlußtatbestände und prohibitiv wirkende Quoren dem Volk nur scheinbar Rechte gewähren, wäre aber niemandem wirklich gedient (außer vielleicht den Interessen der politischen Klasse selbst).
Eine sinnvolle Regelung müßte mindestens folgende Eckpunkte enthalten:

1. Sie dürfte sich nicht auf Initiativen beschränken, auf die die repräsentativen Organe so oder so reagieren könnten, sondern müßte dem Volk natürlich auch die Möglichkeit der abschließenden und verbindlichen Entscheidung geben.
2. Verfassungsänderungen dürften ebensowenig ausgeklammert bleiben wie die Themen Finanzen und Abgaben. Für Finanztabus ist in einer Demokratie kein Platz. Und Verfassungsfragen bedürfen nach demokratischen Grundgedanken in besonderer Weise der Legitimation durch unmittelbare Entscheidungen des Volkes.
3. Die Quoren für Volksbegehren dürften keinesfalls im prohibitiven Bereich (20 Prozent) liegen und sollten wie in den fortschrittlichen Landesverfassungen 5 Prozent nicht überschreiten. Derartige Quoren legt auch der Vergleich mit der Schweiz und den USA nahe.
4. Zustimmungsquoren für Volksabstimmungen sollten nicht festgelegt werden, schon gar nicht prohibitive Quoren von 50 Prozent der Stimmberechtigten, wie sie in den meisten Landesverfassungen für Verfassungsänderungen vorgeschrieben sind. Will man auf Erschwerungen für Verfassungsänderungen nicht verzichten – eine Frage, die besonders bei der Änderung von Grundrechten zu diskutieren ist –, wäre allenfalls an eine Zweidrittelmehrheit der Abstimmenden zu denken.

Bisher wird die zentrale Frage der verfahrensmäßigen Ausgestaltung direktdemokratischer Institutionen selbst in der Fachdiskussion oft nicht erkannt, bisweilen vielleicht auch ganz bewußt ausgeblendet oder heruntergespielt.
Heute gelten zwar die früher gängigen Behauptungen, direktdemokratische Institutionen hätten maßgeblich zum Untergang der Weimarer Republik beigetragen,[289] mit Recht als überholt. Neuere Forschungen haben hier die nötigen Nachweise erbracht (siehe S. 179 ff.). Gleichwohl versuchen Gegner direktdemokratischer Entwicklungen auf Bundesebene auch jetzt noch die Erfahrungen in

ihrem Sinne zu deuten, ohne zu berücksichtigen, daß die Erfahrungen durch mangelhafte verfahrensmäßige Ausgestaltung wesentlich mitgeprägt worden sein könnten. Ein Beispiel ist das 1999 erschienene Buch von Hans-Peter Hufschlag *Einfügung plebiszitärer Komponenten in das Grundgesetz?* Er bemängelt die direktdemokratischen Einrichtungen der Weimarer Republik nicht wegen ihrer Nachteile, sondern nun umgekehrt, »weil sie keinerlei Vorteil gebracht« hätten.[290] Doch daß dies vielleicht auch daran gelegen hat, daß die direktdemokratischen Instrumente in der Weimarer Zeit prohibitiv ausgestaltet waren und deshalb ein sachgerechtes Funktionieren dieser Instrumente von vornherein unmöglich war, wird unerwähnt gelassen und als Problem nicht erkannt.

Ganz ähnlich werden die direktdemokratischen Erfahrungen in den deutschen Bundesländern fehlinterpretiert. Zwar seien die in den Bundesländern gemachten Erfahrungen im Einzelfall durchaus ermutigend, allerdings sei »von den im Landesverfassungsrecht vorgesehenen plebiszitären Möglichkeiten insgesamt nur zurückhaltend, in einigen Ländern bis heute überhaupt kein Gebrauch gemacht worden«.[291] Nach allen Erfahrungen sei deshalb auch von der Einführung der Volksgesetzgebung auf Bundesebene nicht allzuviel zu erwarten, weder im negativen noch im positiven Sinne. Die praktische Relevanz der Frage werde regelmäßig weit überschätzt.[292] Die naheliegende Erklärung, daß die geringe Nutzung direktdemokratischer Institutionen in vielen Ländern auf deren restriktiver, ja zum Teil prohibitiver Ausgestaltung beruht (wie auch die umgekehrten Erfahrungen in Bayern mit seinen für deutsche Verhältnisse großzügigen Regelungen bestätigen) und deshalb insgesamt vielleicht ganz andere Erfahrungen zu erwarten wären, sobald die verfahrensmäßigen Hürden flächendeckend gesenkt würden, wird übersehen.[293]

34 Blick über die Grenzen: Halbdirekte Demokratie in der Schweiz und den USA

Es gibt eine ganze Reihe von Gründen, warum uns die halbdirekte Demokratie in der Schweiz und die direktdemokratischen Elemente in vielen Bundesstaaten der USA interessieren sollten (siehe dazu die Tabelle 3: »Strukturmerkmale der direkten Demokratie: Deutschland – Schweiz – USA«, S. 318).[294]

Einmal sind auch die Schweiz und die USA Bundesstaaten wie Deutschland. Zum zweiten sind in der Schweiz und den USA die direktdemokratischen Elemente besonders gut entwickelt und werden dort seit langem praktiziert. Es gibt eine Fülle von Erfahrungen, die auch für die Zwecke der Bundesrepublik ausgewertet werden können (siehe S. 294 ff.). Man kann die Schweiz und die USA deshalb geradezu als Laboratorien bezeichnen, in denen sich die Auswirkungen direktdemokratischer Institutionen besonders gut testen lassen. Um diese Ergebnisse auswerten zu können, muß man sich die dortigen Regelungen aber genauer ansehen.

Besonders ausgeprägt und traditionsreich ist die direkte Demokratie in der Schweiz, die für Deutschland schon in der Vergangenheit vielfach als Vorbild gedient hat. Das gilt für die direkte Demokratie auf Landes- und Gemeindeebene besonders in den beiden unmittelbar an die Schweiz grenzenden Bundesländern Baden-Württemberg und Bayern. Die Schweiz hat aber auch den amerikanischen Reformern als Vorbild gedient, als diese vor etwa hundert Jahren darangingen, viele politische Institutionen in den USA umzugestalten.[295]

Die Schweiz unterscheidet sich von den USA vor allem dadurch, daß ihre Bundesverfassung direktdemokratische Elemente auch auf Bundesebene vorsieht. In den USA gibt es dagegen keine direktdemokratischen Sachentscheidungsmöglichkeiten auf Bundesebene (ebensowenig wie in Deutschland). Zudem weisen in der Schweiz alle Kantone direktdemokratische Elemente auf, in den USA dagegen nur etwa die Hälfte der Staaten.

Beide, die Schweiz und die USA, zeichnen sich dadurch aus, daß ihre Einstellung zur direkten Demokratie sehr viel unverkrampfter ist als in der Bundesrepublik Deutschland, wo überkommene obrigkeitsstaatliche Vorstellungen noch vielfach durchschlagen. Das unterschiedliche Vorverständnis spiegelt sich in den einschlägigen verfassungsrechtlichen Regelungen sehr deutlich wider:

- Während in der Schweiz auch im Bund zumindest auf Verfassungsebene umfassende direktdemokratische Elemente vorhanden sind, fehlen solche in Deutschland auf Bundesebene völlig; das gilt sogar für die Verfassungsgebung und für Verfassungsänderungen. In den USA sind dem Bundesvolk zwar auch keine direktdemokratischen Sachentscheidungen eröffnet. Es gibt auf Bundesebene also keine direktdemokratischen Elemente im engeren Sinne, wohl aber solche im weiteren Sinne: Der amerikanische Präsident wird direkt vom Volk gewählt, und man sollte auch berücksichtigen, daß der Senat nicht wie der deutsche Bundesrat von den Staatenregierungen gebildet wird, sondern seine Mitglieder unmittelbar durch die Staatenvölker gewählt werden, und zwar im Wege der Persönlichkeitswahl durch die jeweiligen Mehrheiten der Bürger. Auch die Mitgliedschaft im Repräsentantenhaus beruht auf Persönlichkeitswahl.
- Auf Landesebene scheint der direktdemokratische Rückstand Deutschlands auf den ersten Blick gering. Das signalisiert jedenfalls der Überblick über die Verfassungsnormen, besteht doch inzwischen in allen sechzehn Bundesländern die Möglichkeit der Volksgesetzgebung. Die tatsächliche Situation ist aber eine andere, ganz abgesehen davon, daß die Gesetzgebungskompetenzen deutscher Bundesländer ohnehin sehr viel geringer sind als die von Schweizer Kantonen und von amerikanischen Bundesstaaten:
  - Verfassungsänderungen sind in zwei Ländern (nach herrschender Meinung sogar in vieren) von vornherein der Volksgesetzgebung entzogen – im Gegensatz zur Schweiz. Dort können die Verfassungen in allen Kantonen im Wege der Volksgesetzgebung geändert werden,[296] in den USA ist dies in 18 Staaten der Fall.[297] In den anderen deutschen Bundesländern, in denen Verfassungsänderungen nicht von vornherein ausgeschlossen sind, bestehen für Volksentscheide prohibitive Zustimmungsquoren in Höhe von 50 Prozent der Stimmberechtigten (Ausnahme nur Bayern). Derartiges gibt es weder in der Schweiz[298] noch in den USA.[299]

- Der einfachen Gesetzgebung sind in den deutschen Bundesländern von vornherein die Abgaben und Finanzen entzogen. Ein derartiges, weitreichendes direktdemokratisches »Finanztabu« gibt es weder in der Schweiz noch in den USA. Im Gegenteil gehören dort Fragen der staatlichen Einnahmen und Ausgaben zu den wichtigsten Themen der Volksgesetzgebung.[300]
- Zudem muten die in Deutschland für Volksbegehren erforderlichen Quoren – im Vergleich zur Schweiz und den USA – teilweise horrend an. Während in Schweizer Kantonen und amerikanischen Staaten in der Regel zwischen etwa 1 und 4 Prozent der Stimmberechtigten ein Volksbegehren unterstützen müssen,[301] sind die Quoren in deutschen Ländern mit bis zu 20 Prozent um ein vielfaches höher und wirken in der Praxis prohibitiv.
- Hinzu kommen in vielen deutschen Ländern auch bei einfachen Gesetzen Zustimmungsquoren von in der Regel 25 oder gar 33,3 Prozent, die in der Praxis ebenfalls nur schwer überwindbar erscheinen. Derartige Zustimmungsquoren sind in der Schweiz und den USA[302] meist unbekannt.
- In Deutschland gelten zudem in vielen Ländern strenge Form- und Verfahrensvorschriften, die die Durchführung eines erfolgreichen Volksgesetzgebungsverfahrens zusätzlich erschweren. So können Unterschriften meist nur an Amtsstellen und oft nur während eines kurzen Zeitraums von vierzehn Tagen geleistet werden. In der Schweiz und den USA[303] können die Unterschriften dagegen frei gesammelt werden, und die Fristen sind, falls überhaupt welche bestehen, erheblich länger.[304]

• Auf kommunaler Ebene versprechen die Gesetzesnormen in Deutschland auf den ersten Blick ebenfalls mehr, als sie in der Praxis halten. In allen 13 Flächenländern und in Bremen ist zwar die Möglichkeit von Bürgerbegehren und Bürgerentscheid eröffnet. Tatsächlich aber schränken die Kommunalverfassungen die zulässigen Themen vielfach stark ein. Derartige Ausschlüsse gibt es in Schweizer und amerikanischen Gemeinden nicht in gleichem Maße. Auch die Quoren für Bürgerbegehren sind in Deutschland meist sehr viel höher. Zusätzlich bestehen Zustimmungsquoren, die erfolgreiche Bürgerentscheide in größeren Städten oft verhindern und in der Schweiz und den USA ebenfalls unbekannt sind.[305] (Siehe zum Ganzen wiederum die Tabelle 2 auf S. 312.)

35 Die Europäische Union – ein Fall für mehr direkte Demokratie?

Das Demokratiedefizit der Europäischen Union ist bekannt. Es betrifft einerseits die mangelnde Bürgerpartizipation (dazu siehe S. 170 ff.), andererseits die mangelnde politische Handlungsfähigkeit. Kehrseite des doppelten Demokratiedefizits ist die wachsende Autonomie der politischen Klasse.[306] Deshalb wird die mangelnde demokratische Kontrolle von nationalen Regierungen nicht unbedingt wirklich bedauert. In Wahrheit werden oft eher Krokodilstranen über das Demokratiedefizit vergossen. Keiner der machtvollen Akteure entwickelt besonderen Eifer, das Defizit zu beseitigen, und bei vielen ist geradezu das Gegenteil der Fall,[307] eben weil jenes Defizit den demokratie- und kontrollfeindlichen Neigungen der politischen Klasse entgegenkommt. Das gilt nicht nur für den Rat, sondern in noch stärkerem Maße für die Kommission und die ihr unterstehende Bürokratie; die bekanntgewordenen Fälle von Vetterleswirtschaft und Korruptionsskandalen sind nur die Spitze des Eisbergs. Hier wiederholt sich eine Erscheinung, die schon innerhalb des deutschen Bundesstaats aufgefallen ist: Die Exekutiven haben nicht wirklich etwas dagegen, daß ihre Kontrolle seitens der Parlamente, der Bürger und der Wähler durch die verschiedenen Verflechtungsformen immer schwieriger, ja schließlich fast unmöglich wird, sondern fühlen sich in dieser Konstellation mangelnder Kontrollierbarkeit ganz wohl.

Soweit es um den bloßen Vollzug der Normen der EG-Verträge durch Kommission und Europäischen Gerichtshof geht, also insbesondere beim Abbau von Wettbewerbshindernissen, ist die Handlungsfähigkeit der EG-Organe kraft ihrer durch die europäischen Verträge garantierten Unabhängigkeit allerdings groß. Dasselbe dürfte möglicherweise hinsichtlich der Sicherung einer stabilen Währung durch die unabhängige Europäische Zentralbank zutreffen.

Soweit jedoch der Rat entscheiden muß, sieht die Bilanz anders aus. Beschlüsse sind meist nur auf der Grundlage des kleinsten gemeinsamen Nenners möglich. Der Rat entscheidet – jedenfalls nach den Normen der Verträge – zwar meist mit qualifizierter Mehrheit, wobei die Stimmen der Mitglieder nach der Größe der Mitgliedstaaten gewichtet werden.[308] Einstimmigkeit des Rats verlangen die Verträge nur bei bestimmten, als besonders wichtig geltenden Entscheidungen.[309] Unabhängig von den *rechtlichen* Regeln hat sich aber seit de Gaulles »Politik des leeren Stuhls« und der daraufhin getroffenen »Luxemburger Vereinbarung« von 1966 die Praxis entwickelt, daß von der Möglichkeit eines Mehrheitsentscheids dann kein Gebrauch gemacht wird, wenn »sehr wichtige Interessen« eines Mitgliedstaats auf dem Spiel stehen.[310] Damals hatte sich abgezeichnet, daß Frankreich in einer wichtigen agrarpolitischen Entscheidung überstimmt werden würde, worauf die französische Regierung mehrere Monate lang den Ratssitzungen fernblieb. Die schwere Krise der damaligen Europäischen Wirtschaftsgemeinschaft konnte nur dadurch überwunden werden, daß auch in den Fällen, wo der Rat aufgrund der Verträge an sich nach dem Mehrheitsprinzip entscheidet, jeder Regierung, die »sehr wichtige Interessen« ihres Landes geltend macht, dennoch eine Art Veto zugebilligt wurde.[311]

Der Effekt der stark eingeschränkten politischen Handlungsfähigkeit wird sich im Zuge der anstehenden Erweiterung der Europäischen Union von bisher 15 auf 20 und mehr Mitglieder noch verschärfen. Deshalb wird, um die Handlungsfähigkeit zu verbessern, vielfach gefordert, bei Entscheidungen des Rats vom faktischen Einstimmigkeitsprinzip auch tatsächlich zum Mehrheitsprinzip überzugehen.

Dann würde das Partizipationsdefizit allerdings noch weiter verschärft. Bei einstimmigen Entscheidungen trägt jedes Mitglied – zumindest theoretisch – Mitverantwortung und kann von seinem heimischen Parlament und seiner Wählerschaft – der Idee nach – zur Verantwortung gezogen werden. Dagegen bleibt bei Mehrheitsentscheidungen des nichtöffentlich verhandelnden Rats erst recht unerkennbar, wer wie gestimmt hat. Das Partizipations-Effizienz-Dilemma scheint unauflöslich.

Bei der Frage, wie das doppelte Defizit – an Bürgerpartizipation und an politischer Handlungsfähigkeit – dennoch behoben oder zumindest gemildert werden könnte, werden vor allem zwei Wege diskutiert. Der eine geht dahin, dem Europäischen Parlament mehr Kompetenzen zu geben, der andere dahin, die Kompetenzen möglichst in der Hand der nationalen Regierungen und Parlamente zu belassen. Doch beide Wege führen nicht zum Ziel.

Das Europäische Parlament verhandelt – im Gegensatz zum Rat –

zwar öffentlich. Zudem müssen seine Mitglieder, die ein freies Mandat besitzen, seit 1979 aus allgemeinen unmittelbaren Wahlen hervorgehen,[312] nachdem sie ursprünglich nur indirekt, nämlich von den nationalen Parlamenten, gewählt worden waren. Damit ist allerdings die Frage, ob die Defizite durch weitere schrittweise Ausweitung der Kompetenzen des Parlaments entsprechend gemindert werden könnten, wie viele meinen, noch keineswegs positiv beantwortet.

Ein vieldiskutiertes Problem liegt im unterschiedlichen Stimmgewicht der Unionsbürger. Das Europäische Parlament besteht aus 626 Abgeordneten, die sich folgendermaßen auf die 15 Mitgliedsländer aufteilen:

Deutschland	99
Vereinigtes Königreich	87
Frankreich	87
Italien	87
Spanien	64
Niederlande	31
Belgien	25
Griechenland	25
Portugal	25
Schweden	22
Österreich	21
Dänemark	16
Finnland	16
Irland	15
Luxemburg	6
Insgesamt	**626**

Die kleineren Mitgliedstaaten haben zwar weniger Abgeordnete, aber doch sehr viel mehr, als der geringeren Zahl ihrer Bürger entsprechen würde. So repräsentiert ein deutscher Abgeordneter rund 805 000 Staatsangehörige, ein französischer 604 000, ein belgischer 400 000, ein irischer 233 000[313] und ein Abgeordneter aus Luxemburg etwa 70 000.[314] Vom demokratischen Prinzip »one man, one vote« kann also keine Rede sein.

Noch gravierender ist allerdings ein anderer Einwand. Selbst ein

Europäisches Parlament mit weiter stark ausgedehnten Kompetenzen wird, auch wenn das Ungleichgewicht der Wählerstimmen beseitigt werden sollte, kaum zu gemeinwohlorientiertem Handeln in der Lage sein. Demokratie erschöpft sich nicht in Wahlen, sondern setzt – auch auf der Ebene der Europäischen Union – bestimmte weitere Gegebenheiten voraus: ein Zusammengehörigkeitsgefühl und eine gewisse europäische Identität, die sich etwa in europäischen Parteien und einer europäischen öffentlichen Meinung widerspiegelt und sich als ein gewisses europäisches »Wir-Gefühl« bezeichnen läßt. Daran fehlt es aber bisher weitgehend. Es gibt kein die nationalen Zugehörigkeiten überlagerndes europäisches Bewußtsein, keine öffentliche Meinung Europas, sondern nur national unterschiedliche öffentliche Meinungen. Die Franzosen lesen andere Zeitungen und sehen andere Fernsehsender als die Engländer, die Italiener, die Spanier oder die Deutschen. Und selbst wenn diese Medien über Europa berichten, dann über von Land zu Land verschiedene Themen und immer aus nationalem Blickwinkel. Ohne intensive grenzüberschreitende Kommunikation, die ohne gemeinsame europäische Sprache schwierig sein dürfte, werden die Komponenten einer europäischen Integration kaum – und jedenfalls nicht in kurzer Zeit – zu schaffen sein.[315]

In dieselbe Richtung geht auch das Bundesverfassungsgericht, wenn es im Maastricht-Urteil von 1993 hervorhebt: Demokratie sei »vom Vorhandensein bestimmter vorrechtlicher Voraussetzungen abhängig«, wozu unter anderem ein transparenter und nachvollziehbarer politischer Willensbildungsprozeß und eine den politischen Willen vorformende öffentliche Meinung gehöre, die neben anderem erfordere, »daß der wahlberechtigte Bürger mit der Hoheitsgewalt, der er unterworfen ist, in seiner Sprache kommunizieren kann«.[316] Aus deren vorläufigem Fehlen leitet das Bundesverfassungsgericht denn auch konsequenterweise ab, daß es der Bundesrepublik Deutschland derzeit verwehrt sei, wesentlich weitergehende Kompetenzen als bisher auf die Europäische Union zu übertragen. Dies widerspräche dem Demokratieprinzip des Grundgesetzes, das nach Art. 79 Abs. 3 GG nicht einmal durch verfassungsändernde Gesetze berührt werden darf.[317]

Das Fehlen einer gemeinsamen Identität und einer gemeinsamen europäischen öffentlichen Meinung führt dazu, daß Probleme der Europäischen Union parzelliert und jeweils fast nur aus der Sicht des betreffenden Landes behandelt werden. Symbol für eine solche Bezogenheit der europäischen Parlamentarier primär auf ihre jeweiligen nationalen Herkunftsstaaten ist die Ausgestaltung des Wahlrechts: Es gibt – trotz des in Art. 190 Abs. 4 EGV n. F. niedergelegten Postulats – immer noch kein einheitliches, in allen Mitgliedstaaten geltendes Wahlrecht zum Europäischen Parlament.[318] Alle Europaabgeordneten werden – je nach ihrem heimatlichen Wahlrecht – unterschiedlich gewählt, die deutschen Abgeordneten zum Beispiel nach starrem Listenwahlrecht, die Abgeordneten Luxemburgs nach flexiblem Listenwahlrecht mit der Möglichkeit des Kumulierens.

Genauso unterschiedlich ist die Ausgestaltung der Bezüge. Jeder Staat regelt die Bezahlung und Versorgung »seiner« Abgeordneten grundsätzlich nach nationalem Recht mit der Folge völlig unterschiedlicher Statuten. So bekommen zum Beispiel deutsche und französische Abgeordnete ein Vielfaches dessen, was griechische und portugiesische Abgeordnete erhalten, und auch immer noch sehr viel höhere Bezüge als etwa die Kollegen aus Großbritannien.

Die fehlende Bezogenheit auf das Gemeinsame der Europäischen Union zeigt sich auch bei den europäischen Parteien, die lediglich Zusammenschlüsse von nationalen Parteien sind.

Symbolhaft und besonders drastisch spiegelt sich das Vorherrschen nationaler Egoismen in den verschiedenen Sitzorten des Europäischen Parlaments wider, die einen aufwendigen »Wanderzirkus« der Abgeordneten und ihrer Stäbe zur Folge haben: In Straßburg hält das Parlament die monatlich stattfindenden Plenarsitzungen ab, Sondersitzungen des Plenums sowie Sitzungen der Ausschüsse finden in Brüssel statt, das Generalsekretariat des Parlaments wurde in Luxemburg eingerichtet.

In der Europäischen Union fehlen also bestimmte Verfassungsvoraussetzungen der Demokratie. Da sie in den Nationalstaaten nicht ausdrücklich in den Verfassungen und Gesetzen genannt sind, sondern stillschweigend vorausgesetzt werden (und vorausgesetzt werden können), haben sie bisher wenig Beachtung gefunden und sind eigentlich erst durch ihr Fehlen auf europäischer Ebene ins Bewußtsein (jedenfalls der Fachöffentlichkeit) gedrungen. Das Fehlen dieser unsichtbaren, aber unverzichtbaren Verfassungsvoraussetzungen zeigt, daß der Versuch, das Demokratiedefizit über eine massive Aufstokkung der Kompetenzen des Europäischen Parlaments zu beseitigen, auf absehbare Zeit nicht zum Erfolg führen würde.

Angesichts des Fehlens jener Verfassungsvoraussetzungen erschiene es besonders riskant, dem Europäischen Parlament (entsprechend seinem immer wieder geäußerten Wunsch) mehr Kompetenzen im Bereich der Finanzen und Abgaben, insbesondere ein Recht auf eigene Steuern, zu geben. Der schon in den nationalen Parlamenten zu beobachtenden »Subventions- und Bewilligungsneigung« (so treffend der Staatsrechtslehrer Ulrich Scheuner) steht in den einzelnen Staaten immerhin noch ein Gegengewicht gegenüber: das gewachsene Gefühl für gemeinsame nationale Verantwortung, welches sich auch in einer übergreifenden, integrierenden öffentlichen Meinung zeigt. Da es auf der Ebene der Europäischen Union an solchen Gegengewichten fehlt, würde sich bei Ausweitung der Kompetenzen des Europäischen Parlaments deshalb die Gefahr vergrößern, daß die nationalen Abgeordnetengruppen in gegenseitigen Absprachen jeweils ihre heimische Klientel bedienen – mit der Folge einer Ausweitung des Haushalts auf Gegenseitigkeit, der damit, mangels wirksamer Gegengewichte, aus dem Ruder zu laufen drohte.

Kommt die eine Alternative (Ausweitung der Kompetenzen des Europäischen Parlaments) also auf absehbare Zeit sinnvollerweise nicht in Frage, scheint sich die andere Alternative, die Kompetenzen nämlich möglichst bei den Mitgliedstaaten zu belassen, um so mehr aufzudrängen. In der Politikwissenschaft läuft dieser Vorschlag unter dem Begriff der »autonomieschonenden Option«.[319]

Doch auch diese Alternative führt nicht recht weiter. Die Rückwirkungen der Europäischen Union auf die nationale Politik sind nicht nur rechtlich-institutioneller, sondern auch wirtschaftlich-faktischer Natur. Die Entwicklung der Europäischen Union hat den Spielraum für nationale Politiken erheblich eingeengt. Mit der Intensivierung des Wettbewerbs in der Europäischen Union wurde die Möglichkeit marktkorrigierender politischer Eingriffe (zum Beispiel durch höhere Abgaben oder zusätzliche administrative Belastungen) erheblich verringert. Die Wirksamkeit solcher Eingriffe steht und fällt mit der Möglichkeit des Staates, die Betroffenen, vor allem die betroffenen Unternehmen, vor ausländischen Konkurrenten abzuschirmen (zum Beispiel durch Zölle und sonstige Barrieren), so daß sie die höhere Belastung ohne Gefährdung der Kapitalrendite auf die Preise aufschlagen und damit letztlich auf die Verbraucher abwälzen können. Nach Herstellung eines Europäischen Binnenmarkts schwinden nun aber die Möglichkeiten der Abschottung gegen ausländische Konkurrenten (die ja alle auf deren Diskriminierung hinauslaufen), eben weil solche Diskriminierung ausländischer Unionsbürger europarechtlich nicht mehr zulässig ist. In dieser Situation führen höhere Belastungen in der Tendenz zur Abwanderung von mobilen Produktionsfaktoren, also vor allem des Kapitals, ebenso von bestimmten Dienstleistungen und zunehmend auch von Arbeitskräften, besonders der hochqualifizierten. Der Versuch, derartige Politik dennoch durchzusetzen, würde offensichtlich mehr Schaden anrichten als Nutzen bringen – er wäre »self-defeating« – und wird deshalb sinnvollerweise von vornherein kaum unternommen.

Diese Gegebenheiten bewirken aus Gründen des Standortwettbewerbs eine faktische Disziplinierung der nationalen Politiken. Die Europäisierung des Wettbewerbs erschwert es nationalen Regierungen bis hin beinahe zur Unmöglichkeit, die Produktionskosten der Unternehmen überdurchschnittlich zu erhöhen und so die Rendite von Kapitalanlegern zu reduzieren. Damit schwinden die Möglichkeiten einer selbständigen Wirtschafts-, Sozial-, Finanz- und Steuerpolitik der einzelnen Mitgliedstaaten.[320]

Unabhängig davon, wie man diese Entwicklung bewertet, die faktisch auf die Aufgabe nationaler politischer Verantwortung in diesen Bereichen hinausläuft, erscheint ein Rückzug auf die Nationen in jedem Fall langfristig als ein Rückschritt. Europa ist und bleibt unser Schicksal. Zu einer Behebung des Demokratiedefizits auf europäischer Ebene gibt es deshalb keine ernsthafte Alternative. Es muß darum gehen, die politische Handlungsfähigkeit und die Bürgerpartizipation zu verbessern, das doppelte Defizit somit an beiden Enden zugleich abzubauen und zu diesem Zweck die Institutionen der europäischen Willensbildung grundlegend umzustrukturieren. Da eine Ausweitung der Kompetenzen des Europäischen Parlaments keine Verbesserung brächte (siehe S. 280 ff.), bieten sich auch auf europäischer Ebene direktdemokratische Elemente an. In Betracht kommen vor allem

- die Einrichtung des Referendums, des Volksbegehrens und Volksentscheids auf Europaebene,[321]
- die Direktwahl des Präsidenten der Kommission und später möglicherweise auch weiterer Kommissionsmitglieder,[322]
- die Einführung der Unvereinbarkeiten nationaler Regierungsämter

mit der Mitgliedschaft im Rat und die Direktwahl der Mitglieder des Ministerrats als des zentralen Entscheidungsorgans der Gemeinschaft.[323]

Die Realisierung direktdemokratischer Sach- und Personalentscheidungen auf Europaebene würde einerseits die Bürgerferne der Europäischen Union drastisch verringern, sie würde Kartelle der politischen Klasse brechen und ihre wirksame Kontrolle ermöglichen und sie könnte andererseits auch die Handlungsfähigkeit der Europäischen Union deutlich erhöhen. Insbesondere würden derartige europaweite direktdemokratische Elemente vermutlich eine die Nationen übergreifende politische Mobilisierung fördern, was nicht nur zur geistigen Integration, sondern auch zur Herstellung einer europäischen Identität – und zwar sehr viel rascher, als dies bei Fortbestehen der bisherigen Institutionen möglich wäre – beitrüge.[324] Die längere Diskursphase, die Volksabstimmungen – im Gegensatz zu demoskopischen Erhebungen – vorausgeht, könnte zu gemeinschaftsbegründenden Initialzündungen führen.[325]
Hinsichtlich der Ausgestaltung gibt es verschiedene Konzepte. Zürn legt den Nachdruck auf Referenden,[326] Weiler schlägt eine Form von Volksbegehren und Volksentscheid vor, die gleichzeitig mit den Europawahlen stattzufinden hätte. Ein Volksentscheid würde nach Weilers Vorstellungen voraussetzen, daß zum Beispiel in fünf Mitgliedstaaten genug Unterschriften gesammelt worden sind. Nach einer Experimentierphase wären durchaus auch andere Rhythmen möglich. Die Ergebnisse wären für die Organe der Gemeinschaften und die Mitgliedstaaten bindend. Sie wären auf den Bereich der Kompetenzen der Gemeinschaftsinstitutionen begrenzt und könnten auf die gleiche Weise oder durch den bisher üblichen Gesetzgebungsprozeß geändert werden. Der Europäische Gerichtshof hätte auf Antrag der Kommission, des Rats, des Parlaments oder eines nationalen Parlaments darüber zu entscheiden, ob das beabsichtigte Volksbegehren sich innerhalb der Kompetenzen der Gemeinschaften hielte und auch sonst mit den Verträgen vereinbar wäre. In Bereichen, wo der Vertrag Mehrheitsentscheidungen vorsieht, wäre der Volksentscheid (immer noch nach den Vorstellungen Weilers) angenommen, wenn er die Mehrheit der Stimmen in der Union als Ganzes gewinnen würde und zusätzlich in der Mehrheit der Mitgliedstaaten. Wo der Vertrag Einstimmigkeit ver-

langt, sollte eine Mehrheit der Abstimmenden sowohl in der Union als auch in allen Mitgliedstaaten verlangt werden.[327]
Die Direktwahl der (von den nationalen Regierungen zu trennenden) Ratsmitglieder würde die »Legitimationskette« drastisch verkürzen. Im Wahlkampf zur Vorbereitung der Direktwahl der Ratsmitglieder würden – aufgrund der Trennung von der Wahl der nationalen Parlamente und Regierungen – EU-Themen sehr viel eher im Vordergrund stehen. Europarelevante Diskussionen würden also auch auf diese Weise erheblich gefördert. Der so gewählte Ministerrat hätte erhebliche Ähnlichkeit mit dem US-amerikanischen Senat, der ja bekanntlich noch größeres politisches Gewicht besitzt als das dortige Repräsentantenhaus. Der oben gemachte Vorschlag, den Bundesrat durch einen direktgewählten Senat zu ersetzen (siehe S. 111f.), fände seine konsequente europarechtliche Entsprechung.

36 Leistung entscheidet: Repräsentative und halbdirekte Demokratie im Vergleich

Vorbemerkung: Wann ist eine Entscheidung richtig?

Die real existierende bundesrepublikanische Demokratie weist grundlegende Strukturprobleme auf, die vielfach als Fehlentwicklungen interpretiert werden, zum Beispiel

- die langfristige Zunahme des Staatsanteils,
- eine zu hohe Staatsverschuldung,
- die verbreitete öffentliche Verschwendung,
- Mißbräuche der politischen Klasse bei Entscheidungen in eigener Sache (Bezahlung und Versorgung von Politikern, Finanzierung von Parteien, Fraktionen und Parteistiftungen, Wahlrecht, Rekrutierungsverfahren, Bestellung von öffentlichen Bediensteten etc.),
- übermäßige Parteipolitisierung von Staat und Verwaltung auf allen Ebenen,
- ein Zukurzkommen allgemeiner Interessen gegenüber gut organisierten Partikularinteressen,
- ein geringes und immer weiter abnehmendes Vertrauen der Bürger in die staatlich-administrativen Willensbildungs- und Entscheidungsmechanismen
- und generell mangelnde politische Handlungsfähigkeit bis hin zur Politikblockade.

Derartige Mängel und Fehlentwicklungen werden seit langem diskutiert, vermehrt noch im letzten Jahrzehnt. Das hängt nicht nur mit dem Nachlassen des Wachstums und zunehmenden politischen Herausforderungen zusammen, sondern auch damit, daß nach dem Zusammenbruch des Kommunismus das negative östliche Referenzmodell weggefallen ist, im Vergleich zu dem die bestehenden westlichen Systeme immer noch gut dagestanden hatten.
Die bundesrepublikanischen Fehlentwicklungen werden zunehmend mit institutionellen Fragen in Zusammenhang gebracht. Mehr und mehr wird gefragt, ob die Fehlentwicklungen mit den bisherigen Insti-

tutionen der repräsentativen Demokratie überhaupt noch in den Griff zu bekommen und wirksam einzudämmen sind. Vor diesem Hintergrund geht unsere Schlüsselfrage dahin, ob nicht die Einführung beziehungsweise Stärkung der direktdemokratischen Institutionen die staatliche Willensbildung verbessern könnte, wie Wissenschaftler, immer öfter aber auch aufgeschlossene politische Praktiker vermuten. Da auf Staats- und auf Kommunalebene, wenn auch von der Öffentlichkeit noch kaum wahrgenommen, in der Bundesrepublik in den letzten Jahren bereits einiges in Richtung direkte Demokratie geschehen ist, ist die Fragestellung gar nicht so revolutionär, wie sie auf den ersten Blick vielleicht scheinen mag. Die praktische Relevanz der Fragen liegt ohnehin auf der Hand.

Die Diskussion hat eine theoretische Ebene, auf der per Plausibilitätsschluß positive und negative Auswirkungen direkter Demokratie erörtert werden (siehe dazu bereits S. 178–197), und eine praktische Ebene, auf der vergleichende empirische Untersuchungen angestellt und ausgewertet werden.

Vorab ist zunächst noch einmal an die Vergleichsebene zu erinnern. Es geht nicht darum, eine rein repräsentative Demokratie mit einer ausschließlich direkten Demokratie zu vergleichen, denn eine solche ist ohnehin praktisch gar nicht möglich. Es kann allein darum gehen, repräsentative Demokratien *ohne* direktdemokratische Elemente mit repräsentativen Demokratien *mit* (ergänzenden) direktdemokratischen Elementen zu vergleichen (und unter den letzteren wiederum die mit *mehr* mit denen mit *weniger* direktdemokratischen Elementen).

Voraussetzung für die Fruchtbarkeit solcher Vergleiche ist die Existenz von Kriterien, nach denen Unterschiede positiv oder negativ bewertet werden können.[328] Dabei gehen wir von der Lincolnschen Formel aus, also von den beiden Kriterien Selbstentscheidung des Volkes und inhaltliche Richtigkeit der Entscheidungen (siehe S. 26). Akzeptiert man die möglichst weitgehende Selbstentscheidung des Volkes als ein zentrales Prinzip der Demokratie[329] (wenn auch nicht das alleinige), so lassen sich direktdemokratische und repräsentative Entscheidungen anhand dieses Prinzips vergleichen, und es zeigt sich dann, daß direktdemokratische Entscheidungen typischerweise einen höheren Grad an Bürgermitwirkung erlauben als Entscheidungen von Repräsentanten. Demokratie bedeutet Herrschaft des Volkes, mithin jedenfalls auch Herrschaft *durch* das Volk, und genau das geschieht um so mehr, je mehr Möglichkeiten das Volk hat, direkte Sachentscheidungen zu treffen.[330] Was das Kriterium Selbstbestimmung anlangt, haben direktdemokratische Entscheidungsverfahren also von vornherein ein Prä gegenüber repräsentativen Verfahren[331] (siehe S. 191 f.).

Diese in einer Demokratie an sich auf der Hand liegenden Feststellungen sind in der Praxis dennoch bisher alles andere als selbstverständlich, ja die tatsächliche Argumentationslage ist in der Bundesrepublik regelmäßig eine umgekehrte. Dies dürfte natürlich wieder damit zusammenhängen, daß Demokratie in Deutschland nicht von unten erkämpft, sondern von oben »gewährt« worden ist (vgl. S. 198 ff.); vielleicht auch damit, daß unmittelbare Volksrechte geeignet sind, den Einfluß der Repräsentanten (und damit auch der politischen Klasse insgesamt) zu schmälern, diese aber ihrerseits zentralen Einfluß auf die öffentliche Diskussion besitzen.

Ein Richtigkeitsvergleich (Herrschaft *für* das Volk) hat wiederum zwei Ebenen: Einmal kann man versuchen, die *Ergebnisse* der Politik zu vergleichen. Hier bietet sich zunächst einmal ein direkter Ansatz an: Man kann versuchen, das vorhandene empirische Material direktdemokratischer Entscheidungen auf evidente Unrichtigkeit hin durchzusehen (siehe dazu S. 183 ff. und S. 294 ff.). Dabei sollte die Überprüfung sich besonders auf die gängigen Befürchtungen richten.

Andererseits bleibt das Kriterium der »Richtigkeit« von beträchtlicher Unbestimmtheit und bedarf vielfältiger Konkretisierungen, so daß seine praktische Verwendbarkeit als Maßstab von vornherein beschränkt ist. Es liegt deshalb nahe, nicht nur nach den inhaltlichen Ergebnissen zu fragen, sondern den Blick auch auf die Akteure, die Organisation und die Verfahren der Willensbildung zu richten; immerhin entspricht es allgemeiner Erfahrung, daß sich diese oft leichter anhand brauchbarer Kriterien bewerten und vergleichen lassen als die Ergebnisse selbst.[332] Bei inhaltlich vagen Leitlinien (wie »Richtigkeit«) bleibt deshalb oft nichts anderes übrig, als auf Organisation und Verfahren und die allgemeine Gerüstetheit der jeweiligen Akteure zu richtigen Entscheidungen zu rekurrieren.[333]

Gemeinwohlorientierung der Akteure

Vor diesem Hintergrund stellen sich folgende Fragen:

1. Welcher der jeweiligen Letztentscheider – im Falle der repräsentativen Demokratie also das Parlament und die Regierung, im Falle der direkten Demokratie das Volk – erscheint von seiner Informationsbasis und seiner Wertungsfähigkeit her besser gerüstet, möglichst richtige Entscheidungen zu treffen?
2. Welches der beiden Verfahren erscheint offener, erlaubt also allen (oder möglichst vielen) miteinander konkurrierenden Personen oder Ideen die Mitwirkung?
3. In welchem Verfahren kommen die Sachargumente pro und kontra aller politischen Alternativen besser und vollständiger zur Sprache?
4. Welches Verfahren verspricht, besser zu verhindern, daß sich gut organisierte Partikularinteressen auf Kosten der Allgemeinheit unangemessen durchsetzen?
5. Welches Verfahren ermöglicht eine wirksamere Kontrolle der politisch Mächtigen?

Viele dieser Fragen sind oben schon behandelt worden. Wir wollen hier nur noch einmal auf die eigentliche Kernfrage eingehen, wer nämlich von seiner Erkenntnis- und Wertungsfähigkeit her besser zu richtigen Entscheidungen gerüstet ist.
Die Befürworter rein repräsentativer Demokratie gehen von einem klaren Prä für diese aus: Während Repräsentanten der Tendenz nach gut und richtig, das heißt gemeinwohlorientiert zu entscheiden und zu handeln hätten – der Staatsrechtslehrer Herbert Krüger spricht anschaulich von der »Vergütungsfunktion« der mittelbaren Demokratie[334] –, sei dies bei den Bürgern gerade umgekehrt; diese handelten primär eigennützig.[335] Auch die Informationsgrundlage der Repräsentanten sei grundsätzlich besser als die der Bürger.[336]
Doch genau diese notwendige Gemeinwohlorientierung der Repräsentanten wird von der Gegenseite bestritten. In der Tat beruht sie auf einem unzulässigen Schluß von dem normativ vorausgesetzten Bild auf die Wirklichkeit, oder deutlicher: Norm und Wirklichkeit werden verwechselt. Es stimmt zwar, daß auch Berufspolitiker als Amtsträger von Verfassungs wegen auf das Gemeinwohl verpflichtet sind. Das

schließt aber keineswegs aus, daß sie sich bei ihren Entscheidungen tatsächlich primär an ihren eigenen Interessen oder an ihrer Parteiideologie orientieren. Diese inzwischen weitverbreitete These, die empirischer Überprüfung voll zugänglich ist, liegt auch meinem Buch *Fetter Bauch regiert nicht gern* zugrunde. Aus den Reihen der (früheren) politischen Praktiker übernimmt neuerdings Altbundeskanzler Helmut Schmidt diese Prämisse und bringt das dadurch zum Ausdruck, daß er den Begriff »politische Klasse« verwendet und darin einen Schlüsselbegriff zum Verständnis bundesrepublikanischer Politik sieht.[337] Daß die These von der Dominanz der Eigeninteressen, die sich im Kollisionsfall meist durchsetzen, jedenfalls nicht falsch ist, ist oben im Föderalismusteil (siehe S. 144 ff.) besonders deutlich geworden.

Die andere Frage, ob auch die *Bürger* (die im Falle direkter Demokratie ja an die Stelle der mit Berufspolitikern besetzten Parlamente treten) sich (wie Interessengruppen) von engeren eigennützigen Interessen leiten lassen oder eher davon, was ihrer Auffassung nach gut für die Allgemeinheit ist, ist bisher nur unzureichend bearbeitet worden,[338] obwohl von ihrer Beantwortung ganz wesentlich mit abhängt, wie man zu der Forderung nach mehr direkter Demokratie steht.

Vieles spricht dafür, daß Bürger, da sie im allgemeinen nicht beruflich, das heißt mit ihrer ganzen wirtschaftlich-gesellschaftlichen Existenz, von ihren Wahl- und Abstimmungsentscheidungen abhängig sind, es sich eher leisten können, allgemein orientiert zu entscheiden, sich also eher am Gemeinwohl ausrichten. Daß der Bürger überhaupt an Parlamentswahlen teilnimmt, obwohl er dabei als einer von vielen Millionen keinen ins Gewicht fallenden Einfluß besitzt, er also durch seine Teilnahme an der Wahl ohnehin nichts für seine Interessen bewirken kann, zeigt, daß er für moralisch-staatsbürgerliche Appelle (»Zur Wahl gehen ist eine ethische Bürgerpflicht«) ansprechbar ist, das Menschenbild der Neuen Politischen Ökonomie, wonach alle stets nur eigennützig handeln (*homo oeconomicus*), also keineswegs immer zutrifft.[339] Andernfalls würden Bürger praktisch überhaupt nicht mehr zur Wahl oder Abstimmung gehen. Das spricht dafür, daß sie sich nicht nur hinsichtlich des »Ob« der Abstimmung, sondern auch hinsichtlich des »Wie« gemeinwohlorientiertes Verhalten leisten können und auch leisten. Da der einzelne Abstimmende ohnehin keinen entscheidenden Einfluß auf das Ergebnis hat, hat er auch »keine Anreize, ausschließlich eigennützig zu stimmen«.[340] Ein ähnliches Phänomen kommt in der Erfahrungstatsache zum Ausdruck, daß ehrenamtlich Tätige regelmäßig sehr viel aufgeschlossener gegenüber allgemeinen Gesichtspunkten sind als berufsmäßig Tätige (»Funktionäre«), die hinsichtlich der Wahrnehmung von Eigeninteressen hundertfünfzigprozentig zu agieren pflegen.[341]

Daß Bürger sich bei aufs Ganze bezogenen Entscheidungen (also bei der öffentlichen Willensbildung) nach öffentlicher Diskussion eher gemeinwohlorientiert verhalten, spiegelt sich auch darin wider, daß eine aufs Ganze bezogene Politisierung den »Citoyen« fordert und seinen Gemeinsinn aktiviert. Ähnliches dürfte in dem – allerdings ziemlich schillernden – Begriff der »Integration« des Staatsrechtslehrers Rudolf Smend mitschwingen, der auf das »Einheitsstiftende« und »Einheitsbildende« gelungener Politik und gelungener politischer Kommunikation abhebt.[342]

Von den Gegnern direkter Demokratie wird häufig eingewandt, auch Bürger verhielten sich regelmäßig nur als Interessenten. Dabei berufen sie sich meist auf das Tätigwerden von Interessenverbänden, Bürgerinitiativen etc. (so zum Beispiel auch Ernst Benda, der frühere Verfassungsgerichtspräsident). Doch dabei wird die völlige Andersartigkeit von Einrichtungen der direkten Demokratie, ihre Bezogenheit aufs Allgemeine, übersehen.

Bei Interessenverbänden kommen vornehmlich Spezial- und Partikularinteressen zum Zuge,[343] bei Bürgerinitiativen »selbsternannte Engagierte«[344] (Näheres siehe S. 195 ff.). In beiden Fällen pflegen in der Tat Eigen- und Gruppeninteressen zu dominieren – ohne Rücksicht darauf, daß ihre Anliegen von der Mehrheit der Bürger oft gar nicht geteilt werden. Das aber ist gerade der zentrale Unterschied zu den Mechanismen und Verfahrensweisen, bei denen die Bürger unmittelbar angesprochen werden, also das Volk als Ganzes aktiviert und mobilisiert wird: neben den allgemeinen Wahlen insbesondere eben die *allgemeinen* Abstimmungen. Der Kreis der Teilnahmeberechtigten und der tatsächlich Teilnehmenden geht hier regelmäßig weit über den Kreis der unmittelbar Interessierten hinaus. Nur auf diese Weise lassen sich auch die dem Allgemeinen zugewandten Bürger (bis hin zur sogenannten schweigenden Mehrheit) einbeziehen und die (stets schnell behauptete) »Allgemeinheit« eines Anliegens wirklich ermitteln.[345]

Sicher sind es auch bei der Volksgesetzgebung regelmäßig bestimmte Akteure (oder Gruppen), die die Initiative ergreifen und das Verfahren in Gang setzen. Dieser Prozeß unterscheidet sich aber von der parlamentarischen Willensbildung und Entscheidung dadurch, daß er für alle Akteure (und nicht nur für die Mächtigen in den politischen Parteien) offensteht (siehe S. 187 ff.). Er unterscheidet sich vom Lobbying durch Interessenverbände und Bürgerinitiativen dadurch, daß die nötigen Unterschriften für Antrag und Begehren erlangt werden müssen und die Initiative vor allem nur Erfolg hat, wenn die Mehrheit zustimmt (oder dies als möglich oder wahrscheinlich zu erwarten ist). Diese grundlegenden Unterschiede verkennen viele, die so tun, als ließe sich die bei der Einflußnahme von Verbänden und Bürgerinitiativen beobachtete Dominanz »selbsternannter Engagierter« undifferenziert auch auf die Volksgesetzgebung übertragen.[346]

Letztlich geht es bei der ganzen Auseinandersetzung um die Frage, ob es gerechtfertigt ist, den Politikern den *Freiraum* zu gewähren, den sie beanspruchen und auch zur Verfügung haben und der – auf verfassungsrechtlicher Ebene – ihnen als Amtsträgern durch das repräsentative Prinzip und das Amtsprinzip ja auch ausdrücklich gesichert wird. Dieser Freiraum – sei es seine Existenz überhaupt, sei es die Größe seines Umfangs – macht den eigentlichen Unterschied zwischen repräsentativer und direkter Demokratie aus.[347] Je mehr und je weitergehende Elemente der direkten Demokratie zur Verfügung stehen, desto geringer ist der Freiraum, wobei schon die bloße effektive Möglichkeit als »fleet in being« wirkt und den Freiraum der Repräsentanten drastisch verringern kann. Demgegenüber haben die Politiker in der rein repräsentativen Demokratie die Möglichkeit, in ihren Entscheidungen bis zu einem gewissen Grad vom (tatsächlichen oder präsumtiven) Willen des Volkes abzuweichen.

Gerechtfertigt werden kann dieser Freiraum allein mit der Erwägung, daß die Repräsentanten dadurch die Möglichkeit zu größerer Richtigkeit erhielten, als sie bei Entscheidungen im Verfahren der direkten Demokratie zu erwarten wäre. Anders und mit dem Heidelberger Staatsrechtslehrer Görg Haverkate ausgedrückt:[348] Das freie Mandat soll eine »verantwortete« Abweichung vom empirischen Willen der Wähler »aus Gründen des Gewissens und der subjektiv besseren Einsicht« ermöglichen. Die Kehrseite besteht allerdings darin, daß das freie Mandat »auch eine Abweichung vom Volkswillen aus wenig achtenswerten Gründen« ermöglicht.

Wenn es zutrifft, daß Politiker primär eigennützige Interessen verfolgen und dies um so besser möglich ist, je größer jener Freiraum ist, und wenn umgekehrt die Bürger gemeinsinnig handeln (und zugleich relativ aufgeklärt sind), liegt es um so näher, eine enge Rückbindung der Politik und der Politiker an die Bürger zu postulieren und so jenen Freiraum möglichst klein zu halten. Für angebliche Gemeinwohlorientierung repräsentativer Politik – neben dem und unabhängig vom unmittelbaren, empirischen Volkswillen – ist dann gar kein Platz mehr. Anders ausgedrückt: Der Gedanke eines selbständigen (unabhängig vom Wollen und von den Präferenzen der Bürger zu ermittelnden) Gemeinwohls wird überhaupt nur dann relevant, wenn andere als die Bürger entscheiden (und dabei einen Freiraum besitzen). Wenn die »Repräsentanten« aber primär »schlecht«, die Bürger, wenn nur die entsprechenden Verfahren stimmen, dagegen primär »gut« entscheiden, entfällt die Rechtfertigung für einen eigenen Freiraum und damit auch die innere Rechtfertigung für repräsentative Demokratien überhaupt.

Der möglichst engen Rückbindung der politischen Willensbildung an die Präferenzen des Volkes dienen zwei Arten von Institutionen: direkte Demokratie und – jedenfalls der Idee nach – wettbewerbliche Wahlen. Im politischen Wettbewerb sollen ja diejenigen Parteien die meisten Stimmen erhalten, die die Präferenzen der Wähler am besten treffen. Wenn die Rückbindung an die Präferenzen der Bürger das zentrale Ziel für gute demokratische Institutionen ist, kommt es – neben Verbesserungen der direkten Demokratie – auch zentral auf die Herstellung echten, fairen – personellen und sachlichen – Wettbewerbs bei Wahlen an. Ja, es wäre sogar möglich, daß auf diesem Wege gewisse Einwände gegen die direkte Demokratie eher zurücktreten, weil »verantwortliche« Parteien oder persönliche Repräsentanten noch zwischen die Entscheidungen und das Volk treten.

Ergebnisse empirischer Vergleiche

Neben dem Vergleich von Akteuren, Organisation und Verfahren (wie er vorstehend unternommen wurde) wird auch versucht, die *Ergebnisse* zu vergleichen. In Ländern, wo es seit langem für die Bürger leicht zugängliche Möglichkeiten von Volksbegehren und Volksentscheid gibt und wo davon auch Finanz- und Steuerfragen nicht ausge-

nommen sind (wie vor allem in der Schweiz und in Einzelstaaten und Kommunen der USA), werden in jüngerer Zeit zunehmend vergleichende Untersuchungen angestellt, die die Leistungsfähigkeit (»performance«) direktdemokratischer Willensbildungs- und Entscheidungsverfahren untersuchen und sie mit der Leistungsfähigkeit rein repräsentativer Entscheidungsverfahren zu vergleichen suchen. Derartige Vergleiche bieten sich auf Gemeinde- und Staatenebene (Kantonsebene) auch *inner*staatlich an, vor allem dort, wo die Gemeinden beziehungsweise die Gliedstaaten ins Gewicht fallende Kompetenzen, besonders auch im Bereich von Finanzen und Abgaben, besitzen.
Die vorliegenden Untersuchungen scheinen die positive Gesamtwertung von Einrichtungen der direkten Demokratie insgesamt zu bestätigen. Sie betreffen vor allem finanziell-wirtschaftliche Größen, schon deshalb, weil diese meßbar sind. Geldgrößen sind aber auch deshalb von besonderer Signifikanz, weil sich in den öffentlichen Finanzen und in der Wirtschaft der Zustand und die Entwicklung von Gemeinwesen besonders deutlich widerzuspiegeln pflegen. Bei den folgenden Untersuchungen geht es vornehmlich um das Gesamtvolumen der öffentlichen Haushalte und um die relative Zusammensetzung der öffentlichen Ausgaben und der öffentlichen Einnahmen. Die referierten Ergebnisse beruhen durchweg auf Forschungen einer Wissenschaftsrichtung, die sich »Neue Politische Ökonomie« oder auch »Politische Ökonomie der Demokratie« nennt und die über die methodischen Voraussetzungen für die erforderlichen umfassenden statistisch-ökonomischen Rechenwerke verfügt.[349]

Geringere Verschuldung

Es gibt empirische Belege dafür, daß direkte Demokratie tendenziell zu geringerer Verschuldung neigt als rein repräsentative Demokratie.[350]
So gelangt eine vergleichende Untersuchung über den Schuldenstand der US-Bundesstaaten (pro Kopf der Bevölkerung) in den Jahren 1961 bis 1990 zu dem Ergebnis, daß der Schuldenstand in denjenigen Staaten, in denen die Nettoneuverschuldung ein Referendum passieren muß, um mehr als ein Drittel niedriger war (166 US-Dollar) als im Durchschnitt aller Bundesstaaten (267 US-Dollar), ohne daß deshalb Staatsaufgaben auf die lokale Ebene verlagert worden wären.[351]

Eine andere vergleichende Untersuchung bezieht sich auf den Schuldenstand pro Kopf der größten Schweizer Städte im Jahre 1990 und kommt zum Ergebnis, der Schuldenstand rein repräsentativer Städte wäre um 25 Prozent niedriger gewesen, wenn sie (auch) direktdemokratisch organisiert wären.[352]

Die Feststellung, daß direkte Demokratie zu geringerer Verschuldung neigt als repräsentative Institutionen, ist deshalb besonders bemerkenswert, weil häufig befürchtet wird, mehr Demokratie führe zu einer Vernachlässigung von Zukunftsinteressen (im Vergleich zur repräsentativen Demokratie). Tatsächlich scheint das Gegenteil der Fall zu sein. Hier scheint sich zu bestätigen, daß die Bürger, wenn sie direkt abstimmen, keinesfalls primar ihre eigennützigen Interessen im Auge haben, sondern die der zukünftigen Generationen, das heißt, die Interessen ihrer Kinder und Enkel angemessen mitberücksichtigen, und zwar typischerweise mehr als dies »Repräsentanten« tun. Damit wird – einmal mehr und an einer ganz empfindlichen Schlüsselstelle der Demokratietheorie – die Berechtigung eines besonderen Entscheidungsfreiraums für »Repräsentanten« in Frage gestellt. In die gleiche Richtung – angemessene Berücksichtigung von Zukunftsinteressen durch Bürger bei Volksabstimmungen – weist übrigens der positive Zusammenhang zwischen Bildungsausgaben und direkter Demokratie (Näheres siehe S. 298).

Finanzierung durch Gebühren

Die Finanzierung von Staatsausgaben durch Gebühren steigt in dem Maße, in dem direktdemokratische Institutionen zur Verfügung stehen.[353] Statt alle Steuerpflichtigen zusammen zu belasten, werden also vor allem diejenigen zur Finanzierung herangezogen, die einen konkreten Nutzen von staatlichen Leistungen haben.

Sinken von Abgaben

Steuern können als Konsequenz direktdemokratischer Institutionen sinken, notwendig ist dies aber nicht; vielmehr können sie unter anderem als Folge geringerer Verschuldung durchaus auch steigen.[354] Das scheint sogar die Regel zu sein. In einer Untersuchung der 131 größten Schweizer Städte hatten diejenigen Städte mit Budgetreferendum zwar im Durchschnitt deutlich niedrigere Staatsausgaben (minus 14 Prozent), finanzierten diese aber zu einem erheblich größeren Teil aus *Abgaben* als aus Kreditaufnahme mit der Folge, daß die öffentliche Verschuldung geringer, die Steuern dagegen höher waren.[355] Zu ähnlichen Ergebnissen gelangt ein Vergleich amerikanischer Bundesstaaten mit Volksbegehren und Volksentscheid mit solchen ohne Volksbegehren und Volksentscheid.[356]

Drosselung öffentlicher Haushalte

Alles in allem scheinen Elemente direkter Demokratie aber durchaus einen dämpfenden Einfluß auf die Staatsausgaben und damit auf die Staatsbudgets insgesamt zu haben.[357] So gelangt eine Untersuchung der 110 größten Schweizer Städte zum Ergebnis, daß die Staatsausgaben in den Jahren 1968 bis 1972 in Städten mit direktdemokratischen Elementen[358] niedriger waren als in Städten ohne solche Elemente.[359] Eine Folgeanalyse, die sich auf die Jahre 1965 bis 1975 bezog, bestätigte dies. Das Wachstum der Staatsausgaben in der Städtegruppe mit direktdemokratischen Elementen zeigte sich um fast ein Drittel niedriger (6,8 Prozent) als in der Gruppe ohne solche Elemente (9,55 Prozent).[360]

Ähnliche Resultate erbrachte eine vergleichende Untersuchung von 49 Bundesstaaten der USA für den Zeitraum von 1960 bis 1990,[361] welche die Ausgabenentwicklung von Staaten mit Volksbegehren und Volksentscheid und von Staaten ohne solche direktdemokratischen Elemente analysierte. Bemerkenswerterweise ergab sich nicht nur ein geringeres Wachstum in Staaten mit solchen Elementen, sondern auch eine Korrelation zu der Höhe der Hürde beim Volksbegehren: Je geringer der Prozentsatz der für das Volksbegehren erforderlichen Unterschriften, desto stärker gedrosselt erwies sich das Ausgabenwachstum.[362]

Höhere Wirtschaftlichkeit

Eine wichtige Aussage ist auch, daß die Organe von Staat und Gemeinden, wenn sie unter dem Druck direktdemokratischer Institutionen stehen, zu größerer Wirtschaftlichkeit (Effizienz) tendieren.[363] Eine Untersuchung, die die Müllabfuhr in den 113 größten Schweizer

Städten im Jahre 1970 betraf, ergab, daß die Müllabfuhr um so effizienter ausgestaltet war, je direktdemokratischer die kommunale Entscheidungsstruktur war. Die Effizienzgewinne betrugen bis zu 30 Prozent.[364] Im einzelnen wurde ermittelt, daß die durchschnittlichen Abfuhrkosten pro Haushalt in Städten mit direkter Demokratie und privater Müllabfuhr – unter sonst gleichen Umständen – am niedrigsten waren. Die durchschnittlichen Abfuhrkosten waren um 10 Prozent höher, wo es anstelle der privaten eine städtische Müllabfuhr gab. In Städten mit rein repräsentativer Entscheidungsbildung lagen die Kosten der privaten Müllabfuhr um rund 20 Prozent höher als in direkten Demokratien. Die durchschnittlichen Abfuhrkosten waren am höchsten in Städten mit repräsentativer Demokratie und öffentlicher Müllabfuhr, und zwar um 30 Prozent höher als in Städten mit direkter Demokratie und privater Müllabfuhr.

Mehr Ausgaben für Bildung

Bei den Ausgaben für Bildung deuten die vorliegenden Untersuchungen dahin, daß direkte Demokratie tendenziell zu Steigerungen führt. Dies ist auch deshalb von Bedeutung, weil damit dem Gedanken sogenannter meritorischer Güter die Grundlage entzogen wird. Mit diesem Gedanken wird in der repräsentativen Demokratie typischerweise gerechtfertigt, daß Schulen und Hochschulen in öffentlicher Hand sind. Wären sie in privater Hand, würde angeblich zu wenig an derartigen Dienstleistungen nachgefragt, so daß das Gesamtniveau der Bildung niedriger sei, als es den Menschen fromme. Tatsächlich scheint das Gegenteil der Fall zu sein.[365] Eine vergleichende Untersuchung amerikanischer Städte kommt zum Ergebnis, daß die Bildungsausgaben in Städten mit direktdemokratischen Elementen höher sind als in anderen.[366] Eine andere Untersuchung gelangt für Schweizer Kantone zu ganz ähnlichen Ergebnissen.[367] Hier wird die größere Gemeinwohlorientierung repräsentativer Entscheidungsmechnismen einmal mehr in Frage gestellt.

Größere Bürgerzufriedenheit

Von großer Wichtigkeit ist auch die Aussage, bei direktdemokratischen Mitwirkungsmöglichkeiten sei die Zufriedenheit der Bürger deutlich größer als ohne solche Institutionen. Ein dahin gehendes Indiz dürfte bereits sein, daß Bürger nach Umfragen[368] (und auch nach den Ergebnissen verbindlicher Abstimmungen)[369] direkte Demokratie rein repräsentativen Institutionen vorziehen. Ein weiteres Indiz geht dahin, daß mit zunehmenden Volksrechten das Ausmaß der Steuerhinterziehung tendenziell sinkt. So kommt eine Untersuchung über Schweizer Kantone zum Ergebnis, daß in denjenigen Kantonen, in denen die Bürger weitgehend über das Budget mitentscheiden können, in den Jahren 1965, 1970 und 1978 deutlich weniger Steuern hinterzogen wurden als in anderen Kantonen: Pro Steuerpflichtigen und Jahr wurden rund 1500 Schweizer Franken (= 30 Prozent) weniger Einkommen verheimlicht als im Durchschnitt aller Kantone.[370] Auch die Bodenpreise steigen mit direktdemokratischen Einrichtungen.[371] Den vermuteten gedanklichen Zusammenhang formuliert der Lausanner Politikökonom Reiner Eichenberger so: »Sowohl Steuerhinterziehung wie Bodenpreise sind gute Indikatoren für Zufriedenheit. Denn dort, wo der Staat gut funktioniert, zahlen die Leute weniger ungern Steuern, und dort wollen sie wohnen – was die Bodenpreise steigen läßt.«[372] Der positive Zusammenhang zwischen dem Ausmaß direkter Demokratie und verschiedenen Aspekten der Zufriedenheit der Bürger scheint durch jüngste Umfragen bestätigt zu werden.[373]

Folgerungen: Empfehlung für mehr direkte Demokratie

Die Vergleiche der Akteure, der Organisation und Verfahren einerseits und der Überblick über neuere empirische Ergebnisse andererseits scheinen insgesamt die positiven Auswirkungen von direkter Demokratie zu bestätigen. Soweit man dem folgt, liegen die Empfehlungen (auch) für die Bundesrepublik Deutschland auf der Hand:

- Mehr direkte Demokratie auf allen Ebenen.
- Ausweitung der möglichen Gegenstände für direkte Demokratie, insbesondere auch Einbeziehung von Finanz- und Abgabenentscheidungen.
- Erleichterung der Verfahrensregelungen durch Senkung der Quoren und Erleichterung der Vorschriften für das Sammeln von Unterschriften.

Ein neues Paradigma: Mehr Macht für das Volk – mehr Kontrolle der politischen Klasse

Direkte Demokratie eröffnet eine eigene, ganz neue Welt. Sie wirft das bisher herrschende Denksystem über den Haufen und bildet quasi ein neues Paradigma heraus – theoretisch und praktisch.
Theoretisch werden als »selbstverständlich« geltende bisherige »Wahrheiten« der Staatsrechtslehre (und des Grundgesetzes, das ja auf rein repräsentativer gedanklicher Basis beruht) in Frage gestellt, ja geradezu in ihr Gegenteil verkehrt:

- Die repräsentative Demokratie setzt die Gemeinwohlorientierung der Repräsentanten und Amtsträger voraus. Genau diese Voraussetzung stellt das der direkten Demokratie zugrundeliegende Konzept radikal in Abrede. Es geht von der Prämisse aus, daß Repräsentanten in der Realität durchaus eigene Interessen haben, denen sie im Zweifel Vorrang einzuräumen suchen.
- Die repräsentative Demokratie (einschließlich der Staatsrechtslehre und der Verfassungsrechtsprechung) geht von der Vermutung der inhaltlichen »Richtigkeit« repräsentativ-demokratischer Verfahren (und der darin zustande gekommenen Ergebnisse) aus und umgekehrt – meist unausgesprochen – von der Vermutung der Unrichtigkeit direktdemokratischer Verfahren. Dem Konzept der direkten Demokratie liegt dagegen die Vermutung der Unrichtigkeit repräsentativer Entscheidungsverfahren[374] und die Vermutung der Richtigkeit direktdemokratischer Verfahren zugrunde.
- Die repräsentative Demokratie postuliert einen Freiraum für die Repräsentanten, das heißt, Unabhängigkeit der Politiker und ihrer Entscheidungen vom Volk, damit sie auch Entscheidungen treffen können, die das Volk so nicht getroffen hätte, die aber zu seinem Wohl erforderlich sind. Die direkte Demokratie wendet sich gegen solche Freiräume. Das ist nur konsequent. Wenn ihre Annahme stimmt, daß Politiker eigennützig handeln, besteht nämlich die Wahrscheinlichkeit, daß die Politiker leicht auch versucht sind, die Freiräume zur Wahrnehmung eigener Interessen zu mißbrauchen.
- Bisher gingen Systemvergleiche regelmäßig um andere Fragen. So werden zum Beispiel die staatliche und die wirtschaftlich-gesellschaftliche Willensbildung verglichen, wobei unterschiedli-

che ideologische »Schulen« zu unterschiedlichen Schlußfolgerungen zu gelangen pflegen: Die einen betonen das »Marktversagen« und gewinnen daraus Argumente für »mehr Staat«, die anderen entwickeln das Schlagwort vom »Staatsversagen« und leiten daraus Argumente für »weniger Staat« (und mehr marktwirtschaftlich-gesellschaftliche Selbststeuerung) ab.[375] Der – neue – Vergleich zwischen repräsentativer und direkter Demokratie betrifft nicht den Vergleich Staat – wettbewerbliche Marktwirtschaft, sondern ist ein innerstaatlicher Vergleich, denn beide, repräsentative und direkte Demokratie, sind staatliche Verfahren, wenn das auch bei der direkten Demokratie oft nicht gesehen wird. (Und die Kriterien sind für beide Vergleichsebenen dieselben.) Allerdings ist die direkte Demokratie insofern »gesellschaftsnäher«, als staatliche Ämter und professionelle Politiker nicht nötig sind, als die Bürger – genau wie in der Marktwirtschaft – unmittelbar selbst entscheiden, nur eben nicht in vielen Millionen unterschiedlichen von Angebot und Nachfrage bestimmten Geschäften, sondern in einem gemeinsamen gleichgerichteten Akt an einem bestimmten Tag: der Volksabstimmung. Auch diese Neuerung gehört wohl zum Paradigmenwechsel.

Es ist eine Erfahrungstatsache, daß das Erschüttern, ja das Einreißen von bisher geltenden ehernen »Glaubenssätzen«, also von Dogmen (wie sie auch das Fundament der repräsentativen Demokratie bilden), von den Hohenpriestern und Gralshütern des Dogmatismus nicht kampflos hingenommen wird.

Das erklärt, warum viele Vertreter der Staatsrechtslehre und andere Verteidiger der dem Grundgesetz zugrundeliegenden Ideologie oft derart aggressiv auf die bloße Erörterung der einschlägigen Fragen um direkte Demokratie reagieren, und es erklärt auch ihre häufig geringe Bereitschaft, sich überhaupt auf eine sachliche Diskussion und Argumentation einzulassen.[376] Wie immer, wenn es um das Aufbrechen von Dogmen und die Überwindung des Dogmatismus geht, liefern die Verteidiger des Status quo erbitterte Rückzugsgefechte und suchen die relevanten Fragen möglichst für tabu zu erklären (und dadurch jeder Diskussion zu entziehen).

Sie sehen sich damit in Übereinstimmung mit der herrschenden politischen Klasse. Bei der Auseinandersetzung zwischen repräsentativer und direkter Demokratie geht es sehr ausgeprägt auch um Macht und Einfluß. Direkte Demokratie erlaubt eine viel bessere Kontrolle der politischen Klasse und verschiebt die Machtverteilung hin zum Volk, das heißt, sie entzieht den bisherigen Machtinhabern das Monopol politischer Macht und damit einen Teil ihres politischen Einflusses. Das erklärt zu einem guten Teil, warum eine sachliche Erörterung von Fragen der direkten Demokratie auch bei Politikern regelmäßig auf massive Widerstände stößt – nach dem Motto »right or wrong, my interest«.

Es bildet sich also eine unheilige Allianz einer gewissen Richtung der Staatsrechtslehre, von Grundgesetzverteidigern und politischer Klasse. Dadurch wird es außerordentlich erschwert, über Fragen der direkten Demokratie und über den Vergleich von repräsentativer und direkter Demokratie sachlich, unemotional und empirisch belegt zu diskutieren. Dennoch bahnt sich hier ein Paradigmenwechsel an, und man wird, wie immer bei Paradigmenwechseln, in einiger Zeit vielleicht gar nicht mehr verstehen, warum die Durchsetzung der neuen Erkenntnisse so schwer war.

Anhang

Tabelle 1:
Volksbegehren und Volksentscheid in den Bundesländern*

		Zulassungsverfahren			Volks-
Land	**Themen-ausschlüsse**	**Gestaltung der ersten Stufe[1]**	**Antrags-quorum**	**Zulässigkeitsent-scheidung**	**Volks-begehrens-quorum**
1	2	3	4	5	6
Baden-Württemberg	Abgabengesetze, Besoldungsgesetze, Staatshaushalt	Zulassungs-antrag	10.000, d. h. bei 7.256.933 StB: 0,14%[3]	Innenministerium	1/6 (= 16,67%)
Bayern	Staatshaushalt	Zulassungs-antrag	25.000, d. h. bei 8.875.328 StB: 0,28%; 2 Jahre	Innenministerium	10%
Berlin	Landeshaushalt, Dienst- und Versor-gungsbezüge, Abgaben, Tarife der öfftl. Unternehmen, Personalentschei-dungen	Zulassungs-antrag	25.000, d.h. bei 2.442.929 StB: 1,02%; 6 Monate	Senat	10%

Bei der Erstellung der Tabellen 1 und 3 dankt der Verfasser Carsten Nemitz für Unterstützung.

* Es werden die folgenden Abkürzungen verwendet: VI: Volksinitiative, BQ: Beteiligungsquorum (erford liche Mindestbeteiligung an der Abstimmung), ZQ: Zustimmungsquorum (erforderliche Zustimmung zogen auf die Abstimmungsberechtigten), EW: Einwohner, StB: Stimmberechtigte, einf. Ges.: einfac Gesetz, verf. Ges.: verfassungsänderndes Gesetz, h. M.: herrschende Meinung.

1 Auf der ersten Stufe gibt es zwei Möglichkeiten der Verfahrensgestaltung: (1) Ein Antrag auf Zulass des Volksbegehrens führt zu einer Prüfung der Vorlage im Hinblick auf ihre rechtliche Zulässigkeit. dann kann über den fraglichen Gesetzentwurf ein Volksbegehren stattfinden (so in den meisten Länder (2) In vier anderen Ländern ist Voraussetzung für das Volksbegehren, daß vorab eine zulässige Volks itiative erfolgt und diese vom Parlament abgelehnt worden ist. In einem Land sind beide Wege altern eröffnet: über eine Volksinitiative oder über einen Antrag auf Zulassung des Volksbegehrens.

begehren		Parlamentarische Behandlung		Volksentscheid		
Dauer der Sammlung	Art der Sammlung	Selbsteintrittsrecht	Parlam. Konkurrenzvorlage	Abstimmungsverfahren bei konkurrierenden Entwürfen[2]	Verfassungsänderungsmöglichkeit	Quorum für Volksentscheid
7	8	9	10	11	12	13
Soll i. d. R. 14 Tage	amtlich	ja	ja	zwei Stimmen mit doppeltem Ja	ja	• *einf. Ges.:* 1/3 ZQ • *verf. Ges.:* 50% ZQ
14 Tage	amtlich	ja	ja	zwei Stimmen mit doppeltem Ja plus Stichfrage	ja	• *einf. Ges.:* kein Quorum • *verf. Ges.:* 25% ZQ
2 Monate	amtlich	ja	ja	zwei Stimmen mit doppeltem Ja	nein[4]	50% BQ, bei niedrigerer Bet.: 1/3 ZQ

Wenn die Abstimmenden entweder nur eine Stimme haben oder zwar zwei Stimmen abgeben können, aber nur einmal mit »Ja« stimmen dürfen, kommt es zu einer Aufspaltung der Stimmen unter denjenigen Abstimmenden, die für eine Änderung des Status quo eintreten, denn die konkurrierenden Gesetzentwürfe dürften zueinander regelmäßig im Verhältnis eines politischen »Mehr« oder »Weniger« stehen. Auf diese Weise eröffnet das Abstimmungsverfahren die Möglichkeit, das Instrument der Konkurrenzvorlage gezielt taktisch einzusetzen. Diese Möglichkeit wird in der Verbindung mit Zustimmungsquoren noch erheblich verschärft.

Bei der Berechnung der Prozentwerte ist hier und in der Folge jeweils die Zahl der Stimmberechtigten bei der Bundestagswahl vom 27.9.1998 zugrunde gelegt worden. Soweit sich die zu erreichenden Unterschriftenzahlen jedoch auf die Einwohner beziehen, bildet der Einwohnerstand vom 31.12.1997 den Bezugspunkt.

Eine Volks*initiative* über die Verfassung ist allerdings möglich.

		Zulassungsverfahren			Volks-
Land	**Themenausschlüsse**	**Gestaltung der ersten Stufe[1]**	**Antragsquorum**	**Zulässigkeitsentscheidung**	**Volksbegehrensquorum**
1	2	3	4	5	6
Brandenburg	Landeshaushalt, Dienst- und Versorgungsbezüge, Abgaben, Personalentscheidungen	Volksinitiative	20.000,[5] d. h. bei 2.061.288 EW: 0.97%; 1 Jahr	Landtags-Hauptausschuß	80.000, d. h. bei 2.032.303 StB: 3,94%
Bremen	Haushaltsplan, Dienstbezüge, Steuern, Abgaben, Gebühren sowie Einzelheiten solcher Gesetzesvorlagen	Zulassungsantrag	5.000, d. h. bei 494.809 StB: 1,01%	Senat	• *einf. Ges.:* 10% • *verf. Ges.:* 20%
Hamburg	Einzelvorhaben, Bauleitpläne und vergleichbare Pläne, Haushaltsangelegenheiten, Abgaben, Tarife der öfftl. Untern., Dienst- und Versorgungsbezüge	Volksinitiative	20.000, d. h. bei 1.213.821 StB: 1,65%; 6 Monate	Senat	10%
Hessen	Haushaltsplan, Abgabengesetze, Besoldungsordnungen	Zulassungsantrag	3%, d. h. bei 4.297.202 StB: 128.916	Landesregierung	20%
Mecklenburg-Vorpommern	Haushaltsgesetze, Abgabengesetze, Besoldungsgesetze	Volksinitiative (fakultativ)	15.000, d. h. bei 1.407.661 StB: 1,06%	Landeswahlleiter	140.000, d.h. bei 1.407.661 StB: 9,94%
		Sonst Prüfung der Zulässigkeit des Volksbegehrens erst bei der parlamentarischen Behandlung. Kein separates Antragsquorum.			

5 Bei Volksinitiativen, deren Inhalt vornehmlich Jugendliche betrifft, ist eine Eintragung bereits ab d 16. Lebensjahr möglich. In diesem Fall erhöht sich die Zahl der Eintragungsberechtigten auf 2.138.4 so daß der entsprechende Prozentwert auf 0,93% sinkt.

…begehren		Parlamentarische Behandlung		Volksentscheid		
…auer …er Samm- …ung	Art der Sammlung	Selbsteintrittsrecht	Parlam. Konkurrenzvorlage	Abstimmungsverfahren bei konkurrierenden Entwürfen[2]	Verfassungsänderungsmöglichkeit	Quorum für Volksentscheid
7	8	9	10	11	12	13
… Monate	amtlich	ja	ja	eine Stimme	ja	• *einf. Ges.:* 25% ZQ • *verf. Ges.:* 2/3 der Abstimmenden, 50% ZQ
… Monate	frei	ja	nein	–	ja	• *einf. Ges.:* 25% ZQ • *verf. Ges.:* 50% ZQ
…4 Tage	amtlich	ja	ja	zwei Stimmen mit doppeltem Ja	ja	• *einf. Ges.:* 25% ZQ • *verf. Ges.:* 2/3 der Abstimmenden, 50% ZQ
…oll 14 Tage	amtlich	ja	ja	zwei Stimmen ohne doppeltes Ja	nein (h. M.)[6]	kein Quorum
…i Amts-…ntragung: … Monate …r Amts-…ntragung	frei; wenn zuvor VI: auf Antrag ergänzend Amtseintragung	ja	ja	eine Stimme	ja	• *einf. Ges.:* 1/3 ZQ • *verf. Ges.:* 2/3 der Abstimmenden, 50% ZQ

Wie neuere Untersuchungen zeigen, weist die Entstehungsgeschichte in Hessen und in Nordrhein-Westfalen allerdings in die entgegengesetzte Richtung.

		Zulassungsverfahren			Volks-
Land	**Themenausschlüsse**	**Gestaltung der ersten Stufe**[1]	**Antragsquorum**	**Zulässigkeitsentscheidung**	**Volksbegehrensquorum**
1	2	3	4	5	6
Niedersachsen	Landeshaushalt, öfftl. Abgaben, Dienst- und Versorgungsbezüge	Prüfung der Zulässigkeit nach Sammlung von 25.000 Unterschriften für Volksbegehren, d. h. bei 5.954.567 StB: 0,42%. Daneben ist kein zusätzliches Antragsquorum erforderlich.			10%
Nordrhein-Westfalen	Finanzfragen, Abgabengesetze, Besoldungsordnungen	Zulassungsantrag	3.000, d. h. bei 13.086.397 StB: 0,02%	Landesregierung	20%
Rheinland-Pfalz	Finanzfragen, Abgabengesetze, Besoldungsordnungen	Zulassungsantrag	20.000,[7] d. h. bei 3.016.036 StB: 0,66%;	Landesregierung	20%
Saarland	finanzwirksame Gesetze, v. a. Abgaben, Besoldung, Staatsleistungen, Staatshaushalt	Zulassungsantrag	5.000, d. h. bei 828.507 StB: 0,60% 6 Monate	Landesregierung	20%
Sachsen	Abgaben-, Besoldungs-, Haushaltsgesetze	Volksantrag	40.000, d. h. bei 3.602.458 StB: 1,11%; 1 Jahr	Landtagspräsident	450.000, d. h. bei 3.602.458 StB: 12,49%, aber maximal 15%

7 Alternativ genügt es auch, wenn der Antrag vom Vorstand einer im Landtag vertretenen Partei gest[…] wird.

begehren		Parlamentarische Behandlung		Volksentscheid		
Dauer der Sammlung	**Art der Sammlung**	**Selbsteintrittsrecht**	**Parlam. Konkurrenzvorlage**	**Abstimmungsverfahren bei konkurrierenden Entwürfen[2]**	**Verfassungsänderungsmöglichkeit**	**Quorum für Volksentscheid**
7	8	9	10	11	12	13
6 Monate	frei	ja	ja	zwei Stimmen mit doppeltem Ja	ja	• *einf. Ges.:* 25% ZQ • *verf. Ges.:* 50% ZQ
14 Tage	amtlich	ja	ja	zwei Stimmen mit doppeltem Ja	nein (h. M.)[6]	kein Quorum
Soll 14 Tage	amtlich	ja	ja	zwei Stimmen mit doppeltem Ja	ja	• *einf. Ges.:* kein Quorum • *verf. Ges.:* 50 % ZQ
14 Tage	amtlich	ja	ja	zwei Stimmen ohne doppeltes Ja	nein	• *einf. Ges.:* 50% ZQ • *verf. Ges.:* ausgeschlossen
8 Monate	frei	ja[8]	ja	zwei Stimmen ohne doppeltes Ja	ja	• *einf. Ges.:* kein Quorum • *verf. Ges.:* 50% ZQ

8 Das Selbsteintrittsrecht des Landtags besteht in Sachsen und Schleswig-Holstein nur im Stadium der Volksinitiative.

		Zulassungsverfahren			Volks-
Land	**Themenausschlüsse**	**Gestaltung der ersten Stufe**[1]	**Antragsquorum**	**Zulässigkeitsentscheidung**	**Volksbegehrensquorum**
1	2	3	4	5	6
Sachsen-Anhalt	Haushaltsgesetze, Abgabengesetze, Besoldungsregelungen	• Volksinitiative • Zulassungsantrag	• 35.000, d. h. bei 2.149.785 StB: 1,63% • 10.000,[9] d. h. bei 2.149.785 StB: 0,46%	• Landtagspräsident • Landesregierung	250.000, d. h. bei 2.149.785 StB: 11,63%
Schleswig-Holstein	Haushalt, Dienst- und Versorgungsbezüge, öfftl. Abgaben	Volksinitiative	20.000, d. h. bei 2.135.992 StB: 0,94% 1 Jahr	Landtag	5%
Thüringen	Landeshaushalt, Dienst- und Versorgungsbezüge, Abgaben, Personalentscheidungen	Zulassungsantrag	5.000, d. h. bei 1.968.023 StB: 0,25%	Landtagspräsident	14%

9 Die Unterschriften sind nicht beizubringen, wenn zuvor eine Volksinitiative durchgeführt wurde.

begehren		Parlamentarische Behandlung		Volksentscheid		
Dauer der Sammlung	**Art der Sammlung**	**Selbsteintrittsrecht**	**Parlam. Konkurrenzvorlage**	**Abstimmungsverfahren bei konkurrierenden Entwürfen[2]**	**Verfassungsänderungsmöglichkeit**	**Quorum für Volksentscheid**
7	8	9	10	11	12	13
6 Monate	frei	ja	ja	zwei Stimmen mit doppeltem Ja	ja	• *einf. Ges.:* 25% ZQ[10] • *verf. Ges.:* 2/3 der Abstimmenden, 50% ZQ
6 Monate	amtlich	ja[8]	ja	eine Stimme	ja	einf. Ges.: 25% ZQ *verf. Ges.:* 2/3 der Abstimmenden, 50% ZQ
4 Monate	frei	ja	ja	zwei Stimmen mit doppeltem Ja	ja	• *einf. Ges.:* 1/3 ZQ • *verf. Ges.:* 50% ZQ

0 Dieses Zustimmungsquorum gilt nicht, wenn der Landtag eine Konkurrenzvorlage zur Abstimmung gestellt hat.

Tabelle 2: Bürgerbegehren und Bürgerentscheid – Überblick über die Regelungen

Land	Initiativrecht	Antrags-gegenstand	Deckungs-vorschlag	Zulässigkeits-entscheidung bei Bürger-begehren
1	2	3	4	5
Baden-Württemberg	• Bürgerbegehren • Ratsbegehren (2/3 aller Ratsmitglieder)	• Positivkatalog über wichtige Gemeindeangelegenheiten (durch Hauptsatzung ergänzbar) • Negativkatalog (7 TBe)[1]	ja	Gemeinderat
Bayern	• Bürgerbegehren • Ratsbegehren (2/3 aller Ratsmitglieder)	• Angelegenheiten des eigenen Wirkungskreises der Gemeinde • Negativkatalog (4 TBe)[1]	nein	Gemeinderat
Brandenburg	Bürgerbegehren	Gemeindeangelegenheiten Negativkatalog (11 TBe)[1]	ja	Gemeinderat
Bremen	• Volksbegehren (analog) (Stadt Bremen) • Bürgerbegehren (Stadt Bremerhaven)	• Bremen: eine zur Zuständigkeit der Stadtbürgerschaft gehörende Frage, Ortsgesetzentwürfe • Bremerhaven: wichtige Selbstverwaltungsangelegenheiten (Positivkatalog [4 TBe][1])	Bremen: nein Bremerhaven: ja	Bremen: Wahlbereichsausschuß Bremerhaven: Stadtverordnetenversammlung
Hessen	Bürgerbegehren	• wichtige Angelegenheiten der Gemeinde • Negativkatalog (7 TBe)[1]	ja	Gemeinderat

Bei der Erstellung der Tabelle 2 dankt der Verfasser Stefan Kleb für Unterstützung.

1 TBe = Tatbestände.
2 Bezogen auf Stuttgart (585.604 Einwohner [1.1.1996] /395.461 Wahlberechtigte [1999]) ergibt sich ein Quorum von 5,057%.

Quorum für das Bürgerbegehren	Zustimmungs-quorum für den Bürgerentscheid	Sperrwirkung des Bürgerentscheides
6	7	8
bis 10% der Abstimmungsberechtigten (gestaffelt nach Gemeindegröße; höchstens 20.000 Unterschriften)[2]	30% der Abstimmungs-berechtigten	• 3 Jahre lang kein neues Bürgerbegehren zulässig • 3 Jahre nur durch neuen Bürgerentscheid (aufgrund eines Ratsbegehrens) abänderbar
3% – 10% (gestaffelt nach Gemeindegröße)	10% – 20% (gestaffelt nach Gemeindegröße)[3]	innerhalb von 1 Jahr Abänderung nur durch neuen Bürgerentscheid möglich[3]
10%	25%	innerhalb von 2 Jahren nur abänderbar durch neuen Bürgerentscheid (initiiert durch Bürgerbegehren oder ausnahmsweise Ratsbeschluß)
Bremen: 10% Bremerhaven: 15.000 Bürgerinnen oder Bürger	Bremen: 25% Bremerhaven: 30% der Abstimmungs-berechtigten	Bremen: nein Bremerhaven: innerhalb von 2 Jahren nur durch Bürgerentscheid abänderbar
10%	25%	• 3 Jahre lang kein neues Bürgerbegehren zulässig • 3 Jahre lang nicht durch Rat abänderbar

3 Die Kombination von fehlendem Zustimmungsquorum und dreijähriger Sperrfrist für den Rat wurde vom Bayerischen Verfassungsgerichtshof am 29.8.1997 für verfassungswidrig erklärt. Spätestens bis zum 1.1.2000 hatte der Landesgesetzgeber eine verfassungsmäßige Neuregelung zu treffen (BayVBl 1997, 622). [Fortsetzung der Anmerkung auf S. 316]

Land	Initiativrecht	Antrags-gegenstand	Deckungs-vorschlag	Zulässigkeits-entscheidung bei Bürger-begehren
1	2	3	4	5
Mecklen-burg-Vorpom-mern	• Bürgerbegehren • Ratsbegehren (Mehrheit aller Ratsmitglieder)	• wichtige Angelegen-heiten des eigenen Wirkungskreises der Gemeinde • Positivkatalog mit Bsp. • Negativkatalog (5 TBe)[1]	ja	Gemeinderat im Benehmen mit Rechtsaufsichts-behörde
Nieder-sachsen	Bürgerbegehren	• Angelegenheiten des eigenen Wirkungs-kreises der Gemeinde • Negativkatalog (8 TBe)[1]	ja	Verwaltungs-ausschuß
Nordrhein-Westfalen	Bürgerbegehren	• Angelegenheiten der Gemeinde • Negativkatalog (10 TBe)[1]	ja	Gemeinderat
Rheinland-Pfalz	Bürgerbegehren	• Positivkatalog über wichtige Angelegen-heiten der Gemeinde (durch Hauptsatzung ergänzbar) • Negativkatalog (9 TBe)[1]	ja	Gemeinderat
Saarland	Bürgerbegehren	• Angelegenheiten der Gemeinde • Negativkatalog (10 TBe)[1]	ja	Gemeinderat
Sachsen	• Bürgerbegehren • Ratsbegehren (2/3 aller Rats-mitglieder	• Gemeinde-angelegenheiten, für die Rat zuständig ist • Negativkatalog (8 TBe)[1]	ja	Gemeinderat

Quorum für das Bürgerbegehren	Zustimmungs-quorum für den Bürgerentscheid	Sperrwirkung des Bürgerentscheides
6	7	8
bis 10% (gestaffelt nach Gemeindegröße; höchstens 7.500 Unterschriften)[4]	25%	• 2 Jahre lang kein neues Bürgerbegehren zulässig • innerhalb von 2 Jahren nur durch neuen Bürgerentscheid (aufgrund eines Ratsbegehrens) abänderbar
bis 10% (gestaffelt nach Gemeindegröße; höchstens 48.000 Unterschriften)[5]	25%	• 2 Jahre lang kein neues Bürgerbegehren zulässig • innerhalb von 2 Jahren nur abänderbar durch neuen Bürgerentscheid – ausnahmsweise – auf Antrag des Rates
bis 10%(gestaffelt nach Gemeindegröße; höchstens 48.000 Unterschriften)[6]	25%	• 2 Jahre lang kein neues Bürgerbegehren zulässig • innerhalb von 2 Jahren nur abänderbar durch neuen Bürgerentscheid (initiiert ausnahmsweise durch Rat)
bis 15% (gestaffelt nach Gemeindegröße; höchstens 24.000 Unterschriften)[7]	30%	• 3 Jahre lang kein neues Bürgerbegehren zulässig • 3 Jahre lang nicht durch Rat abänderbar
bis 15% (gestaffelt nach Gemeindegröße; höchstens 18.000 Unterschriften)[8]	30%	• 2 Jahre lang kein neues Bürgerbegehren zulässig • innerhalb von 2 Jahren nur durch neuen Bürgerentscheid – ausnahmsweise auf Initiative des Rats – abänderbar
bis 15% (Hauptsatzung kann Quorum bis auf 5% herabsetzen)	25%	• 3 Jahre lang kein neues Bürgerbegehren zulässig (wenn Bürgerentscheid durch Bürgerbegehren initiiert war) • innerhalb von 3 Jahren nur durch neuen Bürgerentscheid (aufgrund eines Ratsbegehrens) abänderbar

Land	Initiativrecht	Antrags-gegenstand	Deckungs-vorschlag	Zulässigkeits-entscheidung bei Bürger-begehren
1	2	3	4	5
Sachsen-Anhalt	• Bürgerbegehren • Ratsbegehren (2/3 aller Rats-mitglieder	• Positivkatalog über wichtige Gemeinde-angelegenheiten (durch Hauptsatzung ergänzbar) • Negativkatalog (7 TBe)[1]	ja	Gemeinderat
Schleswig-Holstein	• Bürgerbegehren • Ratsbegehren (2/3 aller Rats-mitglieder)	• wichtige Selbstver-waltungsaufgaben • Positivkatalog mit Bsp. • Negativkatalog (8 TBe)[1]	ja	Kommunal-aufsichtsbehörde
Thüringen	Bürgerbegehren	• wichtige Angelegen-heiten im eigenen Wirkungskreis der Gemeinde • Negativkatalog (6 TBe)[1]	ja	Gemeinderat

[Fortsetzung der Anmerkung 3 von S. 313] Diese ist inzwischen durch Gesetz vom 31.3.1999 (Bayr. GVBl. S.86) in der Weise getroffen worden, daß mit Wirkung ab dem 1.4.1999 ein Zustimmungsquorum von 20% der Abstimmungsberechtigten eingeführt wurde, das bei Gemeinden ab 50.001 Einwohner auf 15% und ab 100.001 Einwohner auf 10% gesenkt wird. Zugleich wurde die Sperrwirkung, wie in Spalte 8 angegeben, geändert.

4 Bezogen auf Rostock (227.535 Einwohner/169.674 Wahlberechtigte [1999]) ergibt sich ein Quorum von 4,42%.

5 Bezogen auf Hannover (523.147 Einwohner/398.728 Wahlberechtigte [1996]) ergibt sich ein Quorum von 12,038%.

6 Bezogen auf Köln (965.697 Einwohner/ca. 715.000 Wahlberechtigte [1999]) ergibt sich ein Quorum von 6,713%.

Quorum für das Bürgerbegehren	Zustimmungsquorum für den Bürgerentscheid	Sperrwirkung des Bürgerentscheides
6	7	8
bis 15% (gestaffelt nach Gemeindegröße; höchstens 10.000 Unterschriften) [9]	25%	• 3 Jahre lang kein neues Bürgerbegehren zulässig (wenn Bürgerentscheid durch Bürgerbegehren initiiert war) • innerhalb von 1 Jahr nur durch neuen Bürgerentscheid (aufgrund eines Ratsbegehrens) abänderbar
10%	25%	• 2 Jahre lang kein neues Bürgerbegehren zulässig (wenn Bürgerentscheid durch Bürgerbegehren initiiert war) • innerhalb von 2 Jahren nur durch neuen Bürgerentscheid (aufgrund eines Ratsbegehrens) abänderbar
20%	25%	• 2 Jahre lang kein neues Bürgerbegehren zulässig (gegenüber abgelehntem Antrag des Bürgerentscheides); *Ausn.:* wesentliche Änderung der Sach- oder Rechtslage • innerhalb von 2 Jahren nur durch neuen Bürgerentscheid abänderbar; *Ausn.:* wesentliche Änderung der Sach- oder Rechtslage

7 Bezogen auf Mainz (183.720 Einwohner/134.933 Wahlberechtigte [1999]) ergibt sich ein Quorum von 8,893%.

8 Bezogen auf Saarbrücken (187.032 Einwohner/145.021 Wahlberechtigte [1999]) ergibt sich ein Quorum von 12,412%.

9 Bezogen auf Magdeburg (257.656 Einwohner/199.030 Wahlberechtigte [1999]) ergibt sich ein Quorum von 5,024%.

Tabelle 3:
Strukturmerkmale der direkten Demokratie:
Deutschland – Schweiz – USA

Volksgesetzgebung

	Deutschland	Schweiz	USA
Bundesebene	Keine direktdemokratischen Elemente	»Verfassungsinitiative«[1] auf Partial-/Totalrevision Begehrensquorum: 100.000 Unterschriften Sammelfrist: 18 Monate Beim Volksentscheid keine Quoren	Keine direktdemokratischen Elemente (i .e. S.)
Landesebene Verfassungsänderungen	12 Länder (in zwei Ländern ausdrückliches Verbot,[2] in zwei weiteren Ländern Ausschluß nach herrschender Auffassung)[3] Begehrensquoren: 4–20% Prohibitives Zustimmungsquorum von 50% der Stimmberechtigten (Ausnahme Bayern)	Alle Kantone[4] Begehrensquoren: i. d. R. 1–4% Beim Volksentscheid keine Quoren	18 Staaten Begehrensquoren: i. d. R. 3,2–4%[5] Beim Volksentscheid meist keine Quoren
Einfache Gesetzgebung	Alle Länder »Finanztabu« (Ausschluß von Finanzen, Abgaben und Besoldung) Begehrensquoren: 4–20% Quoren beim Volksentscheid: in 11 Ländern, i. d .R. 25 oder 33,3%[6]	Alle Kantone Kein »Finanztabu« Begehrensquoren: i. d. R. 1–4% Beim Volksentscheid keine Quoren	22 Staaten So gut wie kein »Finanztabu« Begehrensquoren: i. d. R. 2–4%[5] Beim Volksentscheid meist keine Quoren

	Deutschland	Schweiz	USA
Sonstige Verfahrensgestaltungen	Antrags- und/oder Initiativverfahren[7]	Überwiegend Vorprüfung (obligatorisch oder fakultativ)	Z.T. Beratungsverfahren[8]
	Meist amtliche Eintragung beim Begehren	Freies Sammeln beim Begehren	Freies Sammeln beim Begehren
	In 7 Ländern knappe Fristen beim Begehren (14 Tage), ansonsten 2–6 Monate	Z.T. Fristen beim Begehren (2–18 Monate)	Z.T. Fristen beim Begehren (i. d. R. 3 Monate bis 2 Jahre)
			Z.T. mit Parlamentsbefassung (»indirekt«), z.T. ohne (»direkt«)
	Selbsteintrittsrecht des Parlaments	Kein Selbsteintrittsrecht des Parlaments	Bei indirektem Verfahren: Selbsteintrittsrecht des Parlaments bei Gesetzesinitiative
	Möglichkeit der Konkurrenzvorlage	Möglichkeit der Konkurrenzvorlage	I. d. R. Möglichkeit der Konkurrenzvorlage

1 Nach deutscher Terminologie handelt es sich dabei um ein Volksbegehren zur teilweisen bzw. vollständigen Revision der Bundesverfassung.

2 Ausdrücklich ausgeschlossen ist die Möglichkeit der Verfassungsänderung durch Volksentscheid in Berlin und im Saarland. Im Saarland ist allerdings ein Volksbegehren möglich.

3 In Hessen und Nordrhein-Westfalen werden Verfassungsänderungen durch Volksgesetzgebung von der herrschenden Auffassung im Wege der Verfassungsinterpretation ausgeschlossen.

4 In der Schweiz gibt es 20 Kantone und 6 Halbkantone. Im Ständerat sind sie mit insgesamt 46 Abgeordneten vertreten, davon entfallen auf die Kantone je zwei Abgeordnete und auf die Halbkantone jeweils ein Abgeordneter.

5 In den USA wird in der Regel zur Ermittlung der erforderlichen Unterschriftenzahl nicht auf die Stimm*berechtigten* abgestellt (wie in Deutschland und der Schweiz), statt dessen dient als Bezugsgröße meistens die Zahl der *Wähler* bei der letzten Gouverneurswahl. Die entsprechenden Quoren betragen in der Regel für verfassungsändernde Begehren 8–10% und für einfachgesetzliche Begehren 5–10%. Die Quoren reduzieren sich erheblich, wenn man sie – zur Herstellung der Vergleichbarkeit mit Deutschland und der Schweiz – auf die Stimmberechtigten umrechnet: Bei einer Wahlbeteiligung von z. B. 40% betragen die Quoren für verfassungsändernde Begehren dann 3,2–4%; bei Begehren auf einfachgesetzlicher Ebene 2–4%.

6 In fünf Ländern gibt es kein Entscheidungsquorum bei Volksentscheiden über einfache Gesetze. Im Saarland beträgt es gar 50%.

7 In Mecklenburg-Vorpommern haben die Initiatoren die Möglichkeit, sich im Vorfeld eines Volksbegehrens beraten zu lassen.

8 In diesem Verfahren werden die begehrten Gesetzentwürfe von einer neutralen Stelle durchgesehen und gegebenenfalls Verbesserungsvorschläge gemacht, die von den Initiatoren berücksichtigt werden können, aber nicht müssen.

	Deutschland	Schweiz	USA
Kommunale Ebene			
Örtliche Gegenstände	Für die Gemeindeebene in allen Ländern,[9] Möglichkeit der Gemeindeversammlung Ausschluß bestimmter Themen Begehrensquoren: 3–20% Quoren beim Bürgerentscheid: meist 25 oder 30%[10]	Bürgerbegehren und Bürgerentscheid (»Initiative«), in kleineren Gemeinden Gemeindeversammlung *Bsp. Kanton Zürich (171 Gemeinden)*: Gemeindeversammlung in 112 Gemeinden Bürgerbegehren und Bürgerentscheid in 59 Gemeinden Begehrensquoren: 0,8–3,2% Beim Bürgerentscheid keine Quoren	Bürgerbegehren und Bürgerentscheid (»Initiative«), in kleineren Gemeinden town meeting Begehrensquoren: i. d. R. 3–15%
Referenden			
Bundesebene			
obligatorisch	Keine Referendumsmöglichkeit (mit Ausnahme der Fälle des Art. 29, 118 und 118a GG)	Verfassungsreferendum Beitritt zu Organisationen für kollektive Sicherheit oder zu supranationalen Gemeinschaften Für dringlich erklärte Bundesgesetze, die keine Verfassungsgrundlage haben und deren Geltungsdauer ein Jahr übersteigt Beim Volksentscheid keine Quoren[11]	Keine Referendumsmöglichkeit

	Deutschland	Schweiz	USA
Bundesebene *fakultativ*		Bundesgesetze Für dringlich erklärte Bundesgesetze, deren Geltungsdauer ein Jahr übersteigt Bundesbeschlüsse, soweit Verfassung und Gesetz dies vorsehen Völkerrechtliche Verträge (unter bestimmten Voraussetzungen)[12] Begehrensquorum: 50.000 Unterschriften in 90 Tagen; alternativ acht Kantone Beim Volksentscheid keine Quoren[13]	

9 Auf der Kreisebene sind in drei Ländern (Baden-Württemberg, Hessen und Thüringen) Bürgerbegehren und Bürgerentscheid nicht möglich.

10 In Bayern betragen die Quoren in Abhängigkeit von der Größe der Gebietskörperschaft 10–20%.

11 Bei den obligatorischen Referenden ist eine Zustimmung von Volk und Ständen erforderlich, d. h. auch eine Mehrheit der »Kantonsvölker« muß mit »Ja« stimmen.

12 Die Verträge müssen unbefristet und unkündbar sein, den Beitritt zu einer internationalen Organisation vorsehen bzw. eine multilaterale Rechtsvereinheitlichung herbeiführen.

13 Bei den fakultativen Referenden ist lediglich die Zustimmung des Volkes erforderlich, nicht auch eine Zustimmung der Mehrheit der »Kantonsvölker«.

	Deutschland	Schweiz	USA
Landesebene Verfassungs-referenden[14] *obligatorisch*	Bayern, Hessen[15]	Alle Kantone	Alle Staaten außer Delaware
	Beim Volksentscheid keine Quoren	Beim Volksentscheid keine Quoren	Beim Volksentscheid meist keine Quoren
fakultativ	Baden-Württemberg[16], Bremen[17], Nordrhein-Westfalen[18], Sachsen[19]	–	–
	Quoren beim Volksentscheid: in 3 Ländern 50%, in einem Land 25%		
Gesetzes-referenden ***obligatorisch***	–	12 Kantone	–
		Beim Volksentscheid keine Quoren	
fakultativ	Baden-Württemberg[20], Bremen[21], Nordrhein-Westfalen[22], Rheinland-Pfalz[23]	14 Kantone	14 Staaten: Parlament kann ein bereits beschlossenes Gesetz dem Volk vorlegen
		Begehrensquoren: i. d. R. 1–4%	25 Staaten: Antragsmöglichkeit aus dem Volk
	Quoren beim Volksentscheid: in zwei Ländern kein Quorum, ansonsten 25 oder 33,3%	Beim Volksentscheid keine Quoren	Beim Volksentscheid meist keine Quoren
Finanz-referenden	–	25 Kantone[24], z.T. obligatorisch (5), z.T. fakultativ (7), z.T. beide Möglichkeiten parallel (13)	15 Staaten (obligatorisch bei öffentlichen Krediten ab einer bestimmten Höhe)
		Beim Volksentscheid keine Quoren	Beim Volksentscheid keine Quoren

	Deutschland	**Schweiz**	**USA**
Kommunale Ebene **Kommunal-referendum**	In den meisten Ländern (»Ratsbegehren«) mit Zweidrittelmehrheit aller Ratsmitglieder	In allen Kantonen *Bsp. Stadt Winterthur:* Begehrensquorum 500 Unterschriften (ca. 0,9%) Beim Bürgerentscheid keine Quoren	*[ungeklärt]*

14 Hier werden nur Verfassungs*änderungen* berücksichtigt, nicht auch Referenden über die Annahme einer Verfassung.

15 Zur Änderung der Verfassung ist in Bayern zunächst eine Zweidrittelmehrheit aller Landtagsabgeordneten erforderlich, in Hessen die einfache Mehrheit aller Abgeordneten.

16 Der Volksentscheid kann von der Landtagsmehrheit herbeigeführt werden.

17 Zur Herbeiführung eines Referendums ist ein entsprechender Beschluß der einfachen Mehrheit der Abgeordneten der Bürgerschaft erforderlich.

18 Wenn ein verfassungsändernder Gesetzentwurf die Zweidrittelmehrheit im Landtag verfehlt, können der Landtag oder die Landesregierung über diesen Entwurf einen Volksentscheid herbeiführen.

19 Das Referendum kann durch einen Beschluß der Mehrheit der Landtagsmitglieder herbeigeführt werden.

20 Die Regierung kann ein vom Landtag bereits beschlossenes Gesetz auf Antrag eines Drittels der Landtagsabgeordneten zur Volksabstimmung bringen; die Regierung kann auch – ebenfalls auf Antrag eines Drittels der Abgeordneten – eine von der Regierung im Landtag eingebrachte, dort aber abgelehnte Gesetzesvorlage zur Abstimmung bringen. Der Volksentscheid findet bei der ersten Variante allerdings dann nicht statt, wenn der Landtag das fragliche Gesetz mit Zweidrittelmehrheit erneut beschließt.

21 Hierzu ist ein Beschluß der einfachen Mehrheit der Bürgerschaftsabgeordneten erforderlich.

22 Die Landesregierung kann einen im Landtag abgelehnten Gesetzentwurf zum Volksentscheid bringen. Wird der Gesetzentwurf dann auch vom Volk abgelehnt, *muß* die Regierung zurücktreten; wird der Entwurf dagegen angenommen, *kann* die Regierung den Landtag auflösen.

23 Auf Antrag eines Drittels der Landtagsabgeordneten ist die Verkündung eines bereits vom Landtag beschlossenen Gesetzes auszusetzen. Sodann kommt es zu einem Volksbegehren, bei dem sich 5% der Wahlberechtigten eintragen müssen, damit ein Referendum stattfindet.

24 Mit dem Finanzreferendum werden öffentliche Ausgaben ab einer bestimmten Höhe obligatorisch oder fakultativ zur Abstimmung gestellt. Lediglich im Kanton Waadt gibt es kein Finanzreferendum.

Anmerkungen

Teil 1: Politik ohne Verantwortung – Regieren am Volk vorbei

1 *Roman Herzog*, Aufbruch ins 21. Jahrhundert, Rede im Hotel Adlon in Berlin am 26.4.1997, Bulletin der Bundesregierung 1997, 353 (354).

2 *Hans-Olaf Henkel*, in: Manfred Bissinger, Stimmen gegen den Stillstand. Roman Herzogs »Berliner Rede« und 33 Antworten, 1997, 87 (89). Bedenkt man, daß Henkel die heftige System-Diskussion mit nur wenigen Sätzen auslöste, so zeigt dies, daß er offenbar einen wunden Punkt getroffen hat. Henkel diagnostizierte angesichts großer Herausforderungen raschen Reformbedarf und fragte, »ob ein Land mit unserer föderalen Struktur, mit sechzehn Bundesländern, einem Verhältniswahlrecht überhaupt eine Chance hat, sich so schnell zu verändern wie andere«. – In ähnliche Richtung, nur sehr viel umfassender, gehen die schon vor drei Jahren erarbeiteten bemerkenswerten Vorschläge der Arbeitsgemeinschaft Selbständiger Unternehmer (ASU): Demokratiereform als Standortfrage. Anstöße zu einer ordnungspolitischen Diskussion, 3. Aufl., 1996.

3 *Lothar Gall*, Bismarck. Der weiße Revolutionär, 1980.

4 Kennzeichnend und von großem Einfluß auch auf die deutsche Geisteshaltung ist Rousseaus berühmtes Wort, Finanzen seien etwas für Sklaven (»un mot d'ésclave«).

5 *Josef Isensee* spricht treffend von der »Wirtschaftsferne der Staatsrechtslehre«.

6 Einerseits *Heribert Prantl*, Süddeutsche Zeitung vom 11.7.1997, S. 4; »Der Rambo von Bonn«, Der Spiegel vom 21.7.1997, S. 22; *Otto B. Roegele*, Rheinischer Merkur vom 25.7.1997, S. 1. Andererseits: Wirtschaftswoche vom 26.6.1997, S. 16 ff.; *Robert Leicht*, Die Zeit vom 18.7.1997, S. 4; *Klaus von Dohnanyi*, Der Spiegel vom 21.7.1997, S. 24.

7 Grundlegend *Adam Smith*, Eine Untersuchung über Natur und Wesen des Reichtums der Nationen, 1776; *Walter Eucken*, Grundsätze der Wirtschaftspolitik, 3. Aufl., 1960.

8 Zum Beispiel das Scholz-Interview, in: Focus 38/1997, S. 76 ff.

9 Siehe z. B. das Herzog-Interview, in: Wirtschaftswoche vom 12.6.1997, 16 (22). Auf die Frage nach einer »Reform der Institutionen« antwortete Her-

zog: »Bei unseren gewaltigen Problemen wie Steuern, Gesundheit, Rente und Innovation auch noch eine Verfassungsdiskussion anzufangen – da warne ich alle Neugierigen.«

10 *Roman Herzog*, Ein neues Zeitalter der Demokratie, Paulskirchen-Rede vom 18.5.1998, Bulletin der Bundesregierung 1998, 401 (403 f.). Herzog listet dort auf, »welche Anforderungen ... das demokratische System heute erfüllen« muß, und arbeitet nach diesen Kriterien Mängel des bestehenden Systems heraus.

11 Besonders in der Politik- und Verwaltungswissenschaft, der Soziologie und der Politischen Ökonomie.

12 Programmatisch für den »Neuen Institutionalismus« war der Buchtitel von *James G. March/John P. Olsen*, Rediscovering Institutions. The Organizational Basis of Politics, New York 1989.

13 *Fritz W. Scharpf*, Does Organization Matter?, in: Elmar H. Burack/Anant R. Neghandie (Hg.), Organization Design, Kent/Ohio, Kent State University Press 1977, 149 ff.

14 Einen Überblick über diese Forschungsrichtung geben *Rainer Schmalz-Bruns,* Neo Institutionalismus, in: Thomas Ellwein/Joachim Jens Hesse/Renate Mayntz/Fritz W. Scharpf (Hg.), Jahrbuch zur Staats- und Verwaltungswissenschaft 1990, 315 ff.; *Gunnar Folke Schuppert*, Institutional Choice im öffentlichen Sektor, in: Dieter Grimm (Hg.), Staatsaufgaben, Baden-Baden 1994, 647 ff.; *Peter A. Hall/Rosemary C. R. Taylor*, Political Science and the Three New Institutionalisms, in: Political Studies 1996, 936 ff.; *Thomas A. Koelble*, The New Institutionalism in Political Science and Sociology, in: Comparative Politics 1995, 231 ff.; *André Kaiser*, Vetopunkte der Demokratie. Eine Kritik neuerer Ansätze der Demokratietypologie und ein Alternativvorschlag, ZParl 1998, 525 ff.; *Hans Herbert von Arnim* (Hg.), Adäquate Institutionen: Voraussetzungen für »gute« und bürgernahe Politik?, 1999.

15 Mit »Akteur« sind in diesem Zusammenhang die einzelnen individuellen Personen gemeint, *nicht* auch *kollektive* Akteure wie z. B. die politischen Parteien, da sich deren Handeln und Verhaltensweisen nicht als einfache Aggregation aus der Summe der Aktivitäten der beteiligten Personen ergibt, sondern selbst wiederum in erheblichem Maße *institutionell* konstituiert und geprägt sind, also durch soziale und natürlich auch rechtliche Regeln (zum Beispiel im Falle der Parteien durch Parteiengesetze, Fraktionsgesetze, Wahlgesetze, Abgeordneten- und Ministergesetze). Andererseits sind die kollektiven Akteure auch nicht mit »Institutionen« gleichzusetzen. So aber *Roman Herzog*, Vorwort, in: Weidenfeld (Hg.), Wege zur Erneuerung der Demokratie, 1998, 7 (8 f.).

16 So *Fritz W. Scharpf*, Plädoyer für einen aufgeklärten Institutionalismus, in: Hans-Hermann Hartwich (Hg.), Policy-Forschung in der Bundesrepublik Deutschland. Ihr Selbstverständnis und ihr Verhältnis zu den Grundfragen

der Politikwissenschaft, Opladen 1985, S. 167: Institutionen sind im Kern »Handlungspotentiale und Handlungsschranken«.

17 Von »Spielregeln im System« sprechen zum Beispiel *Michel Crozier/Erhard Friedberg*, Macht und Organisation, 1979, 68 ff. Als »rules of the game« werden Institutionen etwa bei *North* bezeichnet: *Douglas C. North*, Institutions, Institutional Change and Economic Performance, Cambridge 1990, 3.

18 *Hans Herbert von Arnim*, Fetter Bauch regiert nicht gern. Die politische Klasse – selbstbezogen und abgehoben, 1997, 101 ff. mit weiteren Nachweisen.

19 Unter »materiellem Verfassungsrecht« versteht die Staatsrechtslehre herkömmlicherweise Vorschriften, die für den Erwerb, die Beibehaltung, die Verteilung oder die Ausübung der Macht im Staate von grundlegender Bedeutung sind, auch wenn die Vorschriften nicht in der formellen Verfassungsurkunde niedergelegt sind, wie zum Beispiel die Frage nach dem Wahlsystem (Mehrheits- oder Verhältniswahlrecht?), die das Grundgesetz bekanntlich offenläßt und die erst das Bundeswahlgesetz entscheidet. Meines Erachtens müssen dazu heute auch Regelungen gezählt werden, welche die Besoldung und Versorgung der politischen Klasse betreffen.

20 *Alexander Hamilton/James Madison/John Jay*, Die Federalist Papers, Darmstadt 1993, 320 (Nr. 51, Absatz 4).

21 *Helmut Klages*, Werteorientierung im Wandel, 1984, 39 ff.; *ders.*, Häutungen der Demokratie, 1993, 55; *Olaf Winkel*, Aus Politik und Zeitgeschichte B 52–53/96 vom 20.12.1996, 13 (16 ff., 22 ff.). Zahlreiche Beiträge zum Wertewandel enthält auch die Wochenzeitung »Das Parlament« Nr. 50 vom 16.12.1994.

22 Dabei wollen wir einige methodische Einzelfragen, die noch abgearbeitet werden müssen, hier übergehen.

23 *Giovanni Sartori*, Demokratietheorie, 1992, 43 ff.

24 *Abraham Lincoln*, Gettysburger Address, übersetzt und kommentiert von Ekkehart Krippendorff, 1994.

25 Siehe auch *Hans Herbert von Arnim*, Staat ohne Diener, 1993, 10 und durchgehend; *ders.*, Demokratie vor neuen Herausforderungen, Zeitschrift für Rechtspolitik 1995, 340 ff. (340 f. und durchgehend).

26 Siehe auch das Aufgreifen der Lincolnschen Formel durch *Fritz W. Scharpf*, Regieren in Europa, 1999, 16 ff.; *ders.*, Föderale Politikverflechtung: Was muß man ertragen? Was kann man ändern?, in: Konrad Morath (Hg.), Reform des Föderalismus, 1999, 23 ff.

27 Überblick bei *Elmar Wiesendahl*, Moderne Demokratietheorie, 1981; *Manfred G. Schmidt*, Demokratietheorien, 2. Aufl., 1997, 117 ff. Siehe aber auch die »Komplexe Demokratietheorie« *Fritz Scharpfs* (Demokratietheorie zwischen Utopie und Anpassung, 1970).

28 *Hans Herbert von Arnim*, Demokratie vor neuen Herausforderungen, Zeit-

schrift für Rechtspolitik 1995, 340 ff.; *ders.*, Reformblockade der Politik? Ist der Staat noch handlungsfähig?, Zeitschrift für Rechtspolitik 1998, 138 ff.

29 *Werner Maihofer*, in: Benda/Maihofer/Vogel, Handbuch des Verfassungsrechts der Bundesrepublik Deutschland, 2. Aufl., 1994, S. 1699 (1712 ff.).

30 Richard von Weizsäcker im Gespräch mit Gunter Hofmann und Werner A. Perger, 1992, 164, 178.

31 Dazu besonders anregend *Alexander von Brünneck*, Verfassungsgerichtsbarkeit in den westlichen Demokratien. Ein systematischer Verfassungsvergleich, 1992, 168 ff.

32 Vgl. auch BVerfGE 89, 155 (208): »Die Verselbständigung der meisten Aufgaben der Währungspolitik bei einer unabhängigen Zentralbank löst staatliche Hoheitsgewalt aus unmittelbarer staatlicher oder supranationaler parlamentarischer Verantwortlichkeit, um das Währungswesen dem Zugriff von Interessengruppen und der an einer Wiederwahl interessierten politischen Mandatsträger zu entziehen (so bereits Regierungsentwurf zum Bundesbankgesetz, Bundestagsdrucksache 2/2781, S. 24 f.).«

33 Siehe *Hans Herbert von Arnim*, Volkswirtschaftspolitik, 6. Aufl., 1998, 211 ff.

34 *Bodo Zeuner*, »Wahlen ohne Auswahl«. Die Kandidatenaufstellung im Bundestag, Parlamentarismus ohne Transparenz III, 1973, 165 ff.

35 Bericht der Gemeinsamen Verfassungskommission, Bundestagsdrucksache 12/6000 vom 5.11.1993.

36 *Wilhelm Hennis*, Politik ohne Beruf. Anmerkungen zur Arbeit der Verfassungskommission, Politisches Denken, Jahrbuch 1994 (hrsg. von *Volker Gerhardt, Henning Ottmann* und *Martyn P. Thompson),* 1995, 1 (18): »Die politische Klasse der Bundesrepublik war in dieser ›Kommission‹ ganz unter sich. Hat sie mehr nicht zu bieten?«

37 *Hans Köchler*, Philosophie, Recht, Politik, 1985, 25 ff.

38 *Hans Köchler*, Neue Wege der Demokratie, 1998.

39 *Elmar Wiesendahl*, Parteien in Perspektive, 1998, 150 ff.

40 Damit steht der hier verfolgte realistische Ansatz in bewußtem Gegensatz auch zu jenen fiktiven Ansätzen, welche die Interessen der Repräsentanten von vornherein für irrelevant erklären (und aus ihrer Betrachtung ausklammern), indem sie – in der Tradition Carl Schmitts – eine »Identität« der Repräsentanten mit dem Volk unterstellen, so daß diese schon deshalb, sozusagen kraft Definition, nicht »volkswidrig« handeln könnten. So jüngst wieder dezidiert *Walter Schmitt Glaeser*, Das Bundesverfassungsgericht als »Gegengewalt« zum verfassungsändernden Gesetzgeber? – Lehren aus dem Diäten-Streit 1995, in: Festschrift für Klaus Stern zum 65. Geburtstag, 1997, 1183 (1194 ff.). Ähnlich *Peter Badura*, Die parlamentarische Demokratie, in: Paul

Kirchhof/Josef Isensee (Hg.), Handbuch des Staatsrechts, Band 1, 1987, S. 953 ff. (S.972 ff.)

41 *Hans Herbert von Arnim*, Die Verfassung hinter der Verfassung, Zeitschrift für Rechtspolitik 1999, 326 ff.

42 *von Arnim*, Fetter Bauch regiert nicht gern, a.a.O., Kap. 1 und Kap. 2; *Klaus von Beyme*, Die politische Klasse im Parteienstaat, 1993, 30 ff.; *Jens Borchert/Lutz Golsch*, Die politische Klasse in westlichen Demokratien: Rekrutierung, Karriereinteressen und institutioneller Wandel, Politische Vierteljahresschrift 1995, 609 (613 ff.).

43 Der schon von *Gaetano Mosca*, Die herrschende Klasse, 1. Aufl., 1895, hier herangezogen die deutsche Übersetzung der 4. Aufl., 1947, durch Borkenau, 1950, 53 ff., 271 ff., 321 ff., verwendete Begriff der »politischen Klasse« erlebt jüngst auch im deutschen politikwissenschaftlichen Schrifttum eine Renaissance. Vgl. zum Beispiel *Christine Landfried*, Parteifinanzen und politische Macht, 1990, 2. Aufl. (1994), 144 ff. (271 ff.); *Hans-Dieter Klingemann/Richard Stöss/Bernhard Weßels* (Hg.), Politische Klasse und politische Institutionen, 1992; *Leif/Legrand/Klein*, Die politische Klasse in Deutschland, 1992; *von Beyme*, a.a.O.; *Borchert/Golsch*, a.a.O., 609 ff; *Hilke Rebenstorf,* Die politische Klasse, 1995; *von Arnim*, a.a.O.; *Danilo Zolo*, Die demokratische Fürstenherrschaft, 1997; *Lutz Golsch*, Die politische Klasse im Parlament, 1998; *Jens Borchert* (Hg.), Politik als Beruf. Die politische Klasse in westlichen Demokratien, 1999; *Elmar Wiesendahl*, Die Parteien in Deutschland auf dem Weg zu Kartellparteien?, in: Hans Herbert von Arnim (Hg.), Adäquate Institutionen: Voraussetzungen für »gute« und bürgernahe Politik?, 1999, 49 ff.

44 Siehe zum Beispiel *Gerhard Stoltenberg* (CDU), Protokoll der Sitzung des Deutschen Bundestages vom 5.2.1998, S. 19796; *Wilhelm Schmidt* (SPD), ebda.

45 *Helmut Schmidt*, Auf der Suche nach einer öffentlichen Moral. Deutschland vor dem neuen Jahrhundert, 1998, 51 ff.

46 Dies verkennt *von Beyme,* a.a.O., 194: »Die Auswüchse seien relativ rasch unter Kontrolle zu bringen«, weil die politische Klasse bei Durchsetzung und Verteidigung ihrer Privilegien »ohne Bundesgenossen in der Gesellschaft«, also allein auf sich gestellt sei. Diese Behauptung geht ebenso weit an der Wirklichkeit vorbei wie der Versuch ihrer Begründung. Daß Auswüchse leicht unter Kontrolle zu bringen seien, ist schon mit *von Beymes* eigenen Befunden etwa bei der Ämterpatronage (*von Beyme* 60, 88) nicht in Einklang zu bringen. Und daß die politische Klasse ohne Bundesgenossen sei, wäre, selbst wenn es zuträfe, nicht entscheidend, weil sie keiner Bundesgenossen bedarf, sitzt sie doch als einzige Interessengruppe selbst direkt an den Hebeln der Macht und kann ihren Interessen durch Einkleiden in Gesetz, Haushaltsplan oder sonstige staatliche Maßnahmen zumindest äußere Legalität verschaffen,

ohne daß sie dazu Verbündete bräuchte. Und daß die öffentliche Kontrolle ein ausreichendes Gegengewicht bilden könnte, verneint *von Beyme* selbst, wenn er an anderer Stelle die Kooperation der politischen Klasse mit vielen Medienangehörigen exemplarisch beschreibt: *von Beyme*, 82 ff. Hinzu kommt, daß die politische Klasse sich durch Ausweitung der Parteipatronage in andere Schlüsselbereiche wie politische Bildung und Verwaltung immer größere und einflußreichere Kreise verpflichtet, ja daß sie durch Instrumentalisierung der staatlichen Machtmittel auch die Ideologie (die sagt, was als »politisch korrekt« anzusehen ist und was nicht) weitgehend beherrscht, so daß ein Gegenhalten gegen Fehlentwicklungen, von denen immer mehr Meinungsmultiplikatoren profitieren, immer schwieriger wird. Siehe auch schon *von Arnim*, Fetter Bauch, a.a.O., 45 ff. mit Anmerkung 48.

47 *Katz/Mair*, Changing Models for Party Organization and Party Democracy – The Emergence of the Cartel Party, Party Politics 1995, 5 ff.; *Klaus von Beyme*, Funktionswandel der Parteien in der Entwicklung von der Massenmitgliederpartei zur Partei der Berufspolitiker, in: Oscar W. Gabriel/Oskar Niedermayer/Richard Stöss (Hg.), Parteiendemokratie in Deutschland (Band 338 der Schriftenreihe der Bundeszentrale für politische Bildung), 1997, 359 (366 ff.); *Elmar Wiesendahl*, a.a.O.

48 *Hans Herbert von Arnim*, »Der Staat sind wir!« 1995, 109 ff.; *ders.*, Fetter Bauch regiert nicht gern, a.a.O.

49 Ähnlich, nur bezogen auf die Parteien statt auf die politische Klasse: *Michael Greven*, in: Niedermayer/Stöss (Hg.), Stand und Perspektiven der Parteienforschung, 1993, 277 (290, 292).

50 *Pierre Bourdieu*, Praktische Vernunft, 1998, 93 ff. (111 ff., 119 ff.).

51 Daß gerade die Wissenschaft vom Staat und von der Politik »kein Geschäft für Leisetreter und Opportunisten« sein sollte, hat *Ernst Fraenkel*, einer der großen deutschen Politikwissenschaftler der Anfangszeit der Bundesrepublik, betont (*Fraenkel*, in: ders., Reformismus und Pluralismus, 1973, 337 [344]). *Fraenkel* fährt fort: »Eine Politikwissenschaft, die nicht bereit ist, ständig anzuecken, die sich scheuen wollte, peinliche Fragen zu stellen, die davor zurückschreckt, Vorgänge, die kraft gesellschaftlicher Konvention zu arcana societatis erklärt worden sind, rücksichtslos zu beleuchten, und die es unterläßt, freimütig gerade über diejenigen Dinge zu reden, über die ›man nicht spricht‹«, habe »ihren Beruf verfehlt«.

52 An dieser Stelle erfolgt nur eine Auseinandersetzung mit den beiden (immer noch fortwirkenden) »Klassikern« der Neuen Politischen Ökonomie *Anthony Downs* und *Joseph A. Schumpeter.* Auf die zum Teil recht differenzierten späteren Entwicklungen der Theorie wird an anderer Stelle eingegangen. Siehe zum Beispiel unten S. 287 ff.

53 *Anthony Downs*, An Economic Theory of Democracy, 1957, 25. »Every member of the team has exactly the same goals as every other.«

54 *Downs*, a.a.O., 30: »Politicians in our model are motivated by the desire for power, prestige, and income, and by the love of conflict, i.e., the ›thrill of the game‹ common to many actions involving risks. However, they can obtain none of these desiderata except the last unless their party is elected to office.« – Das dürfte auch der Grund sein, warum die Neue Politische Ökonomie dem Versorgungsinteresse der politischen Klasse bisher keine selbständige Aufmerksamkeit schenkt, wie *Christopher Hood/Guy Peters* (Rewards at the Top, 1994, 7) überrascht festgestellt haben.

55 *Joseph A. Schumpeter*, Kapitalismus, Sozialismus und Demokratie, 1950, 460 ff.

56 Siehe zum Beispiel *Rudolf Dolzer*, Das parlamentarische Regierungssystem und der Bundesrat – Entwicklungsstand und Reformbedarf, Veröffentlichungen der Vereinigung der Deutschen Staatsrechtslehrer, Bd. 58 (1999), 8 (17 f., 30); *Klaus von Dohnanyi*, Verfassungspolitik und Reformfähigkeit, in: Bertelsmann Stiftung (Hg.), Demokratie neu denken, 1998, 19 ff.; *Robert Leicht*, Probleme der Demokratie in Deutschland – Eine Standortbestimmung, in: Werner Weidenfeld (Hg.), Wege zur Erneuerung der Demokratie, 1998, 39 ff.

57 Siehe zum Beispiel *von Dohnanyi*, a.a.O., 24: »Daher betreffen die dringendsten Reformen heute in Deutschland die Organisationsformen des staatlichen Entscheidungsprozesses.«

58 *Robert Leicht*, a.a.O., 39 f.

59 *Karl Hernekamp*, Formen und Verfahren direkter Demokratie, dargestellt anhand ihrer Rechtsgrundlagen in der Schweiz und in Deutschland, 1979, 7.

Teil 2: Aus Scheu vor der Verantwortung: Fortschreitende Selbstauflösung der Bundesländer

1 *Hans Herbert von Arnim*, Wirtschaftlichkeit als Rechtsprinzip, 1988, 14.

2 *Hans Herbert von Arnim*, Gemeinwohl und Gruppeninteressen, 1977, 9 ff.; *ders.*, Staatslehre der Bundesrepublik Deutschland, 1984, 124 ff.

3 Zur daraus resultierenden Richtigkeitserwartung der zeitgenössischen deutschen Staatsrechtslehre, die bis in unsere Tage ausstrahlt, siehe zum Beispiel *Ernst Forsthoff*, Der Staat der Industriegesellschaft, 1972, 96 ff.

4 Siehe insbesondere die Jahrestagung 1998 der Vereinigung der Deutschen Staatsrechtslehrer, die u. a. dem Thema »Das parlamentarische Regierungssystem und der Bundesrat – Entwicklungsstand und Reformbedarf« gewidmet war: Veröffentlichungen der Vereinigung der Deutschen Staatsrechtslehrer

Band 58 (1999), 7 ff. (Bericht Rudolf Dolzer), 39 ff. (Bericht Michael Sachs), 81 ff. (Aussprache und Schlußwort); ferner zum Beispiel *Konrad Morath* (Hg.), Reform des Föderalismus, 1999; *Hans Herbert von Arnim/Gisela Färber/Stefan Fisch* (Hg.), Föderalismus. Hält er noch, was er verspricht?, 1999 (im Erscheinen).

5 *Roman Herzog*, Ein neues Zeitalter der Demokratie, Bulletin der Bundesregierung 1998, 401.

6 Focus-Interview, Focus-Nr. 38/1997, 76 ff.

7 *Ernst-Wolfgang Böckenförde*, Sozialer Bundesstaat und parlamentarische Demokratie. Zum Verhältnis von Parlamentarismus und Föderalismus unter den Bedingungen des Sozialstaats, in: Jürgen Jekewitz u. a. (Hg.), Politik als gelebte Verfassung, Festschrift für Friedrich Schäfer, 1980, 182–199.

8 *Böckenförde*, a.a.O., 192 ff.

9 *Ernst-Wolfgang Böckenförde*, Regierungsfähigkeit zwischen Verfassung und politischer Verantwortung, in: Bertelsmann Stiftung (Hg.), Demokratie neu denken, 1998, 83 ff.

10 Zur Entwicklungsgeschichte jüngst umfassend *Hartmut Klatt*, Länder-Neugliederung: Eine staatspolitische Notwendigkeit, Zeitschrift für Beamtenrecht 1997, 137 (139 ff.).

11 Die Parallele zwischen Länderneugliederung und kommunaler Gebietsreform zieht auch *Edzard Schmidt-Jortzig*, Herausforderungen für den Föderalismus in Deutschland, Plädoyer für einen neuen Wettbewerbsföderalismus, Die öffentliche Verwaltung 1998, 746 (750): »Was sich mit den Gebietsreformen auf kommunaler Ebene bereits vollzogen hat, steht auf Länderebene noch aus.« Schmidt-Jortzig fragt aber nicht, *warum* auf Länderebene scheiterte, was auf kommunaler Ebene gelang.

12 So insbesondere *Frido Wagener*, Neubau der Verwaltung. Gliederung der öffentlichen Aufgaben und ihrer Träger nach Effektivität und Integrationswert, 1969, 210 f. u.ö.

13 *Fritz W. Scharpf*, Föderalismus an der Wegscheide: Eine Replik, Staatswissenschaften und Staatspraxis 1990, 579 ff.

14 Dokument Nr. II der »Frankfurter Dokumente« vom 1. Juli 1948, abgedruckt bei *Laufer/Münch*, a.a.O., 363.

15 *Reinhard Mußgnug*, Zustandekommen des Grundgesetzes und Entstehung der Bundesrepublik Deutschland, in: Isensee/Kirchhof, Handbuch des Staatsrechts, Bd. 1, 1987, S. 219 ff., Randnummer 24.

16 BVerfGE 5, 34 (39); 13, 54 (96 f.). Art. 29 GG und der darin enthaltene Neugliederungsauftrag waren aufgrund des Genehmigungsschreibens der westlichen Besatzungsmächte zum Grundgesetz zwar für die Geltungsdauer des Besatzungsstatuts suspendiert. Mit Beendigung des Besatzungsregimes am 8. Mai 1955 erstarkte Art. 29 GG aber zum unmittelbar bindenden Verfassungsrecht. Dazu BVerfGE 13, 54 (57). Vergleiche auch *Klatt*, a.a.O., 139 f.

17 § 29 Abs. 4 GG a. F.

18 *Werner Ernst*, Gedanken zur Neugliederung des Bundesgebiets, Gegenwartskunde 1991/1, S. 5 ff.

19 *Helmut Quaritsch*, Der unerfüllte Verfassungsauftrag, in: Loccumer Protokolle 3/1968, S. 7 (10).

20 Bericht der Sachverständigenkommission für die Neugliederung des Bundesgebiets, 1972.

21 *Almuth Hennings*, Der unerfüllte Verfassungsauftrag: Die Neugliederung des Bundesgebiets im Spannungsfeld politischer Interessengegensätze, 1983, 136 ff. *Hans Blasius*, Gedanken zum Föderalismus. Betrachtungen zu Vergangenheit, Gegenwart und Zukunft, Verwaltung und Management (Teil 1) 1997, 140: »Es stehen handfeste Interessen auf dem Spiel, da verfestigte Besitzstände und Sinekuren in Parlamenten, Regierungen, Parteien, Kammern, aber auch in Verbänden und anderen Organisationen der Wirtschaft gewahrt und verteidigt werden.«

22 Ein Antrag der hessischen Landesregierung, die Verfassungswidrigkeit der bisherigen Untätigkeit des Bundes festzustellen, war nur an formalen Fragen der Zulässigkeit gescheitert, wobei das Gericht aber gleichzeitig unterstrich, »daß die Pflicht zur Neugliederung des Bundesgebietes den zuständigen Verfassungsorganen als bindender Auftrag erteilt worden ist«. BVerfGE 13, 54 (97).

23 *Roman Schnur*, Gebietsreform als Neuverteilung politischer Macht, in: Loccumer Protokolle 3/1968, S. 116 ff. Daß die Neugliederung in den alten Ländern nicht zuletzt an den Eigeninteressen von Politikern scheiterte, ist im Fachschrifttum unbestritten. Neben Schnur und den in Anmerkung 21 Genannten zum Beispiel *Fritz Scharpf*, Der Bundesrat und die Kooperation auf der »dritten Ebene«, in: Bundesrat (Hg.), Vierzig Jahre Bundesrat, 1989, 121 (150): Die Neugliederung »scheitert bisher an den Überlebensinteressen der kleineren Länder und ihrer Politiker«.

24 *Heinz Laufer/Ursula Münch*, Das föderative System der Bundesrepublik Deutschland, 1998, 343, schreiben anerkenned: »Sie waren bereit, ihre eigene politische Zukunft zum Wohle des Ganzen zur Disposition zu stellen.«

25 *Laufer/Münch*, a.a.O.

26 *Klatt*, a.a.O.; *Uwe Leonardy*, Deutscher Föderalismus jenseits 2000: Reformiert oder deformiert, Zeitschrift für Parlamentsfragen 1999, 135 ff., jeweils mit weiteren Nachweisen.

27 *Klaus Vogel*, Das Grundgesetz für die Bundesrepublik Deutschland. Vortrag, gehalten auf der Tagung »Eine Verfassung für Deutschland. Grundwerte und Grundrechte – zwischen Bewährtem und Gewünschtem« der Katholischen Akademie Bayern am 25.9.1992 in München, Manuskript, S. 13.

28 *Fritz W. Scharpf*, Europäisches Demokratiedefizit und deutscher Föderalismus, Staatswissenschaften und Staatspraxis 1992, 293 (304); *ders.*, Optionen

des Föderalismus in Deutschland und Europa, 1994, 58; *Klatt*, a.a.O., durchgehend. Ähnlich auch *Schmidt-Jortzig*, a.a.O., 750: »Die Existenz von a priori ›nachlaufenden‹ Ländern (bleibt) ein großes bundesstaatliches Problem. Denn auf dem vorhandenen Plafond werden kleine und strukturschwache Länder über den Länderfinanzausgleich von Geberländern und vom Bund künstlich am Leben gehalten und können naturgemäß am ›goldenen Zügel‹ ein eigenständiges, gegengewichtiges Agieren nicht zustande bringen.«

29 *Frido Wagener*, Zur Zukunft des Föderalismus und der kommunalen Selbstverwaltung, Der Landkreis 1981, 105 (109).

30 *Leonardy*, a.a.O., 138.

31 Bericht der Gemeinsamen Kommission, Bundestagsdrucksache 12/6000 vom 5.11.1993, S. 43 f.

32 Zu den Anforderungen an Volksbegehren nach Art. 29 Abs. 4 GG und insbesondere zur Abgrenzung des hierfür in Frage kommenden Raumes siehe Bundesverfassungsgericht, Beschluß vom 24.6.1997 (betreffend Franken) Az. 2BvP 1/94 (Pressemitteilung des Bundesverfassungsgerichts vom 2.7.1997).

33 Zum Ganzen *Leonardy*, a.a.O., 138 ff., 160 ff., mit weiteren Nachweisen.

34 Der Verfasser verdankt diese Erwägungen *Uwe Leonardy*, der sie – über den in Anmerkung 26 genannten Aufsatz hinaus – auch brieflich erläutert und vertieft hat.

35 Dazu *Frido Wagener*, a.a.O.; *ders.*, Gebietsreform und kommunale Selbstverwaltung, Die öffentliche Verwaltung 1983, 745; *Wilhelm Loschelder*, Verwaltungsreform – eine Bilanz über erste Ergebnisse, Die öffentliche Verwaltung 1969, 225; *Thieme/Prillwitz*, Durchführung und Ergebnisse der kommunalen Gebietsreform, 1981; *Heinz Köstering*, Erfolge und Kosten der kommunalen Neugliederung, Die öffentliche Verwaltung 1983, 110; *Dieter Schimanke*, Prozeß und Auswirkungen der kommunalen Gebietsreform und Funktionalreform für die Kommunen im ländlichen Raum, in: Kommunale Gebietsreform und Autonomie im ländlichen Raum, 1986, 41 ff.; *Winfried Brohm*, Die Eigenständigkeit der Gemeinden, Die öffentliche Verwaltung 1986, 397 (404 f.); *Dietrich Gunst*, Gebietsreform, Bürgerwille und Demokratie. Entsprach die kommunale Gebietsreform tatsächlich und rechtlich dem Gemeinwohl?, Archiv für Kommunalwissenschaften 1990, 189.

36 Der Begriff »politische Klasse« umfaßt Berufspolitiker und bringt zum Ausdruck, daß sie einerseits »eigene Partikularinteressen« haben, andererseits als »Agenten in eigener Sache« besonders großen »Einfluß auf die Ausgestaltung des eigenen Umfeldes« besitzen. Dazu oben S. 34 ff.

37 *Peter Bohley*, Chancen und Gefährdungen des Föderalismus, in: Kurt Bohr (Hg.), Föderalismus. Demokratische Struktur für Deutschland und Europa, 1992, 31 (37): Im Gefolge der kommunalen Gebietsreform »beendeten zahllose Bürger und Bürgerinnen ihre bisherige ehrenamtliche Tätigkeit, und die

Kosten der Verwaltung sanken sehr oft nicht, wie vorher behauptet, sondern stiegen an«.

38 *Hasso Hofmann*, Die Entwicklung des Grundgesetzes nach 1949, in: Isensee/Kirchhof, Handbuch des Staatsrechts, Band I, 1987, S. 259 ff., Randnummern 62 ff.; Überblick über seit 1963 von den Ländern auf den Bund übergegangenen Gesetzgebungskompetenzen auch bei *Albert Janssen*, Der Landtag im Leineschloß – Entwicklungslinien und Zukunftsperspektiven –, in: Präsident des Niedersächsischen Landtags (Hg.), Rückblicke – Ausblicke, 1992, S. 15 (38 f.).

39 *Wolf-Rüdiger Schenke*, Gesetzgebung zwischen Parlamentarismus und Föderalismus, in: H.-P. Schneider/C. Zeh (Hg.), Parlamentsrecht und Parlamentspraxis, 1989, 1485 (1514); *Janssen*, a.a.O., 22 f.

40 Dies galt nach Art. 125 GG unter der Voraussetzung, daß das Reichsrecht innerhalb einer oder mehrerer Besatzungszonen einheitlich geregelt war oder nach Abänderungen innerhalb einer oder mehrerer Besatzungszonen einheitlich galt.

41 *Werner Weber*, Spannungen und Kräfte im westdeutschen Verfassungssystem, a.a.O., 66.

42 So hat das Bundesverfassungsgericht die in Art. 72 Absatz 2 GG für die Ausübung des Gesetzgebungsrechts des Bundes enthaltene Bedürfnisklausel für nicht justiziabel erklärt und damit praktisch ins Ermessen des Bundesgesetzgebers gestellt (BVerfGE 2, 213 [224]; 34, 9 [21 ff.]). Weiter haben Rechtsprechung und Lehre über die in Art. 73 ff. GG ausdrücklich enthaltenen Gesetzgebungszuständigkeiten des Bundes hinaus kraft Sachzusammenhangs weitere ungeschriebene Gesetzgebungszuständigkeiten angenommen (zum Beispiel BVerfGE 3, 404 [421]) und diesen einen sehr weiten Anwendungsbereich gegeben.

43 So die hessische Staatsministerin *Hohmann-Dennhardt* in der 4. Sitzung der Gemeinsamen Verfassungskommission vom 2.4.1992, S. 2.

44 Dazu *Christian Calliess*, Die Justibilität des Art. 72 Abs. 2 GG vor dem Hintergrund von kooperativem und kompetitivem Föderalismus, Die öffentliche Verwaltung 1997, 889.

45 Zur Voraussetzung der Inanspruchnahme der konkurrierenden Gesetzgebungskompetenz des Bundes wurde nach der Neufassung der Bedürfnisklausel u. a., daß die Herstellung gleichwertiger Lebensverhältnisse im Bundesgebiet dies im gesamtstaatlichen Interesse erforderlich macht (während vorher von der »Wahrung der Einheitlichkeit der Lebensverhältnisse über das Gebiet eines Landes hinaus« die Rede war).

46 *Laufer/Münch*, a.a.O., 126 ff.

47 *Rudolf*, a.a.O., Rn 5, 13; *Laufer/Münch*, a.a.O., 132 f.

48 Die ausschließliche Kompetenz der Länder über die örtlichen Ertrag- und Verbrauchsteuern (Art. 105 Abs. 1a GG) ist praktisch fast ohne Bedeutung.

49 *Roman Herzog*, Teilung und Ballung von Macht im Grundgesetz, in: Paul Kirchhof/Donald P. Kommers (Hg.), Deutschland und sein Grundgesetz, 1993, 431 (436).

50 *Roland Vaubel,* The Political Economy of Centralization and the European Community, Public Choice 1994, 151 (153 ff.); *Reiner Eichenberger,* Der Zentralisierung Zähmung. Die Föderalismusdiskussion aus politisch-ökonomischer Perspektive, in: Christoph Engel/Martin Morlok (Hg.), Öffentliches Recht als Gegenstand ökonomischer Forschung, 1998, 157 (159 ff.); *Charles B. Blankart*, Politische Ökonomie der Zentralisierung der Staatstätigkeit, Humboldt-Universität zu Berlin, Discussion Paper – Economic Series – Nr. 108, 1998, 6 f.

51 *Hans Meyer* (Diskussionsbeitrag), Veröffentlichungen der Vereinigung der Deutschen Staatsrechtslehrer 58 (1999), 114 (115).

52 Siehe dazu die einschlägigen Grundgesetzkommentare, zuletzt *Michael Nierhaus*, in: Michael Sachs (Hg.), Grundgesetz. Kommentar, 2. Aufl., 1999, Art. 28, Rdnr. 14.

53 *Brun-Otto Bryde*, Verfassungsreform der Länder unter bundesverfassungsrechtlichem Unitarisierungsdruck, in: Hans Eichel/Klaus Peter Möller (Hg.), 50 Jahre Verfassung des Landes Hessen, 1997, 433.

54 *Bryde*, a.a.O., 434.

55 *Bryde*, a.a.O., 435 f.

56 *Bryde*, a.a.O., 436 ff.

57 *Josef Isensee*, Rechtsgutachten im Auftrag des Bayerischen Senats zur Vereinbarkeit des Gesetzes zur Abschaffung des Bayerischen Senats mit der Verfassung des Freistaates Bayern vom 20.10.1998 (Typoskript), inzwischen erschienen als Buch unter dem Titel »Verfassungsreferendum mit einfacher Mehrheit«, 1999.

58 Zu den unterschiedlichen Interessen von Spitzenpolitikern (»politische Elite«) und der Masse der Berufspolitiker (»politische Klasse«) *von Arnim*, Fetter Bauch regiert nicht gern, a.a.O., 51 ff., und oben S. 34 ff. Siehe auch *Helmut Schmidt*, a.a.O., 51 f.

59 *Hans Herbert von Arnim*, Auf dem Weg zur optimalen Gemeindeverfassung?, in: Klaus Lüder (Hg.), Staat und Verwaltung. Fünfzig Jahre Hochschule für Verwaltungswissenschaften Speyer, 1997, 297 (299 ff.); *Susan E. Scarrow*, Party Competition and Institutional Change. The Expansion of Direct Democracy in Germany, Party Politics 1997, 451 (458 ff.).

60 *Hans Herbert von Arnim*, Reform der Gemeindeverfassung in Hessen, Die öffentliche Verwaltung 1992, 330 ff.; *Hans Meyer*, in: Hans Meyer/Michael Stolleis (Hg.), Staats- und Verwaltungsrecht für Hessen, 3. Aufl., 1994, 174.

61 *Gerhard Banner*, Die drei Demokratien der Bürgerkommune, in: Hans Herbert von Arnim (Hg.), Adäquate Institutionen: Voraussetzungen für »gute«

und bürgernahe Politik?, 1999, 133 (142); *von Arnim*, Auf dem Weg zur optimalen Gemeindeverfassung?, a.a.O., 325.

62 *Hans Herbert von Arnim*, Diener vieler Herren, 1998, 120 ff.

63 *Ernst-Wolfgang Böckenförde*, a.a.O., 184 f.

64 Überblick bei *Walter Rudolf*, Kooperation im Bundesstaat, in: Isensee/Kirchhof (Hg.), Handbuch des Staatsrechts, Bd. IV, 1990, S. 1091 ff.; *Wolfgang Graf Vitzthum/Wolfgang März*, Baden-Württembergs Stellung in der Zwischen-Länder-Zusammenarbeit, in: Hartmut Klatt (Hg.), Baden-Württemberg und der Bund, 1989, 147; *Uwe Leonardy*, Gegenwart und Zukunft der Arbeitsstrukturen des Föderalismus: Status quo, »Europa der Regionen« und staatliche Einheit Deutschlands, Zeitschrift für Parlamentsfragen 1990, 180; *Laufer/Münch*, a.a.O., 247 ff.; *Gerhard Lehmbruch*, Parteienwettbewerb im Bundesstaat, 2. Aufl., 1998.

65 *Dieter Grimm* (Die Gegenwartsprobleme der Verfassungspolitik, 1972), in: ders., Die Zukunft der Verfassung, 1990, 336 [348]) weist darauf hin, daß der Föderalismus noch in den späten sechziger Jahren kein Thema der Politikwissenschaft war, und Ossenbühl (a.a.O., 1234) bemerkt noch im Jahre 1989, daß die empirische Aufarbeitung der Selbstkoordination der Länder nach wie vor zu wünschen übrigläßt, und das trifft bis zu einem gewissen Grad auch heute noch zu, obwohl die Sozialwissenschaften die Themen Föderalismus und informale Kooperation inzwischen intensiv aufgegriffen haben. *Fritz Scharpf/Bernd Reissert/Fritz Schnabel*, Politikverflechtung, 1976; *dies.*, Politikverflechtung II, 1977; *Gerhard Lehmbruch*, a.a.O.

66 *Grimm*, a.a.O., 348.

67 Zur Größenordnung und Gliederung dieses Geflechts *Hartmut Klatt*, Interföderale Beziehungen im kooperativen Bundesstaat, Verwaltungsarchiv 1987, 186; siehe zum Beispiel auch *Ossenbühl*, a.a.O., 1234.

68 *Frido Wagener*, Der öffentliche Dienst im Staat der Gegenwart, Veröffentlichungen der Vereinigung Deutscher Staatsrechtslehrer Bd. 37, 215 (238 ff.); *Rudolf*, a.a.O., Rn 32.

69 *Rudolf*, a.a.O., Rn 49 ff.

70 *Rudolf*, a.a.O., Rn 31 ff.

71 Sie werden dann zu »Konferenzen des Bundeskanzlers mit den Regierungschefs der Länder«.

72 *Leonardy*, a.a.O., 182.

73 *Klaus-Eckart Gebauer*, Interessenregelung im föderalistischen System, in: Eckart Klein (Hg.), Grundrechte, soziale Ordnung und Verfassungsgerichtsbarkeit, Festschrift für Ernst Benda zum 70. Geburtstag, 1995, 67 (75).

74 *Rudolf*, a.a.O., Rn 36.

75 *Rudolf*, a.a.O., Rn 37.

76 *Gebauer*, a.a.O., 75.

77 *Helmut Schmidt*, a.a.O., 85.

78 Die übrigen Fachministerkonferenzen unterhalten keine ständigen Sekretariate, haben aber zum Teil Büros, die eng an das Sekretariat des entsprechenden Bundesratsausschusses angelehnt sind (zum Beispiel Finanzministerkonferenz, Wirtschaftsministerkonferenz).

79 *Vitzthum/März*, a.a.O., 151.

80 *Hartmut Klatt*, Interföderale Beziehungen im kooperativen Bundesstaat, Verwaltungsarchiv 1987, 191.

81 *Thomas Oppermann*, Schule und berufliche Ausbildung, in: Isensee/Kirchhof (Hg.), Handbuch des Staatsrechts, Bd. VI, 1989, S. 329 ff. (Rn 26 ff.).

82 *Georg-Berndt Oschatz*, Schulpolitik der Länder vor den Herausforderungen der Globalisierung, in: Hans Herbert von Arnim/Gisela Färber/Stefan Fisch (Hg.), Föderalismus. Hält er noch, was er verspricht? (erscheint 2000, zitiert nach Typoskript), 12.

83 So schon *Gunter Kisker*, Kooperation im Bundesstaat, 1971, 230 (als rhetorische Frage formuliert).

84 *Vitzthum/März*, a.a.O., 150 f.; *Lehmbruch*, a.a.O., 105.

85 *Rolf Berger*, in: Scharpf/Reissert/Schnabel (Hg.), Politikverflechtung II, 1977, 117 (119 f.).

86 *Rudolf*, a.a.O., Rn 36.

87 *Wagener*, a.a.O.

88 *Konrad Hesse*, Der unitarische Bundesstaat, 1961, 13 ff.; *ders.*, Grundzüge des Verfassungsrechts der Bundesrepublik Deutschland, 20. Aufl., 1995, Rn 221; *Ernst-Wolfgang Böckenförde*, Sozialer Bundesstaat und parlamentarische Demokratie, in: Festschrift für Friedrich Schäfer, 1980, 182 (184) ff.; *Ossenbühl*, a.a.O., 1233; *Hans-Peter Schneider*, Die bundesstaatliche Ordnung im vereinigten Deutschland, NJW 1991, 2448 (2449).

89 *Willi Blümel*, Verwaltungszuständigkeit, in: Isensee/Kirchhof (Hg.), Handbuch des Staatsrechts, Bd. IV, 1990, S. 857 (S. 939 ff.)

90 *Rolf Borell*, Mischfinanzierungen, 1981, 21 ff.

91 *von Arnim*, Finanzzuständigkeit, a.a.O., Randnummern 63 ff.

92 *Karl Heinrich Hansmeyer*, Die Entwicklung von Finanzverfassung und Finanzausgleich in der Bundesrepublik Deutschland bis zum Jahre 1990 aus finanzwissenschaftlicher Sicht, in: Jochen Huhn/Peter-Christian Witt (Hg.), Föderalismus in Deutschland, 1992, 165 (174).

93 *Hans Christian Röhl*, Der Wissenschaftsrat, 1994, 36 ff.

94 *Röhl*, a.a.O., 10 ff.

95 *Röhl*, a.a.O., 29 f.

96 *Röhl*, a.a.O., 38.

97 *Röhl*, a.a.O., 39 ff.

98 Dazu *Volker Stern/Georg Werner*, Durch Einsparungen die Lasten mindern, 1998, 283.

99 *Röhl*, a.a.O., 51 mit weiteren Nachweisen.

100 *von Arnim*, Finanzzuständigkeit, a.a.O., Randnummer 67.

101 *Ute Mager*, Randnummer 27 zu Art. 91b, in: von Münch/Kunig, Grundgesetzkommentar III, 3. Aufl., 1996 (mit Angabe auch der Finanzierungsquoten des Bundes und der Länder).

102 *Röhl*, Der Wissenschaftsrat, a.a.O.

103 *Röhl*, a.a.O., 2 f.

104 *Röhl*, a.a.O., 33 ff.

105 Rahmenvereinbarung zwischen Bund und Ländern über die gemeinsame Förderung der Forschung nach Art. 91b GG vom 28.11.1975 mit zwischenzeitlichen Änderungen.

106 Dazu *Karlheinz Bentele*, Kartellbildung in der Allgemeinen Forschungsförderung. Politikverflechtung III, 1979.

107 Zwar sind Mehrheitsentscheidungen rechtlich möglich, wenn mindestens dreizehn Regierungschefs zustimmen, eine Bindung der Überstimmten wird aber ausdrücklich ausgeschlossen, was faktisch dann in der Praxis in aller Regel doch wieder Einstimmigkeit verlangt. Siehe Art. 9 Rahmenvereinbarung Forschungsförderung in Verbindung mit Art. 9 des Verwaltungsabkommens zwischen Bund und Ländern über die Errichtung einer gemeinsamen Kommission für Bildungsplanung vom 25.6.1970.

108 *Bentele*, a.a.O., 323, 329.

109 *Bentele*, a.a.O., 352 ff.

110 Die Liste war ursprünglich auf blauem Papier gedruckt; dies führte zu der Bezeichnung »Blaue Liste«.

111 *Röhl*, a.a.O., 54 f.

112 *Hans-Heinrich Trute*, Die Forschung zwischen grundrechtlicher Freiheit und staatlicher Institutionalisierung, 1994, 452 ff., insbesondere 456 f. und 460 f.

113 So (unter Verwendung des Begriffs von Fritz Scharpf) *Hans-Willy Hohn/Uwe Schimank*, Konflikte und Gleichgewichte im Forschungssystem, 1990, 152 ff.

114 *Trute*, a.a.O., 457.

115 *Trute*, a.a.O., 460 f. – Inwieweit neuere Ansätze zu einer merklichen Verbesserung der Handlungsfähigkeit führen (siehe Wissenschaftsrat, Empfehlungen zur Neuordnung der Blauen Liste vom 12.11.1993), bleibt abzuwarten.

116 *von Arnim*, Finanzzuständigkeit, a.a.O., Randnummern 44 ff.

117 *Hans Herbert von Arnim*, Volkswirtschaftspolitik, 6. Aufl., 1998, 178 ff.

118 BVerfGE 39, 96; *Scharpf*, Die Politikverflechtungs-Falle, Politische Vierteljahresschrift 1985, 323 (328).

119 Gute Zusammenfassung der Probleme bei *Fritz Scharpf*, Die Politikverflechtungs-Falle, a.a.O., 327 ff.

120 Darauf hat (neben Scharpf) besonders der leider viel zu früh verstorbene, ebenso ausgewiesene wie geistig unabhängige Föderalismusexperte Hartmut Klatt hingewiesen: *Klatt*, a.a.O., 140.

121 *Otto Erich Geske*, Eine neue Finanzverfassung zur Wiederherstellung eines strikten Konnexitätsprinzips?, Wirtschaftsdienst 1998, 556 (561).

122 Es sollte also nicht der Grundsatz gelten: »Wer zahlt, schafft an«, sondern »Wer anschaffen soll, muß auch zahlen können«. So mit Recht *Schmidt-Jortzig*, a.a.O., 750 f. Ebenso *Roman Herzog*, Ein neues Zeitalter der Demokratie (Paulskirchen-Rede), Frankfurter Allgemeine Zeitung vom 19.5.1998, 10 (11): »Wer bestellt, der soll – jedenfalls im Prinzip – auch bezahlen.«

123 Näheres bei *Hans Herbert von Arnim*, Finanzzuständigkeit, in: Isensee/Kirchhof (Hg.), Handbuch des Staatsrechts, Bd. IV, 1990, S. 987 ff.

124 Überblick in: Vorschläge der Konferenz der Präsidentinnen und Präsidenten der deutschen Länderparlamente am 24.9.1991 zur Reform der Finanzverfassung, Niedersächsischer Landtag, Drucksache 12/2797, S. 30.

125 Das Gesetz bedarf allerdings der Zustimmung des Bundesrates, wenn es bestimmt, daß die Länder ein Viertel oder mehr der Ausgaben zu tragen haben (Art. 104a III 3 GG). Doch »ist es politisch aufgrund der sie verpflichtenden verfassungsrechtlichen Situation für die Länder kaum möglich, jene Zustimmung allein aus finanziellen Gründen zu verweigern« (*Uwe Leonardy*, Deutscher Föderalismus jenseits 2000: Reformiert oder deformiert, Zeitschrift für Parlamentsfragen 1999, 135 [148]).

126 *Blasius*, a.a.O., 142 m. w. N.; *Gisela Färber*, Finanzverfassung. Unbestrittener Reformbedarf – divergierende Reformvorstellungen, in: Bundesrat (Hg.), 50 Jahre Herrenchiemseer Verfassungskonvent – Zur Struktur des deutschen Föderalismus, 1999, 89 (98 ff.).

127 Die entsprechenden Vorschläge häufen sich in jüngerer Zeit. Siehe *Ferdinand Kirchhof*, Empfehlen sich Maßnahmen, um in der Finanzverfassung Aufgaben- und Ausgabenverantwortung von Bund, Ländern und Gemeinden stärker zusammenzuführen?, Gutachten D zum 61. Deutschen Juristentag, 1996; *Uwe Leonardy*, a.a.O., 147 ff. mit weiteren Nachweisen; Sachverständigenrat zur Begutachtung der gesamtwirtschaftlichen Entwicklung, Jahresgutachten 1997/98, Ziffer 349.

128 So der Vorschlag von *Gisela Färber*, a.a.O., 128.

129 Statt vieler *Stefan Hombach*, Anreizwirkungen des deutschen Finanzausgleichs, Finanzarchiv 1994, 312.

130 Bund der Steuerzahler Baden-Württemberg (Hg.), Der Finanzausgleich, 1998, 36 f. Es trifft zwar gewiß zu, daß es Regierungen nicht nur um fiskalische Momente geht. Regierungen werden möglicherweise auch dann versuchen, Unternehmen anzusiedeln, die Wirtschaft zu fördern und Arbeitsplätze zu schaffen, wenn die daraus resultierenden Steuermehreinnahmen im Wege des Finanzausgleichs (ganz oder ganz überwiegend) abgeschöpft werden. Aber die Anreize zum Sparen in den öffentlichen Haushalten sind dann jedenfalls in den Empfängerländern geringer, und in jedem Fall dürfte ein voller oder annähernder Ausgleich dem verfassungsrechtlichen Grundsatz eines *an-*

gemessenen Ausgleichs (Art. 107 Abs. 2 GG), dem ein Nivellierungsverbot zu entnehmen ist, widersprechen.

131 *Helmut Schmidt*, a.a.O., 143.

132 *Werner Ebert/Steffen Mayer*, Die Anreizwirkungen des Finanzausgleichs. Wirtschaftsdienst 1999, 106 (108).

133 Das Bundesverfassungsgericht stellt in seinem Urteil vom 11. November 1999 hinsichtlich der Kosten der politischen Führung fest, daß »dem Begründungs- und Benennungsgebot« nicht genügt ist, daß »die gegenwärtige Bemessung der Zuweisungen nicht nachvollziehbar« ist und daß dem Finanzausgleichsgesetz »ein hinreichender einsichtiger Maßstab nicht zu entnehmen« ist (Umdruck des Urteils, S. 115).

134 Eine Überprüfung verlangt auch das Bundesverfassungsgericht in seinem Urteil vom 11. November 1999, Umdruck des Urteils, S. 91 f., 102 ff.

135 BVerfGE 1, 117 (134).

136 BVerfGE, a.a.O.

137 Bund der Steuerzahler Baden-Württemberg, a.a.O., 45 f.

138 So auch die Forderung von *Hans-Horst Giesing*, Kritische Fragen zum Föderalismus, in: Hans Herbert von Arnim (Hg.), Adäquate Institutionen: Voraussetzungen für »gute« und bürgernahe Politik?, 1999, 75 (88).

139 *Ebert/Mayer*, a.a.O. In der Betroffenheit der voraussichtlich noch auf lange Zeit besonders finanzschwachen östlichen Länder liegt eine zusätzliche Schwierigkeit für jede Reform. Dazu *Otto-Erich Geske*, a.a.O., 561 f.

140 So der Vorschlag von *Reiner Eichenberger*, Föderalismus: Eine politisch-ökonomische Analyse seiner Vorteile, der Widerstände und Erfolgsbedingungen, in: von Arnim/Färber/Fisch (Hg.), Föderalismus. Hält er noch, was er verspricht?(erscheint 2000, zitiert nach Typoskript), 15.

141 *Peter Lerche*, Zustimmungsgesetze, in: Bundesrat (Hg.), Vierzig Jahre Bundesrat, 1989, 183; *Lehmbruch*, Parteienwettbewerb im Bundesstaat, 2. Aufl., 1998, 91 f. – *Lerche* weist (im Anschluß an *Antoni*, Archiv des öffentlichen Rechts, 1988, 229 [232]) darauf hin, daß allein Art. 84 Abs. 1 GG für mehr als 60 Prozent aller Zustimmungsgesetze verantwortlich ist (a.a.O., 184).

142 BVerfGE 37, 368 (379 ff.).

143 *Fritz Ossenbühl*, Föderalismus nach 40 Jahren Grundgesetz, DVBl. 1989, 1230 (1235).

144 Der grundgesetzliche Katalog der Zustimmungsbereiche hat sich seit 1949 verdoppelt: von etwa dreißig auf etwa sechzig. Ausweis im einzelnen bei *Christof Gramm*, Gewaltenverschiebungen im Bundesstaat, Archiv des öffentlichen Rechts 1999, 212 (216 f.).

145 Kritisch zur Ablehnung des Senatsprinzips zugunsten des Bundesratsprinzips durch den Parlamentarischen Rat zum Beispiel *Wilhelm Hennis* in einer Rezension einer Biografie über Carlo Schmidt, in: Frankfurter Allgemeine Zeitung vom 7.10.1996.

146 *Helmut Lenz*, Die Landtage als staatsnotarielle Ratifikationsämter, Die öffentliche Verwaltung 1977, 157.

147 Statt vieler *Ossenbühl*, a.a.O., 1235.

148 So zum Beispiel *Ernst-Wolfgang Böckenförde*, Sozialer Bundesstaat und parlamentarische Demokratie, Festschrift für Friedrich Schäfer, 1980, 182 (186).

149 In den Stadtstaaten tragen die Regierungschefs andere Bezeichnungen, zum Beispiel in Berlin »Regierender Bürgermeister«.

150 *Winfried Steffani*, Die Republik der Landesfürsten, in: G. A. Ritter (Hg.), Regierung, Bürokratie und Parlamente in Preußen und Deutschland von 1848 bis zur Gegenwart, 1983, 198.

151 *Steffani*, a.a.O., 196.

152 *Steffani*, a.a.O., 192.

153 *Steffani*, a.a.O., 181.

154 *Steffani*, a.a.O., 198.

155 *Lehmbruch*, a.a.O., 59 ff.

156 *Peter Graf Kielmansegg*, Vom Bundestag zum Bundesrat. Die Länderkammer in der jüngsten deutschen Verfassungsgeschichte, in: Bundesrat (Hg.), Vierzig Jahre Bundesrat, 1989, 43 (49): »Im Bundesrat war (...) gegen die gesetzgeberischen, vor allem auch gegen mögliche auf Verfassungsänderung zielende Aspirationen des nach demokratischem Wahlrecht gewählten Reichstages die Vetomacht des ancien regime (...) institutionalisiert.«

157 *Stefan Fisch*, Von der Föderation der Fürsten zum Bundesrat des Grundgesetzes. Deutscher Föderalismus von 1848 bis heute, in: von Arnim/Färber/Fisch (Hg.), Föderalismus. Hält er noch, was er verspricht? (erscheint 2000), 5 ff. (zitiert nach Typoskript)

158 *Brun-Otto Bryde*, Möglichkeiten der Entflechtung von Entscheidungsebenen (im Erscheinen), 1 (zitiert nach Typoskript).

159 *Thomas Nipperdey*, Nachdenken über die deutsche Geschichte, 1986, 84.

160 *Lehmbruch*, a.a.O., 109 ff.

161 *Rudolf Morsey*, Entscheidung für den Westen. Die Rolle der Ministerpräsidenten bei der Entstehung der Bundesrepublik Deutschland, Die politische Meinung, November 1998, 41 (46 f.).

162 *Karl-Heinz Niclauß*, Demokratiegründung in Westdeutschland. Die Entstehung der Bundesrepublik 1945 – 1949, 1974, 151 f.; *Morsey*, a.a.O., 48 f.

163 *Stefan Fisch*, a.a.O., 9.

164 *Morsey*, a.a.O., 43 ff.

165 *Peter Graf Kielmansegg*, Integration und Demokratie, in: Jachtenfuchs/Kohler-Koch (Hg.), Europäische Integration, 1996, 47 (60 ff.); *Steffani*, a.a.O., 185 ff.

166 *Karl Dietrich Erdmann*, Der Bundesrat – Eine historische Standortbestimmung, in: Der Bundesrat als stabilisierender Faktor in Staat und Gesellschaft. Ansprachen aus Anlaß der 500. Sitzung des Bundesrates, 1981, 17.

167 *Graf Kielmansegg*, Vom Bundestag ..., a.a.O., 43 ff.; *ders.*, Integration und Demokratie, a.a.O., 61 f.

168 *Graf Kielmansegg*, Vom Bundestag ..., a.a.O., 53 ff.

169 *Laufer/Münch*, a.a.O., 252 ff.

170 *Rita Müller-Hilmer*, Die niedersächsische Landtagswahl vom 1. März 1998: Die Kür des Kanzlerkandidaten, Zeitschrift für Parlamentsfragen 1999, 41.

171 *Lothar Gall*, Bismarck. Der weiße Revolutionär, 1980, 389.

172 Das Wort wird teils *Theodor Heuss*, teils *Konrad Adenauer* zugeschrieben. Dazu *Christof Gramm*, Archiv des öffentlichen Rechts 1999, 212 (217 f.).

173 *Steffani*, a.a.O., 192.

174 *Böckenförde*, a.a.O., 191: »Die den Landtagen verbliebenen formellen Kompetenzen werden dadurch im Verhältnis zur eigenen Regierung dem Parlament materiell entwunden.«

175 *Hans Blasius*, Gedanken zum Föderalismus (Teil 2), Verwaltung und Management 1997, 214 (218).

176 *Rudolf*, a.a.O., Rn 81.

177 *Thomas Ellwein* (Hg.), Kommission zur Gesetzes- und Verwaltungsvereinfachung, Bericht und Vorschläge, 1983, S. 267. Siehe auch schon *Walter Leisner*, Schwächung der Landesparlamente durch grundgesetzlichen Föderalismus, Die öffentliche Verwaltung 1968, 389; *Hermann Eicher*, Der Machtverlust der Länderparlamente, 1988.

178 *Walter Rudolf*, Die Bedeutung der Landesparlamente in Deutschland, in: Detlev Merten (Hg.), Die Stellung der Landesparlamente aus deutscher, österreichischer und spanischer Sicht, 1997, 55 (70).

179 *Gerhard Pfreundschuh*, Den Staat neu gestalten, 1997, 175.

180 Zitiert nach *Michael Stoessinger*, Das Schweigen der Länder, Stern vom 2.4.1998, S. 80.

181 *Pfreundschuh*, a.a.O., 175.

182 *Pfreundschuh*, a.a.O.

183 *Wolfgang Graf Vitzthum*, Die Bedeutung gliedstaatlicher Verfassungen in der Gegenwart, Veröffentlichungen der Vereinigung Deutscher Staatsrechtslehrer, Bd. 46 (1988), 7 (45).

184 *Janssen*, a.a.O.

185 Vgl. zum Beispiel den FDP-Fraktionsvorsitzenden im Landtag von Nordrhein-Westfalen *Achim Rohde*, Focus 12/93, S. 49: »Die Länder sind nur noch politische Verwaltungseinheiten.«

186 *Werner Thieme*, Vierzig Jahre Bundesrat, Die öffentliche Verwaltung 1989, 499 (507): »Die Landtage sind das Instrument, um der jeweiligen Landesregierung die Macht zu erhalten oder der Opposition die Macht zu verschaffen.«

187 Schlußbericht der Enquetekommission Verfassungs- und Parlamentsreform

vom 7.2.1989, Schleswig-Holsteinischer Landtag, Drucksache 12/180, S. 31, an den sich die vorstehenden Ausführungen anlehnen.

188 So kann die Bundesregierung (bei Ausführung von Bundesgesetzen durch die Länder als eigene Angelegenheit) mit Zustimmung des Bundesrats allgemeine Verwaltungsvorschriften erlassen (Art. 84 Abs. 2 GG). Durch zustimmungsbedürftiges Bundesgesetz kann sie ausnahmsweise auch zu Einzelanweisungen ermächtigt werden (Art. 84 Abs. 5 GG). Die Bundesregierung übt die Rechtsaufsicht aus und kann zu diesem Zweck Beauftragte zu den obersten Länderbehörden und mit deren Zustimmung oder mit Zustimmung des Bundesrats auch zu den nachgeordneten Behörden entsenden (Art. 84 Abs 3 und 4 GG).

189 *Bryde*, a.a.O., 435.

190 So *Manfred Friedrich*, Der Landtag als Berufsparlament?, 1977, 32.

191 *Wolfgang Zeh*, Bund-Länder-Kooperation und die Rolle des Landesparlaments, in: Hartmut Klatt (Hg.), Baden-Württemberg und der Bund, 1989, 119 (135 f.).

192 *Manfred Friedrich*, a.a.O., 32 ff.

193 Ein Fächer von Vorschlägen bei *Zeh*, a.a.O., 136 ff.

194 *Janssen*, a.a.O., 24.

195 Zwar wurde in § 10 der Landeshaushaltsordnungen fast aller Bundesländer (zum Beispiel § 10 Abs. 3 Landeshaushaltsordnung Baden-Württemberg) die Verpflichtung der Landesregierungen eingebaut, die Landesparlamente von beabsichtigten Anmeldungen von (Gemeinschaftsaufgaben-)Projekten vorher zu informieren, und zu diesem Zweck wurde auch der zunächst vorgesehene Termin für die Anmeldung (1. Februar) auf den 1. März eines jeden Jahres hinausgeschoben (*Röhl*, a.a.O., 36 f.). Dabei handelt es sich aber »um kaum mehr als bescheidene Retuschen am Gesamtbild der ›Depossedierung der Landtage‹« (*Gunter Kisker*, Kooperation im Bundesstaat, 1971, 291).

196 *Hans Herbert von Arnim*, Finanzzuständigkeit, a.a.O., Randnummern 44 ff.

197 BVerfGE 41, 291 (308).

198 *Kisker*, a.a.O., 41 f., 229.

199 *Kisker*, a.a.O., 291.

200 So der Präsident des Sächsischen Landtags, *Erich Iltgen*, in: Ulrich Karpen (Hg.), Zum gegenwärtigen Stand der Gesetzgebung in der Bundesrepublik Deutschland, 1998, 279 (281).

201 *Heino Kaack*, Geschichte und Struktur des deutschen Parteiensystems, 1971, 513: Von 1949 bis 1970 wechselten mehr als 30 Bundestagsabgeordnete in die Landesregierungen.

202 *Werner Thieme*, Vierzig Jahre Bundesrat, Die öffentliche Verwaltung 1989, 507.

203 *Gerhard Pfreundschuh*, Den Staat neu gestalten, 1997, 174.

204 Daß es bei der Auswahl der Kandidaten nicht darauf ankommt, ob sie fähig und willens sind, gute Gesetzgebungsarbeit oder sonst gute Arbeit im Parlament zu tun, wird in »Fetter Bauch regiert nicht gern«, S. 116–122 (der Taschenbuch-Ausgabe, 1999), eingehend herausgearbeitet.

205 *Ulrich Pfeiffer*, Eine Partei der Zeitreichen und Immobilen. Folgerungen für eine Strukturreform, Die neue Gesellschaft/Frankfurter Hefte 1997, 392 ff.

206 *Lehmbruch*, Parteienwettbewerb im Bundesstaat, 2. Aufl., 1998, 87.

207 Vgl. auch *Thieme*, a.a.O., 507.

208 *von Arnim*, Fetter Bauch regiert nicht gern, a.a.O., 156 ff.

209 *von Arnim*, Fetter Bauch regiert nicht gern, a.a.O., 120 f.

210 *Hans-Horst Giesing*, a.a.O.

211 Die Landtage beriefen sich dabei meist auf ein angebliches verfassungsrechtliches Gebot, auch in den Ländern eine »Vollalimentation« für Abgeordnete einzuführen. Doch läßt sich derartiges in Wahrheit nicht aus dem Diätenurteil des Bundesverfassungsgerichts (BVerfGE 40, 296) ableiten. Dazu *Hans Herbert von Arnim*, Die Partei, der Abgeordnete und das Geld. Parteienfinanzierung in Deutschland, 1996, 216 ff. Siehe auch *Willi Geiger*, Der Abgeordnete und sein Beruf, Zeitschrift für Parlamentsfragen 1978, 522 (528): »Vollständig unerfindlich ist die Selbstverständlichkeit, mit der die Landtage davon ausgehen, die Tätigkeit ihrer Mitglieder sei als ›Full-time-Job‹ zu qualifizieren. Aus dem Urteil des Bundesverfassungsgerichts läßt sich das nicht herauslesen. Das Gericht hat insbesondere nicht entschieden, daß die Mitglieder des saarländischen Landtags *mit Recht* sich als Inhaber eines ›Full-time-jobs‹ betrachtet haben. Es hat nur festgestellt, daß die saarländische Regelung eine komplette Regelung für einen durch sein Mandat zeitlich völlig in Anspruch genommenen Abgeordneten ist, und hat daraus die Konsequenzen gezogen.« Und selbst wenn man das Diätenurteil fälschlicherweise als Verpflichtung zur Vollalimentation auch von Landesparlamenten verstehen wollte, wäre diese Auffassung jedenfalls durch ein späteres Urteil überholt, in dem das Gericht davon ausgeht, der Gesetzgeber sei selbst bei Bundestagsabgeordneten verfassungsrechtlich nicht verpflichtet, eine Vollalimentation zu gewähren: BVerfGE 76, 256 (341–343).

212 Diese Frage stellt auch *Bryde*, a.a.O., 435.

213 *Lehmbruch*, 2. Aufl., a.a.O., 79, 91.

214 *Laufer/Münch*, a.a.O., 82 ff.; *Lehmbruch*, a.a.O., 77 ff.

215 *Lehmbruch*, a.a.O., zum Beispiel 30, 177, 181 und durchgehend.

216 Dazu ausführlich *Lehmbruch*, a.a.O., 77 ff.

217 Vergleiche auch *Lehmbruch*, a.a.O., 180.

218 So auch *Lehmbruch*, a.a.O., 181.

219 *Ossenbühl*, a.a.O., 1235.

220 Vergleiche auch *Pfreundschuh*, a.a.O., 169.

221 *Hasselsweiler*, Der Vermittlungsausschuß, 1981; *Franßen*, Der Vermittlungs-

ausschuß – politischer Schlichter zwischen Bundestag und Bundesrat?, in: Die Freiheit des Anderen, Festschrift für Martin Hirsch, 1981, 273; *Posser*, Der Bundesrat und seine Bedeutung, in: Benda/Maihofer/Vogel, Handbuch des Verfassungsrechts, 1983, 899 (938 ff.).

222 So zum Beispiel *Herles*, Frankfurter Allgemeine Zeitung vom 12.12.1985.

223 *Hasselsweiler*, a.a.O., 94 ff. (97–99).

224 Die Bedenken verstärken sich, wenn der Vermittlungsausschuß Neuerungen vorschlägt, die im vorherigen Gesetzgebungsverfahren noch gar nicht behandelt worden sind. Dazu *Bismark*, Grenzen des Vermittlungsausschusses, Die öffentliche Verwaltung 1983, 269.

225 *Hasselsweiler*, a.a.O., 212–214.

226 Ein Beispiel für solche vom Vermittlungsausschuß offenbar übersehenen Inkonsistenzen ist die (1969 vorgenommene) Einfügung des Art. 105 Abs. 2a ins Grundgesetz. Dazu *Hans Herbert von Arnim*, Zweitwohnungsteuer und Grundgesetz, 1981, 37 ff. m. w. N. Über ein anderes Beispiel (»Erstes Gesetz zur Änderung des Wohnungsmodernisierungsgesetzes«) berichtet *Rolf Zundel*, Das verarmte Parlament, 1980, 83–91.

227 Siehe dazu die Übersicht bei *Christian Dästner*, Der »unechte Einigungsvorschlag« im Vermittlungsverfahren. Oder: Hat der Vermittlungsausschuß versagt?, Zeitschrift für Parlamentsfragen 1999, 26 (33).

228 Abgesehen von zwei kurzen Perioden am Ende der 11. und am Ende der 12. Wahlperiode.

229 Dazu eingehend *Dästner*, a.a.O., 35.

230 *Georg Milbradt*, Aspekte der Finanzverfassung aus der Sicht der Länder, in: Karpen (Hg.), Zum gegenwärtigen Stand der Gesetzgebung in der Bundesrepublik Deutschland, 1998, 295 (299 f.). Frühjahrsgutachten der Wirtschaftswissenschaftlichen Forschungsinstitute 1993, Die Lage der Weltwirtschaft und der deutschen Wirtschaft im Frühjahr 1993, Deutsches Institut für Wirtschaftsforschung, Wochenberichte, 1993, 260: »Im Rahmen der Solidarpaktverhandlungen haben die westlichen Bundesländer einen großen Teil der ihnen ursprünglich zugedachten Mehrbelastungen auf den Bund und die Steuerzahler abgewälzt.«

231 *Ulrich Karpen*, Der deutsche Föderalismus nach der Wiedervereinigung, in: ders. (Hg.), Zum gegenwärtigen Stand der Gesetzgebung in Deutschland, 1998, 283 (292).

232 Frühjahrsgutachen 1993, a.a.O., 260.

233 Dazu zusammenfassend *Klaus Kröger*, Einführung in die Verfassungsgeschichte, 1993, 151 ff. mit weiteren Nachweisen.

234 Der Spiegel Nr. 48 vom 23.11.1992 (»Eine Erfolgsstory. Die Bundesländer haben sich von Bonn ihr Jawort zu Maastricht mit Machtzuwachs bezahlen lassen«), S. 37 f.; *Wilhelm Hennis*, Auf dem Weg in eine ganz andere Republik, Frankfurter Allgemeine Zeitung Nr. 48 vom 26.2.1993, S. 35.

235 *Hans-Peter Schneider* (Diskussionsbeitrag), Veröffentlichungen der Vereinigung der Deutschen Staatsrechtslehrer 58 (1999), 117 (118): »Der Bundesrat müßte sich entmachten. Ich habe noch nie gesehen, daß sich ein Mops einen Wurstvorrat anlegt.«

236 Dazu eingehend *Christof Gramm*, Archiv des öffentlichen Rechts 1999, 212 (221 ff.).

237 Siehe auch *Hans Meyer* (Diskussionsbeitrag), Veröffentlichungen der Vereinigung der Deutschen Staatsrechtslehrer 58 (1999), 114 (116): »Eine Reform ist in diesem Kontext nur durch Neuinterpretation der Verfassung möglich.«

238 So der Vorschlag von *Lerche*, Zustimmungsgesetze, a.a.O., 198.

239 So auch *Böckenförde*, Regierungsfähigkeit zwischen Verfassung und politischer Verantwortung, a.a.O., 89 f.

240 *William H. Riker*, The Senate and American Federalism, The American Political Science Review 1955, 452 (466).

241 *Riker*, a.a.O., 463 ff.

242 *Riker*, a.a.O., 453.

243 Zur Problematik insgesamt *Hans Herbert von Arnim*, Gemeinwohl und Gruppeninteressen. Zur Durchsetzbarkeit allgemeiner Interessen in der pluralistischen Demokratie, 1977.

244 »Stimmenspreizung« bedeutet, daß große Länder mehr Stimmen haben als kleine: »Jedes Land hat mindestens drei Stimmen, Länder mit mehr als zwei Millionen Einwohnern haben vier, Länder mit mehr als sechs Millionen Einwohnern haben fünf, Länder mit mehr als sieben Millionen Einwohnern sechs Stimmen.« (Art. 51 Abs. 2 GG).

245 So nachdrücklich auch *Neville Johnson*, in: Bundesrat (Hg.), 50 Jahre Herrenchiemseer Verfassungskonvent, 1999, 304 ff.

246 Der administrative Vollzug der europarechtlichen Normen liegt allerdings – genau wie der Vollzug originär innerstaatlichen Rechts – in der Hand der Länder.

247 Dazu zum Beispiel *Ondolf Rojan*, in: von Münch/Kunig (Hg.), Grundgesetz-Kommentar, Band 2, 3. Aufl., 1995, Anmerkung 60 zu Art. 23.

248 Gesetz über die Zusammenarbeit von Bund und Ländern in Angelegenheiten der Europäischen Union vom 12.3.1993, BGBl. I S. 313.

249 So auch *Fritz Ossenbühl*, Maastricht und das Grundgesetz – eine verfassungsrechtliche Wende?, Deutsches Verwaltungsblatt 1993, 629 (630).

250 So zum Beispiel *Rüdiger Breuer*, Die Sackgasse des neuen Europaartikels (Art. 23 GG), Neue Verwaltungswissenschaftliche Zeitschrift 1994, 417 (428).

251 So auch *Matthias Herdegen*, Europarecht, 2. Aufl., 1999, Randnummer 131.

252 *Breuer*, a.a.O., 427.

253 *Fritz Scharpf*, Der Bundesrat und die Kooperation auf der »dritten« Ebene, in: Bundesrat (Hg.), Vierzig Jahre Bundesrat, 1989, 121 (154). Hervorhebungen im Original.

254 Dazu siehe S. 61.
255 *Scharpf*, a.a.O., 1992, 304.
256 *Martin Bullinger*, Die Zuständigkeit der Länder zur Gesetzgebung, Die öffentliche Verwaltung 1970, 761 ff. (761 f.).
257 *Hermann Eicher*, Der Machtverlust der Landesparlamente, 1988, 48 unter Hinweis auf *Willand Hempel*, Der demokratische Bundesstaat, 1969, 202.
258 BVerfGE 6, 346; 34, 9 (20).
259 *Rüdiger Voigt*, Einfluß und Wirkungsmöglichkeiten der Landesparlamente, Bay. VBl. 1977, 97.
260 BVerfGE 3, 58 (158); 36, 342 (360 f.) und öfter.
261 *Eicher*, a.a.O., 49. Andere leiten dasselbe Ergebnis aus Art. 79 Abs. 3 ab, wo den Ländern die grundsätzliche Mitwirkung bei der Gesetzgebung garantiert ist, wozu ihrer Auffassung nach auch die Landesgesetzgebung gehört.
262 *Stefan Oerter*, Integration und Subsidiarität im deutschen Bundesstaatsrecht, 1998, 580: »Man kann die Frage stellen, ob die Verletzung des Art. 79 Abs. 3 GG in diesem Bereich nicht schon längst Teil der Verfassungswirklichkeit ist.«
263 So *Frido Wagener*, Zur Zukunft des Föderalismus und der kommunalen Selbstverwaltung, Der Landkreis, 1981, 109.
264 So zum Beispiel *Wilfried Erbguth*, Erosion der Ländereigenstaatlichkeit, in: Verfassungsrecht im Wandel, Festschrift zum 180jährigen Bestehen des Carl Heymanns Verlag, 1995, 549 (568).
265 *Ernst-Wolfgang Böckenförde*, Regierungsfähigkeit zwischen Verfassung und politischer Verantwortung, in: Bertelsmann-Stiftung (Hg.), Demokratie neu denken, 1998, 90.
266 Bericht der Kommission »Erhaltung und Fortentwicklung der bundesstaatlichen Ordnung innerhalb der Bundesrepublik Deutschland – auch im Vereinten Europa«, 1990, 82.
267 *Thomas Ellwein* (Hg.), Bericht und Vorschläge der Kommission zur Gesetzes- und Verwaltungsvereinfachung, 1983, 264.
268 Vgl. zum Beispiel die FORSA-Umfrage »Das Land als politische Handlungsebene. Meinungen und Einstellungen der Bürger zum Föderalismus, zur Landespolitik und zur Rolle der Landtage«, Januar 1990, Bericht der Kommission »Erhaltung und Fortentwicklung der bundesstaatlichen Ordnung innerhalb der Bundesrepublik Deutschland – auch in einem Vereinten Europa«, Düsseldorf 1990, Anhang 2. Aus der Erhebung ergibt sich eine unübersehbare Skepsis gegenüber der Landespolitik. Nur ein Fünftel der Befragten interessiert sich am meisten für die Landespolitik, die damit nicht nur weit hinter der Bundespolitik und der Gemeindepolitik rangiert, sondern – vor Maastricht! – sogar noch von der europäischen Politik übertroffen wird. Noch deutlicher wird der nachrangige Stellenwert der Landespolitik bei der Frage, auf welcher Ebene die wichtigsten politischen Entscheidungen der letzten Jahre getroffen

wurden. Während zwei Drittel der Befragten den Bund und immer noch ein Fünftel die EG nennen, kann sich nur jeder Zehnte der Befragten an eine besonders wichtige landespolitische Entscheidung erinnern. Die Befragungsergebnisse stimmen in der Tendenz überein mit der im Text dargestellten Diagnose eines zunehmenden Bedeutungsverlustes der eigenständigen Landespolitik und insbesondere eines Funktionsverlustes der Landtage. So sprechen auch nur 17 Prozent der Befragten dem Landtag den größten Einfluß in der Landespolitik zu, und nur zwei Fünftel der Befragten sehen seine wichtigste Aufgabe in der Beratung von Gesetzen, während immerhin vier Fünftel die wichtigste Aufgabe des Landesparlamentes in der Vertretung der Bürger gegenüber Regierung und Verwaltung sehen. Der Ist-Zustand der Landespolitik wird also von den Bürgern weithin zutreffend wahrgenommen.

269 *Schenke*, a.a.O., 1515.

270 *Lehmbruch*, a.a.O., 110, 113.

271 Zum Thema insgesamt die vorzüglichen Ausführungen des langjährigen niedersächsischen Kultusministers und jetzigen Direktors des Bundesrats *Georg-Berndt Oschatz*, Schulpolitik der Länder vor den Herausforderungen der Globalisierung, in: Hans Herbert von Arnim/Gisela Färber/Stefan Fisch (Hg.), Föderalismus. Hält er noch, was er verspricht? (erscheint 2000, zitiert nach Typoskript). Die folgenden Seiten lehnen sich teilweise an Oschatz' Ausführungen an.

272 The Third International Mathematics and Science Study (TIMSS), siehe *Jürgen Baumert* u. a., TIMSS – Mathematisch-naturwissenschaftlicher Unterricht im internationalen Vergleich. Deskriptive Befunde, 1997.

273 TIMSS, a.a.O., 23.

274 TIMSS, a.a.O., 23.

275 TIMSS, a.a.O., 220.

276 TIMSS, a.a.O., 222.

277 *Jürgen Baumert/Wilfried Bos/Rainer Watermann*, TIMSS/III. Schülerleistungen in Mathematik und den Naturwissenschaften am Ende der Sekundarstufe II im internationalen Vergleich. Zusammenfassung deskriptiver Ergebnisse, 2. überarbeitete Aufl., 1999, 17.

278 TIMSS/III., a.a.O., 65.

279 TIMSS/III., a.a.O., 17.

280 TIMSS, a.a.O., 113 f., 121 f.

281 *Böckenförde*, Regierungsfähigkeit zwischen Verfassung und politischer Verantwortung, in: Bertelsmann Stiftung (Hg.), Demokratie neu denken, 1998, 83 (94).

282 Zitiert nach *Oschatz*, a.a.O., 10. Siehe auch *Klaus von Dohnanyi*, Verfassungspolitik und Reformfähigkeit, in: Bertelsmann Stiftung (Hg.), Demokratie neu denken, 1998, 19 (24).

283 Siehe auch TIMSS, a.a.O., 119 f.

284 Von den Personalausgaben der Gebietskörperschaften von rund 367 Mrd. DM (1997) entfallen allein auf die Länder ca. 53 Prozent (auf die Gemeinden und Gemeindeverbände 28 Prozent und auf den Bund einschließlich Sondervermögen 19 Prozent). *Volker Stern/Georg Werner*, Durch Einsparungen die Lasten mindern (Heft 89 der Schriften des Karl-Bräuer-Instituts des Bundes der Steuerzahler), 1998, 57.

285 *Stern/Werner*, a.a.O., 75.

286 Hessen-Zeitung vom Februar/März 1999, S. 3.

287 So die Aufstellung in: Bund der Steuerzahler-Nachrichten für Niedersachsen und Bremen, Dezember 1998, 4.

288 Niedersächsische Arbeitsgruppe Personalkostenreduzierung. Vorschläge für ein Gesamtkonzept der dauerhaften Senkung der Personalkosten in der Landesverwaltung, Schlußbericht 1996, 24: »Angesichts der dauerhaft hohen Lehrerarbeitslosigkeit kann unterstellt werden, daß die Mehrheit der arbeitssuchenden Lehrerinnen und Lehrer bereit wäre, auch bei einer (wesentlich) niedrigeren Bezahlung in die Dienste des Landes zu treten.« Siehe auch Bericht des (hessischen) Staatssekretärsausschusses zur Personalkostenreduzierung und Strukturreform des öffentlichen Dienstes vom 17.7.1997, S. 37 f.

289 *Thomas Ellwein*, Das Dilemma der Verwaltung, 1994, S. 121: »Dem Grunde nach bleibt ... Verwaltung auf Wachstum und Ausweitung hin angelegt. Das Dilemma der Verwaltung ist ihre Verflechtung mit der Politik. Sie bewirkt, daß Politik und Verwaltung zugleich verändert werden müßten. Da daran nicht zu denken ist, verfestigen sie wechselseitig ihre Zustände. Die deutschen Landtage könnten ›Politik‹ bequem in zwei kürzeren Sitzungsperioden im Jahr betreiben. Verwaltung mit Einzelfallentscheidungen, Mittelverteilung, Lobbytätigkeit in den Ministerien gewährleistet dagegen eine Dauertätigkeit mit der entsprechenden Besoldung und Versorgung. Kritik an der Verwaltung richtet sich deshalb in Wahrheit meist gegen die Politik. Der wirksameren Verwaltungsvereinfachung müßte die Politikvereinfachung vorausgehen. Diese Kombination gewährleistet, daß das meiste so bleibt, wie es ist. Es ist keine resignierte Prognose, sondern (meine) fatale Gewißheit: Wir werden uns in Deutschland auch weiterhin eine Verwaltung leisten, die wir uns nicht leisten können. Das Ende davon ist abzusehen.«

290 Zu den Einzelheiten *Stern/Werner*, a.a.O., 65, 67.

291 Art. 105 Abs. 2 Nr. 1 GG in der ursprünglichen Fassung vom 23. Mai 1949.

292 Gemäß Art. 30, 70 GG, soweit materiell fortgeltend (Art. 123 Abs. 1 GG). *Boruttau/Egly/Sigloch*, Grunderwerbsteuergesetz, Kommentar, 11. Aufl., Vorbemerkung, Tz 7 ff.

293 BGBl. I 359.

294 Mangels einer dem Art. 125 GG entsprechenden Überleitungsvorschrift *Boruttau/Egly/Sigloch*, a.a.O., Tz 9a.

295 *Boruttau/Egly/Sigloch*, 12. Aufl., Vorbemerkung, Tz 101.

296 Bundestagsdrucksache 9/2114 I 5.

297 Gesetzentwurf der SPD-Fraktion vom 15.10.1992, Landtagsdrucksache 12/2094; Beschlußempfehlung des Sozialpolitischen Ausschusses des Landtags Rheinland-Pfalz vom 23.6.1994, Landtagsdrucksache 12/5037.

298 *Joachim Weber/Stefani Lejeune*, Rechtliche Probleme des rheinland-pfälzischen Transplantationsgesetzes, Neue Juristische Wochenschrift 1994, 2392; *Otmar Jung*, Wenn der Souverän sich räuspert ..., Jahrbuch zur Staats- und Verwaltungswissenschaft 1995, 107 (163 ff.).

299 So der Gesetzeswortlaut.

300 Inzwischen hat der Bund ein – maßvolleres – Transplantationsgesetz erlassen: Gesetz vom 5.11.1997, BGBl. S. 2631.

301 Näheres bei *Jung*, a.a.O., 146 ff. Siehe auch die Tabelle 1 auf S. 304 ff.

302 Protokoll der Landtagssitzung vom 25.8.1994, S. 6823.

303 So aus staatsrechtlicher Sicht *Gunter Kisker*, Kooperation im Bundesstaat, 1971, durchgehend; *Grimm*, a.a.O., 346 ff. Aus politikwissenschaftlicher Sicht *Lehmbruch* (a.a.O., S. 11 und durchgehend), der statt von Unvereinbarkeit von »Inkongruenz« spricht; *Heidrun Abromeit*, Mehrheitsprinzip und Föderalismus, in: Guggenberger/Offe, An den Grenzen der Mehrheitsdemokratie. Politik und Soziologie der Mehrheitsregeln, 1984, 143; *dies.*, Interessenvermittlung zwischen Konkurrenz und Konkordanz, 1993, 142.

304 *von Arnim*, Staatslehre, a.a.O., 108, 317; *ders.*, Politische Parteien, Die öffentliche Verwaltung 1985, 593 (594 f.).

305 So mit Recht *Fritz Scharpf*, Der Bundesrat und die Kooperation auf der »dritten Ebene«, in: Bundesrat (Hg.), Vierzig Jahre Bundesrat, 1989, 121 (131).

306 *Lehmbruch*, a.a.O., 19, 59 ff.

307 *Lehmbruch*, a.a.O.

308 Völlig zu Recht spricht eine Kommentatorin zusammenfassend von einem »durch die Unitarisierung ausgezehrten, exzessiv verflochtenen und damit ausgeprägt intransparenten, bürokratisierten, entparlamentarisierten Exekutiv-Föderalismus«. *Gisela Müller-Brandeck-Bocquet*, Perspektiven des deutschen Föderalismus nach der Verfassungsreform, Die Verwaltung 1996, 143 (144).

309 *Gunter Kisker*, Ideologische und theoretische Grundlagen der bundesstaatlichen Ordnung in der Bundesrepublik Deutschland – Zur Rechtfertigung des Föderalismus, in: Probleme des Föderalismus, 1985, 23 ff.

310 Beispiele listet *Kisker*, a.a.O., 24 f., auf.

311 *Isensee*, a.a.O., Rn 307: In den Zielvorgaben der Neugliederung des Bundesgesetzes ist eine »Teleologie des Föderalismus« eingeschlossen. – Daß die verschiedenen Leitbegriffe teilweise im Verhältnis einer gewissen Spannung zueinander stehen, ist keine Besonderheit des Art. 29 GG – sie findet sich zum Beispiel auch in Art. 109 Abs. 2 GG – und läßt den Charakter des Zielkatalogs unberührt.

312 *Konrad Hesse*, Der unitarische Bundesstaat, 1962. Hesse unterscheidet begrifflich zwischen Zentralisierung (als Konzentration von Kompetenzen beim Bund auf Kosten der Länder) und Unitarisierung (durch tatsächliche Angleichung der materiellen Regelungen).

313 So schon *Konrad Hesse*, Der unitarische Bundesstaat, 1962, 12.

314 So für die Verabschiedung der bisherigen Rechtfertigung des Föderalismus durch die herrschende Staatsrechtslehre richtunggebend: *Konrad Hesse*, Der unitarische Bundesstaat, a.a.O.; zusammenfassend *ders.*, Grundzüge des Verfassungsrechts, a.a.O., Rn 220 ff. (222): Jenes Verständnis des Bundesstaates ende letztlich »in einer Inkongruenz von Prinzip, modernen Bedingungen und Erscheinungsform des heutigen Bundesstaates, die letztlich die normative Kraft der Verfassung in Gefahr bringen muß«. Ferner zum Beispiel *Rolf-Rüdiger Schenke*, Föderalismus als Form der Gewaltenteilung, Juristische Schulung 1989, 698; *Calliess*, a.a.O., 890.

315 Auch hier wiederum richtungweisend *Konrad Hesse*, Grundzüge des Verfassungsrechts, a.a.O., Rn 223 ff.

316 Der Demokratiebegriff Lincolns ist also weiter und umfaßt auch Elemente des Rechtsstaatsbegriffs der deutschen Staatsrechtslehre.

317 *Herbert Krüger*, Allgemeine Staatslehre, 2. Aufl., 1966, 269; *Roman Herzog*, Allgemeine Staatslehre, 1971, 350 ff.; *Hans Herbert von Arnim*, Staatslehre der Bundesrepublik Deutschland, 1984, 45 ff., 500 ff. Daß die Aufteilung der Macht darauf abzielt, »daß staatliche Entscheidungen möglichst richtig« getroffen werden, hat auch das Bundesverfassungsgericht hervorgehoben: BVerfGE 68, 1 (86).

318 *Dolzer*, Veröffentlichungen der Vereinigung der Deutschen Staatsrechtslehrer 58 (1999), 7 (22 ff.).

319 *Grimm*, a.a.O., 353; *Zeh*, a.a.O., 119 (127). Siehe auch *Böckenförde*, a.a.O., 191: »materielle Allparteienregierung«.

320 *Scharpf/Reissert/Schnabel*, Politikverflechtung, a.a.O., 54 ff., 218 ff.; *Hartmut Klatt*, Parlamentarisches System und bundesstaatliche Ordnung. Konkurrenzföderalismus als Alternative zum kooperativen Bundesstaat, Aus Politik und Zeitgeschichte, B 31/1982, 6 f.; *Laufer/Münch*, a.a.O., 28 f.

321 *Scharpf*, Die Politikverflechtungs-Falle, a.a.O., 325.

322 *von Arnim*, Fetter Bauch regiert nicht gern, a.a.O., 182 ff.

323 Dazu auch *Dieter Grimm*, Die Zukunft der Verfassung, 1990, 346 ff.

324 *Herzog*, a.a.O. (Anmerkung 5).

325 *Stefan Oerter*, Integration und Subsidiarität im deutschen Bundesstaatsrecht, 1998, 582: »Diffusion der Verantwortlichkeit«.

326 So auch *Neville Johnson*, in: Bundesrat (Hg.), 50 Jahre Herrenchiemseer Konvent, 1999, 304 (306).

327 *Schmidt-Jortzig*, a.a.O., 748.

328 So auch *Rudolf Dolzer*, Das parlamentarische Regierungssystem und der

Bundesrat – Entwicklungsstand und Reformbedarf«, Veröffentlichungen der Vereinigung der Deutschen Staatsrechtslehrer 58 (1999), 7 (28): Es droht »die Gefahr, daß ein real nicht existierender Föderalismus und auch ein nicht existierender Bundesstaat analysiert und gewürdigt wird«.

329 *Grimm*, a.a.O.; *Wolfgang Zeh*, Bund-Länder-Kooperation und die Rolle des Landesparlaments, in: Klatt (Hg.), Baden-Württemberg und der Bund, a.a.O., 119 (124 ff).

330 *Calliess*, a.a.O., 890 f.

331 Typisch für diese Haltung *Fritz Ossenbühl*, Föderalismus nach 40 Jahren Grundgesetz, Neue Juristische Wochenschrift 1989, 1230, der nach einer problembewußt-kritischen Analyse am Ende zu der überraschenden Bewertung gelangt, der bundesdeutsche Föderalismus habe sich bewährt (S. 1237).

332 Typisch für diese Haltung noch *Ernst-Wolfgang Böckenförde*, Sozialer Bundesstaat und parlamentarische Demokratie, 1980, a.a.O., 182, 184, 186, 194. Böckenförde hat diese Haltung neuerdings aber revidiert. Siehe oben S. 53.

333 Typisch für diese Haltung *Josef Isensee* (a.a.O., Rn 305 f.). Er stellt bei der Rechtfertigung des Föderalismus unter Berufung auf *Heinrich von Treitschke* (Bundesstaat und Einheitsstaat, in: ders., Historische und politische Aufsätze, 7. Aufl., 1913, 77 [157]) primär auf die »Geschichte des Landes« ab und enthebt sie damit ganz bewußt rationaler Elemente. Er zitiert zustimmend *Rudolf Smend*, der den Einzelstaaten die Mission zuwies, »sich mit der ganzen Irrationalität ihrer geschichtspolitischen Eigenart im Leben des Reichs« auszuwirken und zur Geltung zu bringen (*Rudolf Smend*, Staatsrechtliche Abhandlungen, 2. Aufl., 1968, 39 [59]).

334 Siehe auch *Erwin Teufel*, Föderalismus in Deutschland (Vortrag anläßlich der Eröffnung des Wintersemesters 1998/99 an der Deutschen Hochschule für Verwaltungswissenschaften Speyer), Speyerer Vorträge Heft 47.

335 Schlußbericht der Enquetekommission Verfassungsreform, Zur Sache 2/77, 190.

336 So zum Beispiel noch *Böckenförde*, Sozialer Bundesstaat, 1980, a.a.O., 194: »Das Postulat der ›Einheitlichkeit der Lebensverhältnisse‹ in Frage zu stellen würde aber – bei der fundamentalen Bedeutung dieser Erwartungshaltung im Bewußtsein der Bürger – aller Voraussicht nach der bundesstaatlichen Ordnung die entscheidende Legitimation entziehen.«

337 Zweifel auch bei *Scharpf*, Der Bundesrat und die Kooperation auf der »dritten Ebene«, a.a.O., 150.

338 Bezeichnenderweise will neuerdings auch *Böckenförde* das »Postulat der Gleichwertigkeit und Einheitlichkeit der Lebensverhältnisse« zur Diskussion stellen: *Böckenförde*, Regierungsfähigkeit, 1998, a.a.O., 88.

339 *Lehmbruch*, a.a.O., 109 ff.

340 Zur Problematik insgesamt *Pierre Bourdieu*, Praktische Vernunft, 1998.
341 *Lehmbruch,* a.a.O., 106 ff.
342 Typisch für die besonders bei Rechtswissenschaftlern verbreitete literarische Haltung, die keinen Zugang zu dieser Problematik findet, ist die Abhandlung von *Böckenförde*, a.a.O. (1980), der die Rolle der Eigeninteressen von Politikern mit keinem Wort erwähnt, sondern stillschweigend unterstellt, Politiker würden sich von Gemeinwohlerwägungen leiten lassen (siehe auch S. 53).
343 So zum Beispiel der Vorsitzende des Deutschen Beamtenbundes, *Erhard Geyer*, Interview in dpa – Sozialpolitische Nachrichten Nr. 1/96 vom 1.1.1996, S. 2; ebenso der Vorsitzende des Innenausschusses des Deutschen Bundestages, *Wilfried Penner*, Interview in der Rheinzeitung vom 3.1.1996; ferner Stellungnahme des Deutschen Industrie- und Handelstages, Handelsblatt vom 3.1.1996. Zusammenfassend *Klatt*, a.a.O. (Aus Politik und Zeitgeschichte).
344 *Neville Johnson*, in: Bundesrat (Hg.), a.a.O., 304 (308): »Die wichtigste Folge der bundesstaatlichen Struktur für die Parteien liegt ohne Zweifel in der Bereitstellung vielfältiger Patronagemöglichkeiten, die sonst nicht zu haben wären.«
345 Die Eigeninteressen der politischen Akteure werden neuerdings, wenn auch bisher eher vereinzelt, auch von rechts- und verwaltungswissenschaftlichen Autoren einbezogen. So wenn *Scharpf* (a.a.O., 1989, 150 ff.), versucht, die föderalistischen Verflechtungen »aus den institutionellen Eigeninteressen der Landesregierungen« heraus zu erklären, und auch *Laufer/Münch* betonen (wohl im Anschluß an Scharpf), die Bedeutung des »institutionelle(n) Eigeninteresse(s) der politisch-administrativen Akteure« (a.a.O., 249). Auch *Lehmbruch* stellt vielfach auf die Eigeninteressen der Akteure ab (a.a.O., zum Beispiel 179). Doch fehlt noch ein umfassender Ansatz. Scharpf versteht unter den »institutionellen Eigeninteressen der Landesregierungen« vornehmlich ihren Wunsch nach möglichst umfassenden Kompetenzen. Deshalb gelangt er beispielsweise zu dem Schluß, die verflochtene Politik laufe den Interessen der Abgeordneten zuwider, deren Einfluß dadurch gemindert werde (a.a.O., 134). Dabei wird das Sicherheits- und Versorgungsinteresse gerade auch der Abgeordneten ausgeklammert, dem die Verflechtung ihrerseits dient. Diesen Gesichtspunkt nennt wiederum *Grimm* (a.a.O., 350, 353), wenn er die Entwicklung des föderalistischen Verbunds auch auf den Wunsch der Akteure zurückführt, sich durch den Verbund möglichst gegen politische Risiken abzusichern, und auch Scharpf streift das Interesse der »politischen Parteien« an »der Vermehrung politischer Ämter« (a.a.O., 1989, 113 Fn 50) und die »Überlebens-Interessen der kleineren Länder und ihrer Politiker« (a.a.O., 150).
346 *Guy Kirsch*, Neue Politische Ökonomie, 2. Aufl., 1983; *Bernholz/Breyer*, Grundlagen der Politischen Ökonomie, 2. Aufl., 1984; *Bruno S. Frey/Geb-*

hard Kirchgässner, Demokratische Wirtschaftspolitik, 2. Aufl., 1994; *Charles B. Blankart*, Öffentliche Finanzen in der Demokratie, 3. Aufl., 1998; *Gerhard Graf*, Grundlagen der Finanzwissenschaft, 1999, 41 ff.

347 Siehe demgegenüber für die politischen Parteien und ihre unterschiedlich motivierten Mitgliedertypen *Elmar Wiesendahl*, Parteien in Perspektive, 1998, 96 ff., 153 ff.

348 *von Arnim*, Fetter Bauch regiert nicht gern, a.a.O., 42 ff., 307 ff. mit weiteren Nachweisen; *Helmut Schmidt*, a.a.O., 52.

349 *Richard S. Katz/Peter Mair*, Changing Models of Party Organization and Party Democracy. The Emergence of Cartel Party, Party Politics 1995, 5 ff.; *Elmar Wiesendahl*, Die Parteien in Deutschland auf dem Weg zu Kartellparteien?, in: von Arnim (Hg.), Adäquate Institutionen: Voraussetzungen für »gute« und bürgernahe Politik?, 1999, 49 ff.

350 Siehe Anmerkungen 51 ff.

351 *Heidrun Abromeit*, Der verkappte Einheitsstaat, 1992, 66 ff.

352 Näheres bei *von Arnim*, Der Staat als Beute, a.a.O., 320 ff.; *ders.*, Diener vieler Herren, a.a.O.

353 Die Altersversorgung von Abgeordneten ist in vielen Ländern derart überzogen, daß in Thüringen im Dezember 1998 sogar der Verfassungsgerichtshof eingeschritten ist und die einschlägigen Regelungen für grob unangemessen und verfassungswidrig erklärt hat.

354 Der Vergleich bezieht sich auf Regierungsmitglieder, die gleichzeitig dem Landtag angehören (wie dies in der Regel der Fall ist), und gilt auch noch nach der Halbierung der steuerfreien Pauschale von bayerischen Regierungsmitgliedern zum 1.1.1999.

355 Diese exzessive Regelung wurde im Frühjahr 1999 zwar eingeschränkt, allerdings nur für zukünftige nordrhein-westfälische Minister; dagegen gilt sie für amtierende Regierungsmitglieder fort. Dazu *Hans Herbert von Arnim*, Der Sold der Minister, Rheinische Post vom 27.4.1999.

356 Näheres bei *Hans Herbert von Arnim*, Der Staat als Beute, 1993.

357 Das Kooperationsmodell wird im rechtswissenschaftlichen Schrifttum noch positiv bewertet zum Beispiel von *Josef Isensee*, Idee und Gestalt des Grundgesetzes, in: Isensee/Kirchhof, Handbuch des Staatsrechts, Bd. IV, 1990, S. 517 ff.

358 Vgl. – neben zahlreichen wirtschaftswissenschaftlichen Autoren – im rechtswissenschaftlichen Schrifttum zum Beispiel *Calliess*, a.a.O., 891 ff.; *Schmidt-Jortzig*, a.a.O., und im politikwissenschaftlichen Schrifttum zum Beispiel *Hartmut Klatt*, Parlamentarisches System und bundesstaatliche Ordnung. Konkurrenzföderalismus als Alternative zum kooperativen Bundesstaat, a.a.O.

359 *Waldemar Schreckenberger*, Föderalismus als politischer Handlungsstil, Verwaltungsarchiv 1978, 341.

360 BVerfGE 1, 299 (300) und ständige Rechtsprechung. Dazu *Hans Joachim Faller*, Das Prinzip der Bundestreue in der Rechtsprechung des Bundesverfassungsgerichts, Festschrift für Theodor Maunz, 1981, 53. Siehe auch S. 231 f.

361 Kommission für die Finanzreform, Gutachten über die Finanzreform in der Bundesrepublik Deutschland, 2. Aufl., 1966.

362 *Isensee*, a.a.O., Rn 236.

363 *Isensee*, a.a.O., Rn 146 ff, 154.

364 *Ossenbühl*, a.a.O., 1232.

365 Umdruck des Urteils vom 11. November 1999, S. 87–89.

366 Zu den großen Ausnahmen gehören die Veröffentlichungen von *Fritz Scharpf* (siehe oben Anmerkung 118) und *Gerhard Lehmbruch* (siehe oben Anmerkung 206).

367 *Scharpf*, a.a.O., 1989, 122.

368 *Lehmbruch*, a.a.O., 179.

369 *Detlev Fechtner/Matthis Hannes*, »Lessons from american federalism«: Länder und Regionen in der Europäischen Gemeinschaft, Zeitschrift für Parlamentsfragen 1993, 133 (150 ff.)

370 Beschluß der Ministerpräsidentenkonferenz vom 4.12.1998 in Potsdam und Besprechung des Bundeskanzlers mit den Regierungschefs der Länder vom 17.12.1998.

371 *Fechtner/Hannes*, a.a.O., 149 ff.

372 *Ann O'Bowman/Richard C. Kearney*, The Resurgence of the States, New Jersey 1986.

373 *Richard P. Nathan/Fred C. Doolittle*, Reagan and the States, Princeton 1987.

374 *Theodor Eschenburg*, Verfassungs- und Verwaltungsaufbau des Südweststaates, 1952, 60 ff.

375 *Georg-Berndt Oschatz*, Perspektiven des Parteienstaates – Volksparteien in der Krise?, 1990, 20.

376 *Giesing*, a.a.O., 84 f.

377 *Hans Meyer*, Thesen zur Trennung von Ministeramt und Abgeordnetenmandat sowie zur Direktwahl des Ministerpräsidenten als Bestandteile einer parlamentarischen Reform in Thüringen, in: SPD-Fraktion im Thüringer Landtag (Hg.), Parlamentarische Reform, 1997, 65 ff.

378 Recht und Politik 1995, 16 ff. Vorarbeiten finden sich bei *Hans Herbert von Arnim*, Staat ohne Diener, 1993, 320 ff. Siehe dazu aus staatsrechtlicher Sicht einerseits die positive Würdigung bei *Brun-Otto Bryde*, Verfassungsreform der Ländern, a.a.O., 436 ff., andererseits die ablehnende Kritik bei *Hans Hugo Klein*, Direktwahl des Ministerpräsidenten, Festschrift für Martin Kriele, 1997, 573 ff.

379 *Martin F. Polaschek*, Föderalismus als Wert?, 1999, 206 f. Siehe auch *Fried*

Esterbauer, Demokratiereform – Volkswahl der Regierung und Bundesstaatsreform, 2. Aufl., 1997.

380 *Brun-Otto Bryde*, Die Reform der Landesverfassungen in: Hans Herbert von Arnim (Hg.), Direkte Demokratie, 2000 (in Vorbereitung).

381 *Bryde*, a.a.O., 436.

382 *Gerhard Schmid*, Die Bedeutung gliedstaatlichen Verfassungsrechts in der Gegenwart, Veröffentlichungen der Vereinigung Deutscher Staatsrechtslehrer Bd. 46 (1988), 92 (93 ff.).

383 *Roman Herzog*, in: Maunz/Dürig/Herzog, Art. 20 GG, Abschnitt V: »Die Verfassungsentscheidung für die Gewaltenteilung« (1980), Randnummer 28. Dort stellt Herzog auch fest: »Die Gewaltenteilung ist (...) heute kein echtes politisches Machtverteilungsprinzip mehr, sondern sie ist zu einem Prinzip der Zuständigkeitsverteilung herabgesunken.« Darin liege »wohl das handgreiflichste Dilemma des Art. 20 II Satz 2 und seiner Unantastbarkeitserklärung in Art. 79 III.«

384 *Herzog*, a.a.O., Randnummer 28: »Lediglich Präsidialsysteme wie die der USA und die diesen nachgebildeten, in denen das Parlament die vom Präsidenten berufene Regierung von Rechts wegen weder zu bestätigen noch zu stürzen befugt ist, entsprechen einigermaßen dem Bild einer gewaltenteilenden Demokratie, so wie es sich bei unvoreingenommener und historisch unbelasteter Kombination von Demokratie und Gewaltenteilung empfiehlt.«

385 *Lehmbruch*, a.a.O., 77 ff.

386 Der Hauptgrund besteht darin, daß die Verhandlung, das Aushandeln in beiden, im Föderalismus und in der Präsidialdemokratie, das systemprägende Verfahren der Konfliktregelung darstellen. Näheres bei *Lehmbruch*, a.a.O., 17; *Steffani*, a.a.O., 203 f.

387 Ein Bedarf für weitere politische Beamte auf Landesebene (Staatssekretäre etc.) bestünde nicht.

388 Um den Wortlaut des Art. 51 I GG (»Der Bundesrat besteht aus Mitgliedern der Regierungen der Länder«) Rechnung zu tragen, könnte man die Leiter der Landesämter als Regierungsmitglieder bezeichnen, deren Schicksal mit dem vom Volk gewählten Ministerpräsidenten verknüpft sein sollte. So *Giesing*, a.a.O., 86.

389 *Giesing*, a.a.O., 85 f.

390 *Charles B. Blankart*, Finanzpolitik, 3. Aufl., 1998, 109 ff., 147 ff.

391 *Henning Moelle*, Der Verfassungsbeschluß nach Artikel 146 Grundgesetz, 1996; *von Arnim*, Fetter Bauch regiert nicht gern, a.a.O., 406 ff.; *Heinrich Amadeus Wolff*, Staat und Verfassung, in: Detlef Merten (Hg.), Der Staat am Ende des 20. Jahrhunderts. Forschungssymposium anläßlich der Emeritierung von Helmut Quaritsch, 1998, 43 (57 ff.).

392 *Hans Meyer*, Artikel 146 GG: Ein unerfüllter Verfassungsauftrag?, in: Hans

Herbert von Arnim (Hg.), Direkte Demokratie, 2000 (in Vorbereitung); *ders.*, Wozu braucht man und wie kommt man zu einer Generalüberholung des Grundgesetzes? Typoskript eines Vortrags bei der Carl Friedrich von Siemens Stiftung am 21.10.1998 in München.

393 Die Auslegung des Artikels 146 GG ist in der Staatsrechtslehre höchst umstritten. Siehe dazu – neben Hans Meyer, ebenda – zum Beispiel *von Arnim*, Fetter Bauch regiert nicht gern, a.a.O., 406 ff.

394 Georg-Berndt Oschatz spricht vor diesem Hintergrund pointiert von einem »kooperativen Zentralismus«: *Oschatz*, Kooperativer Zentralismus, in: Detlev Merten (Hg.), Der Bundesrat in Deutschland und Österreich, 2000 (im Erscheinen).

395 *Kisker*, Kooperation, a.a.O., 134.

396 Zum Beispiel *Meinhard Hilf*, Europäische Union: Gefahr oder Chance für den Föderalismus in Deutschland, Österreich und der Schweiz?, Veröffentlichungen der Vereinigung der Deutschen Staatsrechtslehrer, Band 53 (1994), 7 (9).

397 *Frido Wagener*, Der öffentliche Dienst im Staat der Gegenwart, Veröffentlichungen der Vereinigung der Deutschen Staatsrechtslehrer, Bd. 37 (1979), 215 (253).

398 Siehe auch *Manfred Zach*, Zwergenland oder: Wozu noch Landespolitik?, in: Mut Nr. 334, Juni 1995, 22; *Rolf Berth*, Die ausgebrannte Republik, 1998 (Frankfurter Allgemeine Buch), 57 ff.; *Oschatz*, Kooperativer Zentralismus, a.a.O.

Teil 3: Regieren ohne Kontrolle – Wie die Bürger von der Macht ferngehalten werden

1 Der Verfasser dankt *Otmar Jung* für die kritische Durchsicht dieses 3. Teils und für wertvolle Anregungen.

2 *Emmanuel Siéyès*, Qu'est-ce que le Tiers état? (1788), Edition critique avec une introduction et des notes par Roberto Zapperi, Genf 1970, 119 ff.

3 *Hans Herbert von Arnim*, Staat ohne Diener, 1993, Kapitel 2.

4 *Heino Kaack*, Wer kommt in den Bundestag? Abgeordnete und Kandidaten, 1969; *Klemens Kremer*, Der Weg ins Parlament. Kandidatur zum Bundestag, 1982.

5 *Hans Herbert von Arnim*, Staat ohne Diener, a.a.O., Kapitel 2 IV; *ders.*, Fetter Bauch regiert nicht gern, 1997, Kapitel 2.

6 Ebenso in der Präambel der Einheitlichen Europäischen Akte vom 28.2.1986; in der Charta von Paris vom 21.11.1990, Menschenrechte, Demokratie und

Rechtsstaatlichkeit; im Vertrag von Amsterdam vom 9.7.1997. Siehe auch *Karl Doehring*, a.a.O., 920.

7 Bei Bestellung der Mitglieder der Kommission, des Gerichtshofs und der Europäischen Zentralbank ist eine einstimmige Beschlußfassung durch die Mitgliedstaaten erforderlich, wobei die Regierungen der jeweiligen Mitgliedstaaten das Vorschlagsrecht haben und im Falle der Kommission zusätzlich das Europäische Parlament zustimmen muß.

8 Bezogen auf Deutschland wählt das Volk zunächst einmal Parteien, die ihrerseits vorher festgelegt haben, wer Abgeordneter wird. Die Mehrheitsfraktionen wählen, nachdem sie sich regelmäßig in einem Koalitionsvertrag zusammengerauft haben, dann den Bundeskanzler, der dem Bundespräsidenten die Mitglieder seines Kabinetts zur Ernennung vorschlägt. Die so zustande gekommene Bundesregierung entsendet darauf einen Vertreter in den Ministerrat. Ob eine solche »fünffach mittelbare« (so der Staatsrechtslehrer *Karl Doehring*) Rückführung der öffentlichen Gewalt noch als demokratisch legitimiert angesehen werden kann, ist selbst bei formaler Sicht zweifelhaft. *Klaus Dieter Classen*, Europäische Integration und demokratische Legitimation, Archiv des öffentlichen Rechts 1994, 238 (252), weist darauf hin, daß Legitimationsketten ihre Funktion nur erfüllen können, »wenn sie nicht beliebig lang sind«.

9 *Wolfgang Kahl*, Das Transparenzdefizit im Rechtsetzungsprozeß der EU, Zeitschrift für Gesetzgebung 1996, 224; *Michael Zürn*, Über den Staat und die Demokratie im europäischen Mehrebenensystem, Politische Vierteljahresschrift 1996, 27 (41 f.).

10 *Graf Kielmansegg*, Integration und Demokratie, in: Markus Jachtenfuchs/ Beate Kohler-Koch (Hg.), Europäische Integration, 1996, 47 (52).

11 In Berlin wurde die in den siebziger Jahren abgeschaffte Möglichkeit der Volksgesetzgebung 1995 wieder eingeführt.

12 *Andreas Klages/Petra Paulus*, Direkte Demokratie in Deutschland. Impulse aus der deutschen Einheit, 1996.

13 Zu dem teilweise verzögerten Erlaß der entsprechenden Ausführungsgesetze *Otmar Jung*, Die Praxis direkter Demokratie unter den neuen Landesverfassungen, Zeitschrift für Gesetzgebung 1998, 295.

14 *Dian Schefold/Maja Neumann*, Entwicklungstendenzen der Kommunalverfassungen in Deutschland, 1996; *Andreas Bovenschulte/Annette Buß*, Plebiszitäre Bürgermeisterverfassungen. Der Umbruch im Kommunalverfassungsrecht, 1996.

15 So *Bovenschulte/Buß*, a.a.O., 36 ff.

16 Dasselbe gilt auch im »Stadtstaat« Bremen, der aus den zwei Gemeinden Bremen und Bremerhaven besteht: In Bremen können Ortsangelegenheiten in dem für Staatsangelegenheiten geltenden Verfahren (Volksbegehren und Volksentscheid) beschlossen werden, in Bremerhaven stehen für wichtige

Selbstverwaltungsangelegenheiten Bürgerbegehren und Bürgerentscheide zur Verfügung.

17 Die Entwicklung und ihre Folgen sind nachgezeichnet und beschrieben bei *Schefold/Neumann*, a.a.O.; *Bovenschulte/Buß*, a.a.O.; *Hans Herbert von Arnim*, Auf dem Weg zur optimalen Gemeindeverfassung?, in: Klaus Lüder (Hg.), Staat und Verwaltung. Fünfzig Jahre Hochschule für Verwaltungswissenschaften Speyer, 1997, 297 ff.; *Hans-Georg Wehling*, Besonderheiten der Demokratie auf Gemeindeebene, in: von Arnim (Hg.), Demokratie vor neuen Herausforderungen, 1999, 91 ff.; *ders.*, Kommunale Verfassungsreform: Vergleich der kommunalen Verfassungssysteme in Deutschland, in: Uwe Andersen (Hg.), Gemeinden im Reformprozeß, 1998, 19 ff.; *Otmar Jung*, Siegeszug direktdemokratischer Institutionen als Ergänzung des repräsentativen Systems? Erfahrungen der 90er Jahre, in: von Arnim (Hg.), Demokratie vor neuen Herausforderungen, 1999, 103 ff.; *Gerhard Banner*, Die drei Demokratien der Bürgerkommune, in: von Arnim (Hg.), a.a.O., 133 ff.; *Theo Schiller* (Hg.), Direkte Demokratie in Theorie und kommunaler Praxis, 1999.

18 Vgl. *Otmar Jung*, Der Volksentscheid über die Einführung des kommunalen Bürgerentscheids in Bayern am 1. Oktober 1995, Jahrbuch zur Staats- und Verwaltungswissenschaft 1996, 191 ff.

19 *Otmar Jung*, Siegeszug direktdemokratischer Institutionen, a.a.O., 107 f.

20 *Wehling*, Kommunale Verfassungsreform, a.a.O., 29 f.; *Roland Geitmann*, Volksbegehren »Mehr Demokratie in Baden-Württemberg«, Verwaltungsblätter für Baden-Württemberg 1998, 441 ff.

21 *Mehr Demokratie in Bayern e.V.*, Der Bürgerentscheid in Bayern. Eine empirische Analyse, in: Akademie für politische Bildung/Bayerische Landeszentrale für politische Bildung (Hg.), Bürgerbegehren und Bürgerentscheid, 1998, 155; *Karl Georg Haubelt/Peter Raithel*, Neue statistische Erkenntnisse zu Bürgerbegehren und Bürgerentscheid in Bayern, ebenda, 199.

22 *Theo Schiller/Volker Mittendorf/Frank Rehmet*, Bürgerbegehren und Bürgerentscheid in Hessen. Daten und Analysen zu direktdemokratischen Verfahren im Zeitraum von April 1993 bis März 1997, 1997 (Typoskript).

23 *Martin Rüttgers*, Abschlußbericht der Recherche zu Bürgerbegehren und Bürgerentscheiden in Nordrhein-Westfalen (im Auftrag von Mehr Demokratie e.V., Landesverband NRW), 1998; Innenministerium des Landes Nordrhein-Westfalen, Bürgerbegehren und Bürgerentscheid in Nordrhein-Westfalen, Bericht Oktober 1994 bis August 1999, Oktober 1999.

24 Auflistung einiger allgemeiner politisch-gesellschaftlicher Gründe für die wachsende Aufnahmebereitschaft für direktdemokratische Erneuerungen in Teil 1, S. 24 f.

25 Der Einfluß der Barschel-Affäre auf die Verfassungsentwicklung in Schleswig-Holstein, speziell auch auf die Einführung direktdemokratischer Elemente in die Landesverfassung, ist mit Händen zu greifen (siehe Schlußbericht der

Enquetekommission Verfassungs- und Parlamentsreform, Landtagsdrucksache 12/180 vom 7.2.1989, S. 126 ff.). Auch der hessische Diätenskandal hat auf die Verfassungsentwicklung in Schleswig-Holstein ausgestrahlt (Schlußbericht der Enquetekommission, a.a.O., S. 148 ff.).

26 Zum Einfluß des Hamburger Diäten- und Versorgungsskandals auf die dortige Verfassungsentwicklung siehe *Wolfgang Hoffmann-Riem* (Hg.), Bericht der Enquetekommission Parlamentsreform, 1993, 1, 12, 14.

27 Vgl. *Ulrich Bachmann*, Warum enthält das Grundgesetz weder Volksbegehren noch Volksentscheid? in: Hermann K. Heußner/Otmar Jung (Hg.), Mehr direkte Demokratie wagen. Volksbegehren und Volksentscheid: Geschichte – Praxis – Vorschläge, 1999, 75 ff.

28 *Ernst Fraenkel*, Die repräsentative und die plebiszitäre Komponente im demokratischen Verfassungsstaat, 1958, 52; *Karl Fell*, Plebiszitäre Einrichtungen im gegenwärtigen deutschen Staatsrecht, Bonner Dissertation 1964, 30 ff. (33 f.).; Bericht der Gemeinsamen Verfassungskommission, Bundestagsdrucksache 12/6000 vom 5.11.1993, S. 85.

29 *Theodor Heuss*, Parlamentarischer Rat, Stenographische Berichte über die Plenarsitzungen, 3. Sitzung vom 9.9.1948, S. 43. Ausdrücklich zustimmend zum Beispiel *Paul Kirchhof*, Der demokratische Rechtsstaat – Die Staatsform der Zugehörigen, in: Isensee/Kirchhof (Hg.), Handbuch des Staatsrechts, Band IX, 1997, S. 957 (S. 983): Formen unmittelbarer Demokratie versprächen »eine ›Prämie auf Demagogie‹«.

30 Jürgen Fijalkowski, Neuer Konsens durch plebiszitäre Öffnung?, in: Randelzhofer/Süß (Hg.), Konsens und Konflikt, 1986, 236 ff.; Otmar Jung, Direkte Demokratie in der Weimarer Republik. Die Fälle »Aufwertung«, »Fürstenenteignung«, »Panzerkreuzerverbot« und »Youngplan«, 1989; Reinhard Schiffers, »Weimarer Erfahrungen«: Orientierungshilfe für die Aufnahme plebiszitärer Elemente in das Grundgesetz? (Zur Debatte zwischen Meineke und Jung), in: Zeitschrift für Politikwissenschaft, 1996, 349 ff.; ders., Schlechte Weimarer Erfahrungen? in: Heußner/Jung (Hg.), Mehr direkte Demokratie wagen, 1999, 41 ff.; Christoph Gusy, Die Weimarer Reichsverfassung, 1997, 97 f.

31 *Fijalkowski*, a.a.O., 255. Ähnlich *Christoph Gusy*, a.a.O., 98, 397.

32 *Bugiel*, Volkswille und repräsentative Entscheidung, 1991, 204.

33 *Otmar Jung*, Plebiszit und Diktatur: die Volksabstimmungen der Nationalsozialisten. Die Fälle »Austritt aus dem Völkerbund« (1933), »Staatsoberhaupt« (1934) und »Anschluß Österreichs« (1938), 1995; *ders.*, Wahlen und Abstimmungen im Dritten Reich 1933–1938, in: Eckhard Jesse/Konrad Löw (Hg.), Wahlen in Deutschland, 1998, 69 ff.

34 *Peter Krause*, Verfassungsrechtliche Möglichkeiten unmittelbarer Demokratie, in: Isensee/Kirchhof, Handbuch des Staatsrechts, Band II, 1987, S. 313 (319 f., Randnummer 10); *Haverkate*, Verfassungslehre, 1992, 361 ff.

35 Umgekehrt sieht *Carl Schmitt* (Volksentscheid und Volksbegehren, 1927, 33 ff.) gerade in der (zustimmenden oder ablehnenden) Akklamation das Wesentliche des Volksentscheids und macht sich über den »liberalen Irrtum« lustig, der versuche, das Verfahren so auszugestalten und die Bürger so zu bilden, daß sie möglichst sach- und gemeinwohlorientiert abstimmten (S. 35). Schmitts – als »klassisch« geltende – Darlegungen beeinflussen auch heute noch große Teile der deutschen Staatsrechtslehre (zum Beispiel unverkennbar *Peter Krause*, Verfassungsrechtliche Möglichkeiten unmittelbarer Demokratie, in: Handbuch des Staatsrechts, Band II, 1987, S. 313 [S. 333 bis 336]). – Den Gegenpol (und Auftakt zu einem unverkrampften Verhältnis der Staatsrechtslehre zur direkten Demokratie) bildet die bahnbrechende Studie von *Christian Pestalozza*, Der Popularvorbehalt. Direkte Demokratie in Deutschland, 1981.

36 So die in der Substanz nach wie vor gültige klassische Einschätzung von *Karl Loewenstein*, Der Staatspräsident, Archiv des öffentlichen Rechts 1949, 129 (181): Die Weimarer Verfassungskonstruktion sei »unmöglich«, weil sie meinte, mit dem westlichen Parlamentarismus und dem amerikanischen Präsidialsystem zwei sich gegenseitig ausschließende Regierungstypen miteinander verbinden zu können. Vgl. auch *Gusy*, Die Weimarer Reichsverfassung, a.a.O., 467.

37 *Loewenstein*, a.a.O., 182.

38 *Rudolf Morsey*, Das »Ermächtigungsgesetz« vom 24. März 1933, 1992, 37 ff., 91 ff., 130 ff.

39 *Klaus-Henning Obst*, Chancen direkter Demokratie in der Bundesrepublik Deutschland. Zulässigkeit und politische Konsequenzen, 1986, 142.

40 *Otmar Jung*, Grundgesetz und Volksentscheid. Gründe und Reichweite der Entscheidungen des Parlamentarischen Rats gegen Formen direkter Demokratie, 1994, 143 ff. Zustimmend zum Beispiel *Hartmut Maurer*, Plebiszitäre Elemente in der repräsentativen Demokratie, 1997, 13.

41 *Uwe Thaysen*, Bürgerbeteiligung/Plebiszite, Thesen zur Verfassungsreform, Recht und Politik 1993, 18.

42 *Christoph Degenhart*, Direkte Demokratie in den Ländern – Impulse für das Grundgesetz, Der Staat 1992, 77 (97).

43 *Theodor Heuss*, Parlamentarischer Rat, Verhandlungen des Hauptausschusses, 22. Sitzung vom 8.12.1948, S. 264.

44 So z. B. *Peter Badura*, Die parlamentarische Demokratie, in: Isensee/Kirchhof (Hg.), Handbuch des Staatsrechts, Band I, 1987, S. 953 (S. 975): Als Gegenentwurf zu der auf dem Prinzip der parlamentarischen Repräsentation fußenden Demokratie sei »die vermeintliche Selbstregierung des Volkes in der unmittelbaren Demokratie (...) der Idee nach die Aufhebung von politischer Herrschaft, der Sache nach die Ersetzung der staatlich verfaßten politischen Herrschaft durch eine der Bindung an institutionelle Vorkehrungen ledige Oligarchie«. – Dagegen bereits *Ulrich Scheuner*, Das repräsentative Prinzip in

der modernen Demokratie, in: Heinz Rausch, Zur Theorie und Geschichte der Repräsentation und Repräsentativverfassung, 1968, 386 (440): »Wenn das repräsentative System dem Volk zu unmittelbarer Bestimmung grundsätzlich nur personale Entscheidungen (Wahl der Volksvertreter) zuweist, so schließt es doch Verbindungen mit Einrichtungen plebiszitärer Demokratie nicht aus. Wie die Gestaltung moderner Verfassungen zeigt, schließen sich repräsentative und plebiszitäre Elemente einer Ordnung nicht aus.« Ebenso *Ernst-Wolfgang Böckenförde*, Demokratie und Repräsentation, 1983, 16: »Die Sachentscheidungen des Volkes, die sog. plebiszitären Elemente, haben in der demokratischen Organisation der Staatsgewalt durchaus ihren Ort; – nur nicht als grundlegendes Bauprinzip, sondern als balancierendes und korrigierendes Element. Als solches können und sollen sie in die demokratische Verfassungsorganisation hineingenommen werden.«

45 *Hermann K. Heußner*, Volksgesetzgebung und Todesstrafe, Recht und Politik 1999, 92.

46 *Wolf Linder*, Schweizerische Demokratie. Institutionen – Prozesse – Perspektiven, 1999, 144 f., 258 f.; *Gebhard Kirchgässner/Lars P. Feld/Marcel R. Savioz*, Die direkte Demokratie: Modern, erfolgreich, entwicklungs- und exportfähig, 1999, 65 ff.

47 *Hans Herbert von Arnim*, Gemeinwohl und Gruppeninteressen. Die Durchsetzungsschwäche allgemeiner Interessen in der pluralistischen Demokratie, 1977; *Eberhard Schütt-Wetschky*, Interessenverbände und Staat, 1997.

48 *Kirchgässner/Feld/Savioz*, a.a.O., 28 m. w. N.

49 Selbst wenn es gelingen sollte, diese Entwicklung zu bremsen und die Stellung der deutschen Parteien zu schwächen, was aus anderen Gründen durchaus erwünscht wäre, werden sie doch, realistisch gesehen, keinesfalls auf das amerikanische Niveau zurückfallen.

50 Zwar mag einiges auch für die Möglichkeit des freien Unterschriftensammelns sprechen (siehe S. 217). Welche Gesichtspunkte insgesamt überwiegen, werden aber erst die weiteren Erfahrungen zeigen können.

51 *Möckli*, a.a.O., 42 f. mit weiteren Nachweisen.

52 Mit diesem Argument wird oft auch »Verantwortungslosigkeit« insinuiert, während es in Wahrheit um Selbstverantwortung geht.

53 So zum Beispiel bei *Claus Offe*, Wider scheinradikale Gesten, in: Gunter Hofmann/Werner A. Perger (Hg.), Die Kontroverse, 1992, 126 (131 f.); *Elmar Wiesendahl*, Die Parteien in Deutschland auf dem Weg zu Kartellparteien?, a.a.O., 49 (72).

54 *Antony Downs*, An Economic Theory of Democracy, 1957, 30.

55 Auch *Bleckmann*, der sich dabei ausdrücklich auf *Downs* bezieht, geht ohne weiteres davon aus, durch den politischen Wettbewerb werde »auch in der Demokratie der egoistische Wettbewerb institutionell so umgeformt, daß er dem Allgemeininteresse dient« (*Bleckmann*, a.a.O., 119).

56 Art. 143 Abs. 3 GG, dazu BVerfGE 84, 90.

57 *Maurer*, Plebiszitäre Elemente, a.a.O., 23 f.

58 Dies ist im allgemeinen in meinem Buch *Fetter Bauch regiert nicht gern* dargestellt worden, speziell hinsichtlich der föderalistischen Verflechtungen im 2. Teil dieses Buchs.

59 *Maurer*, a.a.O., 31.

60 *Hans Herbert von Arnim*, Die Partei, der Abgeordnete und das Geld, 2. Aufl., 1996, 418.

61 *Gerhard Schmid*, Diskussionsbeitrag, Veröffentlichungen der Vereinigung Deutscher Staatsrechtslehrer, Band 44, 135.

62 *Gerhard Schmid*, Politische Parteien, Verfassung und Gesetz. Zu Möglichkeiten und Problemen einer Parteiengesetzgebung in der Schweiz, 1981, 53 ff.

63 *Bleckmann*, a.a.O., 117 ff.

64 *Bleckmann*, a.a.O., 122. Ähnlich auch andere Staatsrechtslehrer, wie zum Beispiel *Peter Lerche*, *Ernst-Wolfgang Böckenförde* und *Klaus Vogel*. Dazu *von Arnim*, Die Partei, der Abgeordnete und das Geld, 2. Aufl., 1996, 418 f.

65 Dazu ausführlich: *von Arnim*, Fetter Bauch regiert nicht gern, a.a.O., durchgehend.

66 *Hans Herbert von Arnim*, Staatslehre der Bundesrepublik Deutschland, 1984, 136 ff., 515; *ders.*, Gemeindliche Selbstverwaltung und Demokratie, Archiv des öffentlichen Rechts 1988, 1 ff. So auch *Gerhard Banner*, Kommunalverfassungen und Selbstverwaltungsleistung, in: *Schimanke* (Hg.), Stadtdirektor oder Bürgermeister, 1989, S. 37 (41 ff.); *Hans-Georg Wehling*, Kommunale Verfassungsreform: Vergleich der kommunalen Verfassungssysteme in Deutschland, Archiv für Kommunalwissenschaften 1989, 111.

67 *Görg Haverkate*, Verfassungslehre, 1992, 354.

68 *Albert Bleckmann*, Vom Sinn und Zweck des Demokratieprinzips, 1998, 122: »Vom Ziel der Selbstbestimmung her gesehen (ist) die unmittelbare Demokratie die bessere Regierungsform.«

69 *Carl Schmitt*, Volksentscheid und Volksbegehren, 1927, durchgehend (z. B. 33)

70 *Bruno S. Frey*, Institutions: The Economic Perspective, a.a.O., 29 (30 f.). Vorschläge zur Überwindung dieser beschränkten Auffassung ebenda, 35 f.

71 *Eichenberger*, Mit direkter Demokratie zu besserer Wirtschafts- und Finanzpolitik: Theorie und Empirie, in: *Hans Herbert von Arnim* (Hg.), Adäquate Institutionen – Voraussetzungen für eine »gute« und bürgernahe Politik?, Berlin 1999, 259 (268).

72 *Eichenberger*, a.a.O., 269 unter Berufung auf *Frey/Kirchgässner*, Diskursethik, Politische Ökonomie und Volksabstimmungen, Analyse und Kritik 1993, 129–149.

73 *Eichenberger*, a.a.O., 269.

74 So auch *Richard von Weizsäcker*, Gegen die Mehrheit der Union und der FDP in der Gemeinsamen Verfassungskommission, Bild am Sonntag vom 28.2.1993; Frankfurter Allgemeine Zeitung vom 1.3.1993, S. 1. Das trug ihm, wie nicht anders zu erwarten, die Schelte der innerparteilichen Hardliner ein; so sagte der Berliner CDU-Abgeordnete *Lummer*, der Bundespräsident verletze zum wiederholten Male seine Neutralitätspflicht. Die Konsequenz könne nur sein, »daß der nächste Präsident kein Sozialdemokrat sein sollte, weil faktisch der jetzige einer ist«, Frankfurter Allgemeine Zeitung vom 3.3.1993. In der Bild-Zeitung vom 4.5.1993 sprach *von Weizsäcker* sich für »mehr Bürgerbeteiligung« aus, wobei er »zum Beispiel an einen stärkeren Einfluß bei der Auswahl der Kandidaten, möglichst viele Direktkandidaten, Volksinitiativen und -befragungen, aber nicht an Volksentscheide« dachte.

75 Siehe z. B. *Köcher*, Frankfurter Allgemeine Zeitung vom 12.3.1997, S. 5.

76 So auch die (in vielen anderen Passagen anregende) Studie von *Rolf Berth*, Die ausgebrannte Republik, 1998, 159: »Die mühselige und nicht ganz faire Unterschriftensammlung«, »die heute noch fast immer zum Volksbegehren dazugehört und nicht empfehlenswert ist, wenn Plebiszite häufig durchgeführt werden«, solle »durch Umfragen« ersetzt werden. Siehe auch *Ernst-Wolfgang Böckenförde*, Demokratie und Repräsentation – Zur Kritik der heutigen Demokratiediskussion, 1983, 22. Ferner *Jürgen Rüttgers*, Dinosaurier der Demokratie, 1993, 51: »Macht es wirklich Sinn, der Politik eine demoskopische Befangenheit vorzuwerfen und gleichzeitig eine stärkere plebiszitäre Rückkoppelung einzufordern?«

77 So zum Beispiel *Claus Offe*, Vox Populi und Verfassungsökonomik, in: Gerd Grözinger/Stephan Panther (Hg.), Konstitutionelle Politische Ökonomik, 1998, 81 (82 f., 85 f.)

78 So z. B. *Peter Krause*, Verfassungsrechtliche Möglichkeiten unmittelbarer Demokratie, in: Isensee/Kirchhof (Hg.), Handbuch des Staatsrechts, Band II, 1987, S. 313 (S. 335)

79 So z. B. *Peter Badura*, Die parlamentarische Demokratie, in: Isensee/Kirchhof (Hg.), Handbuch des Staatsrechts, Band I, 1987, S. 953 (S. 975).

80 So auch *Hennis*, Meinungsforschung und Demokratie, 1957, 38 ff.

81 Siehe die vorzügliche Studie von *Bohnet* und *Frey*, Direct-democratic Rules: The Role of Discussion, Kyklos 47 (1994), 341 ff., die die besonderen Eigenschaften des rationalisierenden *Prozesses*, der zur Volksabstimmung führt und ihr vorangeht, herausarbeiten.

82 Dazu mit Recht kritisch *Richard von Weizsäcker*, Im Gespräch mit Gunter Hofmann und Werner A. Perger, 1992, 165, der darauf hinweist, daß auf diese Weise zusätzlich auch der Prozeß des Nachdenkens auf seiten der Politiker oft ausgehebelt wird: »Wir leben in einer Demoskopiedemokratie. Sie verführt die Parteien dazu, in die Gesellschaft hineinzuhorchen, dort die erkennbaren Wünsche zu ermitteln, daraus ein Programm zu machen, dieses dann in

die Gesellschaft zurückzufunken und sich dafür durch das Mandat für die nächste Legislaturperiode belohnen zu lassen. So ist es zwar nicht immer, aber zu oft. Und es handelt sich um einen Kreislauf, bei dem die politische Aufgabe der Führung und Konzeption zu kurz kommt. Es ist ein Zusammenspiel von Schwächen derer, die die Mandate suchen, und jener, die sie erteilen.«

83 Bezeichnend erscheint in diesem Zusammenhang, daß *Elisabeth Noelle-Neumann*, die langjährige Leiterin des Allensbacher Instituts für Demoskopie, von einer »geringen Intelligenz der Öffentlichkeit« ausgeht (Der Spiegel 36/1997 vom 1.9.1997, S. 32). – Auch dem Einwand der *Gemeinsamen Kommission*, Bericht, a.a.O., 85, durch Volksabstimmungen gelangten »Tagesstimmungen der Bevölkerung (...) unmittelbar zu rechtlicher Wirksamkeit«, liegt offenbar eine Verwechslung mit Umfragen zugrunde.

84 *Hans Herbert von Arnim*, Gemeinwohl und Gruppeninteressen, 1977.

85 Sonderinteressen lassen sich in der Regel schlagkräftiger organisieren als Allgemeininteressen, Gegenwartsinteressen wirksamer als Zukunftsinteressen, wirtschaftliche leichter als ideelle, Einkommenserwerbsinteressen leichter als Ausgabeninteressen. Da aber auch Zukunftsinteressen, ideelle Interessen und Ausgabeninteressen schwerpunktmäßig allgemeine Interessen sind, können wir an der im Text verwendeten Kurzformel von der Organisationsschwäche allgemeiner Interessen festhalten.

86 *Hans Herbert von Arnim*, Der Einfluß von Interessengruppen auf die Verwaltung, in: Bulling, Verwaltung im Kräftefeld der politischen und gesellschaftlichen Institutionen, 1985, 79 ff., abgedruckt auch in: *Hans Herbert von Arnim*, Demokratie ohne Volk, 1993, 52 ff.

87 Goethes Gespräche, hg. von K. Biedermann, Leipzig 1910, Bd. III, 61 f.

88 *Diemut Majer*, »Schlechte Erfahrungen mit plebiszitären Elementen ...« Ein Beitrag zur historischen Legitimation der repräsentativen Demokratie, in: Festschrift für Richard Bäumlin zum 65. Geburtstag, 1992, 55 (66).

89 *Thomas Mann*, Politische Schriften und Reden, Bd. 1: Betrachtungen eines Unpolitischen, Frankfurt/Hamburg 1968, 196.

90 Das Paulus-Wort (Römer 13,1) lautet: »Jedermann sei untertan der Obrigkeit, die Gewalt über ihn hat. Denn es ist keine Obrigkeit außer von Gott; wo aber Obrigkeit ist, die ist von Gott angeordnet.«

91 *Rudolf Stadelmann*, Deutschland und Westeuropa, 1948, 17.

92 Ebenda, 22.

93 In klassischer Weise ist dies im *Staatslexikon* von Welcker und Rotteck formuliert und von Staatsrechtslehrern wie Bluntschli übernommen worden. *Rotteck-Welcker*, Staatslexikon, 3. Aufl., 1860, 4. Bd., Stichwort »Demokratie«, 344 (345 f.). *Bluntschli*, Deutsches Staatswörterbuch, herausgegeben von Johann Caspar Bluntschli und Karl Brater, Bd. 8, 1864, 588f., schreibt dazu wörtlich: »Die Abgeordneten ferner leiten wohl ihre Erwählung von dem Willen der Wähler ab, aber keineswegs ihre Rechtsstellung und nicht den

Umfang ihrer Befugnisse. (...) Der Inhalt der Repräsentantenrechte wird (...) nicht von der Privatwillkür, sondern von dem Staate bestimmt. Die Abgeordneten sind in erster Linie überhaupt nicht Stellvertreter ihrer Wähler, sondern Repräsentanten des ganzen Volkes. Sie sind berufen, nach ihrem besten Wissen und Gewissen das zu beschliessen, was dem ganzen Staate frommt, gesetzt auch, die Mehrheit ihrer Wähler wäre damit nicht einverstanden oder würde sogar in ihren Interessen benachteiligt. Das ist gerade der charakteristische Unterschied der modernen Repräsentativ- von der mittelalterlichen ständischen Verfassung, dass die modernen Repräsentanten vor allen Dingen die Einheit des Volkes und des Staats und die gemeinsamen Interessen vor Augen haben müssen, während die alten ständischen Vertreter zuerst die besondern Interessen ihrer Stände vertreten hatten. (...) Während Montesquieu als einer der ersten und beredtesten Vorkämpfer des Repräsentativsystems auf dem Kontinent erschienen ist, hat Rousseau noch das ganze Princip desselben verworfen. Die Souveränität kann nicht repräsentiert werden, schreibt Rousseau, so wenig als veräussert. Der Gedanke der Repräsentation des Einen Volkes durch einen *veredelten Auszug* aus der Gesamtbürgerschaft war ihm zu civilisiert. Er sympathisirte mit der roheren Repräsentation der Volksversammlung.«

94 *Montesquieu*, Vom Geist der Gesetze, übersetzt und herausgegeben von Ernst Forsthoff, Tübingen 1951, Bd. 1, S. 219 f. Vgl. auch *John Locke*, Über die Regierung, in der Übersetzung von Dorothee Tidow, herausgegeben von Peter Cornelius Mayer-Tasch, Stuttgart 1980, 3. Aufl., S. 223.

95 *Majer*, a.a.O.

96 *Majer*, a.a.O., 59.

97 Dazu für Landesverfassungen *Otmar Jung*, Das Finanztabu bei der Volksgesetzgebung, Der Staat 1999, 41 ff.; *Frank-Rüdiger Jach*, Der Ausschluß finanzwirksamer Gesetze von der Volksgesetzgebung, Deutsche Verwaltungspraxis 1999, 179 ff.; jeweils mit zahlreichen Nachweisen.

98 Zur Frage, ob die Bezahlung und Versorgung von Parlamentsabgeordneten Gegenstand der Volksgesetzgebung sein kann oder unter die Ausnahmevorbehalte »Besoldungsordnung« oder »Haushaltsplan« (oder ähnliche Begriffe) fällt, *Dieter Birk*, Rechtsgutachten über die Zulässigkeit einer Volksinitiative zur Änderung des »Gesetzes über die Rechtsverhältnisse der Mitglieder des Landtags Brandenburg« (Abgeordnetengesetz), 2000 (im Erscheinen). Danach ist die Volksgesetzgebung auch über Diätengesetze zulässig. Zum gleichen Ergebnis kommt auch die Staatspraxis: Im Jahre 1978 hatte der Bund der Steuerzahler in Nordrhein-Westfalen ein Volksbegehren angedroht, um zu verhindern, daß der nordrhein-westfälische Landtag die üppige Diätenregelung, die der bayerische Landtag sich bewilligt hatte, übernahm. Der Bund der Steuerzahler nahm von der angedrohten Initiative erst Abstand, als der Landtag einlenkte und eine unabhängige Diätenkommission unter

Vorsitz von Willi Weyer einsetzte, die dann zu moderateren Vorschlägen gelangte. Damals hatte die nordrhein-westfälische Staatskanzlei auch die Frage geprüft (und verneint), ob (und daß) die Regelung der Abgeordnetenentschädigung eine »Besoldungsordnung« sei oder eine »Finanzfrage« darstelle. Nach Artikel 68 der Verfassung für das Land Nordrhein-Westfalen ist ein Volksbegehren über »Finanzfragen, Abgabengesetze und Besoldungsordnungen zulässig«.

99 Von den praktisch ohnehin kaum relevanten direktdemokratischen Möglichkeiten auf Bundesebene im Rahmen einer möglichen Neugliederung des Bundesgebiets (Art. 29 GG) sei hier abgesehen. Siehe aber auch Art. 118a GG.

100 Diese werden in den Begriff der direktdemokratischen Elemente einbezogen etwa von *Hans Herbert von Arnim*, Möglichkeiten direkter Demokratie auf Gemeindeebene, Die öffentliche Verwaltung 1990, 85 ff.; *Susan Scarrow*, Party Politics 1997, 451 ff. Dagegen zählt *Marschall*, Ist das unmittelbare Personenvotum ein »direktdemokratisches« Verfahren? Zeitschrift für Politikwissenschaft 1997, 845, nur Sachentscheidungen zu den direktdemokratischen Verfahren; ebenso zum Beispiel *Jung*, Siegeszug direktdemokratischer Verfahren, a.a.O., 103.

101 In Mecklenburg-Vorpommern und Thüringen wurde das Referendum allerdings erst abgehalten, nachdem die Landesverfassung – unter Vorbehalt der Abstimmung – schon in Kraft gesetzt worden war.

102 Bis 1994 bestand auch in Bremen eine ähnliche Regelung.

103 *Görg Haverkate* weist nicht zu Unrecht darauf hin, daß unmittelbare Demokratie voraussetzt, daß das Volk berechtigt ist, »die Entscheidungsfrage zu stellen und die Entscheidung zu treffen« (*Haverkate*, Verfassungslehre, 1992, 355). Referenden (in Haverkates Terminologie: »Plebiszite«) sind danach keine Elemente unmittelbarer Demokratie: »Der bedeutsame Unterschied: In der unmittelbaren Demokratie entscheidet das Volk über die Frage, die es selbst gestellt hat. Beim Plebiszit entscheidet es über die Fragen, die es nicht selbst gestellt hat. Weil dieser gewichtigste aller Unterschiede oft übersehen oder überspielt worden ist, konnte sich der Irrtum festsetzen, die plebiszitäre Demokratie sei unmittelbare Demokratie. Die Dignität, die das Plebiszit beansprucht, weil es unmittelbar demokratisch sei, ist erschlichen. Es ist ein himmelweiter Unterschied zwischen der Möglichkeit, über selbstgestellte Fragen zu entscheiden – und der ärmlichen Gelegenheit, fremdgestellte Fragen bloß mit Ja oder Nein beantworten zu können.« (*Haverkate*, a.a.O., 361). – Mit dieser Wertung, die aus mißbräuchlichen Verwendungen des Plebiszits durch cäsaristische Herrscher erwachsen ist, wird *Haverkate* der möglichen Bedeutung von Referenden, sei es von obligatorischen Referenden zur Kontrolle der Regierenden, sei es von fakultativen Referenden, bei denen die Initiative beim Volk liegt, aber nicht voll gerecht. Denn dann liegen

das »Ob« des Referendums und der Zeitraum, innerhalb dessen es stattzufinden hat, nicht mehr in den Händen der Machthaber.

104 Vgl. zum Beispiel die Einzeldarstellungen von *Ralph Kampwirth*, Bremen: Die Angst der Parteien vor dem »entfesselten« Volk, in: Heußner/Jung (Hg.), Mehr direkte Demokratie wagen, 1999, 177 ff.; *Michael Efler*, Der Kampf um Mehr Demokratie in Hamburg, in: a.a.O., 205 ff., sowie die Überblicksdarstellungen von *Petra Paulus*, Im Osten viel Neues? – Direktdemokratische Bilanz der ostdeutschen Verfassungsgebung, in: a.a.O., 189 ff; *Gunther Jürgens*, Die anderen Bundesländer, in: a.a.O., 223 ff.

105 *Fritz Fleiner*, Schweizerisches Bundesstaatsrecht, 1923, 389.

106 Abweichend davon ist in Mecklenburg-Vorpommern und Niedersachsen die Zulässigkeitsprüfung in das Volksbegehrensverfahren integriert, so daß es keiner zusätzlichen Unterschriften im Antragsverfahren bedarf.

107 In Berlin »Initiative«, in Bremen und Thüringen »Bürgerantrag«, in Sachsen: »Volksantrag«.

108 Da das Parlament bereits im Rahmen der Volksinitiative die Möglichkeit des Selbsteintritts hatte, besteht in Sachsen und Schleswig-Holstein nach dem Zustandekommen des Volksbegehrens keine erneute Möglichkeit des Landtags, das Gesetz von sich aus zu beschließen und damit das Volksgesetzgebungsverfahren zu erledigen, wohl aber in Brandenburg und Hamburg, was angesichts des größeren politischen Gewichts eines erfolgreichen Volksbegehrens auch sinnvoll erscheint.

109 In Sachsen-Anhalt bestehen als einzigem Land beide Möglichkeiten, zu einem Volksbegehren zu kommen: alternativ über eine Volksinitiative mit höherem Quorum oder über einen gesonderten Zulassungsantrag mit niedrigerem Quorum (siehe Tabelle 1 auf S. 304 ff.).

110 Berlin: 90 000 Unterschriften (das heißt bei 2 819 726 Millionen volljährigen Einwohnern 3,19 Prozent in 6 Monaten).

111 Niedersachsen: 70 000 Unterschriften (das heißt bei 5 954 567 Stimmberechtigten 1,17 Prozent in einem Jahr).

112 In Thüringen heißt die Volksinitiative »Bürgerantrag«. Der Bürgerantrag verlangt die Unterschriften von 6 Prozent der Wahlberechtigten in 4 Monaten, wobei in mindestens der Hälfte der Landkreise und kreisfreien Städte ein Quorum von 5 Prozent erreicht werden muß.

113 Oft mißverständlich als »ratsbegehrter Bürgerentscheid« bezeichnet.

114 *Otmar Jung*, Siegeszug direktdemokratischer Institutionen als Ergänzung des repräsentativen Systems?, a.a.O., der aber ebenfalls skeptisch ist gegenüber solcher Terminologie.

115 Beim bisher ersten und einzigen Volksbegehren in Rheinland-Pfalz – dem Volksbegehren »Ja zum Buß- und Bettag« – trugen sich im November 1998 nur 6,17 Prozent der Stimmberechtigten ein – ein Wert, der im Vorjahr in Schleswig-Holstein gereicht hatte, um zum Volksentscheid weiterzugehen,

während in Rheinland-Pfalz der Vorstoß an der 20-Prozent-Hürde scheiterte. *Andreas Schimmer*, »Ihre Stimme für den Bußtag, weil Feiertage unbezahlbar sind« – Der Kampf der Nordelbischen Kirche für die Erhaltung des Buß- und Bettages, in: Heußner/Jung (Hg.), Mehr direkte Demokratie wagen, 1999, 269 (274, 286).

116 Im Fall »Kooperative Schule« von 1978. Dazu *Werner Blumenthal*, Die bildungspolitische Auseinandersetzung und das Volksbegehren um die kooperative Schule in Nordrhein-Westfalen, phil. Dissertation, Bonn 1988.

117 So auch *Jung*, Siegeszug, a.a.O., 106, 115.

118 Bericht und Antrag des nichtständigen Ausschusses »Reform der Landesverfassung« vom 21.6.1993, Bremische Bürgerschaft, Drucksache 13/592, S. 6.

119 Bericht der Enquetekommission »Verfassungsreform« vom 16.9.1994, Landtag Rheinland-Pfalz, Drucksache 12/5555, S. 21. Zustimmend: Enquetekommission »Parlamentsreform« vom 31.8.1998, Landtag Rheinland-Pfalz, Drucksache 13/3500, S. 19.

120 *Wehling*, Archiv für Kommunalwissenschaften 1989, 110, 112; *Behnke*, Verwaltungsrundschau 1996, 113, 115.

121 Die degressive Staffelung war im ursprünglichen Entwurf der Landesregierung noch nicht enthalten und wurde erst auf Vorschlag der CDU-Fraktion aufgenommen.

122 Siehe Abg. *Leifert* (CDU) in der 41. Sitzung des Ausschusses für Kommunalpolitik vom 8.3.1994, Landtag Nordrhein-Westfalen, Ausschußprotokoll 11/1169, S. 14. Siehe auch 44. Sitzung desselben Ausschusses vom 27.4.1994, Ausschußprotokoll 11/1220, S. 20.

123 Entsprechendes gilt zum Beispiel in Nordrhein-Westfalen: So ist die Zulässigkeitsschwelle in einer Stadt mit genau 500 000 Einwohnern überschritten, wenn 24 000 Unterschriften gesammelt wurden, während schon ein weiterer Einwohner ausreicht, um diese Schwelle auf 48 000 Unterschriften zu verdoppeln. *Klaus Ritgen,* Bürgerbegehren und Bürgerentscheid, 1997, 148 (mit Hinweis auf die Berechnungen bei *Rehn/Cronauge/von Lennegs*, Gemeindeordnung für Nordrhein-Westfalen, Anm. V 1 zu § 26).

124 So zum Beispiel *Andrea Stiens,* Chancen und Grenzen der Landesverfassungen im deutschen Bundesstaat der Gegenwart, 1997, 202–219 (insbesondere 205 f. und 215 ff.).

125 *Wolfgang Hoffmann-Riem* (Hg.), Bericht der Enquetekommission »Parlamentsreform«, 1993, 260.

126 In Baden-Württemberg, Hessen und Rheinland-Pfalz lediglich Soll-Vorschrift.

127 *Schefold/Neumann*, Entwicklungstendenzen der Kommunalverfassungen in Deutschland: Demokratisierung und Dezentralisierung?, 1996, 117.

128 *Otmar Jung*, Verfahrensprobleme der Volksgesetzgebung, Zeitschrift für Gesetzgebung 1993, 314 (325 f.).

129 *Otmar Jung*, Siegeszug, a.a.O., 116. Allerdings darf man nicht übersehen, daß eine Konzentration auf bestimmte, nicht allzu lange Zeiträume auch ihre Vorteile haben kann, weil sie eine gewisse Dramatisierung erlaubt und damit möglicherweise den Lebensgesetzen einer Mediengesellschaft tendenziell entgegenkommt. Das kann bei günstigen Voraussetzungen den Mobilisierungseffekt verstärken.

130 Hessen, Rheinland-Pfalz und Nordrhein-Westfalen. Auch im Saarland ist heute noch ein 20-Prozent-Quorum vorgesehen.

131 Nur Bremen war von Anfang an eine Ausnahme. Es sah in seiner ursprünglichen Verfassung ein Beteiligungsquorum von 50 Prozent vor.

132 Selbst wenn das Parlament neben dem begehrten Entwurf noch eine Konkurrenzvorlage zur Abstimmung stellt, pflegt diese in der Sache regelmäßig so erhebliche Konzessionen an die Initiatoren zu enthalten, daß auch im Falle ihres Obsiegens bei der Abstimmung dem Begehren inhaltlich zu einem großen Teil entsprochen wird.

133 In Berlin gilt dies nur, wenn sich nicht ohnehin mindestens 50 Prozent der Wahlberechtigten an der Abstimmung *beteiligen* (Beteiligungsquorum).

134 *Otmar Jung*, Jüngste plebiszitäre Entwicklungstendenzen in Deutschland auf Landesebene, Jahrbuch des Öffentlichen Rechts der Gegenwart 1993, 29; *ders.*, Abschluß und Bilanz der jüngsten plebiszitären Entwicklung in Deutschland auf Landesebene (erscheint im Jahrbuch des Öffentlichen Rechts der Gegenwart [JöR] 2000, zitiert nach dem Manuskript).

135 Dazu Näheres siehe S. 253 ff.

136 Nach m. E. richtiger Auffassung gilt dies auch in Hessen. Dort ist die herrschende Auffassung allerdings der Meinung, Verfassungsänderungen könnten überhaupt nicht Gegenstand der Volksgesetzgebung sein. Siehe dazu S. 252.

137 In Bayern und Hessen besteht im übrigen die Besonderheit, daß auch das Parlament nicht allein Verfassungsänderungen beschließen kann, sondern daß stets das Volk zustimmen muß (sogenanntes obligatorisches Verfassungsreferendum). In Bayern bedarf der vorangehende Beschluß des Landtags einer qualifizierten Mehrheit (zwei Drittel der gesetzlichen Mitgliederzahl), in Hessen genügt ein Beschluß mit einfacher Mehrheit (50 Prozent der gesetzlichen Mitgliederzahl).

138 *Jung*, a.a.O., JöR 2000, 26, spricht in bezug auf den Ausschluß verfassungsändernder Volksgesetzgebung in Berlin nicht zu Unrecht von einem »unerhörten« Vorgang, einem wahren »skandalon«.

139 *Degenhart*, Der Staat 1992, 77 (85).

140 So auch *Maurer*, Plebiszitäre Elemente, a.a.O., 30.

141 In Hessen ist dies allerdings nicht möglich, weil dort auch Verfassungsänderungen, die der Landtag beschließt, der Zustimmung durch einen Volksentscheid bedürfen.

142 Zum selben Ergebnis kommen Praxis und Lehre per Auslegung der Verfassungen auch für Hessen und Nordrhein-Westfalen, Näheres dazu siehe S. 250 ff.
143 Art. 62 Abs. 5 BerlVerf: »Volksbegehren zur Verfassung ... sind unzulässig.«
144 Siehe auch *Jung*, a.a.O., JöR 2000, 22 ff.
145 So Abgeordneter *Werner* (CDU), 67. Sitzung des Rechtsausschusses vom 9.3.1995, Inhaltsprotokoll, S. 5.
146 Zum Sonderfall Bayern siehe S. 242.
147 Allenfalls wenn die Volksabstimmung mit einer wichtigen Wahl zusammengelegt wird, erscheint eine Beteiligung von 75 Prozent oder mehr denkbar.
148 *Jürgens*, Direkte Demokratie in den Bundesländern, 1993, 256: »völlig illusorisch«. Ähnlich *Degenhardt*, Direkte Demokratie in den Ländern – Impulse für das Grundgesetz, Der Staat 1992, 77 (97); *Andrea Stiens*, Chancen und Grenzen der Landesverfassungen im deutschen Bundesstaat der Gegenwart, 1997, 209 f.; *Jung*, 50 Jahre verfassungswidrige Praxis der Volksgesetzgebung in Bayern?, BayVBl. 1999, 417 (428); *ders.*, a.a.O., JöR 2000, 43.
149 *Stefan Przygode*, Die deutsche Rechtsprechung zur unmittelbaren Demokratie, 1995, 474.
150 *Claus Meissner*, Gesetzgebung, in: Christoph Degenhart/ders. (Hg.), Handbuch der Verfassung des Freistaates Sachsen, 1997, S. 387 Rn 41.
151 *Reinhold L. Bocklet*, Volksbegehren und Volksentscheid in Bayern, in: *ders.*, (Hg.), Das Regierungssystem des Freistaates Bayern, Bd. II, 1979, 295 (419).
152 Dazu *Otmar Jung*, Die Landesreferenden des Jahres 1994. Daten und Probleme, Landes- und Kommunalverwaltung 1995, 319; *ders.*, Das Quorenproblem beim Volksentscheid. Legitimität und Effizienz im Verfahren, Zeitschrift für Politikwissenschaft (ZPol) 1999, 863 (891).
153 *Jung*, ZPol 1999, 892.
154 *Jung*, ZPol 1999, 886: »prinzipiell oppositionelle Volksgesetzgebung«.
155 *Jung*, ZPol 1999, 874 f.
156 *Friedrich Karl Schonebohm*, in: Zinn/Stein, Verfassung des Landes Hessen, Kommentar (Loseblattausgabe), Art. 124 Erl VIII 4: Die hessische Regelung (die kein Abstimmungsquorum vorsieht) »vermeidet auch, daß sich die Gegner des Gesetzentwurfs auf die Aufforderung zum Fernbleiben beschränken und so die Befürworter zwingen können, schon durch die Teilnahme an der Abstimmung ihre Einstellung zu offenbaren«.
157 *Jung*, ZPol 1999, 892.
158 *Jung*, ZPol 1999, 892.
159 *Jung*, ZPol 1999, 873; *Andreas Schimmer*, »Ihre Stimme für den Bußtag, weil Feiertage unbezahlbar sind«, in: Heußner/Jung (Hg.), Mehr direkte Demokratie wagen, 1999, 269 (274 ff.).
160 Dazu *Jung*, a.a.O., JöR 2000, 37 ff., von dem auch das Zitat im Text stammt. Siehe auch *Michael Efler*, Der Kampf um Mehr Demokratie in Hamburg, in:

Heußner/Jung (Hg.), Mehr direkte Demokratie wagen, 1999, 207 ff. – Mit der genannten Initiative war noch ein zweites Projekt verbunden, das auf die Einführung von Bürgerbegehren und Bürgerentscheid auf bezirklicher Ebene zielte und das am Ende auch Erfolg hatte. Darauf wird hier aber nicht weiter eingegangen.

161 Siehe auch *Jung*, ZPol 1999, 891 f.

162 Anders allerdings bei den Volksentscheiden über die Länderfusion Berlin–Brandenburg von 1996, bei denen es Quoren gab. *Otmar Jung*, Die Volksabstimmungen über die Länderfusion Berlin–Brandenburg: Was hat sich bewährt – wer ist gescheitert? in: Zeitschrift für Parlamentsfragen 1997, 13.

163 Siehe auch *Karl Neumayer*, Betrachtungen zum Volksinitiativverfahren im Staatsrecht der Länder des deutschen Sprachgebietes außerhalb der Schweiz, in: Mélanges Marcel Bridel, Lausanne 1968, 321 (342): »Die unsinnigen Mindestbeteiligungsauflagen des deutschen Rechts zeugen (…) von einer verfehlten Qualifikation der Volksrechte als artfremder Eingriff in die eingerichtete staatliche Ordnung, der keine Beachtung verdiene, wenn er nur eine Minderheit des ganzen Volkes zu bewegen vermocht habe.«

164 So *Jung*, a.a.O., JöR 2000, 43.

165 *Horst Dreier*, Landesverfassungsänderung durch quorenlosen Volksentscheid aus der Sicht des Grundgesetzes, BayVBl. 1999, 513 (519).

166 Hätten nicht in sechs Bundesländern gleichzeitig Kommunalwahlen stattgefunden, wäre die Wahlbeteiligung noch niedriger gewesen.

167 So *Stefan Meineke*, Die Weimarer Erfahrungen mit der Volksgesetzgebung: Bilanz der Forschung und Kritik neuerer Revisionsversuche. Stellungnahme zum Beitrag Jung, Jahrbuch für Politik 1994, Halbband 1, 105 (115).

168 Der Grundsatz der sogenannten Kompetenzeffektivität verlangt von Verfassungs wegen eine entsprechende Interpretation der einschlägigen Vorschriften. Dazu *Michael Kloepfer*, Verfassung und Zeit, Der Staat 1974, 457 (466 f.); *ders.*, Vorwirkung von Gesetzen, 1974, 35; *Wolf-Rüdiger Schenke*, Die Verfassungsorgantreue, 1977, 50 ff. – Geht die extensive Ausschöpfung der Kompetenzen *eines* Verfassungsorgans allerdings auf Kosten eines *anderen* Verfassungsorgans, führt bei diesem also zu Kompetenzverlusten, so bedarf es, wie *Schenke*, a.a.O., 52, herausgearbeitet hat, eines übergeordneten Grundsatzes, anhand dessen erst ein Urteil über die effektivitätsgerechte Interpretation gefällt werden kann. Ein solcher Grundsatz kann etwa im Demokratieprinzip liegen »und fordert dann eine Kompetenzauslegung, durch welche eine möglichst weitgehende Einflußnahme des Staatsvolkes« gesichert werden kann.

169 *Schenke*, a.a.O., 52.

170 Dazu *H.W. Beyer*, Die Bundestreue, 1961; *Gebhard Müller*, Bundestreue im Bundesstaat, Festschrift zum 60. Geburtstag von Kurt Georg Kiesinger, 1964,

213 ff.; *Albert Bleckmann*, Zum Rechtsinstitut der Bundestreue und zur Theorie der subjektiven Rechte im Bundesstaat, Juristen-Zeitung 1991, 900 ff.; *Hartmut Bauer*, Die Bundestreue, 1992.

171 BVerfGE 43, 291 (348).

172 Dazu *Wolf-Rüdiger Schenke*, Die Verfassungsorgantreue, 1977.

173 An vielen dieser Voraussetzungen fehlt es besonders häufig im kommunalen Bereich.

174 So besteht zum Beispiel in Schleswig-Holstein ein Anspruch auf Erstattung von 50 Pfennig pro Jastimme, in anderen Ländern 20 Pfennig und in Sachsen 2 Pfennig. Dazu *Jung*, JöR 2000, 45.

175 Ein »Ja« zu beiden konkurrierenden Gesetzentwürfen kann den Sinn haben, auch der (in den Augen des einzelnen Bürgers) zweitbesten Lösung eine Chance zu geben, den Zwang zu einer Entweder-oder-Entscheidung zu vermeiden und dadurch das Risiko, daß beide Entwürfe am Zustimmungsquoren scheitern, zu verringern.

176 In Berlin, Nordrhein-Westfalen und Rheinland-Pfalz bestehen bei Konkurrenzvorlagen zwei Stimmen. Es fehlt aber in den Ausführungsgesetzen und Durchführungsverordnungen an einer Regelung betreffend ein mögliches »Doppel-Ja«.

177 Daraus, daß in solchen Fällen doppelte Ja-Abstimmungen ausgeschlossen sind, nicht aber doppelte Nein-Abstimmungen, folgt, »daß die Gesamtzahl der Neinstimmen die der Jastimmen übersteigen wird, da jeder, der für einen Gesetzentwurf stimmt, gleichzeitig gegen den anderen votiert und einige *gegen* beide, aber niemand *für* beide. Mehr Ja- als Neinstimmen kann ein Gesetzentwurf somit nur auf sich vereinigen, wenn die Zahl seiner Befürworter die Summe aus den Befürwortern des anderen Gesetzentwurfs und der ›mehrfachen‹ Neinstimmen übersteigt«. *Gunther Jürgens*, Demokratie in den Bundesländern, 1993, 124.

178 Umstritten ist, ob dies nur für den konkurrierenden Landtagsentwurf gilt oder auch für den volksbegehrten Entwurf. Nach dem Grundsatz des volksrechtsfreundlichen Verhaltens muß es u.E. auch für den begehrten Entwurf gelten.

179 *Hoffman-Riem* (Hg.), a.a.O., 263: »Eine solche Regelung würde bedeuten, daß das Volk gleichsam zwischen einem eigenen und einem Entwurf des von ihm selbst gewählten und mit Gesetzgebungsbefugnis ausgestatten Repräsentationsorgans wählen müßte. Außerdem würde die Bürgerschaft bei einer alternativen Abstimmung immer von ihrer höheren institutionellen Autorität profitieren; die Chancen für die Durchsetzung des ›Volksentwurfs‹, der immerhin schon die Hürden Volksinitiative und -begehren übersprungen hätte, wären geringer. Auch könnten die Stimmen derart zersplittert werden, daß keiner der Entwürfe eine Chance hätte durchzukommen.« Wirklich überzeugend ist allerdings nur das letztgenannte Argument.

180 Zur Einführung eines Zustimmungsquorums für verfassungsändernde Volksentscheide in Bayern siehe S. 253 ff.

181 Ebenso in Bremerhaven.

182 *Theo Schiller/Volker Mittendorf/Frank Rehmet*, Bürgerbegehren und Bürgerentscheid in Hessen. Eine Zwischenbilanz nach vierjähriger Praxis. Daten und Analysen zu direktdemokratischen Verfahren im Zeitraum von April 1993 bis März 1997, 1997, 13; *Mehr Demokratie in Bayern e. V.*, Der Bürgerentscheid in Bayern. Eine empirische Analyse in: Akademie für politische Bildung/Bayerische Landeszentrale für politische Bildungsarbeit (Hg.), Bürgerbegehren und Bürgerentscheid, 1998, 155 (178 f.).

183 *Hans-Georg Wehling*, Kommunale Verfassungsreform, a.a.O., 30.

184 *Schiller* u. a., a.a.O., 14 f.

185 *Schiller*, a.a.O., 6.

186 *Wehling*, Kommunale Verfassungsreform, a.a.O., 29; *Banner*, Die drei Demokratien der Bürgerkommune, a.a.O., 143 f.

187 Gesetz vom 31.3.1999 (BayGVBl S.86). Ein Urteil des Bayerischen Verfassungsgerichtshofs vom 29.8.1997 (BayVBl. 1997, 622) hatte dazu die Möglichkeit gegeben. (Kritik dieses Urteils durch *Otmar Jung*, Kommunale Direktdemokratie mit Argusaugen gesehen, BayVBl. 1998, 225.) Allerdings folgte aus diesem Urteil die Einführung des Zustimmungsquorums keineswegs zwangsläufig, da das Urteil nur die *Kombination* von fehlendem Zustimmungsquorum und dreijähriger Sperrwirkung des Bürgerentscheids für den Gemeinderat für verfassungswidrig erklärt hatte.

188 Gesetzentwurf der CSU-Fraktion zur Änderung der Gemeindeordnung und der Landkreisordnung, Bayerischer Landtag, Drucksache 14/133 vom 7.12.1998, S. 2. Und der bayerische Innenminister *Dr. Beckstein* ergänzte in der parlamentarischen Beratung des Gesetzentwurfs (Plenarprotokoll 14/6 vom 10.12.1998, S. 207): »Die Staffelung ist wichtig, da es in größeren Gemeinden schwieriger ist, eine große Anzahl von Bürgern zur Abstimmung zu bringen. Kein Bürgerentscheid, der in einer Gemeinde mit über 100 000 Bürgern bisher durchgeführt wurde, wäre nach der neuen Regelung ungültig.«

189 Dies kann rechtstechnisch auf zwei Wegen geregelt werden: Entweder dadurch, daß der Bürgerentscheid sich von vornherein nur auf »wichtige« Angelegenheiten bezieht (ohne daß diese in einem Positivkatalog abschließend aufgelistet werden) und dieses Adjektiv auch für die Abgrenzung des Zuständigkeitsbereichs des Gemeinderats von dem des Bürgermeisters (beziehungsweise vom Gemeindevorstand) verwendet wird, wie in Hessen, Mecklenburg-Vorpommern, Schleswig-Holstein oder Thüringen. Oder die Angelegenheiten, die dem Bürgermeister vorbehalten sind, das heißt die »laufenden« Angelegenheiten (als Gegenbegriff zu den »wichtigen« Angelegenheiten), werden im Negativkatalog ausdrücklich ausgeschlossen.

190 § 21 Abs. 1 Ziffer 1 der Gemeindeordnung Baden-Württemberg.

191 Nach Angaben des Gemeindetags ist dies nur in 43 der 1111 Gemeinden Baden-Württembergs der Fall. Angaben nach *Roland Geitmann*, Volksbegehren »Mehr Demokratie in Baden-Württemberg«, Verwaltungsblätter für Baden-Württemberg, 1998, 441 (442).

192 So schon *Hans Herbert von Arnim*, Möglichkeiten unmittelbarer Demokratie auf Gemeindeebene, Die öffentliche Verwaltung 1990, 85 (86).

193 So schon *Hans-Georg Wehling*, Politische Partizipation in der Kommunalpolitik, AfK 1989, 110 (114); *von Arnim*, Möglichkeiten unmittelbarer Demokratie auf Gemeindeebene, a.a.O. 1990, 85 (93). Ebenso *Banner*, Die drei Demokratien der Bürgerkommune, a.a.O., 142.

194 *Otmar Jung*, Der Volksentscheid über die Einführung des kommunalen Bürgerentscheids in Bayern am 1. Oktober 1995, Jahrbuch zur Staats- und Verwaltungswissenschaft 1996, 191 ff.; *Michael Seipel/Thomas Mayer*, Triumph der Bürger! Mehr Demokratie in Bayern und wie es weitergeht, 1997.

195 Art. 18a Abs. 3 Bayerische Gemeindeordnung.

196 In diesem Sinne auch *Geitmann*, a.a.O., 443.

197 Zitiert nach *Beilharz*, Politische Partizipation im Rahmen des § 21 der Gemeindeordnungen von Baden-Württemberg, sozialwissenschaftliche Dissertation Tübingen 1981, 21.

198 So schon *von Arnim*, Möglichkeiten unmittelbarer Demokratie auf Gemeindeebene, a.a.O., 93.

199 § 8 b Abs. 1 Hessische Gemeindeordnung.

200 § 8 b Abs. 2 Hessische Gemeindeordnung.

201 *Schiller/Mittendorf/Rehmet*, a.a.O. 8 f.

202 So vernachlässigt die Auffassung des rheinland-pfälzischen Innenministeriums, daß die Anwendungshäufigkeit sehr stark davon abhänge, »inwieweit die Einwohnerinnen und Einwohner mit den Entscheidungen der kommunalen Organe einverstanden sind« (Landtag Rheinland-Pfalz, Drucksache 13/470, S. 2), die Frage der Weite des Gegenstandsbereichs vollständig.

203 Dazu S. 253 ff. Zur Sondersituation in Hessen siehe S. 252.

204 Eine andere Frage ist allerdings, was die Rechtsprechung des Bayerischen Verfassungsgerichtshofs daraus gemacht hat. In einem Urteil vom 15.12.1976 hatte der Bayerische Verfassungsgerichtshof (BayVerfGHE 29, 244) über die Zulässigkeit eines Volksbegehrens über Lernmittelfreiheit und zur Sicherung der Ausbildungsförderung und Schulwegkostenfreiheit zu entscheiden. Die Zulässigkeit eines Volksbegehrens über Lernmittelfreiheit wurde bejaht, während die Zulässigkeit über die beiden anderen Gegenstände wegen des Vorbehalts »Staatshaushalt« abgelehnt wurde. Der Begriff »Staatshaushalt« wurde dabei sehr weit ausgelegt: Der Vorbehalt erfasse zwar nicht jedes Gesetz, welches Auswirkungen auf den Staatshaushalt habe, aber Volksbegehren seien mit Art. 73 Bayerische Verfassung unvereinbar, die »auf den Gesamtbestand des Haushalts Einfluß nehmen würden, demnach

das Gleichgewicht des gesamten Haushalts stören und damit zu einer wesentlichen Beeinträchtigung des Budgetrechts des Parlaments führen könnten.« (BayVerfGHE 29, 244 [269]). In einem Urteil des Verfassungsgerichtshofs vom 17.11.1994 wurde die weite Auslegung des Begriffs »Staatshaushalt« bestätigt (BayVerfGHE 47, 276 [303 f.]). Kritisch hierzu *Otmar Jung*, Das Finanztabu bei der Volksgesetzgebung, Der Staat 1999, 41, 58.

205 Die Erfahrungstatsache, daß das Unterschriftensammeln in den verstreuten Gemeinden eines Landkreises schwieriger ist als in den Städten, legt auch bei Bürgerbegehren in Landkreisen niedrigere Quoren nahe. Dazu *Geitmann*, a.a.O., 447.

206 Dasselbe gilt im Ergebnis wohl auch für Baden-Württemberg mit seiner 16,67-Prozent-Hürde und für Thüringen mit seiner 14-Prozent-Hürde.

207 Hessen (1946), Bremen und Rheinland-Pfalz (1947), Berlin und Nordrhein-Westfalen (1950), Saarland (allerdings 1979).

208 *Mehr Demokratie in Bayern e.V.*, Der Bürgerentscheid in Bayern. Eine empirische Analyse, a.a.O., 155 (178); *Schiller* u.a. Bürgerbegehren und Bürgerentscheid in Hessen, a.a.O., 13.

209 Angaben nach *Otmar Jung*, Das Quorenproblem beim Volksentscheid, Zeitschrift für Politikwissenschaft 1999, 863 (876).

210 So schon *von Arnim*, Möglichkeiten unmittelbarer Demokratie auf Gemeindeebene, a.a.O., 85 (93).

211 So wurden von den 185 Bürgerbegehren, die von 1976 bis 1996 in Baden-Württemberg zustande kamen, 90, also fast die Hälfte, für unzulässig erklärt, von diesen wiederum 43, weil sie keine wichtige Gemeindeangelegenheit im Sinne des § 21 Gemeindeordnung betrafen. *Wehling*, Kommunale Verfassungsreform, a.a.O., 30.

212 Allein daß gegen solche ablehnenden Entscheidungen der Rechtsweg eröffnet ist, räumt die grundsätzliche Problematik nicht aus.

213 *Thomas von Dannwitz*, Der Grundsatz funktionsgerechter Organstruktur, Der Staat 1996, 329 (348 f.); *Klaus Ritgen*, Bürgerbegehren und Bürgerentscheid, 1997, 62 ff. (67); *Utz Schliesky*, Die Weiterentwicklung von Bürgerbegehren und Bürgerentscheid, Zeitschrift für Gesetzgebung 1999, 91 (102 f.).

214 So schon der Vorschlag von *von Arnim*, Möglichkeiten unmittelbarer Demokratie auf Gemeindeebene, a.a.O., 93.

215 Siehe auch schon *Otmar Jung*, Welche Regeln empfehlen sich bei der Einführung von Volksbegehren und Volksentscheid (Volksgesetzgebung) auf Bundesebene? in: Direkte Demokratie in Deutschland. Handreichungen zur Verfassungsdiskussion in Bund und Ländern. Mit Entwürfen zur Einführung von Volksbegehren und Volksentscheid auf Bundesebene (»Hofgeismarer Entwurf«), hrsg. von der Evangelischen Akademie Hofgeismar/Stiftung Mitarbeit, Bonn 1991, 19 ff. Siehe unter Ziffer 3: »Begreift man die VGG (Volksge-

setzgebung) als sekundär-korrigierendes Alternativverfahren zum primären Problemlösungsverfahren innerhalb des skizzierten parlamentarischen Regierungssystems, so bedeutet die herkömmliche Zuständigkeitsregelung nichts weniger, als daß die Führer der Kritisierten ihre eigene plebiszitäre Kritik organisieren sollen. Wichtige Beurteilungs- und Ermessensspielräume sind also dem geborenen politischen Gegner anheimgegeben.« Unter Ziffer 11 wird ausdrücklich gegen »die institutionell befangene Regierung bzw. deren Ministerialbürokratie« argumentiert.

216 Dem will ein Volksbegehren »Unabhängige Richterinnen und Richter« abhelfen, das von einem Aktionsbündnis aus Richtervereinigungen, Verbänden und Parteien getragen wird, welches 1999 bereits die erforderlichen 25 000 Unterschriften für den Zulassungsantrag gesammelt hatte und im Frühjahr 2000 ein Volksbegehren anstrebt.

217 *Alois Vogels,* Die Verfassung für das Land Nordrhein-Westfalen, Handkommentar, 1951, S. 134: »Gesetz ist auch die Verfassung. Auch auf Abänderung der Verfassung kann ein Volksbegehren gerichtet werden.« S. 137: »Zu einem Volksentscheid kommt es ›auch im Falle eines auf Änderung der Verfassung gerichteten Volksbegehrens nach Art. 68 Abs. 1, das gemäß Art. 68 Abs. 2 dem Landtag unterbreitet worden ist. In beiden Fällen bedarf es zum Zustandekommen einer Verfassungsänderung der Zustimmung der Mehrzahl der Stimmberechtigten, das heißt aller stimmberechtigten Bürger.‹«

218 Stenographischer Bericht über die Beratungen des Verfassungsausschusses, 43. Sitzung am 8.3.1950, S. 331 B.

219 Stenographischer Bericht über die Beratungen des Verfassungsausschusses, 43. Sitzung am 8.3.1950, S. 334 C.

220 *Otmar Jung*, Volksbegehren und Verfassungsänderung in Hessen und Nordrhein-Westfalen? Kritische Vierteljahresschrift 1993, 14 (30 ff.). Siehe auch *Peter Neumann*, Juristischer Tunnelblick verfehlt Volksentscheid, Zeitschrift für Direkte Demokratie, 3. Quartal 1998, 28.

221 *Hermann K. Heußner*, Volksgesetzgebung in den USA und in Deutschland, 1994, 29 ff.

222 *Stefan Muckel*, Ist ein Volksgesetzgebungsverfahren, das auf die Änderung der Landesverfassung gerichtet ist, nach der Verfassung des Landes Nordrhein-Westfalen zulässig?, Rechtsgutachten für »Mehr Demokratie e.V. in Nordrhein-Westfalen«, Typoskript 1999, insbesondere S. 39 ff.; veröffentlicht in: Peter Neumann/Stefan von Raumer (Hg.), Die verfassungsrechtliche Ausgestaltung der Volksgesetzgebung, dargestellt am Beispiel der Art. 68, 69 der Landesverfassung von Nordrhein-Westfalen, 1999 (im Erscheinen).

223 Beschluß des Verfassungsgerichtshofs für das Land Nordrhein-Westfalen vom 23.11.1974, Aktenzeichen VerfGH 28/74, S. 2 des Umdrucks: »Verfassungsändernde Gesetze können indessen nicht Gegenstand eines Volksbegehrens sein. Die Landesverfassung kann zwar nach Art. 69 Abs. 2 LV durch

Volksentscheid geändert werden, aber nur auf Initiative des Landtags oder der Landesregierung.«

224 Inzwischen ist der Verfassungsgerichtshof erneut mit dieser Problematik befaßt. Nachdem die Landesregierung die Zulassung eines Volksbegehrens »Mehr Demokratie in Nordrhein-Westfalen – Faire Volksentscheide in die Verfassung« am 2. Juli 1999 abgelehnt hat, haben die Vertrauenspersonen dieses Volksbegehrens Beschwerde eingelegt. Der Verfassungsgerichtshof wird in diesem Prozeß – Aktenzeichen VerfGH 22/99 –, zu dem vorab ein ganzer Gutachten-Band erschienen ist (*Neumann/von Rammer* [Hg.], Die verfassungsrechtliche Ausgestaltung der Volksgesetzgebung, 1999 [im Erscheinen]), sich nun eingehend mit der aufgeworfenen Rechtsfrage auseinandersetzen müssen.

225 *Walter Jellinek*, Die Verfassung des Landes Hessen, Deutsche Rechts-Zeitschrift 1947, 4 (6).

226 *Jung*, a.a.O., 14 ff.

227 *Jung*, a.a.O., 24: »Gutgemeinter Verzicht«.

228 *Jung*, a.a.O., 33.

229 BayVerfGHE 2, 181.

230 Inzwischen als Buch erschienen: *Josef Isensee,* Verfassungsreferendum mit einfacher Mehrheit. Der Volksentscheid zur Abschaffung des Bayerischen Senats als Paradigma, 1999. – Eine umfassende Kritik dieses Gutachtens hat *Otmar Jung* vorgelegt: *Jung*, 50 Jahre verfassungswidrige Praxis der Volksgesetzgebung in Bayern?, Bayerische Verwaltungsblätter 1999, 417. Siehe ferner das Gutachten für die Vertreter des Volksbegehrens »Schlanker Staat ohne Senat«: *Horst Dreier,* Landesverfassungsänderung durch quorenlosen Volksentscheid aus der Sicht des Grundgesetzes, in: BayVBl. 1999, 513.

231 Umdruck des Urteils, 51.

232 Umdruck des Urteils, 56.

233 Umdruck des Urteils, 57.

234 Ebenda, 63.

235 Umdruck des Urteils, 57. Siehe auch Umdruck, 58: Da bei Volksentscheiden »im Grundsatz keine der Beteiligung bei Wahlen vergleichbar hohe Beteiligung zu erreichen ist«, würde ein sehr hohes Quorum eine Verfassungsänderung im Wege der Volksgesetzgebung »praktisch unmöglich machen«.

236 Dazu auch *Susan Scarrow,* Party Competition and Institutional Change. The Expansion of Direct Democracy in Germany, Party Politics 1997, 451; *von Arnim*, Auf dem Weg zur optimalen Gemeindeverfassung, a.a.O.; *Wehling*, Kommunale Verfassungsreform, a.a.O.; *Banner,* Die drei Demokratien der Bürgerkommune, a.a.O.

237 *Richard S. Katz/Peter Mair,* Changing Models of Party Organization and Party Democracy. The Emergence of the Cartel Party, Party Politics 1995, 5 ff.;

dies. (eds.), Party Organizations: A Data Handbook on Party Organizations in Western Democracies, 1960 – 1990, London 1992; *dies.* (eds.), How Parties Organize: Change and Adaption in Party Organizations in Western Democracies, London 1994.

238 *Katz/Mair*, Cartel Party, a.a.O., 22: »By casting elections as the legitimate channel for political activity, other, potentially more effective, channels are made less legitimate.«

239 *Joseph A. Schumpeter* geht davon aus, politische Inhalte seien für Politiker ohnehin weniger wichtig, sondern fungierten primär als »Material« beim Kampf um Mehrheit und Macht. *Joseph A. Schumpeter*, Kapitalismus, Sozialismus und Demokratie, 1950, 443.

240 Dazu näher *von Arnim*, Reform der Gemeindeverfassung in Hessen, Die öffentliche Verwaltung 1992, 330; *Otmar Jung*, Volksentscheide in der Bundesrepublik. Eine aktuelle Übersicht, Blätter für deutsche und internationale Politik 1996, 567 ff. – Verfassungsänderungen bedürfen in Hessen der Zustimmung des Landesvolkes durch ein Referendum. Siehe S. 204.

241 Lediglich die FDP und die hessische Vereinigung der kommunalen Wählergemeinschaften waren von Anfang an dafür, dagegen hatten weder CDU noch SPD die Einführung der Direktwahl in ihren Parteiprogrammen vorgesehen. Dazu die Übersicht bei *Stargardt*, Stärkung der Kommunalparlamente oder kommunales »Wahlfürstentum«?, Verwaltungsrundschau 1991, 146 (147 ff.).

242 Frankfurter Rundschau vom 17.9.1990: »Möglichst ohne Fehler an die Macht zurück«.

243 Weilburger Tageblatt vom 18.8.1990: »CDU-Umfrage: 71 Prozent für Direktwahl«. Siehe auch *Stargardt*, a.a.O., 150.

244 *Hans-Joachim Stargardt*, a.a.O., 150.

245 *Hans Herbert von Arnim*, Macht macht erfinderisch. Der Diätenfall: ein politisches Lehrstück, 1988, 193 ff.; *ders.*, Der Staat als Beute. Wie Politiker in eigener Sache Gesetze machen, 1993, 34 ff. (50 ff.).

246 Zwar hatte der Volksentscheid nur in Hessen stattgefunden, und er hatte nur die Direktwahl von Bürgermeistern und Landräten betroffen. Doch man ging – wohl nicht zu Unrecht – davon aus, daß ähnliche Ergebnisse auch in anderen Bundesländern zustande kämen, und zwar auch dann, wenn das Wahlrecht zum Gemeinderat (kumulieren und panaschieren statt starrer Liste) oder die Einführung von Bürgerbegehren und Bürgerentscheid zur Abstimmung ständen, eine Auffassung, die hinsichtlich des letzten Punktes im Herbst 1995 durch den Volksentscheid in Bayern bestätigt wurde (siehe S. 242).

247 Zur Entwicklung in Nordrhein-Westfalen eingehend *Otmar Jung*, Wenn der Souverän sich räuspert ..., Jahrbuch für Staats- und Verwaltungswissenschaft 1995, 107 (110 ff.); *Ralf Kleinfeld/Achim Nendza*, Die Reform der deutschen

Gemeindeverfassungen unter besonderer Berücksichtigung der Entwicklung in Nordrhein-Westfalen und in den neuen Bundesländern, in: Ralf Kleinfeld, Kommunalpolitik, 1996, 73 (78 ff.); *Guido Freis*, Die Reform der Gemeindeverfassung in Nordrhein-Westfalen. Eine »Constituent policy« im kommunalpolitischen Netzwerk, 1998. – Der Verfasser dankt *Herbert Reul*, dem Generalsekretär der CDU von Nordrhein-Westfalen, für die kritische Durchsicht des vorliegenden Abschnitts über Nordrhein-Westfalen.

248 Zusammenfassung bei *Kleinfeld/Nendza*, a.a.O., 80.

249 Hagener Parteitag der nordrhein-westfälischen SPD vom 14./15.12.1991, Frankfurter Allgemeine Zeitung vom 16.12.1991. Dort wurde sowohl die Direktwahl als auch die Beseitigung der Doppelspitze von Chef der Verwaltung (Stadtdirektor) und Vorsitzenden des Rats (Bürgermeister) mehrheitlich abgelehnt. Es sollte lediglich ein Verfahren des Bürgerbegehrens und des Bürgerentscheids eingeführt werden.

250 *Kleinfeld/Nendza*, a.a.O., 89: Eine weitreichende Reform der Gemeindeordnung schien in Nordrhein-Westfalen anfangs »beinahe unrealisierbar, ... zudem hierdurch Positionen wegfallen und zentrale politische Akteure von Ämterverlust bedroht werden«. Vgl. auch schon *Dirk Ehlers*, Reform der Kommunalverfassung in Nordrhein-Westfalen, Nordrhein-Westfälische Verwaltungsblätter 1991, 397 (398): »Mitentscheidend (für das bisherige Scheitern der Reform der Gemeindeverfassung in Nordrhein-Westfalen) dürften jedoch auch Fragen der persönlichen und parteipolitischen Machterhaltung sein, da eine Konzentration der Kompetenzen auf eine Person eine Halbierung der Führungspositionen mit sich bringen wird.«

251 Zu den profiliertesten Gegnern der Direktwahl gehörte – neben den Bürgermeistern – innerhalb der SPD auch die »Fraktion der Fraktionsvorsitzenden« (so der damalige SPD-Oberbürgermeister von Duisburg Josef Krings). Darin kam die »vor allem interessendeterminierte Debatte innerhalb der Gremien in vollem Umfange zum Ausdruck«. »Die Ratsmitglieder sowie insbesondere die mächtigen SPD-Fraktionsvorsitzenden der Ruhrgebietsstädte« sahen »bei der Zusammenlegung der kommunalen Spitze in der Person des hauptamtlichen Bürgermeisters ihren Einfluß verringert«. So *Kleinfeld/Nendza,* a.a.O., 99.

252 *Richard von Weizsäcker* im Gespräch mit Gunter Hofmann und Werner A. Perger, 1992, 153.

253 *Jung*, Wenn der Souverän sich räuspert, a.a.O., 118.

254 *Kleinfeld/Nendza*, a.a.O., 88.

255 *Jung*, a.a.O., 119.

256 Die Wahl war formal zwar unverbindlich, stellte auf Grund ihres legitimatorischen Eigengewichts aber die Weichen in den zuständigen Gremien zugunsten Scharpings.

257 So erklärte der Vorsitzende der nordrhein-westfälischen SPD-Fraktion *Fried-*

helm Farthmann bereits zwei Tage später in einem Zeitungsinterview (Rheinische Post vom 15.6.1993), »an der Direktwahl der Bürgermeister« führe »nun kein Weg mehr vorbei«.

258 Frankfurter Allgemeine Zeitung vom 3.2.1995, S. 4: »SPD in Kiel schlägt Direktwahl der Bürgermeister vor.«

259 Der Verfasser dankt *Christian Wulff*, dem CDU-Vorsitzenden in Niedersachsen, für die kritische Durchsicht des vorliegenden Abschnitts über Niedersachsen.

260 Pressemitteilung der CDU in Niedersachsen vom 20.10.1993 (»Wulff: Volksbegehren für Direktwahl von Bürgermeistern und Landräten«).

261 Siehe zum Beispiel Frankfurter Rundschau vom 27.2.1995, S. 2: »SPD-Bezirk Hannover lehnt Direktwahl ab.«

262 *Scarrow*, a.a.O., 461.

263 *Stefan Dietrich*, »Mit hauchdunner Mehrheit ein dickes Brett durchbohren. Wie die Reform der Niedersächsischen Gemeindeordnung parteipolitisch kleingekocht wurde«, Frankfurter Allgemeine Zeitung vom 27.2.1996.

264 *Thomas Oppermann*, Kommunalreform in Niedersachsen, Recht und Politik 1996, 80 (81).

265 *Stefan Dietrich*, a.a.O.

266 *Stefan Dietrich*, a.a.O.

267 *Oppermann*, a.a.O., 81.

268 Zum Beispiel Antrag der CDU-Landtagsfraktion vom 1.10.1992, Landtagsdrucksache 10/1178; Gesetzentwurf der CDU-Landtagsfraktion vom 20.9. 1993, Landtagsdrucksache 10/1601.

269 Der Verfasser dankt *Peter Müller*, dem seinerzeitigen Vorsitzenden der saarländischen CDU-Landtagsfraktion und späteren saarländischen Ministerpräsidenten, für die Überlassung einschlägigen Materials.

270 Saarbrücker Zeitung vom 15.4.1994.

271 Saarbrücker Zeitung vom 18.4.1994.

272 Zweite Lesung des Gesetzes zur Änderung des Kommunalselbstverwaltungsrechts und des Kommunalwahlrechts (Drucksachen 10/1601 und 10/1909) vom 11.5.1994, Landtag des Saarlandes, 10. Wahlperiode, S. 3586 bis 3592.

273 Daß sich die politischen Akteure weniger an politisch-normativen Leitbildern orientieren als vielmehr an ihren persönlichen Betroffenheiten, arbeiten *Kleinfeld/Nendza*, a.a.O., zusammenfassend: S. 110, heraus.

274 *Hans Herbert von Arnim*, Reform der Gemeindeverfassung in Hessen, Die öffentliche Verwaltung 1992, 330 ff.; *Hans Meyer*, in: Hans Meyer/Michael Stolleis (Hg.), Staats- und Verwaltungsrecht für Hessen, 3. Aufl., 1994, 174.; *Banner*, Die drei Demokratien der Bürgerkommune, a.a.O., 129 (138 f.).

275 »›Mehr Einfluß für den Bürger.‹ Hessen ändert sein Kommunalwahlrecht/ Kumulieren und Panaschieren«: Frankfurter Allgemeine Zeitung vom 13.7.1999.

276 *Gerhard Banner*, Die drei Demokratien der Bürgerkommune, a.a.O., 129 (139 f.).; *von Arnim*, Auf dem Weg zur optimalen Gemeindeverfassung?, a.a.O., 325.

277 *Hans Herbert von Arnim*, Diener vieler Herren, 1998, 120 ff.

278 Dazu *Bernd Klaus Buchholz* (FDP), Schleswig-Holsteinischer Landtag, 13. Wahlperiode, Protokoll der 106. Sitzung vom 6.12.1995, S. 7389 (7390).

279 *Buchholz*, a.a.O., 7390: »Es sind die Ortsverbände der Parteien, die weiter allein entscheiden wollen, wer Bürgermeister wird und wer nicht. Und es sind diejenigen, die sich einer echten Entscheidung der Bürger nicht stellen wollen, weil sie wohl zu Recht meinen, daß dann so mancher von ihnen keine Chance hätte. Letztlich geht es um Pfründe der großen Parteien und um nichts anderes.«

280 *Diethert Groos*, Ringen um Kommunalreform, Schleswig-Holstein: Hauptamtliche Bürgermeister per Urwahl, Die Welt vom 14.11.1995, S. 2.

281 *Buchholz*, a.a.O., 7391.

282 *Buchholz*, a.a.O., 7391.

283 Urteil des Verfassungsgerichtshof des Saarlandes vom 14.7.1998, Aktenzeichen Lv 4/97.

284 A.a.O., S. 14 des Umdrucks: »Der Verfassungsgerichtshof des Saarlandes kann – infolge von Stimmengleichheit im Ergebnis seiner Entscheidung – nicht mit der gemäß § 22 Abs. 1 VerfGHG erforderlichen Stimmenmehrheit feststellen, daß der Antragsgegner den verfassungsrechtlichen Status der Antragstellerin durch die fortdauernde Hinnahme der Sperrklauseln im saarländischen Kommunalwahlrecht verletzt hat.«

285 Näheres bei *von Arnim*, Auf dem Weg zur optimalen Gemeindeverfassung?, a.a.O., 315 f.; *ders.*, Werden kommunale Wählergemeinschaften im politischen Wettbewerb diskriminiert?, Deutsches Verwaltungsblatt 1999, 417 (420 f.).

286 Zum politischen Streitstand zu diesen Fragen siehe das Protokoll der zweiten Lesung des Gesetzes zur Änderung des Kommunalwahlrechts (Drucksache 11/1599) vom 14.10.1998, Landtag des Saarlandes, 11. Wahlperiode, S. 3248 bis 3251.

287 *Hans-Peter Hufschlag*, Einfügung plebiszitärer Elemente in das Grundgesetz?, 1999. Siehe aber schon den sogenannten »Hofgeismarer Entwurf« in: Direkte Demokratie in Deutschland. Handreichungen zur Verfassungsdiskussion in Bund und Ländern. Mit Entwürfen zur Einführung von Volksbegehren und Volksentscheid auf Bundesebene (»Hofgeismarer Entwurf«), hrsg. von der Evangelischen Akademie Hofgeismar/Stiftung Mitarbeit, 1991.

288 *Thomas Mayer/Tim Weber*, Die Kampagne zur Einführung des Volksentscheids auf Bundesebene – Anregungen und Vorschläge, wie das gehen könnte, in: Heußner/Jung (Hg.), Mehr direkte Demokratie wagen, 1999, 351 ff.;

Britta Kurz, Ein Vorschlag für die Bundesebene: Der Gesetzentwurf von Mehr Demokratie e.V. zur Einführung einer bundesweiten Volksgesetzgebung, in: a.a.O., 363 ff.

289 *Ernst Fraenkel*, Die repräsentative und die plebiszitäre Komponente im demokratischen Verfassungsstaat, 1958, 52; *Karl Fell*, Plebiszitäre Einrichtungen im gegenwärtigen deutschen Staatsrecht, Bonner Dissertation 1964, 30 ff. (33 f.).

290 *Hufschlag*, a.a.O., 267 f.

291 *Hufschlag*, a.a.O., 269.

292 *Hufschlag*, a.a.O., 275.

293 *Hufschlag* bemerkt an anderer Stelle zwar durchaus die abschreckende Wirkung überzogener Quoren (S. 260 f.) und tritt auch für ihre Senkung ein (S. 272 f.). Er versäumt es aber, die bisherigen Erfahrungen mit den restriktiven Regelungen in Verbindung zu bringen und die Möglichkeit in Rechnung zu stellen, daß im Falle verfahrensmäßiger Entschärfung der direktdemokratischen Regelungen ganz andere Erfahrungen zu erwarten wären.

294 Der Verfasser dankt *Hermann K. Heußner* für die kritische Durchsicht der Angaben über direkte Demokratie in den USA und für wertvolle Anregungen.

295 *Hermann K. Heußner*, Ein Jahrhundert Volksgesetzgebung in den USA, in: Heußner/Jung (Hg.), Mehr direkte Demokratie wagen, 1999, 101 ff.

296 *Wolf Linder*, Schweizerische Demokratie, 1999, 155.

297 *Ulrich Glaser*, Direkte Demokratie als politisches Routineverfahren, 1997, 41.

298 *Linder*, a.a.O., 266.

299 In vier US-Staaten ist allerdings ein Zustimmungsquorum vorgesehen, das zwischen 30 und 50 Prozent beträgt, bezogen jedoch nicht auf die Stimmberechtigten, sondern auf die an dem jeweiligen Wahltermin Beteiligten. Derartige Quoren sind mit den in der Bundesrepublik bestehenden Zustimmungsquoren nicht vergleichbar. Siehe *Hermann K. Heußner*, Volksgesetzgebung in den USA und in Deutschland, 1994, 362 f.; *ders*., Ein Jahrhundert Volksgesetzgebung in den USA, in: Heußner/Jung (Hg.), Mehr direkte Demokratie wagen, a.a.O., 102 f.

300 Für die US-Staaten z.B. *Glaser*, a.a.O., 51 f.

301 Für Schweizer Kantone: *Linder*, a.a.O., 266, für amerikanische Staaten: *Glaser*, a.a.O., 49. – In den USA reichen die nominellen Sätze zwar in der Regel von 2 bis 10 Prozent; sie beziehen sich aber durchweg auf die Zahl der Wähler bei der letzten Gouverneurswahl und nicht – wie in Deutschland – auf die Gesamtzahl der Stimmberechtigten. Angesichts der notorisch niedrigen Wahlbeteiligung in den USA ergeben sich umgerechnet (und so mit den deutschen Werten vergleichbar gemacht) die oben genannten Prozentsätze. Siehe auch Tabelle 3, Anmerkung 5.

302 In vier US-Staaten ist allerdings ein Zustimmungsquorum vorgesehen, das zwischen 30 und 50 Prozent beträgt, bezogen wiederum auf die gesamte Beteiligung am Wahltermin. Dazu *Heußner*, a.a.O.

303 *Heußner*, Volksgesetzgebung in den USA, a.a.O., 257 ff.

304 So für die USA z.B. *Glaser*, a.a.O., 48.

305 Für die USA: *Constanze Stelzenmüller*, Direkte Demokratie in den Vereinigten Staaten von Amerika, 1994, 176 ff.

306 *Michael Zürn*, Über den Staat und die Demokratie im europäischen Mehrebenensystem, Politische Vierteljahresschrift 1996, 27 (36, 42).

307 Siehe zum Beispiel *Sverker Gustavsson*, Preserve or Abolish the Democratic Deficit?, in: Eivind Smith (ed.), National Parliaments as Cornerstones of European Integration, 1996, 100 (100, 122).

308 Die vier »großen« Länder (Deutschland, Frankreich, Italien und Vereinigtes Königreich) haben 10, kleinere Länder haben 2 (Luxemburg) oder 3 (zum Beispiel Dänemark und Irland), 4 (Österreich und Schweden), 5 (zum Beispiel Belgien) oder 8 Stimmen (Spanien). Ein Beschluß mit qualifizierter Mehrheit kommt zustande, wenn von den insgesamt 87 Stimmen 62 dafür sind. 26 Stimmen genügen also für ein rechtliches Veto. Das gilt, wenn die Beschlüsse, wie regelmäßig, auf Vorschlag der Kommission zu fassen sind. In anderen Fällen muß zusätzlich die Zustimmung von mindestens 10 Mitgliedstaaten – unabhängig von der Anzahl der Stimmen – vorliegen (Art. 205 EGV n.F.).

309 Zum Beispiel Entscheidungen, die sich auf die Harmonisierung direkter Steuern beziehen, nach Art. 93 EGV n. F. Einstimmigkeit ist auch immer dann erforderlich, wenn der Rat von Vorschlägen der Kommission abweichen will oder Abänderungsvorschläge des Europäischen Parlaments überstimmen muß (Art. 250 I, 251 III 1 und 252 Buchst. c und e EGV n. F.).

310 Dazu zum Beispiel *Matthias Herdegen*, Europarecht, 2. Aufl., 1999, Randnummer 122.

311 *Klaus Reeh*, Das gezähmte Veto, in: Gerd Grözinger/Stephan Panther (Hg.), Konstitutionelle Politische Ökonomie, 1998, 131 ff. – Ein ähnliches Vetorecht ergibt sich für die Bundesrepublik übrigens auch aus deutschem Verfassungsrecht. Siehe BVerfGE 89, 155 (184): »Allerdings findet das Mehrheitsprinzip gemäß dem aus der Gemeinschaftstreue folgenden Gebot wechselseitiger Rücksichtnahme eine Grenze in den Verfassungsprinzipien und elementaren Interessen der Mitgliedstaaten.« Dazu *Reeh*, a.a.O., 138 ff.

312 So Art. 190 Abs. 1 EGV n.F.

313 *Joseph H. Kaiser*, Deutschland im Schatten von Maastricht, Wirtschaft und Wissenschaft Mai 2/1994, 2 (3).

314 Dazu zum Beispiel *Herdegen*, a.a.O., Randnummer 143.

315 *Dieter Grimm*, Der Mangel an europäischer Demokratie, Der Spiegel Nr. 43/1992, 57 f.; *ders.*, Braucht Europa eine Verfassung?, 1994; *Jürgen Haber-*

mas, Does Europe need a Constitution?, European Law Journal 1995, 303 ff; *Peter Graf Kielmansegg*, Integration und Demokratie, a.a.O., 54 ff.; *Wolff-Dieter Narr*, Das demokratische Fiasko der Europäischen Union, in: Carsten Schlüter-Knauer (Hg.), Die Demokratie überdenken (FS für Wilfried Röhrich), 1997, 251 ff:; *Ernst-Wolfgang Böckenförde*, Wenn der europäische Stier vom Goldenen Kalb überholt wird. Die Politik in der ökonomischen Falle: Wirtschaftliche Einigung schafft noch keine politische Solidarität, Frankfurter Allgemeine Zeitung vom 24.7.1997, S. 30. – *Fritz Scharpf* weist darauf hin, daß diejenigen, die diesen fundamentalen Gesichtspunkten kein Gewicht beimessen, dies nicht etwa nach sorgfältiger Auseinandersetzung mit ihnen tun, sondern indem sie sie ausblenden: *Scharpf*, Demokratische Politik in der internationalen Ökonomie, Referat auf dem Kongreß der Deutschen Vereinigung für Politikwissenschaft am 14.10.1997 (Typoskript), S. 4.

316 BVerfGE 89, 155 (185).

317 BVerfGE 89, 155 (182 ff.).

318 Siehe auch BVerfGE 89, 155 (186): »Bereits in der gegenwärtigen Phase der Entwicklung kommt der Legitimation durch das Europäische Parlament eine stützende Funktion zu, die sich verstärken ließe, wenn es nach einem in allen Mitgliedstaaten übereinstimmenden Wahlrecht gemäß Art. 138 Abs. 3 EGV gewählt würde und sein Einfluß auf die Politik und Rechtsetzung der Europäischen Gemeinschaften wüchse. Entscheidend ist, daß die demokratischen Grundlagen der Union schritthaltend mit der Integration ausgebaut werden (...).«

319 *Zürn*, a.a.O.; *Scharpf*, Politische Optionen, a.a.O., 126.

320 *Zürn*, Über den Staat und die Demokratie, a.a.O., 32 ff.; *Scharpf*, Politische Optionen, a.a.O.

321 So auch *Michael Zürn*, a.a.O., 49 f.; *J. H. H. Weiler*, The European Union Belongs to its Citizens: Three Immodest Proposals, Eastern Law Review 1997, 150 ff.; *J.H.H. Weiler, Alexander Ballmann, Ulrich Haltern, Herwig Hofmann, Franz Mayer, Sieglinde Schreiner-Linford,* Certain Rectangular Problems of European Integration (European Parliament, 1996).

322 Siehe auch Plan des European Steering Committee der »Notre Europe«-Association unter dem Vorsitz Jacques Delors'. Der Delors-Plan zur Bestellung des zukünftigen Präsidenten der Europäischen Kommission im Rahmen der Europawahl von Juni 1999, Bulletin Quotidien Europe Nr. 2089 vom 27. Mai 1998, 1 ff. Siehe auch die Erläuterungen durch *Tommaso Padoa-Schioppa*, From the Single Currency to the Single Ballot-Box, a.a.O., 2 ff.

323 So auch *Zürn*, a.a.O., 50 f.

324 Demgegenüber scheinen mir die Bedenken von *Fritz Scharpf*, Regieren in Europa. Effektiv und demokratisch?, 1999, 19, einerseits zu statisch, weil sie den integrationsfördernden Effekt direktdemokratischer Verfahren übersehen, andererseits zu umverteilungsorientiert, obwohl doch ein wesentliches

Problem eher im Abbau fast flächendeckender europäischer Subventionen liegt.

325 Siehe dazu insbesondere *Zürn,* a.a.O., 49 f.; *Weiler,* a.a.O. – Siehe auch die anregenden Vorschläge von *Heidrun Abromeit,* Ein Vorschlag zur Demokratisierung des europäischen Entscheidungssystems, Politische Vierteljahresschrift 1998, 80 ff.; *dies.*, Democracy in Europe: Legitimising Politics in a Non-State-Polity, 1998; *dies.*, Volkssouveränität in komplexen Gesellschaften, in: Hauke Brunkhorst/Peter Niesen (Hg.), Das Recht der Republik, 1999, 17 ff.

326 *Zürn,* a.a.O., 49 f.

327 *Weiler,* a.a.O., 152 f. – Hinsichtlich der Wahl des Kommissionspräsidenten schlagen die Verfasser der in Anmerkung 322 genannten Papiere primär eine indirekte Wahl des Kommissionspräsidenten vor, indem jede politische Gruppe des Europäischen Parlaments vor den Wahlen zum Europäischen Parlament je einen Präsidentschaftskandidaten benennt und öffentlich erklärt, daß sie ihr Vertrauensvotum einer Kommission geben werde, deren Präsident ihr Kandidat ist, wenn sie die Wahl gewinnt, das heißt, wenn sie die größte Gruppe im neuen Parlament bildet. Dieses Verfahren hätte den Vorzug, daß es ohne Änderung der Verträge, also allein durch die Praxis eingeführt werden könnte. Padoa-Schioppa skizziert aber auch ein Modell, wonach der Präsident der Kommission direkt gewählt würde (*Padoa-Schioppa*, a.a.O., S. 3, Ziffer 7).

328 Die Aktualität der einschlägigen Fragen zeigt sich auch in den Fachdebatten der Deutschen Vereinigung für Politische Wissenschaft. Auf dem 20. Wissenschaftlichen Kongreß dieser Vereinigung im Oktober 1997 in Bamberg haben sich zwei der Hauptreferate mit derartigen Fragestellungen beschäftigt: *Dieter Fuchs* sprach über »Kriterien demokratischer Performanz in liberalen Demokratien«, *Manfred G. Schmidt* über »Das politische Leistungsprofil der Demokratien«; beide Referate sind abgedruckt in: *Michael Greven* (Hg.), Demokratie – Eine Kultur des Westens?, 1998, 151 ff. und 181 ff.

329 Das setzt voraus, daß Demokratie sich nicht in formalen »Legitimationsketten« erschöpft, sondern wirklich eine Nähe zum Volkswillen anstrebt: *Böckenförde*, Demokratie als Verfassungsprinzip, in: *Isensee/Kirchhof* (Hrsg.), Handbuch des Staatsrechts, Bd. I, 1987, § 22, Rn. 1 ff.

330 Ähnlich – bloß eingekleidet in die Terminologie der politischen Ökonomie – *Eichenberger*: »Die Politik einer staatlichen Einheit entspricht den Präferenzen ihrer Bürger um so besser, je umfassender deren direktdemokratische Rechte, insbesondere die Initiativ- und Referendumsrechte sind.« *Reiner Eichenberger*, Mit direkter Demokratie zu besserer Wirtschafts- und Finanzpolitik: Theorie und Empirie, in: von Arnim (Hg.), Adäquate Institutionen: Voraussetzungen für »gute« und bürgernahe Politik?, 1999, 259. Dem Prä direktdemokratischer Verfahren im oben genannten Sinn wird *Offe* nicht ge-

recht, wenn er ihre Ergebnisse als Produkte eines »populistischen Opportunismus« abwertet. *Claus Offe*, Vox Populi und die Verfassungsökonomik, a.a.O., 81 (83)

331 *Hans Herbert von Arnim*, Staatslehre der Bundesrepublik Deutschland, 1984, 136 ff., 515; *ders.*, Möglichkeiten unmittelbarer Demokratie auf Gemeindeebene, Die öffentliche Verwaltung 1990, 85 (91 ff.).

332 *von Arnim*, Staatslehre, a.a.O., 220 ff.

333 Davon geht auch das Bundesverfassungsgericht im Urteil zur Raketenstationierung aus. Danach sollen »staatliche Entscheidungen möglichst richtig, das heißt von den Organen getroffen werden, die dafür nach ihrer Organisation, Zusammensetzung, Funktion und Verfahrensweise über die besten Voraussetzungen verfügen«. (BVerfGE 68, 1 [86]). Zum »Grundsatz funktionsgerechter Organstruktur« siehe auch *Thomas von Danwitz*, Der Staat 1996, 329.

334 *Herbert Krüger*, Allgemeine Staatslehre, 2. Aufl., 1966, 252. Siehe statt vieler auch *Ernst-Wolfgang Böckenförde*, Demokratie und Repräsentation, 1983, 21 ff.

335 Statt vieler *Bleckmann*, a.a.O., 122.

336 *Bleckmann*, a.a.O., 122.

337 *Helmut Schmidt*, Auf der Suche nach einer öffentlichen Moral. Deutschland vor dem neuen Jahrhundert, 1998, 51 ff.

338 So auch *Heinz Kleger*, Direkte Demokratie – Möglichkeiten und Grenzen, Politische Vierteljahresschrift 1996, 756 (761): Die Schlüsselrolle des Bürgers werde in der Diskussion um direkte Demokratie bisher »viel zuwenig bedacht«.

339 Das wird von aufgeklärten Vertretern der Neuen Politischen Ökonomie neuerdings auch selbst eingeräumt, so z. B. von *Bruno S. Frey*, Institutions: The Economic Perspective, in: Bernard Steunenberg/Frans van Vught (eds.), Political Institutions and Public Policy, 1997, 29 (34).

340 *Eichenberger*, a.a.O., 274, unter Hinweis auf *Brennan/Lomasky*, Democracy and Decision: The Pure Theory of Electoral Preference, 1993; *Eichenberger/Oberholzer-Gee*, Rational Moralists: The Role of Fairness in Democratic Economic Politics, Public Choice 1998, 191–210.

341 *Helmut Schelsky*, Der Funktionär, 1976.

342 *Rudolf Smend*, Staatsrechtliche Abhandlungen, 3. Aufl., 1994, insbesondere 474 ff., 482 ff.

343 *Hans Herbert von Arnim*, Gemeinwohl und Gruppeninteressen. Die Durchsetzungsschwäche allgemeiner Interessen in der pluralistischen Demokratie, 1977. – Sonderinteressen lassen sich in der Regel schlagkräftiger organisieren als Allgemeininteressen, Gegenwartsinteressen wirksamer als Zukunftsinteressen, wirtschaftliche leichter als ideelle, Einkommenserwerbsinteressen leichter als Ausgabeninteressen. Da aber auch Zukunftsinteressen, ideelle In-

teressen und Ausgabeninteressen schwerpunktmäßig allgemeine Interessen sind, können wir an der im Text verwendeten Kurzformel von der Organisationsschwäche allgemeiner Interessen festhalten.

344 Vgl. *Hans Herbert von Arnim*, Verwaltung im Kräftefeld der politischen und gesellschaftlichen Institutionen, 1985, 79, abgedruckt auch in: *von Arnim*, Demokratie ohne Volk, 1993, 52.

345 Hans Herbert *von Arnim*, Reformblockade der Politik?, Zeitschrift für Rechtspolitik 1998, 138 (143 f.).

346 So z. B. *Peter* Badura, Die parlamentarische Demokratie, in: Isensee/Kirchhof (Hg.), Handbuch des Staatsrechts, Band I, 1997, S. 953 (S. 975); *Peter Krause*, Verfassungsrechtliche Möglichkeiten unmittelbarer Demokratie, in: Isensee/Kirchhof (Hg.), Handbuch des Staatsrechts, Band II, S. 313 (S. 335 f.); *Paul Kirchhof*, Demokratischer Rechtsstaat – Staatsform der Zugehörigen, in: Isensee/Kirchhof (Hg.), Handbuch des Staatsrechts, Band IX, 1997, S. 957 (S. 983 f.).

347 Die Neue Politische Ökonomie behandelt die Probleme, die die Existenz jenes Freiraums aufwirft, unter dem Stichwort »Principal-agent-Probleme«: Es geht dabei um die Frage, ob der »agent« die Interessen des »principal« oder seine eigenen Interessen verfolgt und wie er veranlaßt werden kann, möglichst ersteres zu tun.

348 *Haverkate*, a.a.O., 375.

349 Eine vertiefte Darstellung müßte sich deshalb auch mit möglichen methodischen Einwänden gegen jene Wissenschaftsrichtung als Ganze und gegen einzelne Untersuchungen auseinandersetzen.

350 Überblick bei *Lars P. Feld/Gebhard Kirchgässner*, Die politische Ökonomie der direkten Demokratie: Eine Übersicht, 1998 (Universität St. Gallen, Volkswirtschaftliche Abteilung), Diskussionspapier Nr. 9807; *Gebhard Kirchgässner/Lars P. Feld/Marcel R. Savioz*, Die direkte Demokratie: Modern, erfolgreich, entwicklungs- und exportfähig, St. Gallen 1999; *Eichenberger*, a.a.O., 282.

351 *Roderick D. Kiewit* und *Kristin Szakaly*, Constitutional Limitations on Borrowing. An Analysis of State Bonded Indebtedness, Journal of Law, Economics and Organization 1996, 62.

352 *Lars P. Feld/Gebhard Kirchgässner*, Public Debt and Budgetary Procedures: Top Down or Bottom Up? Some Evidence from Swiss Municipalities, in: James M. Poterba/Jürgen von Hagen (eds.), Fiscal Institutions and Fiscal Performance, Chicago 1999; *dies.* Die politische Ökonomie der direkten Demokratie, 1998, 17 mit Anmerkung 47; *Kirchgässner/Feld/Savioz*, Die direkte Demokratie, a.a.O., 92 ff. (96).

353 *Eichenberger*, a.a.O., 282; *Feld/Kirchgässner*, Die politische Ökonomie der direkten Demokratie, a.a.O.

354 *Eichenberger*, a.a.O.; *Feld/Kirchgässner*, ebenda.

355 *Feld/Kirchgässner*, Public Debt and Budgetary Procedures, a.a.O.

356 *John G. Matsusaka*, Fiscal Effects of the Voter Initiative. Evidence from the last 30 Years, Journal of Political Economy 1995, 587 ff.

357 *Matsusaka*, a.a.O.; *Kim Rueben*, Tax Limitations and Government Growth. The Effect of State Tax and Expenditure Limits on State and Local Government, Journal of Political Economy 1999 (erscheint demnächst).

358 Gemeint waren Stadtverfassungen, die entweder ein (obligatorisches oder fakultatives) Referendum oder eine Bürgerversammlung zur Verabschiedung fiskalischer Maßnahmen vorsehen, sei es des Steuersatzes, des Budgetvoranschlags oder der Nettoneuverschuldung.

359 *Werner W. Pommerehne*, Institutional Approaches to Public Expenditure: Empirical Evidence from Swiss Municipalities, Journal of Public Economics 1978, 255 ff.

360 *Friedrich Schneider/Werner W. Pommerehne*, Macroeconomia della crescita in disequilibrio e settore pubblico in espansione: il peso delle differenze istitutionali, Rivista Internazionale di Scienze Economiche e Commerciali 1983, 306.f Public Economy 1978, 255.

361 *John G. Matsusaka*, Fiscal Effects of the Voter Initiative, a.a.O., 587.

362 Andererseits darf nicht übersehen werden, daß Referenden nicht in die Untersuchung einbezogen wurden und zudem eine gewisse Verlagerung von Ausgaben von der staatlichen auf die lokale Ebene erfolgte, die Minderung des Ausgabenwachstums also zumindest teilweise auf Kosten der (aber immerhin bürgernäheren) Kommunen erfolgte.

363 *Eichenberger*, a.a.O., 282 f.

364 *Werner W. Pommerehne*, Private versus öffentliche Müllabfuhr – nochmals betrachtet, Finanzarchiv 1983, 466.; *Kirchgässner/Feld/Savioz* , a.a.O., 98 ff. (99).

365 *Eichenberger*, a.a.O., 282.

366 *Rexford E. Santerre*, Representative versus Direct Democracy. A Tiebout Test of Relative Performance, Public Choice, 1986, 58-63.

367 *Lars P. Feld*, Formal Fiscal Restraints or Direct Democracy. Looking for Effective Means of Fiscal Control, Mimeo, Universität St. Gallen 1995.

368 *Thomas E. Cronin*, Direct Democracy. The Politics of Initiative, Referendum and Recall, 1989.

369 So wurde in den letzten Jahrzehnten in der Schweiz die direkte Demokratie durch Volksabstimmungen auf eidgenössischer und kantonaler Ebene erheblich ausgebaut. *Eichenberger*, a.a.O.

370 *Werner W. Pommerehne/Hannelore Weck-Hannemann*, Tax Rates, Tax Administration and Income Tax Evasion in Switzerland, Public Choice 1996, 161. Siehe (ebenfalls für Schweizer Kantone) auch *Bruno S. Frey*, A Constitution for Knaves Crowds Out Civic Virtues, Economic Journal 1997, 1043; *Kirchgässner/Feld/Savioz*, a.a.O., 85 ff. (91).

371 *Santerre*, a.a.O. (für US-counties).

372 *Eichenberger*, a.a.O.

373 *Alois Stutzer-Staub/Bruno S. Frey*, Democracy and Happiness are Related. Empirical Evidence from Switzerland, Mimeo, Universität Zürich, 1998; *Eichenberger*, a.a.O., 283.

374 So für Entscheidungen über Fragen der Politikfinanzierung *Hans Herbert von Arnim*, Die Partei, der Abgeordnete und das Geld, 1996, 36, 355 ff.

375 Dazu mehrere eigene Veröffentlichungen, zum Beispiel *von Arnim*, Staatslehre, a.a.O., 465 ff.; *ders.*, Staatsversagen: Schicksal oder Herausforderung?, Aus Politik und Zeitgeschichte, Beilage zur Wochenzeitung Das Parlament, B 48/87 vom 28. November 1987, 17, nachgedruckt in: *ders.*, Demokratie ohne Volk, 1993, 119.

376 Dies erwähnt *Thomas Mayer*, Direkte Demokratie statt Reformstau. Volksabstimmungen als Erfrischungskur. Überblick über die Aktivitäten von »Mehr Demokratie«, in: von Arnim (Hg.), Adäquate Institutionen. Voraussetzungen für eine »gute« und bürgernahe Politik?, 1999, 181.